LATIN LITERATURE

ABOUT THE AUTHOR

Frederic M. Wheelock received the degrees of A.B., A.M., and Ph.D. from Harvard University. He taught at the Darrow School, Haverford College, the College of the City of New York, and Brooklyn College. Formerly Professor of Classics at the University of Toledo, Toledo, Ohio, he is now Professor Emeritus. Professor Wheelock is a member of the American Philological Association, the Classical Association of New England, and the Classical League. He has published a number of articles and book reviews in the fields of textual criticism, palaeography, and the study of Latin. He is the author of *Latin: An Introductory Course Based on Ancient Authors*, in the Barnes & Noble Outline Series.

LATIN LITERATURE

A Book of Readings

Frederic M. Wheelock
Professor Emeritus of Classics
University of Toledo

BARNES & NOBLE BOOKS

A DIVISION OF HARPER & ROW, PUBLISHERS

New York, Hagerstown, San Francisco, London

First BARNES & NOBLE BOOKS edition published 1967.

ISBN: 0-06-460080-7

85 86   10 9 8 7 6 5 4

DOROTHEAE CONIVGI
MARTHAE DEBORAEQVE FILIABVS
CARISSIMIS PATERFAMILIAS
FREDERICVS
D. D.

PREFACE

The genesis of this book derives from many requests for a Latin reader which could be used as a sequel to Wheelock's *Latin* and which would be geared to that book in general method and spirit.

Accordingly, the purpose of this book is to provide, not a survey of all Latin literature, but a sound, interesting, and stimulating reading experience in genuine Latin literature which will use and enlarge the fundamentals already acquired by the student and which will prepare him to go on with confidence to the reading of the *Aeneid* and other Latin works. At the same time, the person who may not plan an extensive study of Latin can with this book enjoy the rewards of direct contact with at least some rightly famous Latin authors whose works hold meaning and interest for twentieth-century man.

A statement of editorial policy and the criteria for the selection of passages should be made. Longer selections from fewer authors have been preferred to snippets from many authors since it is a common experience that, whenever a student turns to a new classical author, some time is required before he can become familiar with the characteristics of the author's style and feel comfortable with him. It is easy to imagine the compounding of the difficulties where there is a great range of authors and works and styles and subjects in many short passages. The only exception occurs in the few selections from Medieval Latin, where for a number of reasons the problem is not so serious. Another great advantage of the longer selections is that something of a unitary effect of the whole work can be achieved by a careful dovetailing of the passages.

The editorial policy has been that the text should not be changed, should not be adapted, in any way. This is all good, sound, original Latin; it is no modern's retelling or recomposition. The only liberty taken with an author's original text is the right of omission. This enables the editor to omit sentences or passages too difficult for a student at this stage and also to omit passages that seem unimportant or uninspiring to a student in the twentieth century. Thus we can combine some of the most significant and interesting passages in such a way as to produce the unitary effect mentioned above.

No omission dots have been entered in the text for the reason that they would mar the appearance of the page and would impair a student's satisfaction in reading substantial amounts of continuous Latin. To those who object that this is an unscholarly procedure let me say (1) that the citations at the end of each major section indicate where the full text can be found, and (2) that this type of book is not going to be used as source material for a doctoral dissertation.

Macrons have been used fully in the texts of Cicero and Ovid and in the end vocabulary. In the other texts and in the notes they have been largely omitted partly to save printing expense and partly because advanced Latin texts dispense with them.

In the notes, outright and unreasoned translations have been given as seldom as possible. It has been thought preferable to provide aids and discussions to help a student comprehend the structure of Latin and so arrive at an *accurate* understanding of the text by means of his own powers as far as possible. Frequent questions and references have been directed to Wheelock's *Latin* (indicated by the abbreviation W.) as a kind of continuing review and on the ground that Wheelock's *Latin* is perhaps more readily available and certainly less expensive than something like the time-honored Allen and Greenough *New Latin Grammar*. However, anyone who wants a perhaps fuller account of any particular construction can readily look it up under the accepted terminology in the index of Allen and Greenough, Bennett, Hale and Buck, and the like.

Finally, there are no long, learned disquisitions about Latin literature and Roman civilization, because any teacher should be eager to convey this information according to the needs, or students can instruct themselves via some of the many fine and usually inexpensive books available today. (See the bibliography on pp. xi–xii.)

The end vocabulary has a feature which, to my knowledge, is unique in a book of this sort: the relative importance of the words is indicated by three categories each of which is marked with a different symbol (∗, #, √), and a fourth category which is left unmarked. For a full understanding of the principles, procedures, and statistics involved one should consult (1) Dr. Paul B. Diederich's doctoral dissertation *The Frequency of Latin Words and Their Endings* (University of Chicago Press, 1939), and (2) Professor Gerald F. Else's article "A Basic Latin Vocabulary" (*Classical Weekly*, Vol. 45,

1951–52, pp. 241–255), which cites and employs Diederich's statistics
with some modifications in arriving at the basic list.

My procedure has been to mark and classify the vocabulary words
as follows:

(a) * (asterisk): basic words of prime importance to be thoroughly
     mastered (i.e., the words of Diederich's 20/10 formula plus
     the words in Diederich with a total of 12 or more occurrences
     in his classical Latin prose and poetry passages combined);
     ca. 1500 words.

(b) # (number sign): all words with 8–11 occurrences in
     Diederich's classical Latin passages of prose and poetry; ca.
     300 words.

(c) √ (check mark): the words in Diederich with fewer than 8
     occurrences; ca. 685 words. The other words have been
     left unmarked.

Of course, no system of word count is likely to be perfect; but
this one should prove a pretty fair guide to students in the problem
of building a general basic vocabulary and a recognition vocabulary.

To Professor Edwin S. Ramage of Indiana University I am very
grateful for his most conscientious and critical survey of the manuscript of the passages and the notes. Many of his suggestions have
led to improvements, though the editors regret that his request for
a wider range of Latin literature and a more extensive literary
commentary could not be conveniently accommodated within the
limits of the present book. To the keen observation, good judgment,
and acute queries of Dr. Gladys Walterhouse of Barnes & Noble I
am deeply indebted. Finally, my heartfelt and abiding thanks to
my very patient and very devoted wife, who typed the manuscript
so accurately and so understandingly.

In the second printing an analytical index has been added with
references to three standard Latin grammars as well as to Wheelock.
For possible use of the index in a rapid review of syntax see the introductory note on page 313. I have also sought to correct the largely
typographical errors of the first printing; and I am grateful to Professor Joseph J. Prentiss of West Virginia University and to Professor
W. M. Read of the University of Washington for submitting lists of
corrigenda.

Besides my great indebtedness to my wife and Dr. Gladys Walterhouse respectively in the typing and the editing of the manuscript
of the index, I am pleased to acknowledge the very faithful and
accurate assistance of my daughter Deborah in the proofreading of
the galleys.

F. M. W.

BIBLIOGRAPHY

The following very brief bibliography suggests a few works, most of them introductory, concise, and inexpensive, to which the user of this book can conveniently turn for supplementary background and the enrichment of his Latin reading experience.

General Reference

Seyffert, Oskar, *A Dictionary of Classical Antiquities,* revised by Nettleship and Sandys, World Publishing Co.

Smith, William, *Smaller Classical Dictionary,* revised by E. H. Blakeney and J. Warrington, Dutton & Co.

Everyman's Library, *Atlas of Ancient and Classical Geography,* revised 1933, Dutton & Co.

The Encyclopaedia Britannica and many other encyclopaedias contain much information on classical subjects which is easily located through the index. Also English dictionaries of the collegiate and unabridged kind have many classical entries.

Literature

Duff, J. W., *A Literary History of Rome: From the Origins to the Close of the Golden Age,* Barnes & Noble.

Duff, J.W., *A Literary History of Rome in the Silver Age,* Barnes & Noble.

Hadas, Moses, *A History of Latin Literature,* Columbia University Press.

Mackail, J.W., revised by Schnur, *Latin Literature,* Macmillan Co.

Rose, H.J., *A Handbook of Latin Literature,* Dutton & Co.

History and Antiquities

Boak, A.E.R., *A History of Rome to 565 A.D.,* 5th edition, Macmillan.

Carey and Wilson, *A Shorter History of Rome,* St. Martin's Press.

Johnston, H.W., *The Private Life of the Romans,* revised by Mary Johnson, Scott, Foresman & Co.

Petrie, A., *Roman History, Literature, and Antiquities,* Oxford University Press—a good example of "multum in parvo."

Treble and King, *Everyday Life in Rome in the Time of Caesar and Cicero,* Oxford University Press.

Mythology

Bulfinch, T., *The Age of Fable*, available in a number of paperback editions.

Hamilton, E., *Mythology*, New American Library, a Mentor Book or Grosset & Dunlap.

Rose, H.J., *A Handbook of Greek Mythology*, Dutton & Co.

Grammar

Allen and Greenough, *New Latin Grammar*, Ginn, a very full account of some 477 pages.

Bennett, C.E., *New Latin Grammar*, Allyn & Bacon, a more concise account of 287 pages.

Hale and Buck, *A Latin Grammar*, reprinted by the University of Alabama Press, 1966, an old stand-by like Allen and Greenough.

Besides grammar proper, all these books contain sections on scansion, the Roman calendar, and such technical terms as alliteration, anaphora, asyndeton, and chiasmus.

TABLE OF CONTENTS

LATIN LITERATURE

CICERO: *IN C. VERREM, ACTIO PRIMA*

*Cicero expresses confidence in the incorruptibility of this particular
senatorial jury and says that they have it in their power to redeem Rome's
honor and good name in the eyes of the world.*

Quod erat optandum maximē, iūdicēs, et quod ūnum ad invidiam
vestrī ōrdinis īnfāmiamque iūdiciōrum sēdandam maximē pertinēbat,
id nōn hūmānō cōnsiliō sed prope dīvīnitus datum atque oblātum
vōbīs summō reī pūblicae tempore vidētur. Inveterāvit enim iam
opīniō perniciōsa reī pūblicae vōbīsque perīculōsa, quae nōn modo   5
apud populum Rōmānum sed etiam apud exterās nātiōnēs, omnium
sermōne percrēbruit: hīs iūdiciīs, quae nunc sunt, pecūniōsum
hominem, quamvīs sit nocēns, nēminem posse damnārī. Nunc, in
ipsō discrīmine ōrdinis iūdiciōrumque vestrōrum, reus in iūdicium
adductus est C. Verrēs, homō vītā atque factīs omnium iam opīniōne 10
damnātus, pecūniae magnitūdine suā spē ac praedicātiōne absolūtus.

Huic ego causae, iūdicēs, cum summā voluntāte et exspectātiōne
populī Rōmānī, āctor accessī, nōn ut augērem invidiam ōrdinis
sed ut īnfāmiae commūnī succurrerem. Addūxī enim hominem in
quō reconciliāre exīstimātiōnem iūdiciōrum āmissam, redīre in   15
grātiam cum populō Rōmānō, satisfacere exterīs nātiōnibus
possētis: dēpeculātōrem aerārī, vexātōrem Asiae atque Pamphȳliae,
praedōnem iūris urbānī, lābem atque perniciem prōvinciae Siciliae.
Dē quō sī vōs vērē ac religiōsē iūdicāveritis, auctōritās ea, quae in
vōbīs remanēre dēbet, haerēbit. Quid iste spēret et quō animum 20
intendat, facile perspiciō. Quam ob rem vērō sē cōnfīdat aliquid
perficere posse, hōc praetōre et hōc cōnsiliō, intellegere nōn possum.
Ūnum illud intellegō (quod populus Rōmānus in reiectiōne iūdicum
iūdicāvit), eā spē istum fuisse praeditum ut omnem ratiōnem
salūtis in pecūniā cōnstitueret; hōc ēreptō praesidiō, ut nullam 25
sibi rem adiūmentō fore arbitrārētur. (1.1–3.10)

A summary of Verres' crimes, especially in Sicily.

Etenim quod est ingenium tantum, quae tanta facultās dīcendī
aut cōpia quae istīus vītam, tot vitiīs flāgitiīsque convictam, iam

I

prīdem omnium voluntāte iūdiciōque damnātam, aliquā ex parte
30 possit dēfendere?

Iam vērō omnium vitiōrum suōrum plūrima et, maxima cōnstituit
monumenta et indicia in prōvinciā Siciliā, quam iste per triennium
ita vexāvit ac perdidit ut ea restituī in antīquum statum nūllō modō
possit; vix autem per multōs annōs innocentīsquę praetōrēs aliquā
35 ex parte recreārī aliquandō posse videātur. Hōc praetōre, Siculī
neque suās lēgēs neque nostra senātūs cōnsulta neque commūnia
iūra tenuērunt. Tantum quisque habet in Siciliā quantum hominis
avārissimī et libīdinōsissimī aut imprūdentiam subterfūgit aut
satietātī superfuit. Nūlla rēs per triennium, nisi ad nūtum istīus,
40 iūdicāta est. Innumerābilēs pecūniae ex arātōrum bonīs novō
nefāriōque īnstitūtō coāctae; sociī fidēlissimī in hostium numerō
exīstimātī; cīvēs Rōmānī servīlem in modum cruciātī et necātī;
hominēs nocentissimī propter pecūniās iūdiciō līberātī; honestissimī
atque integerrimī, absentēs reī factī, indictā causā damnātī et
45 ēiectī; portūs mūnitissimī, maximae tūtissimaeque urbēs pīrātīs
praedōnibusque patefactae; nautae mīlitēsque Siculōrum, sociī
nostrī atque amīcī, fame necātī; classēs optimae atque oppor-
tūnissimae, cum magnā ignōminiā populī Rōmānī, amissae et
perditae. Īdem iste praetor monumenta antīquissima, partim
50 rēgum locuplētissimōrum, quae illī ōrnāmentō urbibus esse
voluērunt, partim etiam nostrōrum imperātōrum, quae victōrēs
cīvitātibus Siculīs aut dedērunt aut reddidērunt, spoliāvit nūdāvitque
omnia. Neque hoc sōlum in statuīs ōrnāmentīsque pūblicīs fēcit;
sed etiam dēlūbra omnia, sānctissimīs religiōnibus cōnsecrāta,
55 dēpeculātus est. In stuprīs vērō et flagitiīs, nefāriās eius libīdinēs
commemorāre pudōre dēterreor.   (4.10–5.14)

*Cicero's strategy: the immediate presentation of evidence and witnesses
without taking time for the full, formal development of the case.*

Nunc ego, iūdicēs, iam vōs cōnsulō quid mihi faciendum putētis.
Id enim cōnsilī mihi profectō tacitī dabitis quod egomet mihi
necessāriō capiendum intellegō. Sī ūtar ad dīcendum meō lēgitimō
60 tempore, meī labōris, industriae, dīligentiaeque capiam frūctum;
et perficiam ut nēmō umquam post hominum memoriam parātior,
vigilantior, compositior ad iūdicium vēnisse videātur. Sed in hāc
laude industriae meae, reus nē ēlābātur summum perīculum est.
Quid est igitur quod fierī possit? Frūctum istum laudis, quī ex
65 perpetuā ōrātiōne percipī potuit, in alia tempora reservēmus;

nunc hominem tabulīs, testibus, prīvātīs pūblicīsque litterīs auctōri-
tātibusque accūsēmus. (11.23-33, excerpts)

Mihi certum est nōn committere ut in hāc causā praetor nōbīs
cōnsiliumque mūtētur. Nōn patiar rem in id tempus addūcī ut
hominēs miserī, anteā sociī atque amīcī populī Rōmānī, nunc servī 70
ac supplicēs, nōn modo iūs suum fortūnāsque omnīs āmittant,
vērum etiam dēplōrandī iūris suī potestātem nōn habeant.

Faciam hoc nōn novum, sed ab eīs quī nunc prīncipēs nostrae
cīvitātis sunt ante factum, ut testibus ūtar statim; illud ā mē novum,
iūdicēs, cognōscētis quod ita testīs cōnstituam ut crīmen tōtum 75
explicem. Sī quis erit quī perpetuam ōrātiōnem accūsātiōnemque
dēsīderet, alterā āctiōne audiet.

Haec prīmae āctiōnis erit accūsātiō: Dīcimus C. Verrem, cum
multa libīdinōsē, multa crūdēliter, in cīvēs Rōmānōs atque in sociōs,
multa in deōs hominēsque nefāriē fēcerit, tum praetereā quadrin- 80
gentiēns sēstertium ex Siciliā contrā lēgēs abstulisse. Hoc testibus,
hoc tabulīs prīvātīs pūblicīsque auctōritātibus ita vōbīs plānum
faciēmus ut hoc statuātis, etiam sī spatium ad dīcendum nostrō
commodō, vacuōsque diēs habuissēmus, tamen ōrātiōne longā nihil
opus fuisse. Dīxī. (18.53-56)   85

CICERO: *IN C. VERREM, ACTIO SECUNDA*

Syracuse Plundered by Verres

Contrast the treatment of Syracuse by Marcellus in war and by Verres in peace.

Ūnīus etiam urbis omnium pulcherrimae atque ōrnātissimae, Syrācūsārum, dīreptiōnem commemorābō. Nēmō ferē vestrum est quīn quem ad modum captae sint ā M. Mārcellō Syrācūsae saepe audierit, nōn numquam etiam in annālibus lēgerit. Cōnferte hanc
5 pācem cum illō bellō, huius praetōris adventum cum illīus imperātōris victōriā, huius cohortem impūram cum illīus exercitū invictō, huius libīdinēs cum illīus continentiā: ab illō quī cēpit, conditās, ab hōc quī cōnstitūtās accēpit, captās dīcētis Syrācūsās.

Ac iam illa omittō quae dispersē ā mē multīs in locīs dīcentur et
10 dicta sunt: forum Syrācūsānōrum, quod introitū Mārcellī pūrum caede servātum esset, id adventū Verris Siculōrum innocentium sanguine redundāsse; portum Syrācūsānōrum, quī tum et nostrīs classibus et Carthāginiēnsium clausus fuisset, eum istō praetōre Cilicum praedōnibus patuisse; mittō adhibitam vim ingenuīs,
15 mātrēs familiās violātās, quae tum in urbe captā commissa nōn sunt neque odiō hostīlī neque licentiā mīlitārī neque mōre bellī neque iūre victōriae; mittō, inquam, haec omnia, quae ab istō per triennium perfecta sunt. Ea, quae coniūncta cum illīs rēbus sunt dē quibus anteā dīxī, cognōscite. (IV.52.115–116)

Description of Syracuse.

20   Urbem Syrācūsās maximam esse Graecārum, pulcherrimam omnium saepe audīstis. Est, iūdicēs, ita ut dīcitur. Ea tanta est urbs, ut ex quattuor urbibus maximīs cōnstāre dīcātur, quārum ūna est ea quam dīxī Īnsula, in quā domus est quae Hierōnis rēgis fuit, quā praetōrēs ūtī solent. In eā sunt aedēs sacrae complūrēs, sed
25 duae quae longē cēterīs antecellant: Diānae, et altera quae fuit ante istīus adventum ōrnātissima, Minervae. In hāc īnsulā extrēmā est fōns aquae dulcis, cui nōmen Arethūsa est, incrēdibilī

4

magnitūdine, plēnissimus piscium. Altera autem est urbs Syrācūsīs,
cui nōmen Achradīna est, in quā forum maximum, pulcherrimae
porticūs, ōrnātissimum prytanēum, amplissima est cūria templum- 30
que ēgregium Iovis Olympiī; cēteraeque urbis partēs, quae ūnā viā
lātā perpetuā multīsque trānsversīs dīvīsae prīvātīs aedificiīs continentur. Tertia est urbs quae, quod in eā parte Fortūnae fānum
antīquum fuit, Tycha nōmināta est, in quā gymnasium amplissimum
est et complūrēs aedēs sacrae. Quarta autem est quae, quia 35
postrēma coaedificāta est, Neāpolis nōminātur; quam ad summam
theātrum maximum. Praetereā duo templa sunt ēgregia, Cereris
ūnum, alterum Līberae, signumque Apollinis, quī Temenītēs
vocātur, pulcherrimum et maximum, quod iste sī portāre potuisset,
nōn dubitāsset auferre. (IV.52.117–53.119)   40

Marcellus spared Syracuse when he captured the city in 212 B.C.

Nunc ad Mārcellum revertar, nē haec ā mē sine causā com-
memorāta esse videantur. Quī, cum tam praeclāram urbem vī
cōpiīsque cēpisset, nōn putāvit ad laudem populī Rōmānī hoc
pertinēre: hanc pulchritūdinem, ex quā praesertim perīculī nihil
ostenderētur, dēlēre et exstinguere. Itaque aedificiīs omnibus, 45
pūblicīs prīvātīs, sacrīs profānīs, sīc pepercit quasi ad ea dēfendenda
cum exercitū, nōn oppugnanda vēnisset. In ōrnātū urbis habuit
victōriae ratiōnem, habuit hūmānitātis. Victōriae putābat esse
multa Rōmam dēportāre quae ōrnāmentō urbī esse possent; hūmānitātis, nōn plānē exspoliāre urbem, praesertim quam cōnservāre 50
voluisset. In hāc partītiōne ōrnātūs nōn plūs victōria Mārcellī
populō Rōmānō appetīvit quam hūmānitās Syrācūsānīs reservāvit.
Rōmam quae apportāta sunt, ad aedem Honōris et Virtūtis itemque
aliīs in locīs vidēmus. Nihil in aedibus, nihil in hortīs posuit, nihil in
suburbānō: putāvit, sī urbis ōrnāmenta domum suam nōn con- 55
tulisset, domum suam ōrnāmentō urbī futūram. Syrācūsīs autem
permulta atque ēgregia relīquit; deum vērō nūllum violāvit,
nūllum attigit. Cōnferte Verrem, nōn ut hominem cum homine
comparētis, nē qua tālī virō mortuō fīat iniūria, sed ut pācem cum
bellō, lēgēs cum vī, forum et iūrisdictiōnem cum ferrō et armīs, 60
adventum et comitātum cum exercitū et victōriā cōnferātis.
(IV.54.120–121)

Verres plundered the Temple of Minerva — the paintings.

Aedis Minervae est in Īnsulā, dē quā ante dīxī: quam Mārcellus
nōn attigit, quam plēnam atque ōrnātam relīquit; quae ab istō sīc

65 spoliāta atque dīrepta est, nōn ut ab hoste aliquō, qui tamen in bellō
religiōnum et cōnsuētūdinis iūra retinēret, sed ut ā barbarīs praedōnibus vexāta esse videātur. Pugna erat equestris Agathoclis rēgis
in tabulīs pīcta; hīs autem tabulīs interiōrēs templī parietēs ves-
tiēbantur. Nihil erat eā pictūrā nōbilius, nihil Syrācūsīs quod magis
70 vīsendum putārētur. Hās tabulās M. Mārcellus, cum omnia victōriā illā suā profāna fēcisset, tamen religiōne impedītus nōn attigit.
Iste, cum illa iam propter diūturnam pācem fidēlitātemque populī
Syrācūsānī sacra religiōsaque accēpisset, omnēs eās tabulās abstulit;
parietēs, quōrum ōrnātūs tot saecula mānserant, tot bella effūgerant,
75 nūdōs ac dēfōrmātōs relīquit. Et Mārcellus, quī, sī Syrācūsās
cēpisset, duo templa sē Rōmae dēdicātūrum vōverat, is id quod erat
aedificātūrus eīs rēbus ōrnāre quās cēperat nōluit; Verrēs, quī nōn
Honōrī neque Virtūtī, quem ad modum ille, sed Venerī et Cupīdinī
vōta dēbēret, is Minervae templum spoliāre cōnātus est. Ille deōs
80 deōrum spoliīs ōrnārī nōluit; hic ōrnāmenta Minervae virginis in
meretrīciam domum trānstulit. Vīgintī et septem praetereā tabulās
pulcherrimē pīctās ex eādem aede sustulit in quibus erant imāginēs
Siciliae rēgum ac tyrannōrum, quae nōn sōlum pīctōrum artificiō
dēlectābant, sed etiam commemorātiōne hominum et cognitiōne
85 fōrmārum. Ac vidēte quantō taetrior hic tyrannus Syrācūsānīs
fuerit quam quisquam superiōrum: cum illī tamen ōrnārint templa
deōrum immortālium, hic etiam illōrum monumenta atque ōrnāmenta sustulerit. (IV.55.122–123).

The ornaments on the doors; even bamboo spears.

Iam vērō quid ego dē valvīs illīus templī commemorem? Vereor
90 nē, haec quī nōn vīderint, omnia mē nimis augēre atque ōrnāre
arbitrentur. Cōnfīrmāre hoc liquidō, iūdicēs, possum valvās mag-
nificentiōrēs, ex aurō atque ebore perfectiōrēs, nūllās umquam ūllō
in templō fuisse. Incrēdibile dictū est quam multī Graecī dē hārum
valvārum pulchritūdine scrīptum relīquerint. Nimium forsitan haec
95 illī mīrentur atque efferant. Estō; vērum tamen honestius est
reī pūblicae nostrae, iūdicēs, ea quae illīs pulchra esse videantur
imperātōrem nostrum in bellō relīquisse, quam praetōrem in pāce
abstulisse. Ex ebore dīligentissimē perfecta argūmenta erant in
valvīs: ea dētrahenda cūrāvit omnia. Gorgonis ōs pulcherrimum,
100 cīnctum anguibus, revellit atque abstulit; et tamen indicāvit sē nōn
sōlum artificiō sed etiam pretiō quaestūque dūcī. Nam bullās
aureās omnēs ex eīs valvīs, quae erant multae et gravēs, nōn dubitā-
vit auferre, quārum iste nōn opere dēlectābātur, sed pondere.

Itaque eius modī valvās relīquit ut quae ōlim ad ōrnandum templum
erant maximē, nunc tantum ad claudendum factae esse videantur. 105
Etiamne grāmineās hastās (vīdī enim vōs in hōc nōmine, cum testis
dīceret, commovērī, quod erat eius modī ut semel vīdisse satis esset)
in quibus neque manū factum quidquam neque pulchritūdō erat
ūlla, sed tantum magnitūdō incrēdibilis de quā vel audīre satis esset,
nimium vidēre plūs quam semel — etiam id concupīstī? (IV.56.124– 110
125)

The statue of Sappho was stolen from the city hall.

Nam Sapphō, quae sublāta dē prytaneō est, dat tibi iūstam
excūsātiōnem, prope ut concēdendum atque ignōscendum esse
videātur. Sīlāniōnis opus tam perfectum, tam ēlegāns, tam ēlabōrā-
tum quisquam nōn modo prīvātus sed etiam populus potius habēret 115
quam homō ēlegantissimus atque ērudītissimus, Verrēs? Nīmīrum
contrā dīcī nihil potest. Nostrum enim ūnus quisque — quī tam
beātī quam iste est nōn sumus, tam dēlicātī esse nōn possumus — sī
quandō aliquid istīus modī vidēre volet, eat ad aedem Fēlīcitātis, ad
monumentum Catulī, in porticum Metellī; det operam ut admit- 120
tātur in alicuius istōrum Tusculānum; spectet forum ōrnātum,
sī quid iste suōrum aedīlibus commodārit: Verrēs haec habeat
domī, Verrēs ōrnāmentīs fānōrum atque oppidōrum habeat plēnam
domum, vīllās refertās. Etiamne huius operārī studia ac dēliciās,
iūdicēs, perferētis? — quī ita nātus, ita ēducātus est, ita factus et 125
animō et corpore ut multō appositior ad ferenda quam ad auferenda
signa esse videātur. Atque haec Sapphō sublāta quantum dēsīderium
suī relīquerit dīcī vix potest. Nam cum ipsa fuit ēgregiē facta, tum
epigramma Graecum pernōbile incīsum est in basī; quod iste
ērudītus homō et Graeculus, quī haec subtīliter iūdicat, quī sōlus 130
intellegit, sī ūnam litteram Graecam scīsset, certē nōn tulisset. Nunc
enim quod scrīptum est inānī in basī, dēclārat quid fuerit, et id
ablātum indicat. (IV.57.126–127)

Other statues including a very famous one of Jupiter.

Quid, signum Paeānis ex aede Aesculāpī praeclārē factum, sacrum
ac religiōsum, nōn sustulistī? — quod omnēs propter pulchri- 135
tūdinem vīsere, propter religiōnem colere solēbant. Quid, ex aede
Līberī simulācrum Aristaeī nōn tuō imperiō palam ablātum est?
Quid, ex aede Iovis religiōsissimum simulācrum Iovis Imperātōris,
pulcherrimē factum, nōnne abstulistī? Atque ille Paeān sacrificiīs
anniversāriīs simul cum Aesculāpiō apud illōs colēbātur; Aristaeus, 140

quī inventor oleī esse dīcitur, ūnā cum Līberō patre apud illōs
eōdem erat in templō cōnsecrātus.

Iovem autem Imperātōrem quantō honōre in suō templō fuisse
arbitrāminī? Conicere potestis sī recordārī volueritis quantā
145 religiōne fuerit eādem speciē ac fōrmā signum illud quod ex Mace-
doniā captum in Capitōliō posuerat Flāminīnus. Etenim tria
ferēbantur in orbe terrārum signa Iovis Imperātōris ūnō in genere
pulcherrimē facta: ūnum illud Macedonicum, quod in Capitōliō
vīdimus; alterum in Pontī ōre et angustiīs; tertium, quod Syrācūsīs
150 ante Verrem praetōrem fuit. Illud Flāminīnus ita ex aede suā
sustulit ut in Capitōliō, hoc est, in terrestrī domiciliō Iovis pōneret.
Quod autem est ad introitum Pontī, id, cum tam multa ex illō marī
bella ēmerserint, tam multa porrō in Pontum invecta sint, ūsque ad
hanc diem integrum inviolātumque servātum est. Hoc tertium,
155 quod erat Syrācūsīs, quod M. Mārcellus armātus et victor vīderat,
quod religiōnī concesserat, quod cīvēs atque incolae Syrācūsānī
colere, advenae non sōlum vīsere vērum etiam venerārī solēbant,
id Verrēs ex templō Iovis sustulit.

Ut saepius ad Mārcellum revertar, iūdicēs, sīc habētōte: plūrēs
160 esse ā Syrācūsānīs istīus adventū deōs quam victōriā Mārcellī
hominēs dēsīderātōs. Etenim ille requīsisse etiam dīcitur Archi-
mēdem illum, summō ingeniō hominem ac disciplīnā, quem cum
audīsset interfectum, permolestē tulisse; iste omnia quae requīsīvit,
nōn ut cōnservāret, vērum ut asportāret requīsīvit. (IV.57.128–
165 58.131).

The resentment of the Syracusans.

Quid tum? Mediocrīne tandem dolōre eōs adfectōs esse arbitrāminī? Nōn ita est, iūdicēs: prīmum, quod omnēs religiōne
moventur, et deōs patriōs quōs ā maiōribus accēpērunt, colendōs
sibi dīligenter et retinendōs esse arbitrantur; deinde hic ōrnātus,
170 haec opera atque artificia, signa, tabulae pictae, Graecōs hominēs
nimiō opere dēlectant. Itaque ex illōrum querimōniīs intellegere
possumus, haec illīs acerbissima vidērī, quae forsitan nōbīs levia et
contemnenda esse videantur. Mihi crēdite, iūdicēs, cum multās
accēperint per hōsce annōs sociī atque exterae nātiōnēs calamitātēs
175 et iniūriās, nūllās Graecī hominēs gravius ferunt ac tulērunt quam
huiusce modī spoliātiōnēs fānōrum atque oppidōrum.

Licet iste dīcat ēmisse sē, sīcutī solet dīcere, crēdite hoc mihi,
iūdicēs: nūlla umquam cīvitās tōtā Asiā et Graeciā signum ūllum,
ūllam tabulam pictam, ūllum dēnique ōrnāmentum urbis suā
180 voluntāte cuiquam vēndidit. Acerbiōrem etiam scītōte esse cīvitā-

tibus falsam istam et simulātam ēmptiōnem quam sī quī clam
surripiat aut ēripiat palam atque auferat. Nam turpitūdinem
summam esse arbitrantur referrī in tabulās pūblicās,pretiō adductam
cīvitātem (et pretiō parvō) ea quae accēpisset ā maiōribus vēndidisse
atque abaliēnāsse. Etenim mīrandum in modum Graecī rēbus istīs, 185
quās nōs contemnimus, dēlectantur. Itaque maiōrēs nostrī facile
patiēbantur haec esse apud illōs quam plūrima: apud sociōs, ut
imperiō nostrō quam ōrnatissimī flōrentissimīque essent; apud eōs
autem quōs vectīgālīs aut stīpendiāriōs fēcerant, tamen haec relinquē-
bant ut illī quibus haec iūcunda sunt (quae nōbīs levia videntur) 190
habērent haec oblectāmenta et sōlācia servitūtis. Longum est et
nōn necessarium commemorāre quae apud quōsque vīsenda sunt tōtā
Asiā et Graeciā; vērum illud est quam ob rem haec commemorem,
quod exīstimāre vōs hoc volō — mīrum quendam dolōrem accipere
eōs ex quōrum urbibus haec auferantur. (IV.59.132–60.135)   195

The Crucifixion of Publius Gavius, a Roman Citizen

The case of Gavius is almost unbelievable.

Quid ego dē P. Gāviō, Cōnsānō mūnicipe, dīcam, iūdicēs? Aut
quā vī vōcis, quā gravitāte verbōrum, quō dolōre animī dīcam?
Quod crīmen eius modī est ut, cum prīmum ad mē dēlātum est,
ūsūrum mē illō nōn putārem. Tametsī enim vērissimum esse
intellegēbam, tamen crēdibile fore nōn arbitrabar. Coāctus lacrimīs 200
omnium cīvium Rōmānōrum quī in Siciliā negōtiantur, adductus
Valentinōrum, hominum honestissimōrum, omniumque Rēgīnōrum
testimōniīs multorumque equitum Rōmānōrum quī cāsū tum Messānae fuērunt, dedī tantum priōre actiōne testium, rēs ut nēminī
dubia esse posset.   205

Quid nunc agam? Cum iam tot hōrās dē ūnō genere ac dē istīus
nefāriā crūdēlitāte dīcam, cum prope omnem vim verbōrum eius
modī, quae scelere istīus digna sint, aliīs in rēbus cōnsūmpserim,
quem ad modum dē tantā rē dīcam? Opīnor, ūnus modus atque ūna
ratiō est. Rem in mediō pōnam, quae tantum habet ipsa gravitātis 210
ut neque mea (quae nūlla est) neque cuiusquam ad īnflammandōs
vestrōs animōs ēloquentia requīrātur. (V.61.158–159)

Gavius voiced complaints which were reported to Verres.

Gāvius hic, quem dīcō, Cōnsānus, cum in illō numerō cīvium
Rōmanōrum ab istō in vincula coniectus esset, et nesciō quā ratiōne
clam ē lautumiīs profūgisset, Messānamque vēnisset — quī tam 215
prope iam Ītaliam et moenia Rēgīnōrum, cīvium Rōmānōrum,

vidēret, et ex illō metū mortis ac tenebrīs, quasi lūce lībertātis et
odōre aliquō lēgum recreātus, revīxisset — loquī Messānae et querī
coepit, sē, cīvem Rōmānum, in vincula esse coniectum; sibi rēctā
220 iter esse Rōmam; Verrī se praestō advenientī futūrum. Nōn
intellegēbat miser nihil interesse, utrum haec Messānae an apud
istum in praetōriō loquerētur. Nam (ut ante vōs docuī) hanc sibi
iste urbem dēlēgerat, quam habēret adiūtrīcem scelerum, fūrtōrum
receptrīcem, flagitiōrum omnium cōnsciam. Itaque ad magistrātum
225 Mamertīnum statim dēdūcitur Gāvius: eōque ipsō diē cāsū
Messānam Verrēs vēnit. Rēs ad eum dēfertur: esse cīvem
Rōmānum quī sē Syrācūsīs in lautumiīs fuisse quererētur: quem,
iam ingredientem in nāvem et Verrī nimis atrōciter minitantem,
ab sē retrāctum esse et asservātum, ut ipse in eum statueret quod
230 vidērētur. (V.61–62.160)

*Though Gavius protested that he was a Roman citizen, Verres scourged
him and prepared a cross.*

Agit hominibus grātiās, et eōrum benevolentiam ergā sē dīligen-
tiamque collaudat. Ipse, īnflammātus scelere et furōre, in forum
venit. Ārdēbant oculī: tōtō ex ōre crūdēlitās ēminēbat. Exspectā-
bant omnēs quō tandem prōgressūrus aut quidnam āctūrus esset;
235 cum repente hominem prōripī, atque in forō mediō nūdārī ac
dēligārī, et virgās expedīrī iubet. Clāmābat ille miser sē cīvem esse
Rōmānum, mūnicipem Cōnsānum; meruisse cum L. Raeciō,
splendidissimō equite Rōmānō, quī Panormī negōtiārētur, ex quō
haec Verrēs scīre posset. Tum iste, sē comperisse eum speculandī
240 causā in Siciliam ā ducibus fugitīvōrum esse missum; cuius reī
neque index neque vestīgium aliquod, neque suspīciō cuiquam esset
ūlla. Deinde iubet undique hominem vehementissimē verberārī.
Caedēbātur virgīs in mediō forō Messānae cīvis Rōmānus, iūdicēs,
cum intereā nūllus gemitus, nūlla vōx alia illīus miserī inter dolōrem
245 crepitumque plagārum audiēbātur, nisi haec, "Cīvis Rōmānus
sum!" Hāc sē commemorātiōne cīvitātis omnia verbera dēpulsūrum,
cruciātumque ā corpore dēiectūrum, arbitrābātur. Is nōn modo
hoc nōn perfēcit, ut virgārum vim dēprecārētur; sed, cum implōrāret
saepius, ūsūrpāretque nōmen cīvitātis, crux — crux, inquam — īn-
250 fēlīcī et aerumnōsō qui numquam istam pestem vīderat, comparā-
bātur. (V.62.161–162)

What a brutal violation of the dignity and rights of Roman citizenship!

Ō nōmen dulce lībertātis! Ō iūs eximium nostrae cīvitātis! Ō

lēx Porcia, lēgēsque Semprōniae! Ō graviter dēsīderāta, et aliquandō reddita plēbī Rōmānae, tribūnicia potestās! Hūcine tandem
omnia recidērunt, ut cīvis Rōmānus, in prōvinciā populī Rōmānī, in 255
oppidō foederātōrum, ab eō quī beneficiō populī Rōmānī fascīs et
secūrīs habēret, dēligātus in forō virgīs caederētur? Quid? cum
ignēs ārdentēsque lāminae cēterīque cruciātūs admovēbantur, sī tē
illīus acerba implōrātiō et vōx miserābilis nōn inhibēbat, nē cīvium
quidem Rōmānōrum, quī tum aderant, flētū et gemitū maximō 260
commovēbāre? In crucem tū agere ausus es quemquam, quī sē
cīvem Rōmānum esse dīceret? (V.63.163)

Cicero will prove that Gavius was not a spy.

Nunc, quoniam explōrātum est omnibus quō locō causa tua sit, et
quid dē tē futūrum sit, sīc tēcum agam: Gāvium istum, quem
repentīnum speculātōrem fuisse dīcis, ostendam in lautumiās 265
Syrācūsīs abs tē esse coniectum. Neque id sōlum ex litterīs ostendam
Syrācūsānōrum, nē possīs dīcere mē, quia sit aliquis in litterīs
Gāvius, hoc fingere et ēligere nōmen, ut hunc illum esse possim
dīcere; sed ad arbitrium tuum testīs dabō, quī istum ipsum Syrācūsīs
abs tē in lautumiās coniectum esse dīcant. Prōdūcam etiam Cōn- 270
sānōs, mūnicipēs illīus ac necessāriōs, quī tē nunc sērō doceant,
iūdicēs nōn sērō, illum P. Gāvium, quem tū in crucem ēgistī, cīvem
Rōmānum et mūnicipem Cōnsānum, non speculātōrem fugitīvōrum
fuisse. (V.63.164)

Gavius' claim to Roman citizenship should have been investigated.

Cum haec omnia, quae polliceor, cumulātē tuīs patrōnīs plāna 275
fēcerō, tum istūc ipsum tenēbō, quod abs tē mihi datur; eō con-
tentum mē esse dīcam. Quid enim nūper tū ipse, cum populī
Rōmānī clāmōre atque impetū perturbātus exsiluistī, quid, inquam,
locūtus es? Illum, quod moram suppliciō quaereret, ideō clāmitāsse
sē esse cīvem Rōmānum, sed speculātōrem fuisse. Iam meī testēs 280
vērī sunt. Quid enim dīcit aliud C. Numitōrius? quid M. et P.
Cottiī, nōbilissimī hominēs, ex agrō Tauromenītānō? quid Q.
Luccēius, quī argentāriam Rēgiī maximam fēcit? quid cēterī?
Adhūc enim testēs ex eō genere ā mē sunt datī, nōn quī nōvisse
Gāvium, sed sē vīdisse dīcerent, cum is, quī sē cīvem Rōmānum esse 285
clāmāret, in crucem agerētur. Hoc tū, Verrēs, idem dīcis; hoc tū
confitēris illum clāmitāsse, sē cīvem esse Rōmānum; apud tē nōmen
cīvitātis nē tantum quidem valuisse, ut dubitātiōnem aliquam

crucis, ut crūdēlissimī taeterrimīque supplicī aliquam parvam
290 moram saltem posset adferre. (V.64.165)

The protection provided by Roman citizenship throughout the world.

Hoc teneō, hīc haereō, iūdicēs. Hōc sum contentus ūnō; omittō
ac neglegō cētera; suā cōnfessiōne induātur ac iugulētur necesse est.
Quī esset ignōrābās; speculātōrem esse suspicābāre. Nōn quaerō
quā suspīciōne: tuā tē accūsō ōrātiōne. Cīvem Rōmānum sē esse
295 dīcēbat. Sī tū, apud Persās aut in extrēmā Indiā dēprehēnsus,
Verrēs, ad supplicium dūcerēre, quid aliud clāmitārēs, nisi tē cīvem
esse Rōmānum? Et, sī tibi ignōtō apud ignōtōs, apud barbarōs, apud
hominēs in extrēmīs atque ultimīs gentibus positōs, nōbile et illūstre
apud omnīs nōmen cīvitātis tuae prōfuisset — ille, quisquis erat,
300 quem tū in crucem rapiēbās, quī tibi esset ignōtus, cum cīvem sē
Rōmānum esse dīceret, apud tē praetōrem, sī nōn effugium, nē
moram quidem mortis, mentiōne atque ūsūrpātiōne cīvitātis,
adsequī potuit? (V.64.166)

*This tremendous value of Roman citizenship is threatened by Verres'
action.*

Hominēs tenuēs, obscūrō locō nātī, nāvigant; adeunt ad ea loca
305 quae numquam anteā vīdērunt, ubi neque nōtī esse eīs quō vēnērunt,
neque semper cum cognitōribus esse possunt. Hāc ūnā tamen
fīdūciā cīvitātis, nōn modo apud nostrōs magistrātūs, quī et lēgum
et exīstimātiōnis perīculō continentur, neque apud cīvīs sōlum
Rōmānōs, quī et sermōnis et iūris et multārum rērum societāte
310 iūnctī sunt, fore sē tutōs arbitrantur; sed, quōcumque vēnerint,
hanc sibi rem praesidiō spērant futūram. Tolle hanc spem, tolle
hoc praesidium cīvibus Rōmānīs, cōnstitue nihil esse opis in hāc
vōce, "Cīvis Rōmānus sum," posse impūne praetōrem, aut alium
quemlibet, supplicium quod velit in eum cōnstituere quī sē cīvem
315 Rōmānum esse dīcat, quod eum quis ignōret: iam omnīs prōvinciās,
iam omnia rēgna, iam omnīs līberās cīvitātēs, iam omnem orbem
terrārum, quī semper nostrīs hominibus maximē patuit, cīvibus
Rōmānīs istā dēfēnsiōne praeclūseris. (V.65.167–168)

Verres is a menace to all Roman citizens.

Sed quid ego plūra dē Gāviō? quasi tū Gāviō tum fuerīs infestus,
320 ac nōn nōminī, generī, iūrī cīvium hostis. Nōn illī, inquam, hominī
sed causae commūnī lībertātis, inimīcus fuistī. Quid enim attinuit,
cum Mamertīnī, mōre atque īnstitūtō suō, crucem fīxissent post

urbem, in viā Pompēiā, tē iubēre in eā parte fīgere, quae ad fretum
spectāret; et hoc addere — quod negāre nūllō modō potes, quod
omnibus audientibus dīxistī palam — tē idcircō illum locum dēligere, 325
ut ille, quoniam sē cīvem Rōmānum esse dīceret, ex cruce Ītaliam
cernere ac domum suam prōspicere posset? Itaque illa crux sōla,
iūdicēs, post conditam Messānam, illō in locō fīxa est. Ītaliae
cōnspectus ad eam rem ab istō dēlēctus est, ut ille, in dolōre cruciātū-
que moriēns, perangustō fretū dīvīsa servitūtis ac lībertātis iūra 330
cognōsceret; Ītalia autem alumnum suum servitūtis extrēmō
summōque suppliciō adfīxum vidēret. (V.66.169)

The audacity of the crime.

Facinus est vincīre cīvem Rōmānum; scelus verberāre; prope
parricīdium necāre: quid dīcam in crucem tollere? Verbō satis
dignō tam nefāria rēs appellārī nūllō modō potest. Nōn fuit hīs 335
omnibus iste contentus. "Spectet," inquit, "patriam; in cōnspectū
lēgum lībertātisque moriātur." Nōn tū hōc locō Gāvium, nōn ūnum
hominem nesciō quem, sed commūnem lībertātis et cīvitātis causam
in illum cruciātum et crucem ēgistī. Iam vērō vidēte hominis
audāciam. Nōnne eum graviter tulisse arbitrāminī, quod illam 340
cīvibus Rōmānīs crucem nōn posset in forō, nōn in comitiō, nōn in
rōstrīs dēfīgere? Quod enim hīs locīs, in prōvinciā suā, celebritāte
simillimum, regiōne proximum potuit, ēlēgit. Monumentum sceleris
audāciaeque suae voluit esse in cōnspectū Ītaliae, vestibulō Siciliae,
praetervectiōne omnium quī ultrō citrōque nāvigārent. (V.66.170) 345

Cicero is confident of a just decision in this case.

Sī haec nōn ad cīvēs Rōmānōs, nōn ad aliquōs amīcōs nostrae
cīvitātis, nōn ad eōs quī populī Rōmānī nōmen audīssent, dēnique sī
nōn ad hominēs vērum ad bēstiās, aut etiam (ut longius prōgrediar)
sī in aliquā dēsertissimā sōlitūdine ad saxa et ad scopulōs haec
conquerī et dēplōrāre vellem, tamen omnia mūta atque inanima 350
tantā et tam indignā rerum acerbitāte commovērentur. Nunc vērō
cum loquar apud senātōrēs populī Rōmānī, lēgum et iūdiciōrum et
iūris auctōrēs, timēre nōn dēbeō nē nōn ūnus iste cīvis Rōmānus illā
cruce dignus, cēterī omnēs similī perīculō indignissimī iūdicentur.
Paulō ante, iūdicēs, lacrimās in morte miserā atque indignissimā 355
nauarchōrum nōn tenēbāmus; et rēctē ac meritō sociōrum innocentium miseriā commovēbāmur; quid nunc in nostrō sanguine
tandem facere dēbēmus? Nam cīvium Rōmānōrum sanguis con-
iūnctus exīstimandus est, quoniam id et salūtis omnium ratiō et

360 vēritās postulat. Omnēs hōc locō cīvēs Rōmānī, et quī adsunt et quī ubicumque sunt, vestram sevēritātem dēsīderant, vestram fidem implōrant, vestrum auxilium requīrunt; omnia sua iūra, commoda, auxilia, tōtam dēnique lībertātem in vestrīs sententiīs versārī arbitrantur. (V.67.171)

CICERO: *DE OFFICIIS*

To his son Marcus, a student at Athens.

Quamquam tē, Mārce fīlī, annum iam audientem Cratippum, idque Athēnīs, abundāre oportet praeceptīs īnstitūtīsque philosophiae propter summam et doctōris auctōritātem et urbis, tamen, ut ipse ad meam ūtilitātem semper cum Graecīs Latīna coniūnxī, neque id in philosophiā sōlum sed etiam in dīcendī exercitātiōne fēcī, 5 īdem tibi cēnseō faciendum ut pār sīs in utrīusque ōrātiōnis facultāte. Quam ob rem magnopere tē hortor, mī Cicerō, ut nōn sōlum ōrātiōnēs meās sed hōs etiam dē philosophiā librōs quī iam illīs ferē sē aequārunt studiōsē legās. (I.1.1–3)

The importance of morals (duties) is paramount; we shall follow the Stoics.

Sed cum statuissem scrībere ad tē aliquid hōc tempore, ab eō 10 ordīrī maximē voluī quod et aetātī tuae esset aptissimum et auctōritātī meae. Nam cum multa sint in philosophiā et gravia et ūtilia accūrātē cōpiōsēque ā philosophīs disputāta, lātissimē patēre videntur ea quae dē officiīs trādita ab illīs et praecepta sunt. Nūlla enim vītae pars neque pūblicīs neque prīvātīs neque forēnsibus 15 neque domesticīs in rēbus vacāre officiō potest; in eōque et colendō sita vītae est honestās omnis et neglegendō turpitūdō. Atque haec quidem quaestiō commūnis est omnium philosophōrum; quis enim est quī nūllīs officiī praeceptīs trādendīs philosophum sē audeat dīcere? Sequēmur igitur hōc quidem tempore et hāc in quaestiōne 20 potissimum Stōicōs. (I.2.4–6)

The need to define terms.

Placet igitur, quoniam omnis disputātiō dē officiō futūra est, ante dēfinīre quid sit officium. Omnis enim, quae ratiōne suscipitur dē aliquā rē, īnstitūtiō dēbet ā dēfīnītiōne proficīscī ut intellegātur quid sit id dē quō disputētur. Omnis dē officiō duplex est quaestiō: 25 ūnum genus est quod pertinet ad fīnem bonōrum; alterum, quod positum est in praeceptīs quibus in omnīs partīs ūsus vītae cōnfōrmārī possit. (I.2.7–3.7)

Origin of the idea of honestum (*right, morality, virtue*).

(*a*) *Self-preservation and procreation.* Prīncipiō, generī animantium
30 omnī est ā nātūrā tribūtum ut sē, vītam, corpusque tueātur, dēclīnet
ea quae nocitūra videantur, omniaque quae sint ad vīvendum necessaria anquīrat et paret. Commūne item animantium omnium est
coniunctiōnis appetītus prōcreandī causā et cūra quaedam eōrum
quae prōcreāta sunt.

35   (*b*) *Reason.* Sed inter hominem et bēluam hoc maximē interest,
quod haec tantum, quantum sēnsū movētur, ad id sōlum quod adest
quodque praesēns est, sē accommodat paulum admodum sentiēns
praeteritum aut futūrum; homo autem, quod ratiōnis est particeps,
per quam cōnsequentia cernit, causās rērum videt eārumque
40 praegressūs et quasi antecessiōnēs nōn ignōrat, similitūdinēs com-
parat rēbusque praesentibus adiungit atque adnectit futūrās, facile
totīus vītae cursum videt ad eamque dēgendam praeparat rēs
necessāriās.

(*c*) *Society.* Eademque nātūra vī ratiōnis hominem conciliat
45 hominī et ad ōrātiōnis et ad vītae societātem, ingeneratque in prīmīs
praecipuum quendam amōrem in eōs quī prōcreātī sunt impellitque
ut hominum coetūs et celebratiōnēs et esse et ā sē obīrī velit ob
eāsque causās studeat parāre ea quae suppeditent ad cultum et ad
vīctum, nec sibi sōlī sed coniugī, līberīs, cēterīsque quōs cārōs habeat
50 tuērīque dēbeat; quae cūra exsuscitat etiam animōs et maiōrēs
ad rem gerendam facit.

(*d*) *Truth.* In prīmīsque hominis est propria vērī inquīsītiō
atque investīgātiō. Itaque cum sumus necessāriīs negōtiīs cūrīsque
vacuī, tum avēmus aliquid vidēre, audīre, addiscere cognitiōnemque
55 rērum aut occultārum aut admīrābilium ad beātē vīvendum neces-
sāriam dūcimus. Ex quō intellegitur quod vērum, simplex, sincē-
rumque sit, id esse nātūrae hominis aptissimum.

(*e*) *Preëminence.* Huic vērī videndī cupiditātī adiūncta est appe-
tītiō quaedam prīncipātūs, ut nēminī parēre animus bene īnformātus
60 ā nātūrā velit nisi praecipientī aut docentī aut ūtilitātis causā iūstē
et lēgitimē imperantī; ex quō magnitūdō animī exsistit hūmānārum-
que rērum contemptiō.

(*f*) *Beauty and harmony.* Nec vērō illa parva vīs nātūrae est
ratiōnisque, quod ūnum hoc animal sentit quid sit ōrdō, quid sit
65 quod deceat, in factīs dictīsque quī modus. Itaque eōrum ipsōrum
quae aspectū sentiuntur, nūllum aliud animal pulchritūdinem,
venustātem, convenientiam partium sentit. Quam similitūdinem
nātūra ratiōque ab oculīs ad animum trānsferēns multō etiam magis

pulchritūdinem, cōnstantiam, ōrdinem in cōnsiliīs factīsque cōnservanda putat cavetque nē quid indecōrē effēminātēve faciat, tum in 70
omnibus et opiniōnibus et factīs nē quid libīdinōsē aut faciat aut
cōgitet.

(g) *Hence the concept of* honestum. Quibus ex rēbus cōnflātur et
efficitur id, quod quaerimus, honestum, quod etiamsī nōbilitātum
nōn sit, tamen honestum sit, quodque vērē dīcimus, etiamsī ā nūllō 75
laudētur, nātūrā esse laudābile. (I.4.11–14).

The four cardinal virtues: wisdom (sapientia), *justice* (iustitia),
courage (fortitudo), *temperance* (temperantia).

Fōrmam quidem ipsam, Mārce fīlī, et tamquam faciem honestī
vidēs, "quae sī oculīs cernerētur, mīrābilēs amōrēs," ut ait Platō,
"excitāret sapientiae." Sed omne quod est honestum, id quattuor
partium oritur ex aliquā: (1) aut enim in perspicientiā vērī 80
sollertiāque versātur, (2) aut in hominum societāte tuendā tribuen-
dōque suum cuique et rērum contractārum fidē, (3) aut in animī
excelsī atque invictī magnitūdine ac rōbore, (4) aut in omnium quae
fīunt quaeque dīcuntur ōrdine et modō, in quō inest modestia et
temperantia. (I.5.15) 85

Sapientia.

Ex quattuor autem locīs in quōs honestī nātūram vimque dīvīsi-
mus, prīmus ille, quī in vērī cognitiōne consistit, maximē nātūram
attingit hūmānam. Omnēs enim trahimur et dūcimur ad cognitiōnis
et scientiae cupiditātem, in quā excellere pulchrum putāmus; lābī
autem, errāre, nescīre, dēcipī et malum et turpe dūcimus. In hōc 90
genere et nātūrālī et honestō duo vitia vītanda sunt: ūnum, nē
incognita prō cognitīs habeāmus iīsque temerē assentiāmur; quod
vitium effugere quī volet (omnēs autem velle dēbent), adhibēbit ad
cōnsīderandās rēs et tempus et dīligentiam. Alterum est vitium
quod quīdam nimis magnum studium multamque operam in rēs 95
obscūrās atque difficilēs cōnferunt eāsdemque nōn necessāriās. Omnis
autem cōgitātiō mōtusque animī aut in cōnsiliīs capiendīs dē rēbus
honestīs et pertinentibus ad bene beātēque vīvendum aut in studiīs
scientiae cognitiōnisque versābitur. Ac dē prīmō quidem officiī
fonte dīximus. (I.6.18–19) 100

Iustitia.

Dē tribus autem reliquīs lātissimē patet ea ratiō quā societās
hominum inter ipsōs et vītae quasi commūnitās continētur, cuius
partēs duae sunt: iūstitia, in quā virtūtis est splendor maximus, ex

quā virī bonī nominantur; et huic coniūncta beneficentia, quam
105 eandem vel benignitātem vel līberālitātem appellārī licet.

(*a*) *Justice proper.* Sed iūstitiae prīmum mūnus est ut nē cui quis
noceat nisi lacessītus iniūriā, deinde ut commūnibus prō commūnibus ūtātur, prīvātīs ut suīs. Fundāmentum autem est iūstitiae fidēs,
id est dictōrum conventōrumque cōnstantia et vēritās.

110 (*b*) *Injustice: two kinds.* Iniūstitiae genera duo sunt, ūnum
eōrum quī īnferunt; alterum eōrum quī ab iīs quibus īnfertur, sī
possunt, non propulsant iniūriam. Nam quī iniūstē impetum in
quempiam facit aut īrā aut aliquā perturbātiōne incitātus, is quasi
manūs afferre vidētur sociō; quī autem nōn dēfendit nec obsistit, sī
115 potest, iniūriae, tam est in vitiō quam sī parentēs aut patriam dēserat.

(*c*) *Motives for injustice.* Atque illae quidem iniūriae quae nocendī
causā dē industriā īnferuntur, saepe ā metū proficīscuntur, cum is quī
nocēre alterī cōgitat timet nē, nisi id fēcerit, ipse aliquō afficiātur
incommodō. Maximam autem partem ad iniūriam faciendam
120 aggrediuntur ut adipīscantur ea quae concupīvērunt; in quō vitiō
lātissimē patet avāritia. Sed in omnī iniūstitiā permultum interest
utrum perturbātiōne aliquā animī, quae plērumque brevis est, an
cōnsultō et cōgitātē fīat iniūria. Leviōra enim sunt ea quae repentīnō
aliquō mōtū accidunt. Bene praecipiunt quī vetant quicquam agere
125 quod dubitēs aequum sit an inīquum. Aequitās enim lūcet ipsa per
sē, dubitātiō cōgitātiōnem significat iniūriae. (I.7.20–9.30)

(*d*) *Justice in special cases:* (1) *Promises.* Sed incidunt saepe
tempora cum ea quae maximē videntur digna esse iūstō homine
commūtantur fīuntque contrāria, ut reddere dēpositum, facere
130 prōmissum; quaeque pertinent ad vēritātem et ad fidem, ea migrāre
interdum et nōn servāre fit iūstum. Referrī enim decet ad ea, quae
prōposuī prīncipiō, fundamenta iūstitiae—prīmum ut nē cui
noceātur, deinde ut commūnī ūtilitātī serviātur. Ea cum tempore
commūtantur, commūtātur officium, et nōn semper est idem. Nec
135 prōmissa igitur servanda sunt ea quae sint iīs, quibus prōmīserīs,
inūtilia. Exsistunt etiam saepe iniūriae calumniā quādam et nimis
callidā sed malitiōsā iūris interpretātiōne. Quō in genere etiam in
rē pūblicā multa peccantur, ut ille quī, cum trīgintā diērum essent
cum hoste indūtiae factae, noctū populābātur agrōs, quod diērum
140 essent pāctae, nōn noctium indūtiae. Nē noster quidem probandus,
sī vērum est Q. Fabium Labeōnem seu quem alium arbitrum
Nōlānīs et Neāpolītānīs dē fīnibus ā senātū datum, cum ad locum
vēnisset, cum utrīsque sēparātim locūtum nē cupidē quid agerent nē
appetenter atque ut regredī quam prōgredī māllent. Id cum utrīque

fēcissent, aliquantum agrī in mediō relictum est. Itaque illōrum 145
fīnīs sīc, ut ipsī dīxerant, termināvit; in mediō relictum quod erat,
populō Rōmānō adiūdicāvit. Dēcipere hoc quidem est, non iūdicāre.
Quōcircā in omnī est rē fugienda tālis sollertia. (I.10.31–33)

(2) *Duties in war and toward the enemy.* Sunt autem quaedam
officia etiam adversus eōs servanda ā quibus iniūriam accēperīs. •150
Est enim ulcīscendī et pūniendī modus; atque haud sciō an satis
sit eum quī lacessierit iniūriae suae paenitēre,ut et ipse nē quid tāle
posthāc, et cēterī sint ad iniūriam tardiōrēs. Atque in rē pūblicā
maximē cōnservanda sunt iūra bellī. Atque etiam sī quid singulī,
temporibus adductī, hostī prōmīsērunt, est in eō ipsō fidēs cōnser- 155
vanda, ut prīmō Pūnicō bellō Regulus captus ā Poenīs cum dē
captīvīs commūtandīs Rōmam missus esset iūrāssetque sē reditūrum,
prīmum, ut vēnit, captīvōs reddendōs in senātū nōn cēnsuit, deinde,
cum retinerētur ā propinquīs et ab amīcīs, ad supplicium redīre
māluit quam fidem hostī datam fallere. 160

(3) *Justice toward slaves.* Meminerīmus autem etiam adversus īnfimōs
iūstitiam esse servandam. Est autem īnfima condiciō et fortūna
servōrum, quibus nōn male praecipiunt quī ita iubent ūtī ut
mercennāriīs: operam exigendam, iūsta praebenda. (I.11.33–13.41)

Fortitudo, *physical and moral.*

(a) *Courage must be based on justice.* Ea animī ēlātiō quae cernitur 165
in perīculīs et labōribus, sī iūstitiā vacat pugnatque nōn prō salūte
commūnī, sed prō suīs commodīs, in vitiō est. Quōcircā nēmō, quī
fortitūdinis glōriam cōnsecūtus est, īnsidiīs et malitiā laudem est
adeptus; nihil enim honestum esse potest quod iūstitiā vacat.
Praeclārum igitur illud Platōnis: "Nōn," inquit, "sōlum scientia 170
quae est remōta ab iūstitiā callidītās potius quam sapientia est
appellanda, vērum etiam animus parātus ad perīculum, sī suā
cupiditāte, nōn ūtilitāte commūnī, impellitur, audāciae potius
nōmen habeat quam fortitūdinis." Difficile autem est, cum praes-
tāre omnibus concupieris, servāre aequitātem, quae est iūstitiae 175
maximē propria. Sed quō difficilius, hōc praeclārius; nūllum enim
est tempus quod iūstitiā vacāre dēbeat. Fortēs igitur et magnanimī
sunt habendī, nōn quī faciunt, sed quī prōpulsant iniūriam. Vēra
autem et sapiēns animī magnitūdō honestum illud, quod maximē
nātūra sequitur, in factīs positum, nōn in glōriā iūdicat, prīncipem- 180
que sē esse māvult quam vidērī. (I.19.62–65)

(b) *Two aspects of courage:* (1) *Indifference to external circumstance.*
Omnīnō fortis animus et magnus duābus rēbus maximē cernitur,

quārum ūna in rērum externārum dēspicientiā ponitur, cum per-
185 suāsum est nihil hominem, nisi quod honestum decōrumque sit,
aut admīrārī aut optāre aut expetere oportēre nūllīque neque
hominī neque perturbātiōnī animī nec fortūnae succumbere.

(2) *Readiness to do the useful but dangerous.* Altera est rēs ut, cum
ita sīs affectus animō (ut suprā dīxī), rēs gerās magnās illās quidem
190 et maximē ūtilēs, sed vehementer arduās plēnāsque labōrum et
perīculōrum cum vītae, tum multārum rērum quae ad vītam
pertinent. Nam et ea quae eximia plērīsque et praeclāra videntur,
parva dūcere eaque ratiōne stabilī fīrmāque contemnere fortis
animī magnīque dūcendum est, et ea quae videntur acerba, quae
195 multa et varia in hominum vītā fortūnāque versantur, ita ferre ut
nihil ā statū nātūrae discēdās, nihil ā dignitāte sapientis, robustī
animī est magnae cōnstantiae.

(c) *Courage to resist excessive desires.* Nōn est autem cōnsentāneum,
quī metū nōn frangātur, eum frangī cupiditāte nec, quī invictum sē ā
200 labōre praestiterit, vincī ā voluptāte. Quam ob rem et haec vītanda
et pecūniae fugienda cupiditās; nihil enim est tam angustī animī
tamque parvī quam amāre dīvitiās, nihil honestius magnificentius-
que quam pecūniam contemnere, sī nōn habeās, sī habeās ad bene-
ficientiam līberālitātemque cōnferre. Cavenda etiam est glōriae
205 cupiditās, ut suprā dīxī; ēripit enim lībertātem. Vacandum autem
omnī est animī perturbātiōne, cum cupiditāte et metū, tum etiam
aegritūdine et voluptāte nimiā et īracundiā ut tranquillitās animī et
sēcūritās adsit. (I.20.66–69)

(d) *Political leaders should serve the interests of the whole state and not*
210 *merely those of self or party.* Omnīnō quī reī pūblicae praefutūrī
sunt, duo praecepta Platōnis teneant, ūnum ut ūtilitātem cīvium
sīc tueantur ut, quaecumque agunt, ad eam referant oblītī com-
modōrum suōrum; alterum ut tōtum corpus reī pūblicae cūrent,
nē, dum partem aliquam tuentur, reliquās dēserant. Ut enim
215 tūtēla, sīc prōcūrātiō reī pūblicae ad eōrum ūtilitātem quī commissī
sunt, nōn ad eōrum quibus commissa est, gerenda est. Quī autem
partī cīvium cōnsulunt, partem neglegunt, rem perniciōsissimam
in cīvitātem indūcunt, sēditiōnem atque discordiam. Hinc apud
Athēniēnsīs magnae discordiae; in nostrā rē pūblicā nōn sōlum
220 sēditiōnēs, sed etiam pestifera bella cīvīlia, quae gravis et fortis
cīvis et in rē pūblicā dignus prīncipātū fugiet atque ōderit, trādetque
sē tōtum reī pūblicae, neque opēs aut potentiam cōnsectābitur,
tōtamque eam sīc tuēbitur ut omnibus cōnsulat; omnīnōque ita
iūstitiae honestātīque adhaerēscet ut, dum ea cōnservet, quamvīs

graviter offendat mortemque oppetat potius quam dēserat illa quae 225
dīxī. (I.25.85–86)

(e) *Arrogance and flattery are to be avoided.* Atque etiam in rēbus
prosperīs et ad voluntātem nostram fluentibus superbiam magnopere,
fastīdium, arrogantiamque fugiāmus. Nam ut adversās rēs, sīc
secundās immoderātē ferre levitātis est, praeclāraque est aequābilitās 230
in omnī vītā et īdem semper vultus eademque frōns, ut dē Sōcrate
itemque dē C. Laeliō accēpimus. (I.26.90)

Temperantia, *Greek* sōphrosynē, *moderation, self-control.*

Sequitur ut dē ūnā reliquā parte honestātis dīcendum sit, in quā
verēcundia et, quasi quīdam ōrnātūs vītae, temperantia et modestia
omnisque sēdātiō perturbātiōnum animī et rērum modus cernitur. 235
Hōc locō continētur id quod dīcī Latīnē decōrum potest. Huius
vīs ea est ut ab honestō nōn queat sēparārī; nam et quod decet
honestum est, et quod honestum est decet. Quālis autem differentia
sit honestī et decōrī facilius intellegī quam explānārī potest.
Quidquid est enim quod deceat, id tum apparet cum antegressa 240
est honestās. Itaque nōn sōlum in hāc parte honestātis dē quā
hōc locō disserendum est, sed etiam in tribus superiōribus quid
deceat appāret. Nam et ratiōne ūtī atque ōrātiōne prūdenter, et
agere quod agās cōnsīderātē, omnīque in rē quid sit vērī vidēre et
tuērī decet; contrāque fallī, errāre, lābī, dēcipī tam dēdecet quam 245
dēlīrāre et mente esse captum; et iūsta omnia decōra sunt, iniūsta
contrā, ut turpia, sīc indecōra. Similis est ratiō fortitūdinis. Quod
enim virīliter animōque magnō fit, id dignum virō et decōrum
vidētur; quod contrā, id ut turpe, sīc indecōrum. (I.27.93–94)

(a) *The dual nature of the soul: (1) appetite; (2) reason, to govern* 250
the appetites. Duplex est enim vīs animōrum atque nātūra: ūna
pars in appetītū posita est, quae hominem hūc et illūc rapit;
altera, in ratiōne, quae docet et explānat quid faciendum fugien-
dumque sit. Ita fit ut ratiō praesit, appetītus obtemperet. Omnis
autem actiō vacāre dēbet temeritāte et neglegentiā, nec vērō agere 255
quidquam cuius nōn possit causam probābilem reddere; haec est
enim ferē discrīptiō officiī. Efficiendum autem est ut appetītūs
ratiōnī oboediant eamque neque praecurrant nec propter pigritiam
aut ignāviam dēserant, sintque tranquillī atque omnī animī perturbātiōne careant; ex quō ēlūcēbit omnis cōnstantia omnisque 260
moderātiō. Nam quī appetītūs longius ēvagantur et tamquam
exsultantēs nōn satis ā ratiōne retinentur, iī sine dubiō fīnem et
modum trānseunt; relinquunt enim et abiciunt oboedientiam nec

ratiōnī pārent, cui sunt subiectī lēge nātūrae; ā quibus nōn modo
265 animī perturbantur sed etiam corpora. Licet ōra ipsa cernere
īrātōrum aut eōrum quī aut libīdine aliquā aut metū commōtī
sunt aut voluptāte nimiā gestiunt; quōrum omnium vultūs, vōcēs,
mōtūs, statūsque mūtantur. Ex quibus illud intellegitur (ut ad
officiī fōrmam revertāmur) appetītūs omnēs contrahendōs sē-
270 dandōsque esse excitandamque dīligentiam ut nē quid temerē ac
fortuitō, incōnsīderātē neglegenterque agāmus. (I.28.101–29.103)

  (b) *In every action three things are to be observed:* (1) *submission of*
the appetites; (2) *proportion;* (3) *moderation.* In omnī actiōne
suscipiendā tria sunt tenenda: prīmum ut appetītus ratiōnī pāreat,
275 quō nihil est ad officia cōnservanda accommodātius; deinde ut
animadvertātur quanta illa rēs sit quam efficere velīmus, ut nēve
maior nēve minor cūra et opera suscipiātur quam causa postulet.
Tertium est ut caveāmus ut ea, quae pertinent ad līberālem speciem
et dignitātem, moderāta sint. Modus autem est optimus decus
280 ipsum tenēre, dē quō ante dīximus, nec prōgredī longius. Hōrum
tamen trium praestantissimum est appetītum obtemperāre ratiōnī.
(I.39.141)

              The topic of expediency and moral right.

Cum igitur aliqua speciēs ūtilitātis obiecta est, commovērī necesse
est; sed sī, cum animum attenderis, turpitūdinem videās adiūnctam
285 eī reī quae speciem ūtilitātis attulerit, tum nōn ūtilitās relinquenda
est, sed intellegendum, ubi turpitūdō sit, ibi ūtilitātem esse nōn
posse. Atque etiam ex omnī dēliberātiōne cēlandī et occultandī
spēs opīniōque removenda est. Satis enim nōbīs, sī modo in
philosophiā aliquid prōfēcimus, persuāsum esse dēbet, sī omnēs
290 deōs hominēsque cēlāre possīmus, nihil tamen avārē, nihil iniūstē,
nihil libīdinōsē, nihil incontinenter esse faciendum.

  (a) *Illustrated by Plato's story about the ring of Gyges.* Hinc ille
Gȳgēs indūcitur ā Platōne, quī, cum terra discessisset magnīs quibusdam imbribus, dēscendit in illum hiātum aēneumque equum, ut
295 ferunt fābulae, animadvertit cuius in lateribus forēs essent. Quibus
apertīs, corpus hominis mortuī vīdit magnitūdine invīsitātā ānulum-
que aureum in digitō; quem ut dētrāxit, ipse induit (erat autem
rēgius pāstor), tum in concilium sē pāstōrum recēpit. Ibi cum
pālam eius ānulī ad palmam converterat, ā nūllō vidēbātur, ipse
300 autem omnia vidēbat; īdem rūrsus vidēbātur, cum in locum
ānulum inverterat. Itaque, hāc opportūnitāte ānulī ūsus, rēgīnae
stuprum intulit; eāque adiūtrīce, rēgem dominum interēmit;
sustulit quōs obstāre arbitrābātur; nec in hīs eum facinoribus

quisquam potuit vidēre. Sīc repente ānulī beneficiō rēx exortus
est Lȳdiae. 305

(*b*) *Application of the story.* Hunc igitur ipsum ānulum sī habeat
sapiēns, nihilō plūs sibi licēre putet peccāre, quam sī nōn habēret;
honesta enim bonīs virīs, nōn occulta quaeruntur. Atque hōc lǫcō
philosophī quīdam, minimē malī illī quidem, sed nōn satis acūtī,
fictam et commentīciam fābulam prōlātam dīcunt ā Platōne; quasi 310
vērō ille aut factum id esse aut fierī potuisse dēfendat! Haec est
vīs huius ānulī et huius exemplī: sī nēmō scītūrus, nēmō nē
suspicātūrus quidem sit, cum aliquid dīvitiārum, potentiaė, domi-
nātiōnis, libīdinis causā fēcerīs, sī id dīs hominibusque futūrum sit
semper ignōtum, sīsne factūrus? Negant id fierī posse. Nēquāquam 315
potest id quidem; sed quaerō, quod negant posse, id sī posset,
quidnam facerent. Cum enim quaerimus sī cēlāre possint, quid
factūrī sint, nōn quaerimus possintne cēlāre, sed tamquam tormenta
quaedam adhibēmus ut, sī responderint sē impūnitāte prōpositā
factūrōs quod expediat, facinorōsōs sē esse fateantur; sī negent, omnia 320
turpia per sē ipsa fugienda esse concēdant. (III.8.35–9.39)

Expediency and the right: theory and practice, numerous examples.

Incidunt multae saepe causae quae conturbent animōs ūtilitātis
speciē, nōn cum hoc dēlīberētur—relinquendane sit honestās propter
ūtilitātis magnitūdinem (nam id quidem improbum est), sed illud—
possitne id quod ūtile videātur fierī nōn turpiter. 325

(*1*) *Brutus and Collatinus.* Cum Collātīnō collēgae Brūtus imperium abrogābat, poterat vidērī facere id iniūstē; fuerat enim
in rēgibus expellendīs socius Brūtī cōnsiliōrum et adiūtor. Cum
autem cōnsilium hoc prīncipēs cēpissent, cognātiōnem Superbī
nōmenque Tarquiniōrum et memoriam regnī esse tollendam, quod 330
erat ūtile, patriae consulere, id erat ita honestum ut etiam ipsī
Collātīnō placēre dēbēret. Itaque ūtilitās valuit propter honestātem,
sine quā nē ūtilitās quidem esse potuisset.

(*2*) *Romulus.* At in eō rēge, quī urbem condidit, nōn item;
speciēs enim ūtilitātis animum pepulit eius; cui cum vīsum esset 335
ūtilius sōlum quam cum alterō rēgnāre, frātrem interēmit. Omīsit
hic et pietātem et hūmānitātem ut id, quod ūtile vidēbātur neque
erat, assequī posset; et tamen mūrī causam opposuit, speciem
honestātis nec probābilem nec sānē idōneam. Peccāvit igitur, pāce
vel Quirīnī vel Rōmulī dīxerim. 340

(*3*) *In the stadium.* Nec tamen nostrae nōbīs ūtilitātēs omittendae
sunt aliīsque trādendae cum iīs ipsīs egeāmus, sed suae cuique

ūtilitātī, quod sine alterīus iniūriā fīat, serviendum est. Scītē
Chrȳsippus ut multa: "Quī stadium," inquit, "currit, ēnītī et
345 contendere dēbet quam maximē possit, ut vincat; supplantāre
eum quōcum certet, aut manū dēpellere nūllō modō dēbet. Sīc
in vītā sibi quemque petere quod pertineat ad ūsum, nōn inīquum
est, alterī dēripere iūs nōn est." (III.10.40–42)

(4) *In the Second Punic War.* Illa praeclāra in quibus pūblicae
350 ūtilitātis speciēs prae honestāte contemnitur. Plēna exemplōrum
est nostra rēs pūblica cum saepe, tum maximē bellō Pūnicō secundō;
quae, Cannēnsī calamitāte acceptā, maiōrēs animōs habuit quam
umquam rēbus secundīs: nūlla timōris significātiō, nūlla mentiō
pācis. Tanta est vīs honestī ut speciem ūtilitātis obscūret.

355 (5) *The Athenians in* 480 B.C. Athēniēnsēs cum Persārum
impetum nūllō modō possent sustinēre statuerentque ut urbe
relictā, coniugibus et līberīs Troezēne dēpositīs, nāvēs cōnscenderent
lībertātemque Graeciae classe dēfenderent, Cyrsilum quendam
suādentem ut in urbe manērent Xerxemque reciperent, lapidibus
360 obruērunt. At ille ūtilitātem sequī vidēbātur; sed ea nūlla erat,
repugnante honestāte.

(6) *Themistocles (vs. the Spartans) and Aristides.* Themistoclēs post
victōriam eius bellī, quod cum Persīs fuit, dīxit in cōntiōne sē
habēre cōnsilium reī pūblicae salūtāre, sed id scīrī nōn opus esse;
365 postulāvit ut aliquem populus daret quīcum commūnicāret. Datus
est Aristīdēs. Huic ille classem Lacedaemoniōrum quae subducta
esset ad Gythēum clam incendī posse, quō factō frangī Lacedaemoniōrum opēs necesse esset. Quod Aristīdēs cum audīsset, in cōntiōnem
magnā exspectātiōne vēnit dīxitque perūtile esse cōnsilium quod
370 Themistoclēs adferret, sed minimē honestum. Itaque Athēniēnsēs,
quod honestum nōn esset, id nē ūtile quidem putāvērunt tōtamque
eam rem, quam nē audierant quidem, auctōre Aristīde repudiā-
vērunt. (III.11.47–49)

(7) *Fabricius and Pyrrhus.* Quamquam id quidem cum saepe
375 aliās, tum Pyrrhī bellō ā C. Fabriciō cōnsule iterum et ā senātū
nostrō iūdicātum est. Cum enim rēx Pyrrhus populō Rōmānō
bellum ultrō intulisset, cumque dē imperiō certāmen esset cum
rēge generōsō ac potentī, perfuga ab eō vēnit in castra Fabriciī
eīque est pollicitus, sī praemium sibi prōposuisset, sē, ut clam
380 vēnisset, sīc clam in Pyrrhī castra reditūrum et eum venēnō
necātūrum. Hunc Fabricius redūcendum cūrāvit ad Pyrrhum,
idque eius factum laudātum ā senātū est. Atquī, sī speciem
ūtilitātis opīniōnemque quaerimus, magnum illud bellum perfuga

ūnus et gravem adversārium imperiī sustulisset, sed magnum
dēdecus et flāgitium fuisset eum nōn virtūte sed scelere superātum. 385
Utrum igitur ūtilius Fabriciō, quī tālis in hāc urbe quālis Aristīdēs
Athēnīs fuit, vel senātuī nostrō, quī numquam ūtilitātem ā dignitāte
sēiūnxit, armīs cum hoste certāre an venēnīs? Sī glōriae causā
imperium expetendum est, scelus absit, in quō nōn potest esse
glōria; sīn ipsae opēs expetuntur quōquō modō, nōn poterunt 390
ūtilēs esse cum īnfāmiā.

(*8*) *Even Romans can err.* Nōn igitur ūtilis illa L. Philippī Q. f.
sententia, quās cīvitātēs L. Sulla pecūniā acceptā ex senātūs
cōnsultō līberāvisset, ut eae rursus vectīgālēs essent neque iīs
pecūniam, quam prō lībertāte dederant, redderēmus. Ei senātus 395
est adsēnsus. Turpe imperiō! Pīrātārum enim melior fidēs quam
senātūs. At aucta vectīgālia, ūtile igitur. Quousque audēbunt
dīcere quidquam ūtile quod nōn honestum? Potest autem ūllī
imperiō, quod glōriā dēbet fultum esse et benevolentiā sociōrum,
ūtile esse odium et īnfāmia? (III.22.86–87)   400

*Promises may be broken when inexpedient for those to whom they have
been made.*

Ac nē illa quidem prōmissa servanda sunt quae nōn sunt iīs ipsīs
ūtilia quibus illa prōmīserīs.

(*1*) *The case of Phaëthon.* Sol Phaëthontī fīliō (ut redeāmus ad
fābulās) factūrum sē esse dīxit quidquid optāsset; optāvit ut in
currum patris tollerētur; sublātus est. Atque is, antequam cōnstitit, 405
ictū fulminis dēflagrāvit. Quantō melius fuerat in hōc prōmissum
patris nōn esse servātum!

(*2*) *Theseus and Hippolytus.* Quid quod Thēseus exēgit prōmissum
ā Neptūnō? cui cum trēs optātiōnēs Neptūnus dedisset, optāvit
interitum Hippolytī fīliī, cum is patrī suspectus esset dē novercā. 410
Quō optātō impetrātō, Thēseus in maximīs fuit luctibus.

(*3*) *Agamemnon and Iphigenia.* Quid quod Agamemnon, cum
dēvovisset Diānae quod in suō rēgnō pulcherrimum nātum esset
illō annō, immolāvit Īphigenīam, quā nihil erat eō quidem annō
nātum pulchrius? Prōmissum potius nōn faciendum quam tam 415
taetrum facinus admittendum fuit.

(*4*) *A promise to return something.* Ergō et prōmissa nōn facienda
nōn numquam; neque semper dēposita reddenda. Sī gladium quis
apud tē sānā mente dēposuerit, repetat īnsāniēns, reddere peccātum
sit, officium nōn reddere. Quid sī is, quī apud tē pecūniam 420
dēposuerit, bellum īnferat patriae, reddāsne dēpositum? Nōn

crēdō; faciās enim contrā rem pūblicam, quae dēbet esse cārissima.
Sīc multa, quae honesta nātūrā videntur esse, temporibus fīunt nōn
honesta: facere prōmissa, stāre conventīs, reddere dēposita, com-
425 mūtātā ūtilitāte, fīunt nōn honesta. (III.25.94–95)

The famous example of Regulus in the First Punic War.

M. Atīlius Rēgulus, cum cōnsul iterum in Āfricā ex īnsidiīs captus
esset, iūrātus missus est ad senātum ut, nisi redditī essent Poenīs
captīvī nōbilēs quīdam, redīret ipse Carthāginem. Is cum Rōmam
vēnisset, ūtilitātis speciem vidēbat sed eam, ut rēs dēclārat, falsam
430 iūdicāvit; quae erat tālis: manēre in patriā; esse domī suae cum
uxōre, cum līberīs; quam calamitātem accēpisset in bellō, commūnem fortūnae bellicae iūdicantem tenēre cōnsulāris dignitātis
gradum. Quis haec negat esse ūtilia? Magnitūdō animī et
fortitūdō negat. Itaque quid fēcit? In senātum vēnit; mandāta
435 exposuit; sententiam nē dīceret recūsāvit: quamdiū iūre iūrandō
hostium tenērētur, nōn esse sē senātōrem. Atque illud etiam
("Ō stultum hominem," dīxerit quispiam, "et repugnantem
ūtilitātī suae!"), reddī captīvōs negāvit esse ūtile; illōs enim
adulēscentēs esse et bonōs ducēs, sē iam cōnfectum senectūte.
440 Cuius cum valuisset auctōritās, captīvī retentī sunt; ipse Carthāginem rediit; neque eum cāritās patriae retinuit nec suōrum.
Neque vērō tum ignōrābat sē ad crūdēlissimum hostem et ad
exquīsīta supplicia proficīscī, sed iūs iūrandum cōnservandum
putābat. Itaque tum cum vigilandō necābātur, erat in meliōre
445 causā quam sī domī senex captīvus, periūrus cōnsulāris remānsisset.
Potest autem quod inūtile reī pūblicae sit, id cuiquam cīvī ūtile
esse? (III.26.99–27.101)

Two examples after the defeat of the Romans at Cannae in the Second Punic War.

Sed ut laudandus Rēgulus in cōnservandō iūre, sīc decem illī
quōs post Cannēnsem pugnam iūrātōs ad senātum mīsit Hannibal
450 sē in castra reditūrōs ea, quōrum erant potītī Poenī, nisi dē
redimendīs captīvīs impetrāvissent, sī nōn rediērunt, vituperandī.
Polybius, bonus auctor in prīmīs, ex decem nōbilissimīs, quī tum
erant missī, novem revertisse dīcit, rē ā senātū nōn impetrātā;
ūnum ex decem, quī, paulō post quam erat ēgressus ē castrīs,
455 redīsset quasi aliquid esset oblītus, Rōmae remānsisse; reditū enim
in castra līberātum sē esse iūre iūrandō interpretābātur—nōn rēctē,
fraus enim adstringit, nōn dissolvit periūrium. Fuit igitur stulta

calliditās perversē imitāta prūdentiam. Itaque dēcrēvit senātus ut
ille callidus, vinctus, ad Hannibalem dūcerētur. Sed illud maximum:
octō hominum mīlia tenēbat Hannibal, nōn quōs in aciē cēpisset 460
aut quī perīculō mortis diffūgissent, sed quī relictī in castrīs fuissent
ā Paulō et ā Varrōne cōnsulibus. Eōs senātus nōn cēnsuit redimendōs
(cum id parvā pecūniā fierī posset), ut esset īnsitum mīlitibus
nostrīs aut vincere aut ēmorī. Quā quidem rē audītā, fractum
animum Hannibalis scrībit īdem quod senātus populusque Rōmānus 465
rēbus adflīctīs tam excelsō animō fuisset. Sīc honestātis comparātiōne ea, quae videntur ūtilia, vincuntur. (III.32.113–114)

CICERO: *DE AMICITIA*

Preface and dedication to Atticus.

Tum Scaevola exposuit nōbīs sermōnem Laelī dē amīcitiā habitum ab illō sēcum et cum alterō generō C. Fanniō paucīs diēbus post mortem Āfricānī. Eius disputātiōnis sententiās memoriae mandāvī, quās hōc librō exposuī arbitrātū meō; quasi enim ipsōs 5 indūxī loquentēs ut tamquam ā praesentibus cōram habērī sermō vidērētur. Cum enim saepe mēcum agerēs ut dē amīcitiā scrīberem aliquid, digna mihi rēs cum omnium cognitiōne tum nostrā familiāritāte vīsa est. Itaque fēcī nōn invītus ut prōdessem multīs rogātū tuō. Cum accēpissēmus ā patribus maximē memorābilem 10 C. Laelī et P. Scīpiōnis familiāritātem fuisse, idōnea mihi Laelī persōna vīsa est quae dē amīcitiā ea ipsa dissereret quae disputāta ab eō meminisset Scaevola. Genus autem hoc sermōnum positum in hominum veterum auctōritāte et eōrum illustrium plūs vidētur habēre gravitātis. (Sed hōc librō ad amīcum amīcissimus dē 15 amīcitiā scrīpsī.) Nunc Laelius amīcitiae glōriā excellēns dē amīcitiā loquitur. C. Fannius et Q. Mūcius ad socerum veniunt post mortem Āfricānī. Ab hīs sermō oritur, respondet Laelius, cuius tōta disputātiō est dē amīcitiā, quam legēns tū tē ipse cognōscēs. (3–5)

Introductory conversation: how Laelius bore the loss of his friend Scipio.

20 FANNIUS. Itaque ex mē quaerunt quōnam pactō mortem Āfricānī ferās.

SCAEVOLA. Quaerunt quidem, C. Laelī, multī, ut est ā Fanniō dictum; sed id respondeō quod animum advertī: tē dolōrem quem accēperīs cum summī virī tum amīcissimī morte ferre moderātē, 25 nec potuisse nōn commovērī.

LAELIUS. Rēctē tū quidem, Scaevola, et vērē. Ego sī Scīpiōnis dēsīderiō mē movērī negem, quam id rēctē faciam vīderint sapientēs; sed certē mentiar. Moveor enim tālī amīcō orbātus quālis, ut

28

arbitror, nēmō umquam erit. Sed tamen recordātiōne nostrae
amīcitiae sīc fruor ut beātē vīxisse videar, quia cum Scīpiōne 30
vīxerim. Itaque nōn tam ista mē sapientiae quam modo Fannius
commemorāvit fama dēlectat quam quod amīcitiae nostrae
memoriam spērō sempiternam fore. Idque mihi eō magis est
cordī quod ex omnibus saeculīs vix tria aut quattuor nōminantur
paria amīcōrum, quō in genere spērāre videor Scīpiōnis et Laelī 35
amīcitiam nōtam posteritātī fore.

FANNIUS. Quoniam amīcitiae mentiōnem fēcistī et sumus ōtiōsī,
pergrātum mihi fēceris si de amīcitiā disputāris quid sentiās,
quālem exīstimēs, quae praecepta dēs.

SCAEVOLA. Mihi vērō erit grātum. (7–16)   40

Laelius' observations on the nature of friendship.

LAELIUS. Ego vērō nōn gravārer sī mihi ipse cōnfīderem; nam
et praeclāra rēs est, et sumus, ut dīxit Fannius, ōtiōsī. Sed quis
ego sum? aut quae est in mē facultās? Magnum opus est egetque
exercitātiōne nōn parvā. Quamobrem quae disputārī dē amīcitiā
possunt, ab eīs cēnseō petātis quī ista profitentur. Ego vōs hortārī 45
tantum possum ut amīcitiam omnibus rēbus hūmānīs antepōnātis;
nihil est enim tam nātūrae aptum, tam conveniēns ad rēs vel secundās vel adversās. Sed hoc prīmum sentiō: nisi in bonīs amīcitiam
esse nōn posse.

Est autem amīcitia nihil aliud nisi omnium dīvīnārum hūmānā- 50
rumque rērum cum benevolentiā et cāritāte cōnsēnsiō; quā quidem
haud sciō an exceptā sapientiā nihil melius hominī sit ā dīs im-
mortālibus datum. Dīvitiās aliī praepōnunt, bonam aliī valētūdinem,
aliī potentiam, aliī honōrēs, multī etiam voluptātēs. Bēluārum
hoc quidem extrēmum; illa autem superiōra cadūca et incerta, 55
posita nōn tam in cōnsiliīs nostrīs quam in fortūnae temeritāte.
Quī autem in virtūte summum bonum pōnunt, praeclārē i.lī
quidem; sed haec ipsa virtūs amīcitiam et gignit et continet, nec
sine virtūte amīcitia esse ūllō pactō potest. (17–20)

The benefits of friendship.

Tālēs igitur inter virōs amīcitia tantās opportūnitātēs habet 60
quantās vix queō dīcere. Prīncipiō, quī potest esse vīta vītālis, ut ait
Ennius, quae nōn in amīcī mūtuā benevolentiā conquiēscit? Quid
dulcius quam habēre quīcum omnia audeās sīc loquī ut tēcum? Quī
esset tantus frūctus in prosperīs rēbus nisi habērēs quī illīs aequē ac

65 tū ipse gaudēret? Adversās vērō ferre difficile esset sine eō quī illās
gravius etiam quam tū ferret. Dēnique cēterae rēs quae expetuntur
opportūnae sunt singulae rēbus ferē singulīs: dīvitiae, ut ūtāre;
opēs, ut colāre; honōrēs, ut laudēre; voluptātēs, ut gaudeās;
valētūdō, ut dolōre careās et mūneribus fungāre corporis; amīcitia
70 rēs plūrimas continet. Quōquō tē verteris praestō est; nūllō locō
exclūditur; numquam intempestīva, numquam molesta est. Itaque
nōn aquā, nōn ignī, ut aiunt, locīs plūribus ūtimur quam amīcitiā.
Nam et secundās rēs splendidiōrēs facit amīcitia, et adversās partiēns
commūnicānsque leviōrēs.

75   Cumque plūrimās et maximās commoditātēs amīcitia contineat,
tum illā nīmīrum praestat omnibus quod bonam spem praelūcet in
posterum nec dēbilitārī animōs aut cadere patitur. Vērum enim
amīcum quī intuētur, tamquam exemplar aliquod intuētur suī.
Quōcircā et absentēs adsunt et egentēs abundant et imbēcillī valent
80 et, quod difficilius dictū est, mortuī vīvunt; tantus eōs honōs,
memoria, dēsīderium prōsequitur amīcōrum. Ex quō illōrum beāta
mors vidētur, hōrum vīta laudābilis. Quod sī exēmeris ex rērum
nātūrā benevolentiae coniūnctiōnem, nec domus ūlla nec urbs stāre
poterit; nē agrī quidem cultus permanēbit. Id sī minus intellegitur,
85 quanta vīs amīcitiae concordiaeque sit ex dissensiōnibus atque
discordiīs percipī potest. Quae enim domus tam stabilis, quae tam
fīrma cīvitās est, quae nōn odiīs atque discidiīs funditus possit
ēvertī? — ex quō quantum bonī sit in amīcitiā iūdicārī potest. Itaque
sī quandō aliquod officium exstitit amīcī in perīculīs aut adeundīs aut
90 commūnicandīs, quis est quī id nōn maximīs efferat laudibus? Quī
clāmōrēs tōtā caveā nūper in hospitis et amīcī meī M. Pācuviī novā
fābulā cum, ignōrante rēge uter esset Orestēs, Pyladēs Orestem sē
esse dīceret ut prō illō necārētur; Orestēs autem, ita ut erat, Orestem sē esse persevērāret. Stantēs plaudēbant in rē fictā: quid arbi-
95 trāmur in vērā factūrōs fuisse? Facile indīcābat ipsa nātūra vim
suam cum hominēs, quod facere ipsī nōn possent, id rēctē fierī in
alterō iūdicārent. (21–24)

Transition to a new topic.

Hāctenus mihi videor dē amīcitiā quid sentīrem potuisse dīcere.
Sī quae praestereā sunt (crēdō autem esse multa), ab eīs, si vidēbitur,
100 quī ista disputant, quaeritōte.
      FANNIUS. Nōs autem ā tē potius: quamquam etiam ab istīs
saepe quaesīvī et audīvī nōn invītus equidem, sed aliud quoddam
fīlum ōrātiōnis tuae. (24–25)

The origin and basis of friendship is love, not mere practical advantage.

LAELIUS. Saepissimē igitur mihi dē amīcitiā cōgitantī maximē
illud consīderandum vidērī solet, utrum propter imbēcillitātem 105
atque inopiam dēsiderāta sit amīcitia ut dandīs recipiendīsque
meritīs, quod quisque minus per sē ipse posset, id acciperet ab aliō
vicissimque redderet, an esset hoc quidem proprium amīcitiae, sed
antīquior et pulchrior et magis ā natūrā ipsā profecta alia causa.
Amor enim, ex quō amīcitia nōminata est, prīnceps est ad bene- 110
volentiam coniungendam. Nam ūtilitātēs quidem etiam ab eīs
percipiuntur saepe quī simulātiōne amīcitiae coluntur et obser-
vantur temporis causā. In amīcitiā autem nihil fictum est, nihil
simulātum; et quidquid est, id et vērum est et voluntārium. Quā-
propter ā natūrā mihi vidētur potius ab indigentiā orta amīcitia, 115
applicātiōne magis animī cum quōdam sēnsū amandī quam cōgitātiōne quantum illa rēs ūtilitātis esset habitūra. Quod quidem quāle
sit in bēstiīs quibusdam animadvertī potest, quae ex sē nātōs ita
amant ad quoddam tempus et ab eīs ita amantur ut facile eārum
sēnsus appāreat. Quod in homine multō est ēvidentius — prīmum 120
ex eā cāritāte quae est inter nātōs et parentēs, quae dirimī nisi
dētestābilī scelere nōn potest; deinde, cum similis sēnsus exstitit
amōris, sī aliquem nactī sumus cuius cum mōribus et nātūrā
congruāmus, quod in eō quasi lūmen aliquod probitātis et virtūtis
perspicere videāmur. Nihil est enim virtūte amābilius; nihil quod 125
magis adliciat ad dīligendum, quippe cum propter virtūtem et
probitātem etiam eōs quōs numquam vīdimus quōdam modō
dīligāmus. Quis est quī C. Fabricī, M'. Curī non cum cāritāte
aliquā et benevolentiā memoriam ūsurpet, quōs numquam vīderit?
Quis autem est quī Tarquinium Superbum nōn ōderit? Cum 130
duōbus ducibus dē imperiō in Ītaliā est dēcertātum, Pyrrhō et
Hannibale: ab alterō propter probitātem eius non nimis aliēnōs
animōs habēmus; alterum propter crūdēlitātem semper haec
cīvitās ōderit.

Quod sī tanta vīs probitātis est ut eam vel in eīs quōs numquam 135
vīdimus, vel — quod maius est — in hoste etiam dīligāmus, quid
mīrum est sī animī hominum moveantur, cum eōrum quibuscum
ūsū coniūnctī esse possunt virtūtem et bonitātem perspicere videantur? Quamquam cōnfīrmātur amor et beneficiō acceptō et
studiō perspectō. Sed quamquam ūtilitātēs multae et magnae 140
cōnsecūtae sunt, nōn sunt tamen ab eārum spē causae dīligendī
profectae. Sīc amīcitiam nōn spē mercēdis adductī, sed quod
omnis eius frūctus in ipsō amōre inest, expetendam putāmus. Nam

sī ūtilitās amīcitiās conglūtināret, eadem commūtata dissolveret.
145 Sed quia nātūra mūtārī nōn potest, idcircō vērae amīcitiae sempi-
ternae sunt. Ortum quidem amīcitiae vidētis.

FANNIUS.   Tū vērō perge, Laelī.

SCAEVOLA.   Rēctē tū quidem. Quamobrem audiāmus. (26–33)

Difficulties of maintaining friendship throughout life.

LAELIUS.   Audīte ergō, optimī virī, ea quae saepissimē inter mē
150 et Scīpiōnem dē amīcitiā disserēbantur; quamquam ille quidem
nihil difficilius esse dīcēbat quam amīcitiam ūsque ad extrēmam
vītae diem permanēre: nam vel ut nōn idem expedīret incidere
saepe, vel ut dē rē pūblicā nōn idem sentīrētur; mūtārī etiam mōrēs
hominum saepe dīcēbat, aliās adversīs rēbus, aliās aetāte ingravēs-
155 cente; magna etiam discidia et plērumque iūsta nāscī cum aliquid
ab amīcīs quod rēctum nōn esset postulārētur, ut aut libīdinis
ministrī aut adiūtōrēs essent ad iniūriam. (33–35).

The proper use of friendship.

Quam ob rem id prīmum videāmus, sī placet, quātenus amor in
amīcitiā progredī dēbeat. Numne, sī Coriolānus habuit amīcōs,
160 ferre contra patriam arma illī cum Coriolānō dēbuērunt? Nūlla
est igitur excūsātiō peccātī sī amīcī causā peccāverīs; nam, cum
conciliātrīx amīcitiae virtūtis opīniō fuerit, difficile est amīcitiam
manēre sī a virtūte dēfēcerīs. Haec igitur lēx in amīcitiā sanciātur ut
neque rogēmus rēs turpēs nec faciāmus rogātī. (36–40)

The blessings of friendship cannot be bought.

165   Quis est quī velit, ut neque dīligat quemquam nec ipse ab ūllō
dīligātur, circumfluere omnibus cōpiīs atque in omnium rērum
abundantiā vīvere? Haec enim est tyrannōrum vīta, nīmīrum in quā
nulla fidēs, nūlla cāritās, nūlla stabilis benevolentiae potest esse
fīdūcia; omnia semper suspecta atque sollicita, nūllus locus amī-
170 citiae. Quis enim aut eum dīligat quem metuat, aut eum ā quō sē
metuī putet? Coluntur tamen simulātiōne dumtaxat ad tempus.
Quod sī forte, ut fit plērumque, ceciderint, tum intellegitur quam
fuerint inopēs amicōrum. Quod Tarquinium dīxisse ferunt exsulantem: tum sē intellēxisse quōs fīdōs amīcōs habuisset, quos infīdōs,
175 cum iam neutrīs grātiam referre posset. Quamquam mīror illā
superbiā et importūnitāte sī quemquam amīcum habēre potuit.
Atque ut huius quem dīxī mōrēs vērōs amīcōs parāre nōn potuērunt,
sīc multōrum opēs praepotentium exclūdunt amīcitiās fidēlēs. Nōn
enim sōlum ipsa fortūna caeca est, sed eōs etiam plērumque effēcit
180 caecōs quōs complexa est. Itaque efferuntur ferē fastīdiō et con-

tumāciā, nec quidquam īnsipiente fortūnātō intolerābilius fierī
potest. Atque hoc quidem vidēre licet — eōs quī anteā commodīs
fuērunt mōribus, imperiō, potestāte, prōsperīs rēbus immūtārī,
spernī ab eīs veterēs amīcitiās, indulgērī novīs. Quid autem stultius
quam, cum plūrimum cōpiīs, facultātibus, opibus possint, cētera 185
parāre quae parantur pecūniā, equōs, famulōs, vestem ēgregiam,
vāsa pretiōsa; amīcōs nōn parāre, optimam et pulcherrimam vītae,
ut ita dīcam, supellectilem? (52–55)

The choosing of friends.

Sed (saepe enim redeō ad Scīpiōnem cuius omnis sermō erat dē
amīcitiā) querēbātur quod omnibus in rēbus hominēs dīligentiōrēs 190
essent: caprās et ovēs quot quisque habēret dīcere posse, amīcōs
quot habēret nōn posse dīcere; et in illīs quidem parandīs adhibēre
cūram, in amīcīs dēligendīs neglegentēs esse nec habēre quasi signa
quaedam et notās quibus eōs quī ad amīcitiam essent idōneī
iūdicārent. Sunt igitur firmī et stabilēs et cōnstantēs ēligendī, cuius 195
generis est magna pēnūria; et iūdicāre difficile est sānē nisi expertum. Est igitur prūdentis sustinēre impetum benevolentiae, quō
ūtāmur aliquā parte perīclitātīs mōribus amīcōrum. Quīdam saepe
in parvā pecūniā perspiciuntur quam sint levēs. Quīdam autem
quōs parva mōvēre nōn potuit, cognōscuntur in magnā. Sīn vērō 200
erunt aliquī repertī quī pecūniam praeferre amīcitiae sordidum
exīstiment, ubi eōs inveniēmus quī honōrēs, magistrātūs, imperia,
potestātēs, opēs amīcitiae nōn antepōnant? Imbēcilla enim est
nātūra ad contemnendam potentiam. Itaque vērae amīcitiae
difficillimē reperiuntur in eīs quī in honōribus rēque pūblicā 205
versantur. Ubi enim istum inveniās quī honōrem amīcī antepōnat
suō? Quid? haec ut omittam, quam gravēs, quam difficilēs plērīsque
videntur calamitātum societātēs, ad quās nōn est facile inventū quī
dēscendant. Quamquam Ennius rēctē: "Amīcus certus in rē
incertā cernitur." Tamen haec duō levitātis et īnfirmitātis plērōsque 210
convincunt: aut sī in bonīs rēbus contemnunt, aut in malīs dēserunt.
Quī igitur in utrāque rē gravem, cōnstantem, stabilem sē in
amīcitiā praestiterit, hunc ex maximē rārō genere hominum iūdicāre
dēbēmus et paene dīvīnō. (62–64)

The universal appeal of friendship.

Ūna est enim amīcitia in rēbus hūmānīs dē cuius ūtilitāte omnēs 215
ūnō ōre cōnsentiunt; quamquam ā multīs virtūs ipsa contemnitur
et ostentātiō esse dīcitur. Multī dīvitiās dēspiciunt, quōs parvō
contentōs tenuis vīctus cultusque dēlectat. Honōrēs vērō, quōrum

cupiditāte quīdam īnflammantur, quam multī ita contemnunt ut
220 nihil inānius, nihil esse levius exīstiment; itemque cētera, quae quibusdam admīrābilia videntur, permultī sunt quī prō nihilō putent.
Dē amīcitiā omnēs ad ūnum idem sentiunt. Serpit enim nesciō quō
modō per omnium vītās amīcitia, nec ūllam aetātis dēgendae ratiōnem patitur esse expertem suī. Sīc nātūra sōlitārium nihil amat,
225 semperque ad aliquod tamquam adminiculum adnititur quod in
amīcissimō quōque dulcissimum est. (86–88)

Recapitulation and conclusion.

Ad illa prīma redeāmus eaque ipsa conclūdāmus aliquandō.
Virtūs, virtūs inquam, et conciliat amīcitiās et cōnservat. In eā est
enim convenientia rērum, in eā stabilitās, in eā cōnstantia, quae cum
230 sē extulit et ostendit suum lūmen et idem aspexit agnōvitque in
aliō, ad id sē movet vicissimque accipit illud quod in alterō est, ex
quō exardēscit sīve amor sīve amīcitia. Utrumque enim dictum est
ab amandō; amāre autem nihil aliud est nisi eum ipsum dīligere
quem amēs, nūllā ūtilitāte quaesītā, quae tamen ipsa efflorēscit ex
235 amīcitiā, etiam sī tū eam minus secūtus sīs. Sed quoniam rēs
hūmānae fragilēs cadūcaeque sunt, semper aliquī anquīrendī sunt
quōs dīligāmus et a quibus dīligāmur; cāritāte enim benevolentiā-
que sublātā, omnis est ē vītā sublāta iūcunditās. Mihi quidem
Scīpiō, quamquam est subitō ēreptus, vīvit tamen semperque vīvet;
240 virtūtem enim amāvī illīus virī quae exstincta nōn est. Equidem ex
omnibus rēbus quās mihi aut fortūna aut nātūra tribuit, nihil habeō
quod cum amīcitiā Scīpiōnis possim comparāre. Numquam illum
nē minimā quidem rē offendī quod quidem sēnserim; nihil audīvī
ex eō ipse quod nōllem. Ūna domus erat, īdem vīctus isque
245 commūnis; neque mīlitia sōlum sed etiam peregrīnātiōnēs rūsticā-
tiōnēsque commūnēs. Nam quid ego dē studiīs dīcam cognōscendī
semper aliquid atque discendī, in quibus remōtī ab oculīs populī
omne ōtiōsum tempus contrīvimus? Quārum rērum recordātiō et
memoria sī ūnā cum illō occidisset, dēsīderium coniūnctissimī atque
250 amantissimī virī ferre nūllō modō possem. Sed nec illa exstīncta sunt
alunturque potius et augentur cōgitātiōne et memoriā meā; et sī
illīs plānē orbātus essem, magnum tamen affert mihi aetās ipsa
sōlācium, diūtius enim iam in hōc dēsīderiō esse nōn possum; omnia
autem brevia tolerābilia esse dēbent etiam sī magna sunt. Haec
255 habuī quae dē amīcitiā dīcerem. Vōs autem hortor ut ita virtūtem
locētis, sine quā amīcitia esse nōn potest, ut, eā exceptā, nihil
amīcitiā praestābilius putētis. (100–104)

CICERO: *EPISTULAE*

*On a trip to his villa at Formiae, which was on the Appian Way ca.
80 mi. south of Rome;* 59 B.C.

Cicerō Atticō Sal.

Volō amēs meam cōnstantiam: lūdōs Antī spectāre nōn placet;
est enim *hyposoloicon*, cum velim vītāre omnium dēliciārum suspī-
ciōnem, repente *anaphainesthai* nōn sōlum dēlicātē sed etiam ineptē
peregrīnantem. Quārē ūsque ad Nōnās Maiās in Formiānō exspec- 5
tābō. Nunc fac ut sciam quō diē tē vīsūrī sīmus. Ab Appī Forō,
hōrā quārtā. Dederam aliam paulō ante ā Tribus Tabernīs. Valē.
(*Ad Atticum* 2.10)

Excerpt from a letter to his brother Quintus, then (59 B.C.) *governor
of Asia: First Triumvirate dominates the state and quells any opposition by force.*

Mārcus Quīntō Frātrī S.

Nunc ea cognōsce quae maximē exoptās. Rem pūblicam funditus 10
amīsimus adeō ut Catō, adulēscēns nūllīus cōnsiliī sed tamen cīvis
Rōmānus et Catō, vix vīvus effūgerit, quod, cum Gabīnium dē
ambitū vellet postulāre neque praetōrēs diēbus aliquot adīrī possent,
in cōntiōnem ēscendit et Pompēium "prīvātum dictātōrem"
appellāvit. Propius nihil est factum quam ut occīderētur. Ex hōc 15
quī sit status tōtīus reī pūblicae vidēre potes.

Nostrae tamen causae nōn videntur hominēs dēfutūrī; mīrandum
in modum profitentur, offerunt sē, pollicentur. Equidem cum spē
sum maximā, tum maiōre etiam animō: spē, superiōrēs fore nōs;
animō, ut in hāc rē pūblicā nē cāsum quidem ūllum pertimēscam. 20
Sed tamen sē rēs sīc habet: sī diem nōbīs dīxerit, tōta Ītalia concurret,
ut multiplicātā glōriā discēdāmus; sīn autem vī agere cōnābitur,
spērō fore studiīs nōn sōlum amīcōrum sed etiam aliēnōrum ut vī
resistāmus. Omnēs et sē et suōs amīcōs, clientēs, lībertōs, servōs,
pecūniās dēnique suās pollicentur. Nostra antīqua manus bonōrum 25
ārdet studiō nostrī atque amōre. Sī quī anteā aut aliēniōrēs fuerant
aut languidiōrēs, nunc hōrum rēgum odiō sē cum bonīs coniungunt.
Pompēius omnia pollicētur et Caesar; quibus ego ita crēdō ut nihil dē

meā comparātiōne dēminuam. Tribūnī plēbis dēsignāti sunt nōbīs
30 amīcī; cōnsulēs sē optimē ostendunt; praetōrēs habēmus amīcissi-
mōs et ācerrimōs cīvēs, Domitium, Nigidium, Memmium, Lentulum;
bonōs etiam aliōs. Quārē magnum fac animum habeās et spem
bonam. Dē singulīs tamen rébus quae cotīdiē gerantur faciam tē
crēbrō certiōrem. (*Ad Quintum Fratrem* 1.2.15–16)

> *Political news about Pompey and about Clodius' rough campaign for*
> *the tribuneship;* 59 B.C.

35   Cicerō Atticō Sal.

Numquam ante arbitror tē epistulam meam lēgisse nisi meā
manū scrīptam. Ex eō colligere poteris quantā occupātiōne distinear.
Nam cum vacuī temporis nihil habērem et cum recreandae vōculae
causā necesse esset mihi ambulāre, haec dictāvī ambulāns.
40 Prīmum igitur illud tē scīre volō: Sampsicerāmum, nostrum
amīcum, vehementer suī statūs paenitēre, restituīque in eum locum
cupere ex quō dēcidit, dolōremque suum impertīre nōbīs et medi-
cīnam interdum apertē quaerere, quam ego possum invenīre nūllam;
deinde omnēs illīus partis auctōrēs ac sociōs, nūllō adversāriō,
45 consenēscere, cōnsēnsiōnem ūniversōrum nec voluntātis nec sermōnis maiōrem umquam fuisse.

Nōs autem (nam id tē scīre cupere certō sciō) pūblicīs cōnsiliīs
nūllīs intersumus tōtōsque nōs ad forēnsem operam labōremque
contulimus. Ex quō, quod facile intellegī possit, in multā commemo-
50 rātiōne eārum rērum quās gessimus dēsideriōque versāmur. Sed
boōpidos nostrae cōnsanguineus nōn mediocrēs terrōrēs iacit atque
dēnūntiat, et Sampsicerāmō negat, cēterīs prae sē fert et ostentat.
Quam ob rem, sī mē amās tantum quantum profectō amās, sī
dormīs, expergīscere; sī stās, ingredere; sī vērō ingrederis, curre;
55 sī curris, advolā. Crēdibile nōn est quantum ego in cōnsiliīs et
prūdentiā tuā, quodque maximum est, quantum in amōre et fidē
pōnam. Magnitūdō reī longam ōrātiōnem fortasse dēsiderat;
coniūnctiō vērō nostrōrum animōrum brevitāte contenta est. Per-
magnī nostrā interest tē, sī comitiīs nōn potueris, at dēclārātō illō
60 esse Rōmae. Cūrā ut valeās (*Ad Att.* 2.23)

> *A letter from exile to his family in* 58 B.C. *on a variety of topics.*

Tullius Terentiae Suae, Tulliolae Suae,
Cicerōnī Suō Salūtem Dīcit.

Et litterīs multōrum et sermōne omnium perfertur ad mē, in-
crēdibilem tuam virtūtem et fortitūdinem esse tēque nec animī neque

corporis labōribus dēfatīgārī. Mē miserum! tē istā virtūte, fidē, 65
probitāte, hūmānitāte in tantās aerumnās propter mē incidisse!
Tulliolamque nostram, ex quō patre tantās voluptātēs capiēbat, ex eō
tantōs percipere lūctūs! Nam quid ego dē Cicerōne dīcam? quī cum
prīmum sapere coepit, acerbissimōs dolōrēs miseriāsque percēpit.
Quae sī, tū ut scrībis, fātō facta putārem, ferrem paulō facilius, sed 70
omnia sunt meā culpā commissa, quī ab eīs mē amārī putābam, quī
invidēbant, eōs nōn sequēbar, quī petēbant.

Quod sī nostrīs cōnsiliīs ūsī essēmus neque apud nōs tantum
valuisset sermō aut stultōrum amīcōrum aut improbōrum, beātissimī
vīverēmus: nunc, quoniam spērāre nōs amīcī iubent, dabō operam 75
nē mea valētūdō tuō labōrī dēsit. Rēs quanta sit, intellegō, quantō-
que fuerit facilius manēre domī quam redīre: sed tamen, sī omnīs
tribūnōs plēbis habēmus, sī Lentulum tam studiōsum quam vidētur,
sī vērō etiam Pompēium et Caesarem, nōn est dēspērandum.

Dē familiā, quō modō placuisse scrībis amīcīs, faciēmus; dē locō, 80
nunc quidem iam abiit pestilentia, sed quam diū fuit, mē nōn attigit.
Plancius, homō officiōsissimus, mē cupit esse sēcum et adhūc retinet.
Ego volēbam locō magis dēsertō esse in Ēpīrō, quō neque Hispō
venīret nec mīlitēs, sed adhūc Plancius mē retinet; spērat posse
fierī ut mēcum in Ītaliam dēcēdat: quem ego diem sī vīderō et sī 85
in vestrum complexum vēnerō ac sī et vōs et mē ipsum recuperārō,
satis magnum mihi frūctum vidēbor percēpisse et vestrae pietātis et
meae. Pīsōnis hūmānitās, virtūs, amor in omnīs nōs tantus est ut
nihil suprā possit. Utinam ea rēs eī voluptātī sit! Glōriae quidem
videō fore. 90

Dē Quīntō frātre nihil ego tē accūsāvī, sed vōs, cum praesertim
tam paucī sītis, voluī esse quam coniūnctissimōs. Quibus mē voluistī
agere grātiās, ēgī, et mē ā tē certiōrem factum esse scrīpsī. Quod ad
mē, mea Terentia, scrībis tē vīcum vēnditūram, quid, obsecrō tē —
mē miserum! — quid futūrum est? Et, si nōs premet eadem fortūna, 95
quid puerō miserō fīet? Nōn queō reliqua scrībere — tanta vīs
lacrimārum est — neque tē in eundem flētum addūcam. Tantum
scrībō: sī erunt in officiō amīcī, pecūnia nōn deerit; sī nōn erunt,
tū efficere tuā pecūniā nōn poteris. Per fortūnās miserās nostrās,
vidē nē puerum perditum perdāmus. Cui sī aliquid erit nē egeat, 100
mediocrī virtūte opus est et mediocrī fortūnā, ut cētera cōnsequātur.
Fac valeās et ad mē tabellāriōs mittās ut sciam quid agātur et vōs
quid agātis. Mihi omnīnō iam brevis exspectātiō est. Tulliolae et
Cicerōnī salūtem dīc. Valēte. D. a. d. VI K. Decemb. Dyrrachī.

Dyrrachium vēnī, quod et lībera cīvitās est et in mē officiōsa et 105

proxima Italiae; sed sī offendet mē locī celebritās, aliō mē cōnferam,
ad tē scrībam. (*Ad. Fam.* 14.1)

The ludi *given by Pompey at the dedication of his theater at Rome in*
55 B.C. — *vulgar displays which displeased Cicero and would have
displeased Marius.*

M. Cicerō S. D. M. Mariō.

Marius' absence from the games.

Sī tē dolor aliquī corporis aut īnfirmitās valētūdinis tuae tenuit
110 quōminus ad lūdōs venīrēs, fortūnae magis tribuō quam sapientiae
tuae; sīn haec, quae cēterī mīrantur, contemnenda dūxistī et, cum
per valētūdinem possēs, venīre tamen nōluistī, utrumque laetor, et
sine dolōre corporis tē fuisse et animō valuisse, cum ea, quae sine
causā mīrantur aliī, neglēxerīs.

The dramatic performances at the games.

115　Omnīnō, sī quaeris, lūdī apparātissimī, sed nōn tuī stomachī;
coniectūram enim faciō dē meō: nam prīmum honōris causā in
scaenam redierant eī, quōs ego honōris causā dē scaenā dēcessisse
arbitrābar; dēliciae vērō tuae, noster Aesōpus, eius modī fuit, ut eī
dēsinere per omnīs hominēs licēret. Is iūrāre cum coepisset, vōx
120 eum dēfēcit in illō locō "sī sciēns fallō." Quid tibi ego alia nārrem?
Nōstī enim reliquōs lūdōs, quī nē id quidem lepōris habuērunt quod
solent mediocrēs lūdī; apparātūs enim spectātiō tollēbat omnem
hilaritātem: quid enim dēlectātiōnis habent sescentī mūlī in *Clytaem-
nēstrā*? aut in *Equō Troiānō* crēterrārum tria mīlia? aut armātūra
125 varia peditātūs et equitātūs in aliquā pugnā? Quae populārem
admīrātiōnem habuērunt; dēlectātiōnem tibi nūllam attulissent.
Quod sī tū per eōs diēs operam dedistī Prōtogenī tuō, nē tū haud
paulō plūs quam quisquam nostrum dēlectātiōnis habuistī.

The hunts.

Reliquae sunt vēnātiōnēs bīnae per diēs quīnque, magnificae —
130 nēmō negat; sed quae potest hominī esse polītō dēlectātiō, cum aut
homō imbēcillus ā valentissimā bēstiā laniātur aut praeclāra bēstia
vēnābulō trānsverberātur? Quae tamen, sī videnda sunt, saepe
vīdistī; neque nōs, quī haec spectāmus, quicquam novī vīdimus.
Extrēmus elephantōrum diēs fuit, in quō admīrātiō magna vulgī
135 atque turbae, dēlectātiō nūlla exstitit: quīn etiam misericordia
quaedam cōnsecūta est atque opīniō eius modī, esse quandam illī
bēluae cum genere hūmānō societātem.

Cicero is horribly busy.

Hīs ego tamen diēbus (lūdīs scaenicīs), nē forte videar tibi nōn
modo beātus, sed līber omnīnō fuisse, dīrūpī mē paene in iūdiciō
Gallī Canīnī, familiāris tuī. Quod sī tam facilem populum habērem, 140
quam Aesōpus habuit, libenter mehercule artem dēsinerem tēcum-
que et cum similibus nostrī vīverem; neque enim frūctum ūllum
labōris exspectō, et cōgor nōn numquam hominēs nōn optimē dē mē
meritōs rogātū eōrum, quī bene meritī sunt, dēfendere.

Ítaque quaerō causās omnīs aliquandō vīvendī arbitrātū meō; 145
tēque et istam ratiōnem ōtī tuī et laudō vehementer et probō; quodque nōs minus intervīsis, hoc ferō animō aequiōre, quod, sī Rōmae
essēs, tamen neque nōs lepōre tuō neque tē — sī quī est in mē — meō
fruī licēret propter molestissimās occupātiōnēs meās; quibus sī mē
relaxārō, tē ipsum, quī multōs annōs nihil aliud commentāris, 150
docēbō profectō quid sit hūmāniter vīvere.

A cordial conclusion.

Tū modō istam imbēcillitātem valētūdinis tuae sustentā et tuēre,
ut facis, ut nostrās vīllās obīre et mēcum simul lectīculā concursāre
possīs. Haec ad tē plūribus verbīs scrīpsī quam soleō, nōn ōtī
abundantiā, sed amōris ergā tē, quod mē quādam epistulā subin- 155
vītārās, sī memoriā tenēs, ut ad tē aliquid eius modī scrīberem, quō
minus tē praetermīsisse lūdōs paenitēret. Quod sī adsecūtus sum,
gaudeō; sīn minus, hōc mē tamen cōnsōlor, quod posthāc ad lūdōs
veniēs nōsque vīsēs. (*Ad Fam.* 7.1)

*Cicero's deep concern about the health of his freedman and beloved
secretary Tiro, whom he had had to leave at Patrae, Greece, on his
return trip from his province of Cilicia in November of 50 B.C. His
other concern in this letter is the danger of his beloved Rome on the eve
of the civil war between Caesar and Pompey. Date of letter: Jan.
12, 49 B.C.*

Tullius et Cicerō, Terentia, Tullia, Q.Q.   160
Tīrōnī Sal. Plūrimam Dīc.

Etsī opportūnitātem operae tuae omnibus locīs dēsīderō, tamen
nōn tam meā quam tuā causā doleō tē nōn valēre; sed quoniam in
quārtānam conversa vīs est morbī — sīc enim scrībit Curius — spērō
tē dīligentiā adhibitā iam fīrmiōrem fore. Modō fac (id quod est 165
hūmānitātis tuae) ne quid aliud cūrēs hōc tempore, nisi ut quam
commodissimē convalēscās. Nōn ignōrō, quantum ex dēsīderiō

labōrēs; sed erunt omnia facilia, sī valēbis. Festīnāre tē nōlō,
nē nauseae molestiam suscipiās aeger et perīculōsē hieme nāvigēs.
170 Ego ad urbem accessī pr. Nōn. Iān.; sed incidī in ipsam flammam
cīvīlis discordiae vel potius bellī, cui cum cuperem medērī et, ut
arbitror, possem, cupiditātēs certōrum hominum — nam ex utrāque
parte sunt quī pugnāre cupiant — impedīmentō mihi fuērunt.
Omnīnō et ipse Caesar, amīcus noster, minācīs ad senātum et
175 acerbās litterās mīserat, et erat adhūc impudēns, quī exercitum et
prōvinciam invītō senātū tenēret, et Curiō meus illum incitābat.
Antōnius quidem noster et Q. Cassius, nūllā vī expulsī, ad Caesarem
cum Curiōne profectī erant posteā quam senātus cōnsulibus, prae-
tōribus, tribūnīs plēbis, et nōbīs, quī prōcōnsulibus sumus, negōtium
180 dederat ut cūrārēmus nē quid rēs pūblica dētrīmentī caperet.
Numquam maiōre in perīculō cīvitās fuit; numquam improbī
cīvēs habuērunt parātiōrem ducem. Omnīnō ex hāc quoque parte
dīligentissimē comparātur; id fit auctōritāte et studiō Pompēī
nostrī, quī Caesarem sērō coepit timēre. Ītaliae regiōnēs discrīptae
185 sunt, quam quisque partem tuērētur: nōs Capuam sūmpsimus.
Haec tē scīre voluī.

Tu etiam atque etiam cūrā ut valeās litterāsque ad mē mittās,
quotiēnscumque habēbis cui dēs. Etiam atque etiam valē. D. pr.
Īdūs Iān. (*Ad. Fam.* 16.11)

*Cicero finds that whereas formerly Caesar was feared and Pompey
revered, now (March 1, 49 B.C.) in less than 3 months since the
preceding letter and Caesar's crossing the Rubicon (Jan. 10) the
attitude in Italy toward both Caesar and Pompey is changing.*

190 Cicerō Atticō Sal.

Lippitūdinis meae signum tibi sit librāriī manus et eadem causa
brevitātis; etsī nunc quidem quod scrīberem nihil erat. Omnis
exspectātiō nostra erat in nūntiīs Brundisīnīs. Sī nactus hĭc esset
Gnaeum nostrum, spēs dubia pācis; sīn ille ante trānsmīsisset,
195 exitiōsī bellī metus. Sed vidēsne in quem hominem incĭderit rēs
pūblica, quam acūtum, quam vigilantem, quam parātum? Sī
mehercule nēminem occĭderit nec cuiquam quidquam adēmerit, ab
iīs quī eum maximē timuerant maximē dīligētur.

Multum mēcum mūnicipālēs hominēs loquuntur, multum rūsti-
200 cānī; nihil prōrsus aliud cūrant nisi agrōs, nisi vīllulās, nisi num-
mulōs suōs. Et vidē quam conversa rēs sit; illum quō anteā
cōnfīdēbant metuunt, hunc amant quem timēbant. Id quantīs
nostrīs peccātīs vitiīsque ēvēnerit, nōn possum sine molestiā cōgitāre.

Quae autem impendēre putārem, scrīpseram ad tē et iam tuās
litterās exspectābam. (*Ad Att.* 8.13) 205

Caesar wrote the following letter in March 49 B.C. *to two of his agents
in Rome and a copy was sent to Cicero. His policy is not to be that of
Sulla and others, but one of* misericordia *and* liberalitas; *and
Caesar hopes for reconciliation with Pompey.*

Caesar Oppiō, Cornēliō Sal.

Gaudeō mehercule vōs significāre litterīs quam valdē probētis ea
quae apud Corfīnium sunt gesta. Cōnsiliō vestrō ūtar libenter et
hōc libentius quod meā sponte facere cōnstitueram ut quam
lēnissimum mē praebērem et Pompēium darem operam ut recon- 210
ciliārem. Temptēmus hōc modō sī possīmus omnium voluntātēs
reciperāre et diūturnā victōriā ūtī, quoniam reliquī crūdēlitāte
odium effugere nōn potuērunt neque victōriam diūtius tenēre
praeter ūnum L. Sullam quem imitātūrus nōn sum. Haec nova
sit ratiō vincendī ut misericordiā et līberālitāte nōs mūniāmus. 215
Id quemadmodum fierī possit, nōnnūlla mihi in mentem veniunt et
multa reperīrī possunt. Dē hīs rēbus rogō vōs ut cōgitātiōnem
suscipiātis.

N. Magium Pompēī praefectum dēprehendī. Scīlicet meō
īnstitūtō ūsus sum et eum statim missum fēcī. Iam duo praefectī 220
fabrum Pompēī in meam potestātem vēnērunt et ā mē missī sunt.
Sī volent grātī esse, dēbēbunt Pompēium hortārī ut mālit mihi esse
amīcus quam iīs quī et illī et mihi semper fuērunt inimīcissimī,
quōrum artificiīs effectum est ut rēs pūblica in hunc statum
pervenīret. (*Ad Att.* 9.7C) 225

We have, preserved amid Cicero's correspondence (Ad. Fam. 4.5), *a
sensitive letter of consolation written from Greece in April of* 45 B.C.
*by the noted jurist, orator, and politician Servius Sulpicius Rufus, one
of the finest men of his time, to Cicero about the death of Cicero's
daughter, Tullia. In the following reply to this letter Cicero is very
grateful for Servius' kindness, but he still finds his sorrow particularly
hard to bear because he cannot in these times plunge into the political and
forensic distractions that would normally help to bring forgetfulness.*

M. Cicerō S. D. Ser. Sulpiciō.

Ego vērō, Servī, vellem, ut scrībis, in meō gravissimō casū
adfuissēs; quantum enim praesēns mē adiuvāre potuerīs et cōnsōlandō et prope aequē dolendō, facile ex eō intellegō quod,
litterīs lēctīs, aliquantum adquiēvī. Nam et ea scrīpsistī quae levāre 230

lūctum possent, et in mē cōnsōlandō nōn mediocrem ipse animī
dolōrem adhibuistī. Mē autem nōn ōrātiō tua sōlum et societās
paene aegritūdinis sed etiam auctōritās cōnsōlātur; turpe enim esse
exīstimō mē nōn ita ferre cāsum meum, ut tū tālī sapientiā praeditus
235 ferendum putās. Sed opprimor interdum et vix resistō dolōrī,
quod ea mē sōlācia dēficiunt, quae cēterīs, quōrum mihi exempla
prōpōnō, similī in fortūnā nōn dēfuērunt. Nam et Q. Maximus,
quī fīlium cōnsulārem, clārum virum et magnīs rēbus gestīs, āmīsit,
et L. Paullus, quī duo septem diēbus, et vester Gāius, et M. Catō,
240 quī summō ingeniō, summā virtūte fīlium perdidit, iīs temporibus
fuērunt, ut eōrum lūctum ipsōrum dignitās cōnsōlārētur ea quam
ex rē pūblicā cōnsequēbantur.

   Mihi autem āmissīs ōrnāmentīs iīs, quae ipse commemorās,
quaeque eram maximīs labōribus adeptus, ūnum manēbat illud
245 sōlācium, quod ēreptum est. Nōn amīcōrum negōtiīs, nōn reī
pūblicae prōcūrātiōne impediēbantur cōgitātiōnēs meae, nihil in
forō agere libēbat; aspicere cūriam nōn poteram; exīstimābam,
id quod erat, omnēs mē et industriae meae frūctūs et fortūnae
perdidisse. Sed, cum cōgitārem haec mihi tēcum et cum quibusdam
250 esse commūnia, et cum frangerem iam ipse mē cōgeremque illa
ferre toleranter, habēbam quō cōnfugerem, ubi conquiēscerem,
cuius in sermōne et suāvitāte omnēs cūrās dolōrēsque dēpōnerem.
Nunc autem hōc tam gravī vulnere etiam illa, quae cōnsānuisse
vidēbantur, recrūdēscunt; nōn enim, ut tum mē ā rē pūblicā
255 maestum domus excipiēbat, quae levāret, sīc nunc domō maerēns
ad rem pūblicam cōnfugere possum, ut in eius bonīs adquiēscam.
Itaque et domō absum et forō, quod nec eum dolōrem, quem dē
rē pūblicā capiō, domus iam cōnsōlārī potest nec domesticum rēs
pūblica.

           Cicero longs to see Servius as soon as possible.

260   Quō magis tē exspectō tēque vidēre quam prīmum cupiō; maius
mihi sōlācium afferre ratiō nūlla potest quam coniūnctiō cōnsuētūdinis sermōnumque nostrōrum; quamquam spērābam tuum
adventum (sīc enim audiēbam) appropinquāre. Ego autem cum
multīs dē causīs tē exoptō quam prīmum vidēre, tum etiam ut
265 ante commentēmur inter nōs, quā ratiōne nōbīs trādūcendum sit hoc
tempus, quod est tōtum ad ūnīus voluntātem accommodandum et
prūdentis et līberālis et, ut perspexisse videor, nec ā mē aliēnī et tibi
amīcissimī. Quod cum ita sit, magnae tamen est dēlīberātiōnis,
quae ratiō sit ineunda nōbīs nōn agendī aliquid sed illīus concessū
270 et beneficiō quiēscendī. Valē. (*Ad Fam.* 4.6, excerpts)

*On the Ides of March Cicero congratulates one of Caesar's assassins on
his deed and epigrammatically declares both his satisfaction and his
support.*

Cicerō Basilō Sal.

Tibi grātulor, mihi gaudeō; tē amō, tua tueor; ā tē amārī et,
quid agās quidque agātur, certior fierī volō. (*Ad Fam.* 6.15)

*The assassination of Caesar has not restored the republic, because
Antony has taken over the state and is worse than Caesar. Cicero has
hope in the tyrannicides and will always be loyal to Cassius. October,
44 B.C.*

Cicerō Cassiō Sal.

Vehementer laetor tibi probārī sententiam et ōrātiōnem meam; 275
quā sī saepius ūtī licēret, nihil esset negōtī lībertātem et rem
pūblicam reciperāre. Sed homō āmēns et perditus multōque
nēquior quam ille ipse, quem tū nēquissimum occīsum esse dīxistī,
caedis initium quaerit, nūllamque aliam ob causam mē auctōrem
fuisse Caesaris interficiendī crīminātur, nisi ut in mē veterānī 280
incitentur: quod ego perīculum nōn extimēscō; modo vestrī factī
glōriam cum meā laude commūnicet. Ita nec Pīsōnī, quī in eum
prīmus invectus est nūllō adsentiente, nec mihi, quī idem trīcēsimō
post diē fēcī, nec P. Servīliō, quī mē est cōnsecūtus, tūtō in senātum
venīre licet: caedem enim gladiātor quaerit eiusque initium a.d. 285
XIII Kal. Octōbr. ā mē sē factūrum putāvit, ad quem parātus
vēnerat, cum in vīllā Metellī complūrēs diēs commentātus esset.
Quae autem in lustrīs et in vīnō commentātiō potuit esse?
Itaque omnibus est vīsus, ut ad tē anteā scrīpsī, vomere suō mōre,
nōn dīcere. Quārē, quod scrībis tē cōnfīdere auctōritāte et 290
ēloquentiā nostrā aliquid prōficī posse, nōn nihil, ut in tantīs malīs,
est prōfectum: intellegit enim populus Rōmānus trēs esse cōnsulārēs,
quī, quia quae dē rē pūblicā bene sēnserint līberē locūtī sint,
tūtō in senātum venīre nōn possint. Quārē spēs est omnis in vōbīs;
sī aliquid dignum vestrā glōriā cōgitātis, velim salvīs nōbīs; sīn 295
id minus, rēs tamen pūblica per vōs brevī tempore iūs suum
reciperābit. Ego tuīs neque dēsum neque deerō: quī sīve ad mē
referent sīve nōn referent, mea tibi benevolentia fidēsque praestā-
bitur. Valē. (*Ad Fam.* 12.2)

LIVY: *AB URBE CONDITA*—Early Rome

Preface

Livy's reasons for writing Roman history, and his attitude toward Roman traditions.

Ego contra hoc quoque laboris praemium petam, ut me a conspectu malorum quae nostra tot per annos vidit aetas, tantisper certe dum prisca illa tota mente repeto, avertam.

Quae ante conditam condendamve urbem poeticis magis decora
5 fabulis quam incorruptis rerum gestarum monumentis traduntur, ea nec adfirmare nec refellere in animo est. Datur haec venia antiquitati, ut miscendo humana divinis primordia urbium augustiora faciat; et si cui populo licere oportet consecrare origines suas et ad deos referre auctores, ea belli gloria est populo Romano
10 ut, cum suum conditorisque sui parentem Martem potissimum ferat, tam et hoc gentes humanae patiantur aequo animo quam imperium patiuntur.

The heroic rise and greatness of Rome and now her decay are instructive for the reader.

Sed haec et his similia, utcumque animadversa aut existimata erunt, haud in magno equidem ponam discrimine. Ad illa mihi pro
15 se quisque acriter intendat animum: quae vita, qui mores fuerint, per quos viros quibusque artibus domi militiaeque et partum et auctum imperium sit; labente deinde paulatim disciplina velut desidentis primo mores sequatur animo, deinde ut magis magisque lapsi sint, tum ire coeperint praecipites donec ad haec tempora,
20 quibus nec vitia nostra nec remedia pati possumus, perventum est. Hoc est praecipue in cognitione rerum salubre ac frugiferum, omnis te exempli documenta in illustri posita monumento intueri; inde tibi tuaeque rei publicae quod imitere capias, inde foedum inceptu, foedum exitu quod vites.

No state ever greater than Rome despite her shortcomings; therefore an invocation for the success of Livy's work.

25 Ceterum aut me amor negotii suscepti fallit, aut nulla umquam

44

res publica nec maior nec sanctior nec bonis exemplis ditior fuit,
nec in quam civitatem tam serae avaritia luxuriaque immigraverint,
nec ubi tantus ac tam diu paupertati ac parsimoniae honos fuerit;
adeo quanto rerum minus, tanto minus cupiditatis erat. Nuper
divitiae avaritiam et abundantes voluptates desiderium per luxum 30
atque libidinem pereundi perdendique omnia invexere. Sed
querellae, ne tum quidem gratae futurae cum forsitan necessariae
erunt, ab initio certe tantae ordiendae rei absint. Cum bonis potius
ominibus votisque et precationibus deorum dearumque, si, ut
poetis, nobis quoque mos esset, libentius inciperemus, ut orsis 35
tantum operis successus prosperos darent. (Preface, 5–13)

Romulus and Remus

*Ancestry, birth, and exposure of Romulus and Remus on the flooding
Tiber.*

Proca deinde regnat. Is Numitorem atque Amulium procreat;
Numitori, qui stirpis maximus erat, regnum vetustum Silviae gentis
legat.

Plus tamen vis potuit quam voluntas patris aut verecundia 40
aetatis. Pulso fratre, Amulius regnat. Addit sceleri scelus: stirpem
fratris virilem interemit, fratris filiae Reae Silviae per speciem
honoris, cum Vestalem eam legisset, perpetua virginitate spem
partus adimit.

Sed debebatur, ut opinor, fatis tantae origo urbis maximique 45
secundum deorum opes imperii principium. Vi compressa Vestalis
cum geminum partum edidisset, seu ita rata seu quia deus auctor
culpae honestior erat, Martem incertae stirpis patrem nuncupat.
Sed nec dii nec homines aut ipsam aut stirpem a crudelitate regia
vindicant: sacerdos vincta in custodiam datur; pueros in profluen- 50
tem aquam mitti iubet.

Forte quadam divinitus super ripas Tiberis effusus lenibus
stagnis nec adiri usquam ad iusti cursum poterat amnis, et posse
quamvis languidā mergi aquā infantes spem ferentibus dabat. Ita
velut defuncti regis imperio in proxima adluvie, ubi nunc Ruminalis 55
est (Romularem vocatam ferunt), pueros exponunt. Vastae tum
in his locis solitudines erant.

The twins suckled by a wolf and reared by Faustulus.

Tenet fama, cum fluitantem alveum, quo expositi erant pueri,
tenuis in sicco aqua destituisset, lupam sitientem ex montibus, qui
circa sunt, ad puerilem vagitum cursum flexisse; eam summissas 60

infantibus adeo mitem praebuisse mammas ut linguā lambentem
pueros magister regii pecoris invenerit—Faustulo fuisse nomen
ferunt; ab eo ad stabula Laurentiae uxori educandos datos.

*The twins, now grown, wish to found a city on the Palatine and agree
to decide the leadership by augury.*

Ita Numitori Albana re permissa, Romulum Remumque cupido
65 cepit in iis locis, ubi expositi ubique educati erant, urbis condendae. Et supererat multitudo Albanorum Latinorumque; ad
id pastores quoque accesserant, qui omnes facile spem facerent
parvam Albam, parvum Lavinium prae ea urbe quae conderetur
fore. Intervenit deinde his cogitationibus avitum malum, regni
70 cupido, atque inde foedum certamen coortum a satis miti principio.
Quoniam gemini essent nec aetatis verecundia discrimen facere
posset, ut dii, quorum tutelae ea loca essent, auguriis legerent qui
nomen novae urbi daret, qui conditam imperio regeret, Palatium
Romulus, Remus Aventinum ad inaugurandum templa capiunt.

Remus is killed in an ensuing quarrel, and Romulus gains the power.

75   Priori Remo augurium venisse fertur, sex vultures; iamque
nuntiato augurio cum duplex numerus Romulo sese ostendisset,
utrumque regem sua multitudo consalutaverat. Tempore illi
praecepto, at hi numero avium regnum trahebant. Inde cum
altercatione congressi certamine irarum ad caedem vertuntur.
80 Ibi in turba ictus Remus cecidit. Vulgatior fama est ludibrio fratris
Remum novos transiluisse muros, inde ab irato Romulo, cum
verbis quoque increpitans adiecisset "Sic deinde quicumque alius
transiliet moenia mea!" interfectum. Ita solus potitus imperio
Romulus; condita urbs conditoris nomine appellata. (I.3.10–7.1)

The Horatii and the Curiatii

*Arrangements for the settlement of a war between Rome and Alba by
a fight between two sets of triplets, one from each city.*

85   Forte in duobus tum exercitibus erant trigemini fratres nec
aetate nec viribus dispares. Horatios Curiatiosque fuisse satis
constat, nec ferme res antiqua alia est nobilior; tamen in re tam
clara nominum error manet, utrius populi Horatii, utrius Curiatii
fuerint. Auctores utroque trahunt; plures tamen invenio qui
90 Romanos Horatios vocent; hos ut sequar inclinat animus.
Cum trigeminis agunt reges ut pro sua quisque patria dimicent
ferro: ibi imperium fore unde victoria fuerit. Nihil recusatur,

tempus et locus convenit. Priusquam dimicarent, foedus ictum
inter Romanos et Albanos est his legibus ut, cuius populi cives eo
certamine vicissent, is alteri populo cum bona pace imperitaret.   95

*After exhortation, the armies of both cities sit down to watch the
contest; the tension is great.*

Foedere icto, trigemini sicut convenerat arma capiunt. Cum sui
utrosque adhortarentur, deos patrios, patriam ac parentes, quidquid
civium domi, quidquid in exercitu sit, illorum tunc arma, illorum
intueri manus, feroces et suopte ingenio et pleni adhortantium
vocibus in medium inter duas acies procedunt. Consederant 100
utrimque pro castris duo exercitus, periculi magis praesentis quam
curae expertes; quippe imperium agebatur in tam paucorum
virtute atque fortuna positum. Itaque ergo erecti suspensique in
minime gratum spectaculum animos intendunt.

*The battle is joined; the device by which the one surviving Roman
kills the three Albans.*

Datur signum infestisque armis, velut acies, terni iuvenes mag- 105
norum exercituum animos gerentes concurrunt. Ut primo statim
concursu increpuere arma micantesque fulsere gladii, horror ingens
spectantīs perstringit; et neutro inclinatā spe, torpebat vox spiritus-
que. Consertis deinde manibus, cum iam non motus tantum
corporum agitatioque anceps telorum armorumque sed vulnera 110
quoque et sanguis spectaculo essent, duo Romani super alium alius,
vulneratis tribus Albanis, expirantes corruerunt. Ad quorum casum
cum conclamasset gaudio Albanus exercitus, Romanas legiones iam
spes tota, nondum tamen cura deseruerat, exanimes vice unius,
quem tres Curiatii circumsteterant. Forte is integer fuit, ut universis 115
solus nequaquam par, sic adversus singulos ferox. Ergo ut segregaret
pugnam eorum, capessit fugam, ita ratus secuturos ut quemque
vulnere adfectum corpus sineret. Iam aliquantum spatii ex eo loco
ubi pugnatum est aufugerat, cum respiciens videt magnis intervallis
sequentes, unum haud procul ab sese abesse. In eum magno 120
impetu rediit, et dum Albanus exercitus inclamat Curiatiis uti
opem ferant fratri, iam Horatius, caeso hoste victor, secundam
pugnam petebat. Tum clamore, qualis ex insperato faventium
solet, Romani adiuvant militem suum et ille defungi proelio festinat.
Prius itaque quam alter, qui nec procul aberat, consequi posset, et 125
alterum Curiatium conficit. Iamque aequato Marte singuli
supererant, sed nec spe nec viribus pares. Alterum intactum ferro

corpus et geminata victoria ferocem in certamen tertium dabat;
alter, fessum vulnere, fessum cursu trahens corpus victusque fratrum
130 ante se strage, victori obicitur hosti. Nec illud proelium fuit.
Romanus exsultans "Duos," inquit, "fratrum manibus dedi; tertium
causae belli huiusce, ut Romanus Albano imperet, dabo." Male
sustinenti arma gladium superne iugulo defigit, iacentem spoliat.

The dead are buried and the Albans accept the Roman sway,

Romani ovantes ac gratulantes Horatium accipiunt eo maiore
135 cum gaudio, quo prope metum res fuerat. Ad sepulturam inde
suorum nequaquam paribus animis vertuntur, quippe imperio alteri
aucti, alteri dicionis alienae facti. Sepulcra exstant quo quisque
loco cedidit, duo Romana uno loco propius Albam, tria Albana
Romam versus, sed distantia locis, ut et pugnatum est. I.24.1–25.14)

The End of the Kingdom, the Beginning of the Republic

The last of the Etruscan Tarquins expelled from Rome.

140 Addita superbia ipsius regis miseriaeque et labores plebis. His
atrocioribusque aliis memoratis, incensam multitudinem perpulit ut
imperium regi abrogaret exsulesque esse iuberet L. Tarquinium
cum coniuge ac liberis. Ipse, iunioribus qui ultro nomina dabant
lectis armatisque, ad concitandum inde adversus regem exercitum
145 Ardeam in castra est profectus. Imperium in urbe Lucretio,
praefecto urbis iam ante ab rege instituto, relinquit. Harum rerum
nuntiis in castra perlatis, cum re nova trepidus rex pergeret Romam
ad comprimendos motūs, flexit viam Brutus (senserat enim adventum) ne obvius fieret; eodemque fere tempore diversis itineribus
150 Brutus Ardeam, Tarquinius Romam venerunt. Tarquinio clausae
portae exsiliumque indictum; liberatorem urbis laeta castra
accepere, exactique inde liberi regis.

*In place of a king two consuls (L. Junius Brutus and L. Tarquinius.
Collatinus) are appointed.*

L. Tarquinius Superbus regnavit annos quinque et viginti.
Regnatum Romae ab condita urbe ad liberatam annos ducentos
155 quadraginta quattuor. Duo consules inde comitiis centuriatis a
praefecto urbis ex commentariis Servi Tulli creati sunt: L. Junius
Brutus et L. Tarquinius Collatinus. (I.59.9–60.3)

*Soon L. Tarquinius Collatinus, though completely loyal, is asked to
leave Rome simply because of his name.*

Ac nescio an, nimis undique eam [= libertatem] minimisque

rebus muniendo, modum excesserint. Consulis enim alterius, cum
nihil aliud offenderit, nomen invisum civitati fuit: nimium Tar- 160
quinios regno adsuesse; pulso Superbo, penes Collatinum imperium
esse; nescire Tarquinios privatos vivere; non placere nomen;
periculosum libertati esse. Sollicitam suspicione plebem Brutus ad
contionem vocat: non credere populum Romanum solidam libertatem reciperatam esse; regium genus, regium nomen non solum 165
in civitate sed etiam in imperio esse; id obstare libertati. "Hunc
tu," inquit, "tuā voluntate, L. Tarquini, remove metum. Memini-
mus, fatemur, eiecisti reges; absolve beneficium tuum, aufer hinc
regium nomen. Res tuas tibi non solum reddent cives tui, auctore
me; sed si quid deest, munifice augebunt. Amicus abi; exonera 170
civitatem vano forsitan metu; ita persuasum est animis cum gente
Tarquiniā regnum hinc abiturum." (L. Tarquinius Collatinus)
abdicavit se consulatu; rebusque suis omnibus Lavinium translatis,
civitate cessit. Brutus ex senatus consulto ad populum tulit ut
omnes Tarquiniae gentis exsules essent. Collegam sibi comitiis 175
centuriatis creavit P. Valerium, quo adiutore reges eiecerat.

Some Trials of the Young Republic

*The Tarquins flee to Lars Porsenna of Clusium, who leads an army
against Rome.*

Iam Tarquinii ad Lartem Porsennam, Clusinum regem, perfug-
erant. Ibi miscendo consilium precesque nunc orabant ne se, oriundos
ex Etruscis, eiusdem sanguinis nominisque, egentes exsulare pateretur; nunc monebant etiam ne orientem morem pellendi reges 180
inultum sineret. Porsenna, cum regem esse Romae tum Etruscae
gentis regem amplum Tuscis ratus, Romam infesto exercitu venit.
Non umquam alias ante tantus terror senatum invasit: adeo valida
res tum Clusina erat magnumque Porsennae nomen. (II.2.2–9.5)

Horatius Cocles is posted to defend the bridge at Rome.

Cum hostes adessent, pro se quisque in urbem ex agris demigrant, 185
urbem ipsam saepiunt praesidiis. Alia muris, alia Tiberi obiecto
videbantur tuta. Pons sublicius iter paene hostibus dedit, ni unus
vir fuisset, Horatius Cocles: id munimentum illo die fortuna urbis
Romanae habuit. Qui positus forte in statione pontis, cum captum
repentino impetu Ianiculum atque inde citatos decurrere hostes 190
vidisset, trepidamque turbam suorum arma ordinesque relinquere,
reprehensans singulos, obsistens obtestansque deum et hominum
fidem, testabatur nequiquam deserto praesidio eos fugere; si

transitum pontem a tergo reliquissent, iam plus hostium in Palatio
195 Capitolioque quam in Ianiculo fore.

*He orders the bridge to be cut down behind him while he holds the
Etruscans at the entrance.*

Itaque monere, praedicere, ut pontem ferro, igni, quacumque vi
possint, interrumpant: se impetum hostium, quantum corpore uno
posset obsisti, excepturum. Vadit inde in primum aditum pontis,
insignisque inter conspecta cedentium pugnae terga, obversis
200 comminus ad ineundum proelium armis, ipso miraculo audaciae
obstupefecit hostes. Duos tamen cum eo pudor tenuit, Sp. Larcium
ac T. Herminium, ambos claros genere factisque. Cum his primam
periculi procellam et quod tumultuosissimum pugnae erat parumper
sustinuit. Deinde eos quoque ipsos exigua parte pontis relicta,
205 revocantibus qui rescindebant, cedere in tutum coegit. Circumferens
inde truces minaciter oculos ad proceres Etruscorum, nunc singulos
provocare, nunc increpare omnes, servitia regum superborum, suae
libertatis immemores alienam oppugnatum venire. Cunctati
aliquamdiu sunt, dum alius alium, ut proelium incipiant, circum-
210 spectant. Pudor deinde commovit aciem, et, clamore sublato,
undique in unum hostem tela coniciunt. Quae cum in obiecto
cuncta scuto haesissent, neque ille minus obstinatus ingenti pontem
obtineret gradu, iam impetu conabantur detrudere virum, cum
simul fragor rupti pontis, simul clamor Romanorum alacritate
215 perfecti operis sublatus, pavore subito impetum sustinuit.

*Finally Cocles leaps to safety in the Tiber and is honored by the
grateful Romans.*

Tum Cocles "Tiberine pater," inquit, "te, sancte, precor, haec
arma et hunc militem propitio flumine accipias!" Ita sic armatus
in Tiberim desiluit, multisque superincidentibus telis, incolumis ad
suos tranavit, rem ausus plus famae habituram ad posteros quam
220 fidei. Grata erga tantam virtutem civitas fuit: statua in comitio
posita; agri quantum uno die circumaravit datum. (II.10.1–12)

Porsenna now besieges Rome.

Porsenna primo conatu repulsus, consiliis ab oppugnanda urbe
ad obsidendam versis, praesidio in Ianiculo locato, ipse in plano
ripisque Tiberis castra posuit, navibus undique accitis, et ad
225 custodiam ne quid Romam frumenti subvehi sineret, et ut praedatum
milites trans flumen per occasiones aliis atque aliis locis traicerent;

brevique adeo infestum omnem Romanum agrum reddidit ut non cetera solum ex agris sed pecus quoque omne in urbem compelleretur, neque quisquam extra portas propellere auderet.

C. Mucius resolves to do something about the desperate situation.

Obsidio erat nihilo minus et frumenti cum summa caritate 230 inopia, sedendoque expugnaturum se urbem spem Porsenna habebat, cum C.Mucius, adulescens nobilis, cui indignum videbatur populum Romanum servientem, cum sub regibus esset, nullo bello nec ab hostibus ullis obsessum esse, liberum eundem populum ab isdem Etruscis obsideri, quorum saepe exercitūs fuderit—itaque 235 magno audacique aliquo facinore eam indignitatem vindicandam ratus, primo sua sponte penetrare in hostium castra constituit. Dein metuens ne, si consulum iniussu et ignaris omnibus iret, forte deprehensus a custodibus Romanis retraheretur ut transfuga, fortuna tum urbis crimen adfirmante, senatum adit. "Transire 240 Tiberim," inquit, "patres, et intrare, si possim, castra hostium volo, non praedo nec populationum in vicem ultor: maius, si di iuvant, in animo est facinus." Approbant patres.

He enters the Etruscan camp and is arrested as he tries to assassinate Porsenna.

Abdito intra vestem ferro proficiscitur. Ubi eo venit, in confertissima turba prope regium tribunal constitit. Ibi cum stipendium 245 militibus forte daretur, et scriba cum rege sedens pari fere ornatu multa ageret, eumque milites vulgo adirent, timens sciscitari uter Porsenna esset, ne ignorando regem semet ipse aperiret quis esset, quo temere traxit fortuna facinus, scribam pro rege obtruncat. Vadentem inde, qua per trepidam turbam cruento mucrone sibi 250 ipse fecerat viam, cum concursu ad clamorem facto comprehensum regii satellites retraxissent, ante tribunal regis destitutus tum quoque inter tantas fortunae minas metuendus magis quam metuens, "Romanus sum," inquit, "civis; C. Mucium vocant. Hostis hostem occidere volui, nec ad mortem minus animi est quam fuit ad caedem: 255 et facere et pati fortia Romanum est. Nec unus in te ego hos animos gessi; longus post me ordo est idem petentium decus. Proinde in hoc discrimen, si iuvat, accingere, ut in singulas horas capite dimices tuo, ferrum hostemque in vestibulo habeas regiae. Hoc tibi iuventus Romana indicimus bellum. Nullam aciem, 260 nullum proelium timueris; uni tibi et cum singulis res erit."

Giving spectacular evidence of his courage, he wins Porsenna's admiration and is released.

Cum rex simul ira infensus periculoque conterritus circumdari ignes minitabundus iuberet, nisi expromeret propere quas insidiarum sibi minas per ambages iaceret, "En tibi," inquit, "ut sentias quam
265 vile corpus sit eis qui magnam gloriam vident;" dextramque accenso ad sacrificium foculo inicit. Quam cum velut alienato ab sensu torreret animo, prope attonitus miraculo rex cum ab sede sua prosiluisset, amoverique ab altaribus iuvenem iussisset, "Tu vero abi," inquit, "in te magis quam in me hostilia ausus. Iuberem
270 macte virtute esse, si pro mea patria ista virtus staret: nunc iure belli liberum te intactum inviolatumque hinc dimitto."

The terrified Porsenna offers to make peace with Rome.

Tunc Mucius quasi remunerans meritum, "Quando quidem," inquit, "est apud te virtuti honos, ut beneficio tulerīs a me quod minis nequisti: trecenti coniuravimus principes iuventutis Romanae,
275 ut in te hac via grassaremur. Mea prima sors fuit; ceteri, ut cuiusque ceciderit primi, quoad te opportunum fortuna dederit, suo quisque tempore aderunt." Mucium dimissum, cui postea Scaevolae a clade dextrae manus cognomen inditum, legati a Porsenna Romam secuti sunt: adeo moverat eum et primi periculi
280 casus, quo nihil se praeter errorem insidiatoris texisset, et subeunda dimicatio totiens quot coniurati superessent, ut pacis condiciones ultro ferret Romanis. (II.11.1–13.2)

LIVY: *AB URBE CONDITA*—Second Punic War

Periocha of Book XXI.

Initia belli Punici secundi referuntur et Hannibalis, ducis
Poenorum, contra foedus per Hiberum flumen transitus; a quo
Saguntinum, sociorum populi Romani, civitas obsessa octavo
mense capta est. De quibus iniuriis missi legati ad Carthaginienses,
qui quererentur. Cum satisfacere nollent, bellum eis indictum est. 5
Hannibal, superato Pyrenaeo saltu, per Gallias fusis Volcis, qui
obsistere conati erant ei, ad Alpes venit et laborioso per eas transitu,
cum montanos quoque Gallos obvios aliquot proeliis reppulisset,
descendit in Italiam et ad Ticinum flumen Romanos equestri
proelio fudit; in quo vulneratum P. Cornelium Scipionem protexit 10
filius, qui Africani postea nomen accepit. Iterumque exercitu
Romano ad flumen Trebiam fuso, Hannibal Appenninum quoque
permagna vexatione militum propter vim tempestatum transiit.

The nature and character of Hannibal.

Missus Hannibal in Hispaniam primo statim adventu omnem
exercitum in se convertit: Hamilcarem iuvenem redditum sibi 15
veteres milites credere; eundem vigorem in vultu vimque in oculis,
habitum oris lineamentaque intueri. Dein brevi effecit, ut pater
in se minimum momentum ad favorem conciliandum esset. Numquam ingenium idem ad res diversissimas, parendum atque
imperandum, habilius fuit. Itaque haud facile discerneres, utrum 20
imperatori an exercitui carior esset; neque Hasdrubal alium
quemquam praeficere malle, ubi quid fortiter ac strenue agendum
esset, neque milites alio duce plus confidere aut audere. Plurimum
audaciae ad pericula capessenda, plurimum consilii inter ipsa
pericula erat. Nullo labore aut corpus fatigari aut animus vinci 25
poterat. Caloris ac frigoris patientia par; cibi potionisque desiderio
naturali, non voluptate, modus finitus; vigiliarum somnique nec
die nec nocte discriminata tempora: id quod gerendis rebus
superesset quieti datum; ea neque molli strato neque silentio
accersita; multi saepe militari sagulo opertum humi iacentem inter 30

custodias stationesque militum conspexerunt. Vestitus nihil inter
aequales excellens; arma atque equi conspiciebantur. Equitum
peditumque idem longe primus erat: princeps in proelium ibat,
ultimus conserto proelio excedebat. Has tantas viri virtutes ingentia
35 vitia aequabant: inhumana crudelitas, perfidia plus quam Punica,
nihil sancti, nullus deum metus, nullum ius iurandum, nulla
religio. Cum hac indole virtutum atque vitiorum triennio sub
Hasdrubale imperatore meruit nullā rē, quae agenda videndaque
magno futuro duci esset, praetermissā. (XXI.4.1–4.10)

*In crossing the Alps Hannibal's army suffers from both the cold and
the hostility of the natives.*

40   Hannibal a Druentia campestri maxime itinere ad Alpes cum
bona pace incolentium ea loca Gallorum pervenit. Tum, quamquam fama prius praecepta res erat, tamen ex propinquo visa
montium altitudo nivesque caelo prope immixtae, tecta informia
imposita rupibus, pecora iumentaque torpida frigore, homines
45 intonsi et inculti, animalia inanimaque omnia rigentia gelu, cetera
visu quam dictu foediora, terrorem renovarunt. Erigentibus in
primos agmen clivos apparuerunt imminentes tumulos insidentes
montani. Hannibal consistere signa iussit; Gallisque ad visenda
loca praemissis, castra quam extentissimā potest valle locat. Die
50 deinde simulando aliud quam quod paratur consumpto, ubi primum
digressos tumulis montanos laxatasque sensit custodias, ipse cum
expeditis, acerrimo quoque viro, raptim angustias evadit iisque
ipsis tumulis, quos hostes tenuerant, consedit. Prima deinde luce
castra mota, et agmen reliquum incedere coepit. Iam montani,
55 signo dato, ex castellis ad stationem solitam conveniebant, cum
repente conspiciunt alios arce occupata sua supra caput imminentes,
alios via transire hostes; (deinde) diversis rupibus, iuxta in vias ac
devia adsueti, decurrunt. Tum vero simul ab hostibus simul ab
iniquitate locorum Poeni oppugnabantur, plusque inter ipsos, sibi
60 quoque tendente, ut periculo primus evaderet, quam cum hostibus
certaminis erat. Equi maxime infestum agmen faciebant, qui et
clamoribus dissonis, quos nemora etiam repercussaeque valles
augebant, territi trepidabant, et icti forte aut vulnerati adeo
consternabantur ut stragem ingentem simul hominum ac sarcinarum
65 omnis generis facerent; multosque turba, cum praecipites deruptae-
que utrimque angustiae essent, in immensum altitudinis deiecit,
quosdam et armatos; sed ruinae maxime modo iumenta cum
oneribus devolvebantur. Quae quamquam foeda visu erant, stetit

parumper tamen Hannibal ac suos continuit ne tumultum ac
trepidationem augeret. Sed is tumultus momento temporis, post- 70
quam liberata itinera fugā montanorum erant, sedatur. Castellum
inde, quod caput eius regionis erat, viculosque capit, et captivo cibo
ac pecoribus per triduum exercitum aluit.

*Having passed the high point of the Alps, Hannibal shows his men the
Po Valley spreading southward.*

Nono die in iugum Alpium perventum est per invia pleraque et
errores. Biduum in iugo stativa habita, fessisque labore ac'pugnando 75
quies data militibus; iumentaque aliquot, quae prolapsa in rupibus
erant, sequendo vestigia agminis in castra pervenere. Fessis taedio
tot malorum nivis etiam casus, occidente iam sidere Vergiliarum,
ingentem terrorem adiecit. Per omnia nive oppleta cum, signis
prima luce motis, segniter agmen incederet, pigritiaque et desperatio 80
in omnium vultu emineret, praegressus signa Hannibal in promun-
torio quodam, unde longe ac late prospectus erat, consistere iussis
militibus Italiam ostentat subiectosque Alpinis montibus Circumpadanos campos, moeniaque eos tum transcendere non Italiae modo
sed etiam urbis Romanae: cetera plana, proclivia fore; uno aut 85
summum altero proelio arcem et caput Italiae in manu ac potestate
habituros. Procedere inde agmen coepit, iam nihil ne hostibus
quidem praeter parva furta per occasionem temptantibus. Ceterum
iter multo, quam in ascensu fuerat, difficilius fuit. Omnis enim
ferme via praeceps, angusta, lubrica erat ut non sustinere se a lapsu 90
possent.

*Hannibal breaks up a gigantic rock which blocks his way, and completes
the descent into Italy.*

Ventum deinde ad multo angustiorem rupem atque ita rectis
saxis ut aegre expeditus miles temptabundus manibusque retinens
virgulta ac stirpes circa eminentes demittere sese posset. Ibi cum
velut ad finem viae equites constitissent, miranti Hannibali quae 95
res moraretur agmen nuntiatur rupem inviam esse. Digressus
deinde ipse ad locum visendum. Tandem nequiquam iumentis
atque hominibus fatigatis, castra in iugo posita aegerrime ad id
ipsum loco purgato; tantum nivis fodiendum atque egerendum
fuit. Inde ad rupem muniendam per quam unam via esse poterat, 100
milites ducti, cum caedendum esset saxum, arboribus circa im-
manibus deiectis detruncatisque struem ingentem lignorum faciunt
eamque, cum et vis venti apta faciendo igni coorta esset, succendunt

ardentiaque saxa infuso aceto putrefaciunt. Ita torridam incendio
105 rupem ferro pandunt molliuntque anfractibus modicis clivos ut non
iumenta solum sed elephanti etiam deduci possent. Quadriduum
circa rupem consumptum, iumentis prope fame absumptis; nuda
enim fere cacumina sunt, et si quid est pabuli, obruunt nives.
Inferiora valles apricosque colles habent rivosque prope silvas et
110 iam humano cultu digniora loca. Ibi iumenta in pabulum missa,
et quies muniendo fessis hominibus data.

Hoc maxime modo in Italiam perventum est, quinto mense a
Carthagine nova, ut quidam auctores sunt, quinto decimo die
Alpibus superatis. (XXI.32.6–38.1)

The Periocha of Book XXII: *Hannibal's victory at Lake Trasimeno,*
the dictatorship of Quintus Fabius Maximus, and Hannibal's victory
at Cannae.

115 Hannibal per continuas vigilias in paludibus oculo amisso in
Etruriam venit; per quas paludes quadriduo et tribus noctibus sine
ulla requie iter fecit. C. Flaminius consul, homo temerarius, contra
auspicia profectus et ab equo, quem conscenderat, per caput
devolutus, insidiis ab Hannibale circumventus ad Trasumennum
120 lacum cum exercitu caesus est. Cum deinde Q. Fabius Maximus
dictator adversus Hannibalem missus, nollet acie cum eo confligere,
ne contra ferocem tot victoriis hostem territos adversis proeliis
milites pugnae committeret, et opponendo se tantum conatūs
Hannibalis impediret, M. Minucius magister equitum, ferox et
125 temerarius, criminando dictatorem tamquam segnem et timidum
effecit, ut populi iussu aequaretur ei cum dictatore imperium;
divisoque exercitu, cum iniquo loco conflixisset et in maximo
discrimine legiones eius essent, superveniente cum exercitu Fabio
Maximo liberatus est. Quo beneficio victus castra cum eo iunxit et
130 patrem eum salutavit idemque facere milites iussit. Idemque Fabi
Maximi dictatoris, cum circumposita ureret, agro pepercit, ut illum
tamquam proditorem suspectum faceret. Aemilio deinde Paulo et
Terentio Varrone consulibus et ducibus, cum maxima clade adversus
Hannibalem ad Cannas pugnatum est, caesaque eo proelio Roman-
135 orum $\overline{\text{XLV}}$ cum $\overline{\text{Paulo}}$ consule et senatoribus XC. Propter
paucitatem militum $\overline{\text{VIII}}$ servorum armata sunt. Captivi, cum
potestas esset redimendi, redempti non sunt. Varroni obviam itum
et gratiae actae, quod de re publica non desperasset.

The defeat of the Romans at Lake Trasimeno.

Haec est nobilis ad Trasumennum pugna atque inter paucas

memorata populi Romani clades. Quindecim milia Romanorum 140
in acie caesa; decem milia, sparsa fugā per omnem Etruriam,
diversis itineribus urbem petiere; duo milia quingenti hostium
in acie, multa postea ex vulneribus periere. Romae ad primum
nuntium cladis eius cum ingenti terrore ac tumultu concursus in
forum populi est factus. Et cum frequentis contionis modo turba in 145
comitium et curiam versa magistratūs vocaret, tandem haud multo
ante solis occasum M. Pomponius praetor "Pugna," inquit,
"magna victi sumus;" et quamquam nihil certius ex eo auditum
est, tamen alius ab alio impleti rumoribus domos referunt consulem
cum magna parte copiarum caesum, superesse paucos aut fugā 150
passim per Etruriam sparsos aut captos ab hoste. Quot casūs
exercitūs victi fuerant, tot in curas distracti animi eorum erant,
quorum propinqui sub C. Flaminio consule meruerant, ignorantium
quae cuiusque suorum fortuna esset; nec quisquam satis certum
habet quid aut speret aut timeat. Senatum praetores per dies 155
aliquot ab orto usque ad occidentem solem in curia retinent,
consultantes quonam duce aut quibus copiis resisti victoribus
Poenis posset.

Quintus Fabius Maximus appointed dictator.

Itaque ad remedium iam diu neque desideratum nec adhibitum,
dictatorem dicendum, civitas confugit. Et quia et consul aberat, a 160
quo uno dici posse videbatur, nec per occupatam armis Punicis
Italiam facile erat aut nuntium aut litteras mitti, nec dictatorem
praetor creare poterat, quod numquam ante eam diem factum
erat, dictatorem populus creavit Q. Fabium Maximum et magistrum
equitum M. Minucium Rufum; hisque negotium ab senatu datum 165
ut muros turresque urbis firmarent et praesidia disponerent quibus
locis videretur, pontesque rescinderent fluminum: pro urbe ac
penatibus dimicandum esse, quando Italiam tueri nequissent.
(XXII.7.1.–8.7)

*Fabius' tactics save the day, but they irritate some of his own people
no less than Hannibal.*

Dictator, exercitu consulis accepto, in viam Latinam est egressus, 170
unde itineribus summa cum cura exploratis ad hostem ducit, nullo
loco, nisi quantum necessitas cogeret, fortunae se commissurus.
Quo primum die in conspectu hostium posuit castra, nulla mora
facta quin Poenus educeret in aciem copiamque pugnandi faceret.
Sed ubi quieta omnia apud hostes nec castra ullo tumultu mota 175
videt, increpans quidem victos tandem Martios animos Romanis,

in castra rediit. Ceterum tacita cura animum incessit, quod tum
demum, edocti malis, Romani parem Hannibali ducem quaesissent.
Et prudentiam quidem novi dictatoris extemplo timuit. Con-
180 stantiam hauddum expertus, agitare ac temptare animum movendo
crebro castra populandoque in oculis eius agros sociorum coepit.
Fabius per loca alta agmen ducebat modico ab hoste intervallo,
ut neque omitteret eum neque congrederetur. Sed non Hannibalem
magis infestum tam sanis consiliis habebat quam magistrum
185 equitum. Ferox rapidusque consiliis ac linguā immodicus, primo
inter paucos, dein propalam in vulgus pro cunctatore segnem, pro
cauto timidum, adfingens vicina virtutibus vitia, compellabat. Usque
ad aquas Sinuessanas populatio ea pervenit. Ingentem cladem,
fugam tamen terroremque latius Numidae fecerunt; nec tamen is
190 terror cum omnia bello flagrarent, fide socios dimovit, videlicet quia
iusto et moderato regebantur imperio, nec abnuebant, quod unum
vinculum fidei est, melioribus parere. (XXII.12.1–13.11)

*Grumbling against Fabius increases not only in the army but also at
Rome.*

Ut vero, postquam ad Vulturnum flumen castra sunt posita,
exurebatur amoenissimus Italiae ager villaeque passim incendiis
195 fumabant, per iuga Massici montis Fabio ducente, tum prope de
integro seditio accensa. Fabius pariter in suos haud minus quam
in hostes intentus, prius ab illis invictum animum praestat. Quamquam probe scit non in castris modo suis sed iam etiam Romae
infamem suam cunctationem esse, obstinatus tamen tenore eodem
200 consiliorum aestatis reliquum extraxit. De iis rebus persaepe et in
senatu et in contione actum est. Tum M. Metilius tribunus plebis id
enimvero ferendum esse negat: non praesentem solum dictatorem
obstitisse rei bene gerendae, sed absentem etiam gestae obstare,
et in ducendo bello sedulo tempus terere, quo diutius in magistratu
205 sit solusque et Romae et in exercitu imperium habeat. Nunc
modicam rogationem promulgaturum de aequando magistri equitum
et dictatoris iure. Nec tamen ne ita quidem prius mittendum ad
exercitum Q. Fabium quam consulem in locum C. Flamini
suffecisset. Unus inventus est suasor legis C. Terentius Varro,
210 qui priore anno praetor fuerat, loco non humili solum sed etiam
sordido ortus. (XXII.14.1–25.18)

*C. Terentius Varro, a plebeian, and L. Aemilius Paulus, a patrician,
elected consuls.*

Cum his orationibus accensa plebs esset, C. Terentius consul

unus creatur ut in manu eius essent comitia rogando collegae.
Tum experta nobilitas parum fuisse virium in competitoribus,
L. Aemilium Paulum infestum plebei, diu ac multum recusantem, 215
ad petitionem compellit. (XXII.35.1–3)

*Fabius exhorts Paulus as the latter sets out with Varro against
Hannibal.*

Q. Fabius Maximus sic eum (= Paulum) proficiscentem adlocutus
fertur. "Si aut collegam, id quod mallem, tui similem, L. Aemili,
haberes aut tu collegae tui esses similis, supervacanea esset oratio
mea. Erras enim, L. Paule, si tibi minus certaminis cum C. Terentio 220
quam cum Hannibale futurum censes: nescio an infestior hic
adversarius quam ille hostis maneat te. Atqui si hic, quod facturum
se denuntiat, extemplo pugnaverit, aut ego rem militarem, belli
hoc genus, hostem hunc ignoro, aut nobilior alius Trasumenno
locus nostris cladibus erit. Ita res se habet: una ratio belli gerendi 225
adversus Hannibalem est, quā ego gessi. Nec eventus modo hoc
docet—stultorum iste magister est—sed eadem ratio, quae fuit
futuraque, donec res eaedem manebunt, immutabilis est. In Italia
bellum gerimus, in sede ac solo nostro; omnia circa plena civium
ac sociorum sunt; armis, viris, equis, commeatibus iuvant iuvabunt- 230
que: id iam fidei documentum in adversis rebus nostris dederunt;
meliores, prudentiores, constantiores nos tempus diesque facit;
Hannibal contra in alienā, in hostili est terra, inter omnia inimica
infestaque, procul ab domo ab patria; neque illi terrā neque mari
est pax; nullae eum urbes accipiunt, nulla moenia; partem vix 235
tertiam exercitūs eius habet, quem Hiberum amnem traiecit; plures
fame quam ferro absumpti, nec his paucis iam victus suppeditat.
Dubitas ergo, quin sedendo superaturi simus eum? Haec una
salutis est via, L. Paule, quam difficilem infestamque cives tibi
magis quam hostes facient. Idem enim tui, quod hostium milites 240
volent; idem Varro consul Romanus, quod Hannibal Poenus
imperator cupiet. Duobus ducibus unus resistas oportet. Resistes
autem, si adversus famam rumoresque hominum satis firmus
steteris, si te neque collegae vana gloria neque tua falsa infamia
moverit. Veritatem laborare nimis saepe aiunt, exstingui numquam: 245
vanam gloriam qui spreverit, veram habebit. Malo te sapiens
hostis metuat quam stulti cives laudent. Omnia audentem con-
temnet Hannibal, nihil temere agentem metuet. Nec ego, ut nihil
agatur, moneo, sed ut agentem te ratio ducat, non fortuna, armatus
intentusque sis; neque occasioni tuae desis neque suam occasionem 250

hosti des. Omnia non properanti clara certaque erunt; festinatio improvida est et caeca." (XXII.38.13–39.22)

Paulus replies steadfastly but apprehensively.

Adversus ea consulis oratio haud sane laeta fuit, magis fatentis ea, quae diceret, vera quam facilia factu esse: quid consuli adversus
255 collegam seditiosum ac temerarium virium atque auctoritatis fore? Se optare ut omnia prospere evenirent; sed si quid adversi caderet, hostium se telis potius quam suffragiis iratorum civium caput obiecturum. (XXII.40.1–3)

The Battle of Cannae: The consuls find Hannibal at Cannae ready to fight; but Varro and Paulus are disunited.

Consules satis exploratis itineribus sequentes Poenum, ut ventum
260 ad Cannas est et in conspectu Poenum habebant, bina castra communiunt. Hannibal, spem nactus facturos copiam pugnandi consules, dirigit aciem lacessitque Numidarum procursatione hostes. Inde rursus sollicitari seditione militari ac discordia consulum Romana castra, cum Paulus Flaminii temeritatem Varroni,
265 Varro Paulo speciosum timidis ac segnibus ducibus exemplum Fabium obiceret. (XXII.44.1–5)

The lines of battle are finally drawn up and the battle is joined.

Postero die Varro, cui sors eius diei imperi erat, nihil consulto collegā, signum proposuit instructasque copias flumen traduxit, sequente Paulo, quia magis non probare quam non adiuvare
270 consilium poterat. Consules cornua tenuere, Terentius laevum, Aemilius dextrum; Gemino Servilio media pugna tuenda data.
Hannibal prima luce (suos) in acie locabat. Duces cornibus praeerant, sinistro Hasdrubal, dextro Maharbal; mediam aciem Hannibal ipse cum fratre Magone tenuit. Ventus adversus
275 Romanis coortus multo pulvere in ipsa ora volvendo prospectum ademit. (XXII.45.5–46.9)

The bravery and death of Paulus and the rout of the Romans.

Parte alterā pugnae Paulus, quamquam primo statim proelio fundā graviter ictus fuerat, tamen et occurrit saepe cum confertis Hannibali et aliquot locis proelium restituit, protegentibus eum
280 equitibus Romanis, omissis postremo equis quia consulem et ad regendum equum vires deficiebant. (Hostes) pepulerunt tamen iam paucos superantes et labore ac vulneribus fessos. Inde dissipati

omnes sunt, equosque ad fugam qui poterant repetebant. Cn.
Lentulus, tribunus militum, cum praetervehens equo. sedentem
in saxo cruore oppletum consulem vidisset, "L. Aemili," inquit, 285
"quem unum insontem culpae cladis hodiernae dei respicere debent,
cape hunc equum, dum et tibi virium aliquid superest, et comes ego
te tollere possum ac protegere. Ne funestam hanc pugnam morte
consulis feceris; etiam. sine hoc lacrimarum satis luctūsque est."
Ad ea consul: "Tu quidem, Cn. Corneli, macte virtute esto; sed 290
cave frustra miserando exiguum tempus e manibus hostium
evadendi absumas. Abi; nuntia publice patribus urbem Roma-
nam muniant ac, priusquam victor hostis advenit, praesidiis firment;
privatim Q. Fabio Aemilium praeceptorum eius memorem et
vixisse adhuc et mori. Memet in hac strage militum meorum 295
patere exspirare, ne aut reus iterum e consulatu sim aut accusator
collegae exsistam ut alieno crimine innocentiam meam protegam."
Haec eos agentes prius turba fugientium civium, deinde hostes
oppressere; consulem ignorantes quis esset, obruere telis; Lentulum
inter tumultum abripuit equus. Tum undique effuse fugiunt. 300
Consul alter seu forte seu consilio nulli fugientium insertus agmini,
cum quinquaginta fere equitibus Venusiam perfugit.

The catastrophic losses of the Romans at Cannae.

Quadraginta quinque milia quingenti pedites, duo milia septin-
genti equites, et tantadem prope civium sociorumque pars caesi
dicuntur. Capta eo proelio tria milia peditum et equites mille et 305
quingenti dicuntur. Haec est pugna Cannensis. (XXII.49.1–50.1)

Hannibal fails to follow up his victory.

Hannibali victori cum ceteri circumfusi gratularentur suaderent-
que ut, tanto perfunctus bello, diei quod reliquum esset noctisque
insequentis quietem et ipse sibi sumeret et fessis daret militibus,
Maharbal praefectus equitum, minime cessandum ratus, "Immo ut, 310
quid hāc pugnā sit actum, scias, die quinto," inquit, "victor in
Capitolio epulaberis. Sequere; cum equite, ut (te) prius venisse
quam venturum sciant, praecedam." Hannibali nimis laeta res est
visa maiorque quam ut eam statim capere animo posset. Itaque
voluntatem se laudare Maharbalis ait; ad consilium pensandum 315
temporis opus esse. Tum Maharbal: "Non omnia nimirum eidem
di dedere: vincere scis, Hannibal; victoriā uti nescis." Mora eius
diei satis creditur saluti fuisse urbi atque imperio. (XXII.51.1–4)

Action at Rome as the news reaches the city.

Nulla profecto alia gens tanta mole cladis non obruta esset.
320 P. Furius Philus et M. Pomponius, praetores, senatum in curiam
Hostiliam vocaverunt ut de urbis custodia consulerent; neque
enim dubitabant, deletis exercitibus, hostem ad oppugnandam
Romam venturum. Tum Q. Fabius Maximus censuit equites
expeditos et Appiā et Latinā viā mittendos, qui obvios percunctando
325 referant quae fortuna consulum atque exercituum sit, et, si quid dii
immortales reliquum Romani nominis fecerint, ubi eae copiae sint;
quō se Hannibal post proelium contulerit, quid paret, quid agat
acturusque sit. Haec exploranda noscendaque per impigros iuvenes;
illud per patres ipsos agendum ut tumultum ac trepidationem in
330 urbe tollant, matronas publico arceant, comploratūs familiarum
coerceant, silentium per urbem faciant, nuntios rerum omnium
ad praetores deducendos curent, custodesque praeterea ad portas
ponant, qui prohibeant quemquam egredi urbe, cogantque homines
nullam nisi urbe ac moenibus salvis salutem sperare.
335   Tum demum litterae a C. Terentio consule adlatae sunt: L.
Aemilium consulem exercitumque caesum; sese Canusii esse
reliquias tantae cladis velut ex naufragio colligentem; Poenum
sedere ad Cannas. Tum privatae quoque per domos clades vulgatae
sunt, adeoque totam urbem opplevit luctus ut sacrum anniver-
340 sarium Cereris intermissum sit. Inde dictator ex auctorite patrum
dictus M. Iunius et Ti. Sempronius magister equitum, dilectu
edicto, iuniores ab annis septemdecim et quosdam praetextatos
scribunt. Quattuor ex his legiones et mille equites effecti. Item ad
socios Latinumque nomen ad milites ex formula accipiendos
345 mittunt. Arma, tela, alia parari iubent, et vetera spolia hostium
detrahunt templis porticibusque. (XXII.54.10–57.10)

The remarkable morale of the Romans

Quanto autem maior ea clades superioribus cladibus fuerit, vel
ea res indicio est, quod fides sociorum, quae ad eam diem firma
steterat, tum labare coepit, nullā profecto aliā de re quam quod
350 desperaverant de imperio. Nec tamen eae clades defectionesque
sociorum moverunt ut pacis usquam mentio apud Romanos fieret,
neque ante consulis Romam adventum, nec postquam is rediit
renovavitque memoriam acceptae cladis; quo in tempore ipso adeo
magno animo civitas fuit ut consuli ex tanta clade, cuius ipse causa
355 maxima fuisset, redeunti et obviam itum frequenter ab omnibus
ordinibus sit et gratiae actae quod de re publica non desperasset.
(XXII.61.10–14)

OVID: *METAMORPHOSES*

Pyramus and Thisbe (*Metamorphoses*, Book IV)

*Pyramus and Thisbe, two young lovers in Babylon, lived next door to
each other, but their parents sought to keep them apart by a wall
between the two houses. However, love contrived to circumvent the
barrier.*

Pȳramus et Thisbē, iuvenum pulcherrimus alter,   55
altera, quās Oriēns habuit, praelāta puellīs,
contiguās tenuēre domōs, ubi dīcitur altam
coctilibus mūrīs cīnxisse Semīramis urbem.
Nōtitiam prīmōsque gradūs vīcīnia fēcit;
tempore crēvit amor; taedae quoque iūre coïssent,   60
sed vetuēre patrēs. Quod nōn potuēre vetāre,
ex aequō captīs ārdēbant mentibus ambō.
Cōnscius omnis abest; nūtū signīsque loquuntur,
quōque magis tegitur, tēctus magis aestuat ignis.

Fissus erat tenuī rīmā, quam dūxerat ōlim,   65
cum fieret, pariēs domuī commūnis utrīque.
Id vitium nūllī per saecula longa notātum
(quid nōn sentit amor?) prīmī vīdistis, amantēs,
et vōcis fēcistis iter; tūtaeque per illud
murmure blanditiae minimō trānsīre solēbant.   70
Saepe, ubi cōnstiterant, hinc Thisbē, Pȳramus illinc,
"Invide," dīcēbant, "pariēs, quid amantibus obstās?
Nec sumus ingrātī; tibi nōs dēbēre fatēmur,   76
quod datus est verbīs ad amīcās trānsitus aurēs."

Tālia dīversā nēquīquam sēde locūtī
sub noctem dīxēre "valē" partīque dedēre
ōscula quisque suae nōn pervenientia contrā.   80
Postera nocturnōs Aurōra remōverat ignēs,
sōlque pruīnōsās radiīs siccāverat herbās;
ad solitum coïēre locum. Tum, murmure parvō
multa prius questī, statuunt ut nocte silentī
fallere custōdēs foribusque excēdere temptent;   85

63

cumque domō exierint, urbis quoque tēcta relinquant;
conveniant ad busta Ninī lateantque sub umbrā
arboris; arbor ibī niveīs ūberrima pōmīs
90 (ardua mōrus erat) gelidō contermina fontī.

*Thisbe, fleeing from a lioness, lost her veil, which the lioness tore with
her bloody mouth.*

91   Pacta placent, et lūx tardē discēdere vīsa est.
93 Callida per tenebrās versātō cardine Thisbē
    ēgreditur fallitque suōs, adopertaque vultum
95 pervenit ad tumulum dictāque sub arbore sēdit.
    Audācem faciēbat amor. Venit ecce recentī
    caede leaena boum spūmantēs oblita rictūs,
    dēpositūra sitim vīcīnī fontis in undā;
    quam procul ad lūnae radiōs Babylōnia Thisbē
100 vīdit et obscūrum timidō pede fūgit in antrum,
    dumque fugit, tergō vēlāmina lāpsa relīquit.
    Ut lea saeva sitim multā compescuit undā,
    dum redit in silvās, inventōs forte sine ipsā
    ōre cruentātō tenuēs laniāvit amictūs.

*Pyramus, on finding the veil, thought that Thisbe had been slain and
killed himself.*

105   Sērius ēgressus vestīgia vīdit in altō
    pulvere certa ferae tōtōque expalluit ōre
    Pȳramus. Ut vērō vestem quoque sanguine tīnctam
    repperit, "Ūna duōs," inquit, "nox perdet amantēs,
    ē quibus illa fuit longā dignissima vītā;
110 nostra nocēns anima est. Ego tē, miseranda, perēmī,
    in loca plēna metūs quī iussī nocte venīrēs,
    nec prior hūc vēnī. Nostrum dīvellite corpus,
    et scelerāta ferō cōnsūmite vīscera morsū,
    Ō quīcumque sub hāc habitātis rūpe, leōnēs.
115 Sed timidī est optāre necem." Vēlāmina Thisbēs
    tollit et ad pactae sēcum fert arboris umbram,
    utque dedit nōtae lacrimās, dedit ōscula vestī,
    "Accipe nunc," inquit, "nostrī quoque sanguinis haustūs."
    Quōque erat accīnctus, dēmīsit in īlia ferrum;
120 nec mora, ferventī moriēns ē vulnere trāxit
121 et iacuit resupīnus humō. Cruor ēmicat altē.
125 Arboreī fētūs aspergine caedis in ātram

vertuntur faciem, madefactaque sanguine rādīx
purpureō tingit pendentia mōra colōre.

Thisbe returned to the scene and, finding Pyramus dead, killed herself.

Ecce metū nōndum positō, nē fallat amantem,
illa redit iuvenemque oculīs animōque requīrit,
quantaque vītārit nārrāre perīcula gestit.   130
Utque locum et vīsā cognōscit in arbore fōrmam,
sīc facit incertam pōmī color. Haeret, an haec sit.
Dum dubitat, tremebunda videt pulsāre cruentum
membra solum retrōque pedem tulit, ōraque buxō
pallidiōra gerēns exhorruit aequoris īnstar,   135
quod tremit exiguā cum summum stringitur aurā.
Sed postquam remorāta suōs cognōvit amōrēs,
percutit indignōs clārō plangōre lacertōs,
et laniāta comās amplexaque corpus amātum
vulnera supplēvit lacrimīs flētumque cruōrī   140
miscuit, et gelidīs in vultibus ōscula fīgēns,
"Pȳrame," clāmāvit, "quis tē mihi cāsus adēmit?
Pȳrame, respondē! tua tē cārissima Thisbē
nōminat. Exaudī vultūsque attolle iacentēs!"
Ad nōmen Thisbēs oculōs ā morte gravātōs   145
Pȳramus ērēxit vīsāque recondidit illā.
Quae postquam vestemque suam cognōvit et ēnse
vīdit ebur vacuum, "Tua tē manus," inquit, "amorque
perdidit, īnfēlīx. Est et mihi fortis in ūnum
hoc manus, est et amor; dabit hīc in vulnera vīrēs.   150
Persequar exstīnctum lētīque miserrima dīcar
causa comesque tuī; quīque ā mē morte revellī
heu sōlā poterās, poteris nec morte revellī.
Hoc tamen ambōrum verbīs estōte rogātī,
Ō multum miserī, meus illīusque parentēs   155
ut quōs certus amor, quōs hōra novissima iūnxit,
compōnī tumulō nōn invideātis eōdem.
At tū, quae rāmīs arbor miserābile corpus
nunc tegis ūnīus, mox es tēctūra duōrum,
signa tenē caedis, pullōsque et lūctibus aptōs   160
semper habē fētūs, geminī monumenta cruōris."
Dīxit, et aptātō pectus mūcrōne sub īmum
incubuit ferrō quod adhūc ā caede tepēbat.
Vōta tamen tetigēre deōs, tetigēre parentēs;

165 nam color in pōmō est, ubi permātūruit, āter,
    quodque rogīs superest ūnā requiēscit in urnā.

Daedalus and Icarus: The First Flight (*Ibid.*, Book VIII)

Daedalus constructs wings for himself and his son Icarus.

183   Daedalus intereā Crētēn longumque perōsus
    exsilium tāctusque locī nātālis amōre
185 clausus erat pelagō. "Terrās licet," inquit, "et undās
    obstruat, at caelum certē patet; ībimus illāc.
    Omnia possideat, nōn possidet āëra Mīnōs."
    Dīxit, et ignōtās animum dīmittit in artēs
    nātūramque novat. Nam pōnit in ōrdine pennās,
190 ā minimā coeptās, longam breviōre sequentī,
    ut clīvō crēvisse putēs; sīc rūstica quondam
    fistula disparibus paulātim surgit avēnīs.
    Tum līnō mediās et cērīs adligat īmās,
    atque ita compositās parvō curvāmine flectit,
195 ut vērās imitētur avēs. Puer Īcarus ūnā
    stābat et,ignārus sua sē tractāre perīcla,
    ōre renīdentī modo, quās vaga mōverat aura,
    captābat plūmās, flāvam modo pollice cēram
    mollībat lūsūque suō mīrābile patris
200 impediēbat opus. Postquam manus ultima coeptō
    imposita est, geminās opifex lībrāvit in ālās
    ipse suum corpus mōtāque pependit in aurā.

Daedalus instructs and warns Icarus.

    Īnstruit et nātum, "Mediō" que "ut līmite currās,
    Īcare," ait, "moneō, nē, sī dēmissior ībis,
205 unda gravet pennās, sī celsior, ignis adūrat.
    Inter utrumque volā. Nec tē spectāre Boōtēn
    aut Helicēn iubeō strictumque Ōrīonis ēnsem;
    mē duce, carpe viam." Pariter praecepta volandī
    trādit et ignōtās umerīs accommodat ālās.
210 Inter opus monitūsque genae maduēre senīlēs,
    et patriae tremuēre manūs. Dedit ōscula nātō
    nōn iterum repetenda suō, pennīsque levātus
    ante volat comitīque timet, velut āles ab altō
    quae teneram prōlem prōdūxit in āëra nīdō,
215 hortāturque sequī damnōsāsque ērudit artēs,
    et movet ipse suās et nātī respicit ālās.

Hōs aliquis tremulā dum captat harundine piscēs,
aut pāstor baculō stīvāve innīxus arātor,
vīdit et obstipuit, quīque aethera carpere possent,
crēdidit esse deōs.   220

Icarus' hybris (pride, arrogance, insolence, excess) is his destruction.

              Et iam Iūnōnia laevā
parte Samos (fuerant Dēlosque Parosque relictae),
dextra Lebinthos erat fēcundaque melle Calymnē,
cum puer audācī coepit gaudēre volātū,
dēseruitque ducem caelīque cupīdine tractus
altius ēgit iter. Rapidī vīcīnia sōlis   225
mollit odōrātās, pennārum vincula, cērās.
Tābuerant cērae; nūdōs quatit ille lacertōs,
rēmigiōque carēns nōn ūllās percipit aurās,
ōraque caeruleā patrium clāmantia nōmen
excipiuntur aquā, quae nōmen trāxit ab illō.   230
At pater īnfēlīx, nec iam pater, "Īcare," dīxit,
"Īcare," dīxit, "ubi es? Quā tē regiōne requīram?"
"Īcare," dīcēbat; pennās aspexit in undīs,
dēvōvitque suās artēs, corpusque sepulcrō
condidit, et tellūs ā nōmine dicta sepultī.   235

Orpheus and Eurydice (*Ibid.*, Book X)

Inauspicious omens and death of Eurydice.

Inde per immēnsum croceō vēlātus amictū
aethera dīgreditur Ciconumque Hymenaeus ad ōrās
tendit, et Orphēā nēquīquam vōce vocātur.
Adfuit ille quidem, sed nec sollemnia verba
nec laetōs vultūs nec fēlīx attulit ōmen.   5
Fax quoque quam tenuit lacrimōsō strīdula fūmō
usque fuit nūllōsque invēnit mōtibus ignēs.
Exitus auspiciō gravior. Nam nūpta per herbās
dum nova Nāiadum turbā comitāta vagātur,
occidit in tālum serpentis dente receptō.   10

Orpheus' visit to the underworld and his plea on behalf of Eurydice.

Quam satis ad superās postquam Rhodopēïus aurās
dēflēvit vātēs, nē nōn temptāret et umbrās,
ad Styga Taenariā est ausus dēscendere portā
perque levēs populōs simulācraque fūncta sepulcrō

15 Persephonēn adiīt inamoenaque rēgna tenentem
    umbrārum dominum, pulsīsque ad carmina nervīs
    sīc ait: "Ō positī sub terrā nūmina mundī,
    in quem reccidimus, quicquid mortāle creāmur,
    sī licet et, falsī positīs ambāgibus ōris,
20 vēra loquī sinitis, nōn hūc, ut opāca vidērem
    Tartara, dēscendī, nec utī villōsa colubrīs
    terna Medūsaeī vincīrem guttura mōnstrī.
    Causa viae est coniūnx in quam calcāta venēnum
    vīpera diffūdit crēscentēsque abstulit annōs.
25 Posse pātī voluī, nec mē temptāsse negābō;
    vīcit Amor. Superā deus hic bene nōtus in ōrā est;
    an sit et hīc, dubitō. Sed et hīc tamen auguror esse,
    fāmaque sī veteris nōn est mentīta rapīnae,
    vōs quoque iūnxit Amor. Per ego haec loca plēna timōris,
30 per Chaos hōc ingēns vāstīque silentia rēgnī,
    Eurydicēs, ōrō, properāta retexite fāta.
    Omnia dēbēmur vōbīs paulumque morātī
    sērius aut citius sēdem properāmus ad ūnam.
    Tendimus hūc omnēs, haec est domus ultima, vōsque
35 hūmānī generis longissima rēgna tenētis.
    Haec quoque, cum iūstōs mātūra perēgerit annōs,
    iūris erit vestrī; prō mūnere poscimus ūsum.
    Quod sī fāta negant veniam prō coniuge, certum est
    nōlle redīre mihī; lētō gaudēte duōrum."

*Through the charm of his music Orpheus won his request for
Eurydice's return, only to lose her again at the end.*

40   Tālia dīcentem nervōsque ad verba moventem
    exsanguēs flēbant animae; nec Tantalus undam
    captāvit refugam, stupuitque Ixīonis orbis,
    nec carpsēre iecur volucrēs, urnīsque vacārunt
    Bēlides, inque tuō sēdistī, Sīsyphe, saxō.
45 Tunc prīmum lacrimīs victārum carmine fāma est
    Eumenidum maduisse genās. Nec rēgia coniūnx
    sustinet ōrantī, nec quī regit īma, negāre,
    Eurydicēnque vocant. Umbrās erat illa recentēs
    inter, et incessit passū dē vulnere tardō.
50 Hanc simul et lēgem Rhodopēïus accipit Orpheus,
    nē flectat retrō sua lūmina, dōnec Avernās
    exierit vallēs; aut irrita dōna futūra.

Carpitur acclīvis per mūta silentia trāmes,
arduus, obscūrus, cālīgine dēnsus opācā.
Nec procul āfuerunt tellūris margine summae;   55
hīc, nē dēficeret, metuēns avidusque videndī
flexit amāns oculōs; et prōtinus illa relāpsa est,
bracchiaque intendēns prēndīque et prēndere certāns
nīl nisi cēdentēs īnfēlīx arripit aurās.
Iamque iterum moriēns nōn est dē coniuge quicquam   60
questa suō (quid enim nisi sē quererētur amātam?)
suprēmumque "valē," quod iam vix auribus ille
acciperet, dīxit revolūtaque rūrsus eōdem est.
Ōrantem frūstrāque iterum trānsīre volentem   72
portitor arcuerat. Septem tamen ille diēbus
squālidus in rīpā Cereris sine mūnere sēdit:
cūra dolorque animī lacrimaeque alimenta fuēre.   75
Esse deōs Erebī crūdēlēs questus, in altam
sē recipit Rhodopēn pulsumque aquilōnibus Haemum.

Orpheus and Eurydice Reunited — in Hades
(Ibid., Book XI)

(On his return to his native land, grief-stricken Orpheus scorned all
the women of Thrace, who finally in a Bacchic orgy attacked and
killed him. In the following passage the shade of dead Orpheus returns
to Hades.)

Umbra subit terrās et, quae loca vīderat ante,   61
cūncta recognōscit quaerēnsque per arva piōrum
invenit Eurydicēn cupidīsque amplectitur ulnīs.
Hīc modo coniūnctīs spatiantur passibus ambō:
nunc praecēdentem sequitur, nunc praevius anteit   65
Eurydicēnque suam iam tūtus respicit Orpheus.

Midas and His Golden Touch (Ibid., Book XI)

Lost Silenus is kindly entertained by King Midas of Phrygia, and
Bacchus grants Midas his wish for the golden touch.

Nec satis hoc Bacchō est: ipsōs quoque dēserit agrōs   85
cumque chorō meliōre suī vīnēta Timōlī
Pactōlonque petit, quamvīs nōn aureus illō
tempore nec cārīs erat invidiōsus harēnīs.
Hunc adsuēta cohors satyrī Bacchaeque frequentant,
at Sīlēnus abest. Titubantem annīsque merōque   90

rūricolae cēpēre Phryges vīnctumque corōnīs
ad rēgem dūxēre Midān, cui Thrācius Orpheus
orgia trādiderat cum Cēcropiō Eumolpō.
Quī simul agnōvit socium comitemque sacrōrum,
95 hospitis adventū fēstum geniāliter ēgit
per bis quīnque diēs et iūnctās ōrdine noctēs.
Et iam stellārum sublīme coēgerat agmen
Lūcifer ūndecimus, Lȳdōs cum laetus in agrōs
rēx venit et iuvenī Sīlēnum reddit alumnō.
100 Huic deus optandī grātum sed inūtile fēcit
mūneris arbitrium, gaudēns altōre receptō.
Ille male ūsūrus dōnīs ait: "Effice quicquid
corpore contigerō fulvum vertātur in aurum."
Adnuit optātīs nocitūraque mūnera solvit
105 Līber et indoluit quod nōn meliōra petīsset.

Midas' initial thrill followed by disillusionment and agony.

Laetus abit gaudetque malō Berecyntius hērōs,
pollicitīque fidem tangendō singula temptat,
vixque sibī crēdēns nōn altā fronde virentem
īlice dētrāxit virgam; virga aurea facta est.
110 Tollit humō saxum; saxum quoque palluit aurō.
Contigit et glaebam; contāctū glaeba potentī
massa fit. Ārentēs Cereris dēcerpsit aristās;
aurea messis erat. Dēmptum tenet arbore pōmum;
Hesperidas dōnāsse putēs. Sī postibus altīs
115 admōvit digitōs, postēs radiāre videntur.
118   Vix spēs ipse suās animō capit aurea fingēns
omnia. Gaudentī mēnsās posuēre ministrī
120 exstrūctās dapibus nec tostae frūgis egentēs.
Tum vērō, sīve ille suā Cereālia dextrā
mūnera contigerat, Cereālia dōna rigēbant;
sīve dapēs avidō convellere dente parābat,
lāmina fulva dapēs admōtō dente premēbat.

Midas confesses his sin and is told how to atone therefor.

127   Attonitus novitāte malī, dīvesque miserque,
effugere optat opēs, et quae modo vōverat, ōdit.
Cōpia nūlla famem relevat; sitis ārida guttur
130 ūrit, et invīsō meritus torquētur ab aurō.
Ad caelumque manūs et splendida bracchia tollēns,

"Dā veniam, Lēnaee pater, peccāvimus," inquit,
"Sed miserēre, precor, speciōsōque ēripe damnō!"
Mīte deum nūmen: Bacchus peccāsse fatentem
restituit factīque fidē data mūnera solvit.   135
"Nēve male optātō maneās circumlitus aurō,
vāde," ait, "ad magnīs vīcīnum Sardibus amnem,
perque iugum Lȳdum lābentibus obvius undīs
carpe viam, dōnec veniās ad flūminis ortūs;
spūmigerōque tuum fontī, quā plūrimus exit,   140
subde caput corpusque simul, simul ēlue crīmen."
Rēx iussae succēdit aquae; vīs aurea tīnxit
flūmen et hūmānō dē corpore cessit in amnem.

PLINY: *EPISTULAE*

Dedication and preface.

C. Plinius Septicio Suo S.

Frequenter hortatus es ut epistulas, quas paulo accuratius scripsissem, colligerem publicaremque. Collegi non servato temporis
ordine (neque enim historiam componebam), sed ut quaeque in
5 manus venerat. Superest ut nec te consilii nec me paeniteat obsequii.
Ita enim fiet, ut eas quae adhuc neglectae iacent requiram et, si
quas addidero, non supprimam. Vale. (I.1)

Diana and Minerva, or hunting and writing.

C. Plinius Cornelio Tacito Suo S.

Ridebis, et licet rideas. Ego Plinius ille, quem nosti, apros tres et
10 quidem pulcherrimos cepi. "Ipse?" inquis. Ipse; non tamen ut
omninc ab inertia mea et quiete discederem. Ad retia sedebam;
erat in proximo non venabulum aut lancea, sed stilus et pugillares;
meditabar aliquid enotabamque, ut, si manus vacuas, plenas tamen
ceras reportarem. Non est quod contemnas hoc studendi genus;
15 mirum est ut animus agitatione motuque corporis excitetur; iam
undique silvae et solitudo ipsumque illud silentium, quod venationi
datur, magna cogitationis incitamenta sunt. Proinde, cum venabere,
licebit auctore me ut panarium et lagunculam sic etiam pugillares
feras: experieris non Dianam magis montibus quam Minervam
20 inerrare. Vale. (I.6)

The bane of city life; the balm of country life.

C. Plinius Minicio Fundano Suo S.

Mirum est quam singulis diebus in urbe ratio aut constet aut
constare videatur, pluribus iunctisque non constet. Nam, si quem
interroges: "Hodie quid egisti?" respondeat: "Officio togae virilis
25 interfui, sponsalia aut nuptias frequentavi, ille me ad signandum
testamentum, ille in advocationem, ille in consilium rogavit."
Haec quo die feceris, necessaria; eadem si cotidie fecisse te reputes,

inania videntur, multo magis cum secesseris. Tunc enim subit
recordatio: "Quot dies quam frigidis rebus absumpsi!" Quod
evenit mihi, postquam in Laurentino meo aut lego aliquid aut 30
scribo aut etiam corpori vaco, cuius fulturis animus sustinetur.
Nihil audio, quod audisse, nihil dico, quod dixisse paeniteat; nemo
apud me quemquam sinistris sermonibus carpit, neminem ipse
reprehendo, nisi tamen me, cum parum commode scribo; nulla spe,
nullo timore sollicitor, nullis rumoribus inquietor; mecum tantum 35
et cum libellis loquor. O rectam sinceramque vitam, o dulce otium
honestumque ac paene omni negotio pulchrius! O mare, o litus,
verum secretumque mouseion, quam multa invenitis, quam multa
dictatis! Proinde tu quoque strepitum istum inanemque discursum
et multum ineptos labores, ut primum fuerit occasio, relinque teque 40
studiis vel otio trade. Satius est enim, ut Atilius noster eruditissime
simul et facetissime dixit, otiosum esse quam nihil agere. Vale. (I.9)

The suicide of Corellius Rufus, a noble Roman Stoic.

C. Plinius Calestrio Tironi Suo S.

*It seems harder to reconcile oneself to the suicide of a friend than to his
death from inexorable causes.*

Iacturam gravissimam feci, si iactura dicenda est tanti viri
amissio. Decessit Corellius Rufus et quidem sponte, quod dolorem 45
meum exulcerat. Est enim luctuosissimum genus mortis, quae non
ex natura nec fatalis videtur. Nam utcumque in illis, qui morbo
finiuntur, magnum ex ipsa necessitate solacium est; in iis vero,
quos arcessita mors aufert, hic insanabilis dolor est, quod creduntur
potuisse diu vivere. Corellium quidem summa ratio, quae sapien- 50
tibus pro necessitate est, ad hoc consilium compulit, quamquam
plurimas vivendi causas habentem — optimam conscientiam, optimam famam, maximam auctoritatem, praeterea filiam, uxorem,
nepotem, sorores interque tot pignora veros amicos.

Corellius' suffering had lasted long and had broken his body.

Sed tam longa, tam iniqua valetudine conflictabatur, ut haec 55
tanta pretia vivendi mortis rationibus vincerentur. Tertio et tri-
censimo anno, ut ipsum audiebam, pedum dolore correptus est.
Patrius hic illi; nam plerumque morbi quoque per successiones
quasdam ut alia traduntur. Hunc abstinentiā, sanctitate, quoad
viridis aetas, vicit et fregit; novissime cum senectute ingravescentem 60
viribus animi sustinebat, cum quidem incredibilis cruciatus et

indignissima tormenta pateretur. Iam enim dolor non pedibus solis,
ut prius, insidebat, sed omnia membra pervagabatur.

Corellius' desire to outlive the tyrannous Domitian had buoyed him up
for a while.

Veni ad eum Domitiani temporibus in suburbano iacentem.
65 Servi e cubiculo recesserunt: habebat hoc moris, quotiens intrasset
fidelior amicus; quin etiam uxor, quamquam omnis secreti capacissima, digrediebatur. Circumtulit oculos et "Cur," inquit, "me
putas hos tantos dolores tam diu sustinere? ut scilicet isti latroni vel
uno die supersim." Dedisses huic animo par corpus, fecisset quod
70 optabat. Increverat valetudo, quam temperantiā mitigare temp-
tavit; perseverantem constantiā fugit.

Corellius' wife, Hispulla, begged Pliny to dissuade him from his
resolve to fast to the death; but Corellius was determined.

Iam dies alter, tertius, quartus: abstinebat cibo. Misit ad me
uxor eius Hispulla communem amicum C. Geminium cum tris-
tissimo nuntio destinasse Corellium mori nec aut suis aut filiae
75 precibus flecti, solum superesse me a quo revocari posset ad vitam.
Cucurri. Perveneram in proximum, cum mihi ab eadem Hispulla
Iulius Atticus nuntiat nihil iam ne me quidem impetraturum; tam
obstinate magis ac magis induruisse. Dixerat sane medico admo-
venti cibum: "Kekrika," quae vox quantum admirationis in
80 animo meo tantum desiderii reliquit.

Pliny pays heartfelt tribute to his friend and asks Tiro to write him
some unusual words of consolation.

Cogito, quo amico, quo viro caream. Implevit quidem annum
septimum et sexagesimum, quae aetas etiam robustissimis satis
longa est; scio. Evasit perpetuam valetudinem; scio. Decessit
superstitibus suis, florente re publica, quae illi omnibus suis carior
85 erat; et hoc scio. Ego tamen tamquam et iuvenis et fortissimi
morte doleo, doleo autem (licet me imbecillum putes) meo nomine.
Amisi enim, amisi vitae meae testem, rectorem, magistrum. In
summa dicam quod recenti dolore contubernali meo Calvisio dixi:
"Vereor ne neglegentius vivam." Proinde adhibe solacia mihi,
90 non haec: "Senex erat, infirmus erat" (haec enim novi), sed nova
aliqua, sed magna, quae audierim numquam, legerim numquam.
Nam, quae audivi, quae legi, sponte succurrunt, sed tanto dolore
superantur. Vale. (I.12)

*At dinner Pliny has the same wine that his freedmen have. The same
menu for all.*

C. Plinius Avito Suo S.

Longum est altius repetere, nec refert, quemadmodum acciderit   95
ut homo minime familiaris cenarem apud quendam, ut sibi
videbatur, lautum et diligentem, ut mihi, sordidum simul et sumptuosum. Nam sibi et paucis opima quaedam, ceteris vilia et minuta
ponebat. Vinum etiam parvulis lagunculis in tria genera discripserat,
non ut potestas eligendi, sed ne ius esset recusandi, aliud sibi et nobis, 100
aliud minoribus amicis (nam gradatim amicos habet), aliud suis
nostrisque libertis. Animadvertit, qui mihi proximus recumbebat, et
an probarem interrogavit. Negavi. "Tu ergo" inquit, "quam consue-
tudinem sequeris?" "Eadem omnibus pono; ad cenam enim non
ad notam invito cunctisque rebus exaequo quos mensa et toro 105
aequavi." "Etiamne libertos?" "Etiam; convictores enim tunc,
non libertos puto." Et ille: "Magno tibi constat." "Minime."
"Qui fieri potest?" "Quia scilicet liberti mei non idem quod ego
bibunt, sed idem ego quod liberti." Et hercule, si gulae temperes,
non est onerosum, quo utaris ipse, communicare cum pluribus. 110
Vale. (II.6)

Pliny the Elder at the eruption of Vesuvius, August 24, A.D. 79.

C. Plinius Tacito Suo S.

*Pliny the Younger is pleased to give the historian Tacitus material
about the trip of his uncle, Pliny the Elder, to study erupting Vesuvius.*

Petis, ut tibi avunculi mei exitum scribam, quo verius tradere
posteris possis. Gratias ago; nam video morti eius, si celebretur a
te, immortalem gloriam esse propositam. Quamvis ipse plurima 115
opera et mansura condiderit, multum tamen perpetuitati eius
scriptorum tuorum aeternitas addet. Equidem beatos puto, quibus
deorum munere datum est aut facere scribenda aut scribere legenda;
beatissimos vero, quibus utrumque. Horum in numero avunculus
meus et suis libris et tuis erit.   120

*Pliny the Elder, attracted by the unusual phenomenon, sailed from
the naval base at Misenum to study the activity at close range and to
bring help.*

Erat Miseni classemque imperio praesens regebat. Nonum Kal.
Septembres hora fere septima mater mea indicat ei apparere nubem
inusitata et magnitudine et specie. Usus ille sole, mox frigidā,

gustaverat iacens studebatque; poscit soleas, ascendit locum, ex
125 quo maxime miraculum illud conspici poterat. Nubes, incertum
procul intuentibus ex quo monte (Vesuvium fuisse postea cognitum
est), oriebatur, cuius similitudinem et formam non alia magis arbor
quam pinus expresserit. Nam longissimo velut trunco elata in
altum quibusdam ramis diffundebatur, candida interdum, inter-
130 dum sordida et maculosa, prout terram cineremve sustulerat.

Magnum propiusque noscendum ut eruditissimo viro visum.
Iubet Liburnicam aptari: mihi, si venire una vellem, facit copiam;
respondi studere me malle, et forte ipse, quod scriberem, dederat.
Egrediebatur domo: accipit codicillos Rectinae Tasci imminenti
135 periculo exterritae (nam villa eius subiacebat, nec ulla nisi navibus
fuga); ut se tanto discrimini eriperet, orabat. Vertit ille consilium
et, quod studioso animo inchoaverat, obit maximo. Deducit
quadriremes, ascendit ipse non Rectinae modo, sed multis (erat
enim frequens amoenitas orae) laturus auxilium. Properat illuc,
140 unde alii fugiunt, rectumque cursum, recta gubernacula in periculum tenet adeo solutus metu, ut omnes illius mali motus, omnes
figuras, ut deprenderat oculis, dictaret enotaretque.

*The amazing composure with which Pliny the Elder faced the dangers
and encouraged the others.*

Iam navibus cinis incidebat, calidior et densior, iam pumices
etiam nigrique et ambusti et fracti igne lapides. Cunctatus paulum,
145 an retro flecteret, mox gubernatori, ut ita faceret, monenti "Fortes"
inquit, "fortuna iuvat: Pomponianum pete." Stabiis erat, diremptus sinu medio; sarcinas contulerat in naves certus fugae, si
contrarius ventus resedisset; quo tunc avunculus meus secundissimo
invectus complectitur trepidantem, consolatur, hortatur, utque
150 timorem eius sua securitate leniret, deferri in balineum iubet: lotus
accubat, cenat aut hilaris aut, quod est aeque magnum, similis
hilari.

A description of the eruption and the plight of the people.

Interim e Vesuvio monte pluribus locis latissimae flammae
altaque incendia relucebant, quorum fulgor et claritas tenebris
155 noctis excitabatur. Ille agrestium trepidatione ignes relictos deser-
tasque villas per solitudinem ardere in remedium formidinis dicti-
tabat. Tum se quieti dedit et quievit verissimo quidem somno. Nam
meatus animae, qui illi propter amplitudinem corporis gravior et
sonantior erat, ab eis qui limini obversabantur audiebatur. Sed
160 area, ex qua diaeta adibatur, ita iam cinere mixtisque pumicibus

oppleta surrexerat, ut, si longior in cubiculo mora, exitus negaretur.
Excitatus procedit seque Pomponiano ceterisque, qui pervigilave-
rant, reddit. In commune consultant, intra tecta subsistant an in
aperto vagentur. Nam crebris vastisque tremoribus tecta nutabant
et quasi emota sedibus suis nunc huc, nunc illuc abire aut referri 165
videbantur. Sub dio rursus quamquam levium exesorumque
pumicum casus metuebatur; quod tamen periculorum collatio
elegit. Et apud illum quidem ratio rationem, apud alios timorem
timor vicit. Cervicalia capitibus imposita linteis constringunt; id
munimentum adversus incidentia fuit. 170

The death of Pliny the Elder.

Iam dies alibi, illic nox omnibus noctibus nigrior densiorque;
quam tamen faces multae variaque lumina solabantur. Placuit
egredi in litus et ex proximo aspicere, ecquid iam mare admitteret;
quod adhuc vastum et adversum permanebat. Ibi super abiectum
linteum recubans semel atque iterum frigidam poposcit hausitque. 175
Deinde flammae flammarumque praenuntius odor sulpuris alios in
fugam vertunt, excitant illum. Innixus servulis duobus adsurrexit et
statim concidit, ut ego colligo, crassiore caligine spiritu obstructo
clausoque stomacho, qui illi natura invalidus et angustus et frequenter interaestuans erat. Ubi dies redditus (is ab eo, quem 180
novissime viderat, tertius), corpus inventum integrum, inlaesum
opertumque, ut fuerat indutus: habitus corporis quiescenti quam
defuncto similior.

This account is intended simply as source material for history.

Interim Miseni ego et mater — Sed nihil ad historiam, nec tu
aliud quam de exitu eius scire voluisti. Finem ergo faciam. Unum 185
adiciam, omnia me, quibus interfueram, quaeque statim, cum
maxime vera memorantur, audieram, persecutum. Tu potissima
excerpes; aliud est enim epistulam, aliud historiam, aliud amico,
aliud omnibus scribere. Vale. (VI.16)

The bravery of a little-known wife.

C. Plinius Macro Suo S. 190

Quam multum interest, a quo quidque fiat! Eadem enim facta
claritate vel obscuritate facientium aut tolluntur altissime aut humillime deprimuntur. Navigabam per Larium nostrum, cum senior
amicus ostendit mihi villam atque etiam cubiculum, quod in lacum
prominet: "Ex hoc" inquit, "aliquando municeps nostra cum 195

marito se praecipitavit." Causam requisivi. Maritus ex diutino
morbo ulceribus putrescebat: uxor, ut inspiceret, exegit; neque
enim quemquam fidelius indicaturum, possetne sanari. Vidit,
desperavit; hortata est, ut moreretur, comesque ipsa mortis, dux
200 immo et exemplum et necessitas fuit. Nam se cum marito ligavit
abiecitque in lacum. Quod factum ne mihi quidem, qui municeps,
nisi proxime auditum est, non quia minus illo clarissimo Arriae
facto, sed quia minor ipsa. Vale. (VI.24)

Oh how I miss you!

C. Plinus Calpurniae Suae S.

205   Incredibile est, quanto desiderio tui tenear. In causa amor
primum, deinde quod non consuevimus abesse. Inde est quod
magnam noctium partem in imagine tua vigil exigo, inde, quod
interdiu, quibus horis te visere solebam, ad diaetam tuam ipsi me,
ut verissime dicitur, pedes ducunt, quod denique aeger et maestus ac
210 similis excluso a vacuo limine recedo. Unum tempus his tormentis
caret, quo in foro amicorum litibus conteror. Aestima tu, quae
vita mea sit, cui requies in labore, in miseria curisque solacium.
Vale. (VII.5)

Distractions of city life and the demands of friendship.

C. Plinius Urso Suo S.

215   Olim non librum in manus, non stilum sumpsi; olim nescio quid
sit otium, quid quies, quid denique illud iners quidem, iucundum
tamen nihil agere, nihil esse; adeo multa me negotia amicorum nec
secedere nec studere patiuntur. Nulla enim studia tanti sunt, ut
amicitiae officium deseratur, quod religiosissime custodiendum studia
220 ipsa praecipiunt. Vale. (VIII.9)

The problem of the Christians in Bithynia.

C. Plinius Traiano Imperatori

Pliny's perplexity about what to do concerning the Christians.

Sollemne est mihi, domine, omnia, de quibus dubito, ad te referre.
Quis enim potest melius vel cunctationem meam regere vel igno-
rantiam instruere? Cognitionibus de Christianis interfui numquam:
225 ideo nescio quid et quatenus aut puniri soleat aut quaeri. Nec
mediocriter haesitavi, sitne aliquod discrimen aetatum, an quamlibet
teneri nihil a robustioribus differant; detur paenitentiae venia, an
ei, qui omnino Christianus fuit, desisse non prosit; nomen ipsum, si
flagitiis careat, an flagitia cohaerentia nomini puniantur.

*Pliny tries those duly charged with being Christians but mentions
anonymous accusations.*

Interim in iis, qui ad me tamquam Christiani deferebantur, hunc 230
sum secutus modum. Interrogavi ipsos, an essent Christiani. Con-
fitentes iterum ac tertio interrogavi supplicium minatus: perseve-
rantes duci iussi. Neque enim dubitabam, qualecumque esset quod
faterentur, pertinaciam certe et inflexibilem obstinationem debere
puniri. Fuerunt alii similis amentiae, quos, quia cives Romani 235
erant, adnotavi in urbem remittendos. Mox ipso tractatu, ut fieri
solet, diffundente se crimine, plures species inciderunt. Propositus
est libellus sine auctore multorum nomina continens.

*Those who cleared themselves and worshiped the gods and the
emperor were released.*

Qui negabant esse se Christianos aut fuisse, cum praeeunte me
deos appellarent et imagini tuae, quam propter hoc iusseram cum 240
simulacris numinum adferri, ture ac vino supplicarent, praeterea
male dicerent Christo, quorum nihil posse cogi dicuntur, qui sunt re
vera Christiani, dimittendos esse putavi. Alii ab indice nominati
esse se Christianos dixerunt et mox negaverunt; fuisse quidem, sed
desisse, quidam ante triennium, quidam ante plures annos, non 245
nemo etiam ante viginti. Hi quoque omnes et imaginem tuam
deorumque simulacra venerati sunt et Christo maledixerunt.

A picture of the early Christian community and practices.

Adfirmabant autem hanc fuisse summam vel culpae suae vel
erroris, quod essent soliti stato die ante lucem convenire carmenque
Christo quasi deo dicere secum invicem seque sacramento non in 250
scelus aliquod obstringere, sed ne furta, ne latrocinia, ne adulteria
committerent, ne fidem fallerent, ne depositum appellati abnegarent;
quibus peractis, morem sibi discedendi fuisse rursusque coeundi ad
capiendum cibum, promiscuum tamen et innoxium; quod ipsum
facere desisse post edictum meum, quo secundum mandata tua 255
hetaerias esse vetueram. Quo magis necessarium credidi ex duabus
ancillis, quae ministrae dicebantur, quid esset veri, et per tormenta
quaerere. Nihil aliud inveni quam superstitionem pravam, immodicam.

*Pliny is concerned about humanitarian considerations but feels that the
"superstition" must be curbed.*

Ideo dilata cognitione, ad consulendum te decucurri. Visa est 260

enim mihi res digna consultatione, maxime propter periclitantium
numerum. Multi enim omnis aetatis, omnis ordinis, utriusque sexus
etiam vocantur in periculum et vocabuntur. Neque civitates tantum, sed vicos etiam atque agros superstitionis istius contagio
265 pervagata est; quae videtur sisti et corrigi posse. Certe satis constat
prope iam desolata templa coepisse celebrari, et sacra sollemnia
diu intermissa repeti pastumque venire victimarum, cuius adhuc
rarissimus emptor inveniebatur. Ex quo facile est opinari, quae
turba hominum emendari possit, si sit paenitentiae locus. (X.96)

Emperor Trajan's reply to the preceding letter.

270 Traianus Plinio

Actum, quem debuisti, mi Secunde, in excutiendis causis eorum,
qui Christiani ad te delati fuerant, secutus es. Neque enim in
universum aliquid, quod quasi certam formam habeat, constitui
potest. Conquirendi non sunt; si deferantur et arguantur, puniendi
275 sunt, ita tamen, ut, qui negaverit se Christianum esse idque re
ipsa manifestum fecerit, id est supplicando dis nostris, quamvis
suspectus in praeteritum, veniam ex paenitentia impetret. Sine
auctore vero propositi libelli in nullo crimine locum habere debent.
Nam et pessimi exempli nec nostri saeculi est. (X.97)

THE VULGATE

The Ten Commandments

Locutusque est Dominus cunctos sermones hos:

Ego sum Dominus Deus tuus, qui eduxi te de terra Aegypti, de domo servitutis.

Non habebis deos alienos coram me.

Non facies tibi sculptile, neque omnem similitudinem quae est in 5
caelo desuper, et quae in terra deorsum, nec eorum quae sunt in aquis sub terra. Non adorabis ea, neque coles: ego sum Dominus Deus tuus fortis, zelotes, visitans iniquitatem patrum in filios, in tertiam et quartam generationem eorum qui oderunt me: et faciens misericordiam in milia his qui diligunt me, et custodiunt 10 praecepta mea.

Non adsumes nomen Domini Dei tui in vanum; nec enim habebit insontem Dominus eum qui adsumpserit nomen Domini Dei sui frustra.

Memento ut diem sabbati sanctifices. Sex diebus operaberis, et 15 facies omnia opera tua. Septimo autem die sabbatum Domini Dei tui est: non facies omne opus in eo, tu, et filius tuus et filia tua, servus tuus et ancilla tua, iumentum tuum, et advena qui est intra portas tuas. Sex enim diebus fecit Dominus caelum et terram, et mare, et omnia quae in eis sunt, et requievit in die septimo; idcirco 20 benedixit Dominus diei sabbati, et sanctificavit eum.

Honora patrem tuum et matrem tuam, ut sis longaevus super terram, quam Dominus Deus tuus dabit tibi.

Non occides.

Non moechaberis. 25

Non furtum facies.

Non loqueris contra proximum tuum falsum testimonium.

Non concupisces domum proximi tui: nec desiderabis uxorem eius, non servum, non ancillam, non bovem, non asinum, nec omnia quae illius sunt. (Exodus, 20.1–17) 30

Job on Wisdom

What is wisdom and what its value?

Sapientia vero ubi invenitur?
et quis est locus intellegentiae?
Nescit homo pretium eius,
nec invenitur in terra suaviter viventium.
35 Abyssus dicit: Non est in me:
et mare loquitur: Non est mecum.
Non dabitur aurum obryzum pro ea,
nec appendetur argentum in commutatione eius.
Non conferetur tinctis Indiae coloribus,
40 nec lapidi sardonycho pretiossimo, vel sapphiro.
Non adaequabitur ei aurum vel vitrum,
nec commutabuntur pro eā vasa auri:
Excelsa et eminentia non memorabuntur comparatione eius:
trahitur autem sapientia de occultis.
45 Unde ergo sapientia venit?
et quis est locus intellegentiae?
Abscondita est ab oculis omnium viventium,
volucres quoque caeli latet.
Perditio et mors dixerunt:
50 Auribus nostris audivimus famam eius.
Deus intellegit viam eius,
et ipse novit locum illius.
Ipse enim fines mundi intuetur:
et omnia, quae sub caelo sunt, respicit.
55 Quando ponebat pluviis legem,
et viam procellis sonantibus,
tunc vidit illam, et enarravit,
et praeparavit, et investigavit,
Et dixit homini:
60 Ecce timor Domini, ipsa est sapientia:
et recedere a malo, intellegentia. (Job, 28.12–23)

Vanity of Vanities: All Is Vanity

Verba Ecclesiastae, filii David, regis Hierusalem.
Vanitas vanitatum, dixit Ecclesiastes: vanitas vanitatum et
omnia vanitas. Quid habet amplius homo de universo labore suo,
65 quo laborat sub sole? Generatio praeterit, et generatio advenit;
terra autem in aeternum stat. Oritur sol, et occidit, et ad locum

suum revertitur. Omnia flumina intrant in mare, et mare non
redundat: ad locum, unde exeunt flumina, revertuntur ut iterum
fluant. Cunctae res difficiles: non potest eas homo explicare sermone. Non saturatur oculus visu, nec auris auditu impletur. Quid   70
est quod fuit? ipsum quod futurum est. Quid est quod factum est?
ipsum quod faciendum est. Nihil sub sole novum, nec valet quisquam dicere: Ecce hoc recens est: iam enim praecessit in saeculis,
quae fuerunt ante nos.

Ego Ecclesiastes fui rex Israhel in Hierusalem, et proposui in   75
animo meo quaerere et investigare sapienter de omnibus, quae fiunt
sub sole. Hanc occupationem pessimam dedit Deus filiis hominum,
ut occuparentur in ea. Vidi cuncta, quae fiunt sub sole, et ecce
universa vanitas et adflictio spiritūs. Perversi difficile corriguntur, et
stultorum infinitus est numerus. Locutus sum in corde meo, dicens: 80
Ecce magnus effectus sum, et praecessi omnes sapientiā, qui fuerunt
ante me in Hierusalem: et mens mea contemplata est multa
sapienter, et didici. Dedique cor meum ut scirem prudentiam, atque
doctrinam, erroresque et stultitiam: et agnovi quod in his quoque
esset labor et afflictio spiritūs, eo quod in multa sapientia multa sit   85
indignatio: et qui addit scientiam, addit et laborem. (Ecclesiastes,
1.1–18)

Thoughts from the Sermon on the Mount

Love your enemies and do good unto others.

Diligite inimicos vestros: bene facite his qui vos oderunt: bene-
dicite maledicentibus vobis: orate pro calumniantibus vos. Et qui
te percutit in maxillam, praebe et alteram. Et ab eo qui aufert tibi   90
vestimentum, etiam tunicam noli prohibere. Omni autem petenti
te, tribue: et qui aufert quae tua sunt, ne repetas. Et prout vultis
ut faciant vobis homines, et vos facite illis similiter. Et si diligitis
eos qui vos diligunt, quae vobis est gratia? nam et peccatores
diligentes se diligunt. Et si bene feceritis his qui vobis bene faciunt,   95
quae vobis est gratia? siquidem et peccatores hoc faciunt. Et si
mutuum dederitis his a quibus speratis recipere, quae gratia est
vobis? nam et peccatores peccatoribus faenerantur, ut recipiant
aequalia. Verum tamen diligite inimicos vestros, et bene facite, et
mutuum date, nihil inde sperantes; et erit merces vestra multa, et   100
eritis filii Altissimi, quia ipse benignus est super ingratos et malos.
Estote ergo misericordes sicut et Pater vester misericors est. Nolite
iudicare, et non iudicabimini: nolite condemnare, et non condem-
nabimini: dimittite, et dimittemini: date, et dabitur vobis:

105 mensuram bonam, confertam et coagitatam et supereffluentem,
dabunt in sinum vestrum. Eadem quippe mensura qua mensi
fueritis, remetietur vobis.

The beam and the mote.

Dicebat autem illis et similitudinem: Numquid potest caecus
caecum ducere? nonne ambo in foveam cadent? Non est dis-
110 cipulus super magistrum: perfectus autem omnis erit sicut magister
eius. Quid autem vides festucam in oculo fratris tui, trabem autem
quae in oculo tuo est non consideras? Et quomodo potes dicere
fratri tuo: "Frater, sine eiciam festucam de oculo tuo," ipse in
oculo tuo trabem non videns? Hypocrita, eice primum trabem de
115 oculo tuo: et tunc perspicies ut educas festucam de oculo fratris tui.

A tree is known by its fruit.

Non est enim arbor bona, quae facit fructus malos: neque arbor
mala, faciens fructum bonum. Una quaeque enim arbor de fructu
suo cognoscitur. Neque enim de spinis colligunt ficus: neque de
rubo vindemiant uvam. Bonus homo de bono thesauro cordis sui
120 profert bonum: et malus homo de malo profert malum: ex abundantia enim cordis os loquitur. (Luke, 6.27–45)

The Good Samaritan

Et ecce quidam legis peritus surrexit temptans illum, et dicens:
"Magister, quid faciendo vitam aeternam possidebo?" At ille dixit
ad eum: "In lege quid scriptum est? quomodo legis?" Ille res-
125 pondens dixit: "Diliges Dominum Deum tuum ex toto corde tuo, et
ex tota anima tua, et ex omnibus viribus tuis, et ex omni mente tua:
et proximum tuum sicut te ipsum." Dixitque illi: "Recte respon-
disti: hoc fac, et vives." Ille autem, volens iustificare se ipsum, dixit
ad Iesum: "Et quis est meus proximus?" Suscipiens autem Iesus
130 dixit: "Homo quidam descendebat ab Hierusalem in Hiericho, et
incidit in latrones, qui etiam despoliaverunt eum: et plagis inpositis
abierunt, semivivo relicto. Accidit autem ut sacerdos quidam
descenderet eadem via; et viso illo, praeterivit. Similiter et Levita,
cum esset secus locum et videret eum, pertransiit. Samaritanus
135 autem quidam iter faciens, venit secus eum: et videns eum, misericordiā motus est. Et adpropians alligavit vulnera eius, infundens
oleum et vinum: et inponens illum in iumentum suum, duxit in
stabulum, et curam eius egit. Et altera die protulit duos denarios, et
dedit stabulario, et ait: 'Curam illius habe: et quodcumque
140 supererogaveris, ego cum rediero reddam tibi.' Quis horum trium

videtur tibi proximus fuisse illi qui incidit in latrones?" At ille
dixit: "Qui fecit misericordiam in illum." Et ait illi Iesus: "Vade,
et tu fac similiter." (Luke, 10.25–37)

The Prodigal Son

His departure and dissipation.

Ait autem: Homo quidam habuit duos filios: et dixit adulescentior ex illis patri: "Pater, da mihi portionem substantiae quae 145
me contingit." Et divisit illis substantiam. Et non post multos dies,
congregatis omnibus, adulescentior filius peregre profectus est in
regionem longinquam, et ibi dissipavit substantiam suam vivendo
luxuriose. Et postquam omnia consummasset, facta est fames valida
in regione illa, et ipse coepit egere. Et abiit, et adhaesit uni civium 150
regionis illius: et misit illum in villam suam ut pasceret porcos. Et
cupiebat implere ventrem suum de siliquis quas porci manducabant:
et nemo illi dabat.

The Prodigal's return and the father's joy.

In se autem reversus, dixit: "Quanti mercennarii patris mei
abundant panibus; ego autem hīc fame pereo! Surgam, et ibo ad 155
patrem meum, et dicam illi: 'Pater, peccavi in caelum, et coram te:
et iam non sum dignus vocari filius tuus: fac me sicut unum de
mercennariis tuis.'" Et surgens venit ad patrem suum. Cum
autem adhuc longe esset, vidit illum pater ipsius, et misericordiā
motus est, et accurrens cecidit supra collum eius, et osculatus est 160
illum. Dixitque ei filius: "Pater peccavi in caelum, et coram te:
iam non sum dignus vocari filius tuus." Dixit autem pater ad
servos suos: "Cito proferte stolam primam et induite illum: et
date anulum in manum eius, et calceamenta in pedes: et adducite
vitulum saginatum et occidite, et manducemus et epulemur: quia 165
hic filius meus mortuus erat, et revixit: perierat, et inventus est."
Et coeperunt epulari.

The brother's jealousy and the father's reply.

Erat autem filius eius senior in agro: et cum veniret, et adpro-
pinquaret domui, audivit symphoniam, et chorum: et vocavit unum
de servis, et interrogavit quae haec essent. Isque dixit illi: "Frater 170
tuus venit, et occidit pater tuus vitulum saginatum, quia salvum
illum recepit." Indignatus est autem, et nolebat introire. Pater
ergo illius egressus, coepit rogare illum. At ille respondens, dixit
patri suo: "Ecce tot annis servio tibi, et numquam mandatum tuum
praeterii, et numquam dedisti mihi haedum ut cum amicis meis 175

epularer: sed postquam filius tuus hic, qui devoravit substantiam suam cum meretricibus, venit, occidisti illi vitulum saginatum." At ipse dixit illi: "Fili, tu semper mecum es, et omnia mea tua sunt: epulari autem et gaudere oportebat, quia frater tuus hic mortuus
180 erat, et revixit: perierat, et inventus est." (Luke, 15.11–32)

Dives, the Rich Man, and Lazarus, the Beggar

Homo quidam erat dives, et induebatur purpura et bysso, et epulabatur cotidie splendide. Et erat quidam mendicus, nomine Lazarus, qui iacebat ad ianuam eius, ulceribus plenus: cupiens saturari de micis quae cadebant de mensa divitis: sed et canes
185 veniebant, et lingebant ulcera eius. Factum est autem ut moreretur mendicus, et portaretur ab angelis in sinum Abrahae. Mortuus est autem et dives, et sepultus est in inferno. Elevans autem oculos suos, cum esset in tormentis, videbat Abraham a longe, et Lazarum in sinu eius: et ipse clamans dixit: "Pater Abraham, miserere mei, et
190 mitte Lazarum ut intinguat extremum digiti sui in aquam ut refrigeret linguam meam, quia crucior in hac flamma." Et dixit illi Abraham: "Fili, recordare quia recepisti bona in vita tua, et Lazarus similiter mala: nunc autem hic consolatur, tu vero cruciaris. Et in his omnibus, inter nos et vos chaos magnum firmatum est: ut
195 hi qui volunt hinc transire ad vos non possint, neque inde huc transmeare." Et ait: "Rogo ergo te, pater, ut mittas eum in domum patris mei: habeo enim quinque fratres, ut testetur illis, ne et ipsi veniant in locum hunc tormentorum." Et ait illi Abraham: "Habent Mosen et prophetas: audiant illos." At ille dixit: "Non,
200 pater Abraham: sed si quis ex mortuis ierit ad eos, paenitentiam agent." Ait autem illi: "Si Mosen et prophetas non audiunt, neque si quis ex mortuis resurrexerit, credent." (Luke, 16.19–31)

Hypocrisy and Sincerity

Dixit autem et ad quosdam qui in se confidebant tamquam iusti, et aspernabantur ceteros, parabolam istam: Duo homines as-
205 cenderunt in templum ut orarent: unus Pharisaeus, et alter publi-canus. Pharisaeus stans, haec apud se orabat: "Deus, gratias ago tibi, quia non sum sicut ceteri hominum: raptores, iniusti, adulteri: velut etiam hic publicanus. Ieiuno bis in sabbato: decimas do omnium quae possideo." Et publicanus a longe stans, nolebat nec
210 oculos ad caelum levare: sed percutiebat pectus suum, dicens: "Deus, propitius esto mihi peccatori." Dico vobis, descendit hic iustificatus in domum suam ab illo, quia omnis qui se exaltat, humiliabitur: et qui se humiliat, exaltabitur. (Luke, 18.9–14)

MEDIEVAL LATIN

Bede's Account of Gregory's Interest in British Missions

*Gregory inquires about the provenience of some handsome boys on sale
in the market.*

Nec silentio praetereunda opinio, quae de beato Gregorio
traditione maiorum ad nos usque perlata est. Dicunt quia die
quadam cum, advenientibus nuper mercatoribus, multa venalia in
forum fuissent conlata, multi ad emendum confluxissent, et ipsum
Gregorium inter alios advenisse, ac vidisse inter alia pueros venales   5
positos candidi corporis ac venusti vultūs, capillorum quoque formā
egregiā. Quos cum adspiceret interrogavit, ut aiunt, de qua regione
vel terra essent adlati. Dictumque est quia de Britannia insula,
cuius incolae talis essent aspectūs. Rursus interrogavit utrum idem
insulani Christiani an paganis adhuc erroribus essent implicati.   10
Dictum. est quod essent pagani. At ille, intimo ex corde longa
trahens suspiria: "Heu, pro dolor!" inquit, "quod tam lucidi
vultūs homines tenebrarum auctor possidet tantaque gratia frontispicii mentem ab interna gratia vacuam gestat."

*Learning that they are Angles from Deiri, Gregory makes pious puns
on these names.*

Rursus ergo interrogavit quod esset vocabulum gentis illius.   15
Responsum est quod Angli vocarentur. At ille: "Bene," inquit,
"nam et angelicam habent faciem et tales angelorum in caelis decet
esse cohaeredes. Quod habet nomen ipsa provincia, de qua isti sunt
adlati?" Responsum est quod Deiri vocarentur idem provinciales.
At ille: "Bene," inquit, "Deiri; 'de ira' eruti, et ad misericordiam   20
Christi vocati. Rex provinciae illius quomodo appellatur?" Re-
ponsum est quod Aelli diceretur. At ille adludens ad nomen ait:
"Alleluia, laudem Dei creatoris illis in partibus oportet cantari."

Some time later Gregory, when Pope, was able to send missionaries.

Accedensque ad pontificem Romanae et apostolicae sedis (nondum enim erat ipse pontifex factus) rogavit ut genti Anglorum in   25

Britanniam aliquos verbi ministros, per quos ad Christum converteretur, mitteret; se ipsum paratum esse in hoc opus, Domino
cooperante, perficiendum, si tamen apostolico papae hoc ut fieret
placeret. Quod dum perficere non posset, quia, etsi pontifex
30 concedere illi quod petierat voluit, non tamen cives Romani ut tam
longe ab urbe secederet potuere permittere; mox, ut ipse pontificatus officio functus est, perfecit opus diu desideratum, alios
quidem praedicatores mittens, sed ipse praedicationem ut fructificaret
suis exhortationibus ac precibus adiuvans. (Bede, *Historia Ecclesias-*
35 *tica* II.1)

Caedmon's Anglo-Saxon Compositions on
Biblical Passages

In huius monasterio abbatissae fuit frater quidam divinā gratiā
specialiter insignis, quia carmina religioni et pietati apta facere
solebat; ita ut, quicquid ex divinis litteris per interpretes disceret,
hoc ipse post pusillum verbis poeticis maxima suavitate et com-
40 punctione compositis, in sua, id est Anglorum, lingua proferret.
Cuius carminibus multorum saepe animi ad contemptum saeculi
et appetitum sunt vitae caelestis accensi. Et quidem et alii post
illum in gente Anglorum religiosa poemata facere temptabant;
sed nullus eum aequiperare potuit. Namque ipse non ab hominibus
45 neque per hominem institutus canendi artem didicit, sed divinitus
adiutus gratis canendi donum accepit. Unde nil umquam frivoli
et supervacui poematis facere potuit, sed ea tantummodo quae ad
religionem pertinent religiosam eius linguam decebant. Siquidem
in habitu saeculari usque ad tempora provectioris aetatis constitutus,
50 nil carminum aliquando didicerat. Unde nonnumquam in convivio,
cum esset laetitiae causā decretum ut omnes per ordinem cantare
deberent, ille, ubi appropinquare sibi citharam cernebat, surgebat
a media cena et egressus ad suam domum repedabat.

A specific instance of his inspired composition.

Quod dum tempore quodam faceret, et relictā domū convivii
55 egressus esset ad stabula iumentorum, quorum ei custodia nocte
illa erat delegata, ibique horā competenti membra dedisset sopori,
adstitit ei quidam per somnium, eumque salutans ac suo appellans
nomine: "Caedmon," inquit, "canta mihi aliquid." At ille
respondens: "Nescio," inquit, "cantare; nam et ideo de convivio
60 egressus huc secessi quia cantare non poteram." Rursum ille qui
cum eo loquebatur, "Attamen," ait, "mihi cantare habes." "Quid,"
inquit, "debeo cantare?" Et ille: "Canta," inquit, "principium

creaturarum." Quo accepto responso, statim ipse coepit cantare in
laudem Dei conditoris versus quos numquam audierat, quorum iste
est sensus: "Nunc laudare debemus auctorem regni caelestis, 65
potentiam creatoris et consilium illius, facta Patris gloriae. Quomodo
ille, cum sit aeternus Deus, omnium miraculorum auctor exstitit,
qui primo filiis hominum caelum pro culmine tecti, dehinc terram
custos humani generis omnipotens creavit."

The difficulty of all translation.

Hic est sensus, non autem ordo ipse verborum, quae dormiens 70
ille canebat; neque enim possunt carmina, quamvis optime
composita, ex alia in aliam linguam ad verbum sine detrimento sui
decoris ac dignitatis transferri. Exsurgens autem a somno, cuncta
quae dormiens cantaverat, memoriter retinuit, et eis mox plura in
eundem modum verba Deo digni carminis adiunxit.   75

Caedmon's verses judged to be the product of divine inspiration.

Veniensque mane ad vilicum qui sibi praeerat, quid doni
percepisset indicavit atque ad abbatissam perductus, iussus est,
multis doctioribus viris praesentibus, indicare somnium et dicere
carmen ut universorum iudicio quid vel unde esset quod referebat
probaretur. Visumque est omnibus caelestem ei a Domino con- 80
cessam esse gratiam. (Ibid., IV.22)

The Story of the Three Caskets from the
Gesta Romanorum

*Emperor Honorius makes a truce with a certain king and agrees to the
marriage of the king's daughter to his own son on two conditions.*

Honorius regnavit, dives valde, qui unicum filium habebat,
quem multum dilexit. Fama eius imperatoris per mundum volabat
quod in omnibus probus erat et iustus. Tamen contra unum regem
guerram habebat et eum devastabat. Rex iste cum multas per- 85
secutiones ac damna infinita ab eo sustinebat tandem cogitabat:
"Tantum unicam filiam habeo et adversarius meus unicum filium.
Si per aliquam viam filiam meam possem filio suo in matrimonium
copulare, pacem perpetuam obtinerem." Misit sollemnes nuntios
ad imperatorem ut saltem ei trewgam ad tempus concederet quod 90
cum eo personaliter loqui posset. Imperator, habito consilio,
trewgam unius anni concessit. Rex vero personaliter ad eum
accessit et filiam eius filio suo obtulit. At iste: "Non faciam nisi
duo habeam. Primo ut tua filia sit virgo; secundo ut post decessum

95 tuum totum regnum tuum filio meo· destinetur." At ille: "Bene
placet mihi." Statim de conventione charta sigillata est. Rex vale
imperatori fecit.

The ship of the king's daughter is swallowed by a whale.

Cum autem ad regnum suum venerat navem parari fecit quia
oporteret ut filia sua per mare ad imperatorem transiret. Facta
100 nave et omnibus necessariis paratis, puella intravit habens thesaurum
secum in magna copia ac milites quinque cum dominabus et ancillis.
Cum autem per mare navigarent, cete grandis ei occurrebat in
mare et navem deglutire volebat. Nautae hoc percipientes
timuerunt valde et praecipue puella. Nautae vero ignem copiosum
105 fecerunt et die ac nocte vigilabant. Sed accidit post triduum quod,
fessi propter magnas vigilias, dormierunt. Cete subito navem cum
omnibus contentis deglutivit.

The girl and her attendants force the whale to go ashore.

Puella cum intellexit quod in ventre ceti esset fortiter clamabat.
Ad cuius clamorem omnes excitati sunt. Nautae vero puellae
110 dixerunt ac militibus: "Carissimi, estote confortati, Deus nos
salvabit; habeamus bonum consilium quia sumus in ventre ceti."
Ait puella: "Audite consilium meum et erimus salvati." Qui
dixerunt: "Dic." Quae ait: "Accendamus ignem in magna copia
et cete quilibet vulneret sicut profundius possit et per ista duo
115 mortem recipiet et statim ad terram natabit et sic per gratiam Dei
evadere poterimus." Illi vero consilium puellae per omnia im-
pleverunt. Cete cum mortem sensit ad terram perrexit.

They are rescued out of the whale and sent to the emperor.

Iuxta quam terram erat quidam miles manens, qui, cenā factā,
versus litus maris ambulavit. Cum ergo cete hinc inde natare
120 vidisset et terrae appropinquare, servos vocat et cete ad terram
traxit. Qui inceperunt cum instrumentis percutere. Puella cum
sonitum audisset loquebatur pro omnibus et ait: "Carissimi,
suaviter percutite et latus ceti aperite; hic sumus in eius ventre
filii bonorum virorum de generoso sanguine." Miles cum vocem
125 puellae audisset ait servis suis: "Carissimi, latus ceti aperite et
videamus quid lateat interius." Cum vero apertum fuisset, puella
primo exivit immo quasi mortua, deinde milites et ceteri alii.
Coepit narrare cuius filia esset et uxor filii imperatoris esse deberet.
Hoc audiens miles eam per aliquot dies cum tota familia secum

retinuit donec perfectum statum suum recuperabant. Post hoc 130
puellam cum muneribus ad imperatorem misit cum tota familia.

*The emperor tests the king's daughter by requiring her to choose one of
three caskets.*

Imperator cum eam vidisset, ait: "Carissima filia, bene tibi sit
nunc et in perpetuum. Sed tibi dico, filia, antequam filium meum
habueris in maritum, te probabo per unum actum." Statim
fecit fieri tres cophinos. Primus erat de auro purissimo et lapidibus 135
pretiosis. Et erat talis superscriptio super cophinum: "Qui me
aperiet, in me invenerit quod meruit." Et totus cophinus erat
plenus ossibus mortuorum. Secundus erat de argento purissimo,
plenus gemmis ex omni parte, qui talem superscriptionem habebat:
"Qui me elegerit, in me invenerit quod natura dedit." Iste cophinus 140
terra plenus erat. Tertius cophinus erat de plumbo habens superscriptionem talem: "Potius eligo hic esse et requiescere, quam in
thesauris regis permanere." In cophino isto erat tres anuli pretiosi.
Tunc ait imperator puellae: "Carissima, hic sunt tres cophini;
eligas quemcumque volueris; et si bene elegeris, filium meum in 145
maritum obtinebis."

*Pondering the inscriptions she makes the right choice and marries the
emperor's son.*

Illa vero tres cophinos intime respexit et ait in corde suo: "Deus,
qui omnia videt, det mihi gratiam sic eligendi ut de illo pro quo
multum laboravi non deficiam." Quae primum cophinum tetigit
et scripturam legit: "Qui me," etc. Illa cogitabat: "Cophinus 150
exterius est pretiosus, sed quid interius lateat penitus ignoro, ideo
eum eligere nolo." Deinde secundum legit, etc. Quae ait:
"Numquam natura dedit quod filia patris mei deberet copulari
filio imperatoris. Et ideo," etc. Tertium cophinum legit dicens:
"Melius est mihi cum filio regis requiescere quam in thesauris patris 155
mei." Et alta voce clamabat: "Istum cophinum tertium eligo."
Imperator cum audisset, ait: "O bona puella, satis prudenter
elegisti. In isto cophino sunt tres anuli mei pretiosi; unum pro me,
unum pro filio, tertium pro te in signum desponsationis." Statim
fecit nuptias celebrare, et tradidit ei filium suum, et sic in pace 160
vitam finierunt.

The moral interpretation of the story.

Moralitas: Carissimi, imperator est Deus, qui diu guerram cum

homine habuit in tantum quod tota natura humana erat destructa
per peccatum. Modo trewgae nobis datae sunt per Dominum, id est,
165 Christum. Filia quae filio imperatoris debet desponsari est anima.
Oportet ergo ut navis paretur pro ea cum nuntiis, id est, corpus in
quo anima residet cum quinque sensibus et ceteris, nautae sunt
ratio, voluntas, etc. Sed oportet per mare, id est, per mundum,
transire. Cete grande est diabolus, contra quem debemus vigilare.
170 Sed si nos contingit dormire in peccatis deglutiet corpus et animam.
Fac ergo, sicut fecit puella; ignem devotionis accende et eum cum
instrumentis, id est, bonis operibus percute, donec recedat et
potestatem suam contra te amittat. Tunc servi militis, id est,
praedicatores et confessores, habent eum percutere, donec puella,
175 id est, anima, ab eorum potestate exeat et ad curiam Dei veniat.
Sed est sciendum quod tres cophini ei praesentantur. Per primum
cophinum potentes ac divites intelleguntur, qui habent talem
superscriptionem: "Qui me," etc., id est, quando anima a corpore
separetur, nihil in me Deus inveniet nisi peccata quae merui, quod
180 est dolendum; vae qui hunc eligit. Per secundum intellegitur
mundi sapientes, quorum eloquia splendunt sicut argentum et intus
pleni sunt terrenis, cum tali superscriptione: "Qui me elegerit,"
etc. Natura semper appetit animae contrarium et illi non maritantur
Christo. Per tertium cophinum designantur boni christiani, qui
185 sunt plumbei, id est, quod non curant de aliquo mundano; in
quibus sunt tres anuli, scilicet, fides, spes, et caritas; qui istos eligit,
filium Dei habere potest libentius quam in thesauro mundano
permanere. Studeamus. (Osterly, *Gesta Romanorum*, 251)

Ver Redit

1.

Ver redit optatum
190 Cum gaudio,
Flore decoratum
Purpureo,
Aves edunt cantus
Quam dulciter,
195 Revirescit nemus,
Cantus est amoenus
Totaliter.

2.

Iuvenes ut flores
Accipiant,
Et se per odores   200
Reficiant,
Virgines assumant
Alacriter,
Et eant in prata
Floribus ornata   205
Communiter.

(*Carmina Burana,*
Schmeller 100)

In Taberna

1.

In taberna quando sumus,
210 Non curamus quid sit humus,
Sed ad ludum properamus,
Cui semper insudamus.
Quid agatur in taberna
Ubi nummus est pincerna,
215 Hoc est opus ut quaeratur,
Si quid loquar, audiatur.

2.

Quidam ludunt, quidam bibunt,
Quidam indiscrete vivunt.
Sed in ludo qui morantur,
220 Ex his quidam denudantur;
Quidam ibi vestiuntur,
Quidam saccis induuntur.
Ibi nullus timet mortem,
Sed pro Baccho mittunt sortem:

3.

225 Primo pro nummata vini.
Ex hac bibunt libertini:
Semel bibunt pro captivis,
Post haec bibunt ter pro vivis,
Quater pro Christianis cunctis,
230 Quinquies pro fidelibus
    defunctis,
Sexies pro sororibus vanis,
Septies pro militibus silvanis,

4.

Octies pro fratribus perversis,
235 Novies pro monachis dispersis,
Decies pro navigantibus,
Undecies pro discordantibus,
Duodecies pro paentitentibus,
Tredecies pro iter agentibus.
240 Tam pro papa quam pro rege
Bibunt omnes sine lege.

5.

Bibit hera, bibit herus,
Bibit miles, bibit clerus,
Bibit ille, bibit illa,
Bibit servus cum ancilla,   245
Bibit velox, bibit piger,
Bibit albus, bibit niger,
Bibit constans, bibit vagus,
Bibit rudis, bibit magus,

6.

Bibit pauper et aegrotus,   250
Bibit exul et ignotus,
Bibit puer, bibit canus,
Bibit praesul et decanus,
Bibit soror, bibit frater,
Bibit anus, bibit mater,   255
Bibit ista, bibit ille,
Bibunt centum, bibunt mille.

7.

Parum centum sex nummatae
Durant, ubi immoderate
Bibunt omnes sine metā,   260
Quamvis bibant mente laetā.
Sic nos rodunt omnes gentes,
Et sic erimus egentes.
Qui nos rodunt confundantur,
Et cum iustis non scribantur.   265
(*Ibid.* 175)

Vita Vana

1.

Iste mundus
Furibundus
Falsa praestat gaudia,
270 Quae defluunt
Et decurrunt
Ceü campi lilia.

2.

Res mundana,
Vita vana
275 Vera tollit praemia,
Nam impellit
Et summergit
Animas in tartara.

3.

Quod videmus
280 Vel tacemus
In praesenti patria,
Dimittemus

Vel perdemus
Quasi quercus folia.

4.

Res carnalis,   285
Lex mortalis
Valde transitoria,
Frangit, transit
Velut umbra
Quae non est corporea.   290

5.

Conteramus,
Confringamus
Carnis desideria,
Et cum iustis
Et electis   295
Caelestia gaudia
Gratulari
Mereamur
Per aeterna saecula.
     (*Ibid.*, 6)   300

Veni, Sancte Spiritus

1.

Veni, Sancte Spiritus,
Et emitte caelitus
Lucis tuae radium.
Veni, pater pauperum,
305 Veni, dator munerum,
Veni, lumen cordium.

2.

Consolator optime,
Dulcis hospes animae,
Dulce refrigerium,
310 In labore requies,
In aestu temperies,
In fletu solacium.

3.

O lux beatissima,
Reple cordis intima
315 Tuorum fidelium.
Sine tuo nomine

Nihil est in homine,
Nihil est innoxium.

4.

Lava quod est sordidum,
Riga quod est aridum,   320
Sana quod est saucium;
Flecte quod est rigidum,
Fove quod est frigidum,
Rege quod est devium.

5.

Da tuis fidelibus   325
In te confidentibus
Sacrum septenarium;
Da virtutis meritum,
Da salutis exitum,
Da perenne gaudium.   330
     (Daniel, *Thesaurus Hymnologicus*,
     II p. 35)

Stabat Mater

1.

Stabat mater dolorosa
Iuxta crucem lacrimosa,
335   Dum pendebat filius,
Cuius animam gementem,
Contristantem et dolentem
    Pertransivit gladius.

2.

O quam tristis et afflicta
340 Fuit illa benedicta
    Mater unigeniti,
Quae maerebat et dolebat
Et tremebat, dum videbat
    Nati poenas incliti.

3.

345 Quis est homo qui non fleret,
Matrem Christi si videret
    In tanto supplicio?
Quis non posset contristari
Piam matrem contemplari
350   Dolentem cum filio?

4.

Pro peccatis suae gentis
Vidit Iesum in tormentis
    Et flagellis subditum;
Vidit suum dulcem natum
355 Morientem, desolatum,
    Dum emisit spiritum.

5.

Eia mater, fons amoris!
Me sentire vim doloris
    Fac, ut tecum lugeam.
360 Fac ut ardeat cor meum
In amando Christum Deum,
    Ut sibi complaceam.

6.

Sancta mater, istud agas,
Crucifixi fige plagas
    Cordi meo valide;   365
Tui nati vulnerati,
Tam dignati pro me pati,
    Poenas mecum divide.

7.

Fac me vere tecum flere,
Crucifixo condolere,   370
    Donec ego vixero;
Iuxta crucem tecum stare,
Meque tibi sociare
    In planctu desidero.

8.

Virgo virginum praeclara,   375
Mihi iam non sis amara,
    Fac me tecum plangere;
Fac ut portem Christi mortem,
Passionis fac consortem
    Et plagas recolere.   380

9.

Fac me plagis vulnerari,
Cruce hac inebriari,
    Et cruore filii;
Inflammatus et accensus,
Per te, Virgo, sim defensus   385
    In die iudicii.

10.

Fac me cruce custodiri,
Morte Christi praemuniri,
    Confoveri gratia.
Quando corpus morietur,   390
Fac ut animae donetur
    Paradisi gloria.

        (*Ibid.*, p. 131)

Dies Irae

1.

Dies irae, dies illa
395 Solvet saeclum in favilla,
Teste David cum Sibylla.

2.

Quantus tremor est futurus,
Quando iudex est venturus,
Cuncta stricte discussurus!

3.

400 Tuba mirum spargens sonum
Per sepulcra regionum
Coget omnes ante thronum.

4.

Mors stupebit et natura,
Cum resurget creatura
405 Iudicanti responsura.

5.

Liber scriptus proferetur,
In quo totum continetur,
Unde mundus iudicetur.

6.

Iudex ergo cum sedebit,
410 Quidquid latet apparebit;
Nil inultum remanebit.

7.

Quid sum miser tunc dicturus,
Quem patronum rogaturus,
Cum vix iustus sit securus?

8.

415 Rex tremendae maiestatis,
Qui salvandos salvas gratis,
Salva me, fons pietatis.

9.

Recordare, Iesu pie,
Quod sum causa tuae viae,
420 Ne me perdas illa die.

10.

Quaerens me sedisti lassus;
Redemisti crucem passus;
Tantus labor non sit cassus.

11.

Iustae iudex ultionis,
425 Donum fac remissionis
Ante diem rationis.

12.

Ingemisco tamquam reus,
Culpa rubet vultus meus;
Supplicanti parce, Deus.

13.

Qui Mariam absolvisti   430
Et latronem exaudisti,
Mihi quoque spem dedisti.

14.

Preces meae non sunt dignae,
Sed tu bonus fac benigne,
Ne perenni cremer igne.   435

15.

Inter oves locum praesta
Et ab haedis me sequestra
Statuens in parte dextra.

16.

Confutatis maledictis,
Flammis acribus addictis,   440
Voca me cum benedictis.

17.

Oro supplex et acclinis,
Cor contritum quasi cinis,
Gere curam mei finis.

18.

Lacrimosa dies illa,   445
Qua resurget ex favilla
Iudicandus homo reus:
Huic ergo parce, Deus.

Pie Iesu Domine,
Dona eos requie.   450
(*Ibid.*, p. 103)

NOTES

NOTES

List of Abbreviations

abbv. abbreviation
abl. ablative
abl. abs. ablative absolute
acc. accusative
act. active
adj. adjective
adv. adverb, adverbial
appos. apposition
ca. about
cen. century
cl. clause
class. classical
compar. comparative
conj. conjunction
constr. construction
cp. compare
dat. dative
decl. declension
dem. demonstrative
demonstr. demonstrative
dep., depon. deponent
descr. description
disc. discourse
eccl. ecclesiastical
e.g. *exempli gratia*, for example
EL ecclesiastical Latin
Eng. English
espec. especially
f., fem. feminine
freq. frequentative
fut. future
gen. genitive
Gk. Greek
hist. historical
i.e. *id est*, that is

imperf. imperfect
impers. impersonal
impv., imv. imperative
ind. indicative; indirect
indecl. indeclinable
indef. indefinite
indir. indirect
inf. infinitive
interrog. interrogative
intrans. intransitive
introd. introduction
Lat. Latin
lit. literally
loc. locative
m., masc. masculine
m./f. masculine or feminine
ML medieval Latin
n. note; noun
n., neut. neuter
nom. nominative
obj. object; objective
p. page
part., partic. participle
pass. passive
per. person
perf. perfect
plu. plural
pluperf. pluperfect
pr., prin. principal
pred. predicate
prep. preposition
pres. present
pron., prn. pronoun
quest. question
ref. reference

97

reflex. reflexive

rel. relative

sc. *scilicet*, namely, that is to say; supply

sing. singular

sub., subj. subject; subjunctive

superl. superlative

s.v. under

usu. usually

V Vulgate

vb. verb

voc. vocative

vocab. vocabulary

W. Wheelock's *Latin, An Introductory Course*

w. with

+ with

= equals

For other symbols used in the end vocabulary see the Preface, pp. viii–ix.

CICERO: *IN C. VERREM, ACTIO PRIMA*

In 75 B.C. the youthful Cicero at the age of thirty-one held the first of the offices of a political career (the *cursus honorum,* "sequence of offices," was quaestorship, aedileship, praetorship, consulship): he served as a quaestor in the province of Sicily; and he administered this financial office so honorably and so justly that he won the affectionate esteem of the provincials. Then in 70 B.C., after notoriously corrupt Gaius Verres had been governor (propraetor) of Sicily for three years (73–71 B.C.), the Sicilians begged Cicero, their former benefactor, to represent them in the prosecution of this rapacious Roman governor for his crimes against the province and its people. Though Verres had, sad to say, the support of not a few prominent men in Rome and had every expectation of escaping justice through influence, bribery, and the postponement of his trial, Cicero by the quick amassing of evidence in Sicily and by the immediate presentation of witnesses in court swiftly set forth such damning testimony in the *Actio Prima* that Verres' lawyer, the great Hortensius, withdrew from the case and Verres admitted his guilt by going into voluntary exile in Marseilles. This victory of Cicero made unnecessary the more formal presentation of the case which Cicero had developed in the five books of the *Actio Secunda;* but Cicero published them anyway, rightly considering them good publicity for a political aspirant and a rising orator. The text in this book provides some of the most interesting parts of the *Actio Prima* and the *Actio Secunda.*

1. **Quod:** the antecedent is **id** below. Senatorial juries, commonly biased in favor of any fellow-senator who was tried before them on the charge of extortion, had a bad reputation (cp. **invidiam** and **infamiam**). However, Cicero felt that he had managed to secure a reliable jury and was grateful. In fact, Cicero particularly wanted to indict Verres before this jury as quickly as possible since both he and Verres had reason to believe that the senatorial court of the following year would be easily swayed by Verres and would acquit him. — **iudices,** *gentlemen of the jury.*

2. **vestri ordinis,** objective gen.; the senatorial class. The other two classes in Rome were the equestrians (the business men) and the urban plebs (the common people). — **iudicium,** not only a *judgment* or *trial* but also a *court* or *jury* (i.e., those who gave the judgment). — **sedandam:** from **sedo, sedare;** not from **sedeo, sedere.**

4. Note the emphasis achieved both by placing the main verb (**inveteravit**) at the beginning of the sentence and then by using chiasmus

99

(the a-b-b-a order in the phrase (a) **perniciosa** (b) **rei publicae** (b) **vobisque** (a) **periculosa**).

6. **exteras nationes,** i.e., the provinces.

7. **sermone:** not *sermon,* but *conversation, talk;* and **posse** depends on this idea of saying; **percrebruit (percrebresco),** *has spread abroad.*

8. **neminem = nullum.**

10. **omnium:** depends on **opinione.**

11. **pecuniae: (sed) pecuniae;** the omission of the conjunction (asyndeton) emphasizes the contrast between **damnatus** and **absolutus.**

13. **actor:** here not *actor,* but *prosecutor, attorney.*

14. **infamiae,** dat. with compound verbs (W. p. 169).

15. **reconciliare,** here not *reconcile,* but *win back.* — **amissam:** remember that **amittere** means *to let go away,* and so *to lose.*

17. **aerari** or **aerarii,** gen. sing. of **aerarium;** for the gen. sing. of nouns in **-ius** and **-ium** see W. p. 18 n. 1.

18. **praedonem,** *robber,* when he was praetor urbanus at Rome. — **labes, -is,** f., *ruin.*

19. **religiose,** here = *conscientiously* rather than *religiously.* — **iudica-veritis:** fut. perf. ind. What kind of condition? See W. p. 156 and n. 2.

20. **quo,** adv., *to what place, where;* cp. "Quo Vadis."

21. **Quam ob rem** here = *cur.*

22. **intellegere non possum** — because the present praetor and panel **(consilium)** are reliable. The preceding abl. abs. **(hoc . . . consilio)** gives the circumstances.

23. **reiectione,** *challenging, rejection.* It is interesting that, during the selection of a panel, jurymen could be challenged as they can be with us.

24. **ea spe . . . ut,** lit. *with such hope . . . that* (= result).

26. **sibi . . . adiumento,** double dative (W. p. 375 top).

30. **quae . . . possit:** the evidence of **tantum** and **tanta** shows that this characteristic clause has the force of result. — Earlier crimes of Verres are catalogued at this point.

31. **Iam vero,** i.e., *to cap the climax.*

35. **videatur:** same construction as **possit** above. — **praetore:** what kind of abl.? Note the comma. See W. p. 111. The governor of Sicily was actually a propraetor.

36. **communia,** *common to all men, universal.* Verres governed by whim and caprice.

38. **imprudentiam,** lit. *lack of foresight* = *mad (rash) search.*

39. **satietati,** *glutted appetite.* Why dat.? (W. p. 169.)

40. **pecuniae** (plu.), *sums of money.* — **arator, -oris,** *plowman, tenant.* In Sicily much of the land was regarded as owned by the state and was rented out to the **aratores** for a tithe of their crops. — **bonis:** neut. plu. **(bona, -orum):** cp. Eng. plu. *goods.*

41. **institutum, -i,** *practice, custom.* — **coactae (sunt).** The Romans often did not express a form of **sum** with the participle in the perf. pass. system of the indicative or in an infinitive form; e.g., **factum (erat), factum (esset), factum (esse).** So with the other perf. participles in this sentence. — **socii:** not allies in the international sense of the word, but non-Roman members of communities within the Roman state which had special rights such as local independence.

42. **cruciati et necati:** it was illegal to inflict serious physical punishment on a Roman citizen except as a result of a trial by peers at Rome.

44. **rei:** from **reus,** *a defendant, an accused person; having been made an accused person = accused.* — **indicta:** not from **indico,** *proclaim,* but from **in** (negative) + **dictus,** *not said = untried, unheard.*

45. **eiecti:** i.e., into exile.

47. **fame:** from **fames, -is,** *hunger;* not from **fama.**

50. **illi:** the antecedent is **regum;** e.g., Hiero II, king of Syracuse 270–215 B.C. — **ornamento:** what kind of dat.? (W. p. 375 top.)

51. **imperatorum;** e.g., M. Claudius Marcellus, who recaptured Syracuse from the Carthaginians in 212 B.C.

55. **In,** *in the case of, in respect to.*

58. **consili,** gen. of whole; see W. p. 192. — **taciti** agrees with subj. of **dabitis.** — **ego-met:** -met is a suffix appended to pronouns for emphasis.

59. **capiendum:** what form of **sum** must be supplied here? Note that it depends on **intellego.** See W. pp. 117 and 119.

60. **tempore:** why abl.? See W. p. 164.

61. **ut ... videatur:** noun clause object of **perficiam.** Is it purpose or result? (W. p. 205 n. 30.) — **post:** our idiom says *since* or *within.*

63. **ne elabatur:** **periculum est ne = timeo ne,** and so it takes the construction used with verbs of fearing (W. p. 378).

65. **perpetua,** *uninterrupted, complete.* — **reservemus:** consider carefully its mood and syntax. See W. p. 133 top. So **accusemus.**

66. **hominem:** here contemptuous compared with **virum.**

68. **mihi certum est,** *I am determined.* — **praetor:** the present praetor was unbiased, but the praetor-elect under whom the case of Verres would be tried the next year was prejudiced in Verres' favor. — **nobis,** dat. of ref. implying disadvantage (W. pp. 182–183).

69. **mutetur:** singular because the compound subject (**praetor consiliumque**) is felt to be a single idea.

70. **homines,** here simply = *human beings.*

71. **omnīs = omnēs,** acc. plu. of **i**-stems (W. p. 65 n. 2; p. 75 n. 3).

74. **ut ... statim,** noun clause in apposition with **hoc non novum.**

75. **testīs:** for form cp. **omnīs** above. Without the usual development of the charge, the witnesses are to be introduced in such a way as to develop the accusation naturally. — **crimen,** *charge, accusation,* as often; cp. **facinus,** *crime.*

76. **quis:** what does **quis** mean after **si, nisi, ne, num?** See W. p. 158 Vocab.

77. **alterā actione:** excerpts from this second action **(Altera Actio)** are given in the Plunder of Syracuse and the Crucifixion of Gavius, which follow.

81. **quadringentiens sestertium = quadringentiens (centena milia) sestertium,** *400 × 100,000 of sesterces = 40,000,000 sesterces.* If fifty years ago scholars estimated the ancient sesterce as roughly the equivalent of five cents of our money, we must evaluate it much higher now. **Sestertius** was a sesterce. **Sestertium** was 1000 sesterces; and when used with a numeral adverb it stood for 100,000 sesterces **(centena milia).**

84. **nostro commodo,** *according to our convenience* (W. p. 166 n. 8). — **oratione:** abl. of means with **opus,** which is an indeclinable noun when it means *need,* as it does here; lit. "there is work to be done by . . ."

85. **nihil opus fuisse,** *there would have been no need.*

CICERO: *IN C. VERREM, ACTIO SECUNDA*

Verres plundered Sicily by forced loans and sales, by outright theft and torture. The enormity of his crimes appalls us. The plunder of Syracuse, rich in beauty and art, and the crucifixion of Gavius, a Roman citizen, are specific instances made vivid by Cicero's effective narration.

2. **Syracusarum,** gen. of **Syracusae,** which is fem. plural in form but singular in meaning. — **vestrum:** of the two gen. plu. forms of **tu** one **(vestrum)** is regularly used as a gen. of the whole as here, the other **(vestri)** usually serves in the role of an objective gen. See W. p. 50 n. 4.

3. **quin** when used to introduce a characteristic clause after a general negative has the force of **qui non.** Note that **quin** here introduces the perf. subj. **audierit** (= syncopated **audiverit**). — **captae sint,** fem. plu, because **Syracusae** is the subject. King Hiero had been friendly to the Romans in the Second Punic War; but on his death in 215 B.C. Syracuse went over to the Carthaginians. Marcellus then besieged the city and finally won it back for Rome in 212 B.C.

4. **annalibus: annales,** *annals* = *history* because the Romans' concept of history was a year-by-year account. — **conferte:** *bring together,* hence *compare;* hence also the abbreviation *cf.* = **confer.** The contrast between Marcellus and Verres was perhaps not quite so sharp as Cicero suggests, for Marcellus, as a victorious general, did permit considerable plundering, and he sent many art treasures to Rome. Archimedes was killed by Roman soldiers in the confusion. However, the acts of Marcellus in war were hardly so heinous as those of Verres in peace.

6. **cohortem:** commonly a military term but here = *band, retinue.*

8. **conditas** and **captas,** sc. **esse.** — **constitutas,** participle.

9. **omitto** — note that he doesn't! An instance of praeteritio (*a passing over*); the speaker says that he will not talk about something and then proceeds to do so. The device is not unknown today.

11. **purum caede:** what kind of abl.? Cp. the abl. with vbs. of freeing, lacking, and depriving (W. p. 94). — **servatum esset:** why subj.? (W. p. 378 top.)

12. **redundasse** = **redundavisse** (syncopated perf., W. p. 227 n. 141), indirect statement.

13. **classibus,** dat., because Marcellus had not been able to enter the harbor during his siege of Syracuse. — **Carthaginiensium:** possess.

gen. balancing **nostris** and depending on **classibus.** — **eum:** refers to **portum** and picks up the idea after the interruption caused by the rel. clause. — **isto praetore:** what construction? (W. p. 111.) **Iste** commonly has a contemptuous force.

14. **Cilicum: Cilices** = the people of Cilicia in southern Asia Minor. At this time pirates **(praedones)** were sailing at will all over the Mediterranean. In 67 B.C. Pompey was commissioned to wipe out this menace and did so in the amazingly brief space of three months. — **patuisse:** take care to distinguish between **pateo** and **patior.** — **mitto** = **omitto** above.

15. **familias:** an archaic form of the genitive (= **familiae**) which survived in **pater familias,** *the head of a household,* and **mater familias,** *matron.* — **quae,** neut. plu. referring to the crimes suggested by the preceding **vim** and **violatas.**

16. **neque . . . neque:** these **neque**'s do not negative the general preceding **non;** they merely continue the **non** in subordinate phrases. We use *either . . . or.*

18. **illis rebus:** Verres' theft of works of art in other parts of Sicily as detailed in the part of Book IV preceding the present passage about Syracuse.

20. **Graecarum:** sc. **urbium.**

21. **audistis** = **audivistis,** syncopated perf. form. — **ut** + indicative = *as, when.*

23. **dixi,** *I mentioned;* i.e., in an omitted passage. — **Insula** = Ortygia, the site of the original city, connected to the mainland by a bridge over a narrow channel. — **Hieronis:** Hiero II, king of Syracuse (270–215 B.C.) and the ally of Rome throughout most of his career.

24. **qua:** why abl.? (W. p. 164.)

25. **duae:** sc. **sunt.** — **ceteris:** for case v. W. p. 169 and n. 3.

27. **insula extrema,** not *the farthest island* but *the farthest part of the island.* Some adjectives which indicate a sequence (especially **medius**) can be used to indicate a part of an object. This can be called the partitive use of an adjective. — **cui:** why dat.? (W. p. 375 mid.)

28. **incredibili magnitudine:** these words describe **fons** above; what kind of ablative? (W. p. 377 end.) — **Syracusis,** locative, W. p. 178 II (1) and footnotes 2 and 3.

30. **porticus,** one of the few fem. nouns of the 4th decl. (cp. **manus, domus**). In Greek cities porticoes were numerous and very important structures for shelter, business, school, etc. The Greek for portico is *stoa* (whence incidentally the term *Stoic* philosophy).

31. **ceterae,** i.e., in contrast to the public center.

32. **transversis,** sc. **viis.**

33. **continentur,** *are occupied* (lit. *held in, hemmed in*).

34. **Tycha:** *tyche* is Greek for **fortuna.**

36. **Nea-polis** = Greek for *new-city;* cp. Naples in Italy. — **quam ad**

summam = et ad summam eam, *and at the highest point of it;*
summam illustrates the partitive use of the adj. (cp. **insula extrema**
above.)

37. **theatrum:** a magnificent theater, which survives to this day. —
sunt and **est** often mean *there are* and *there is.* — **Cereris:** Ceres was
the Latin name of the goddess of grain (cp. our "cereal"), a very
appropriate deity in a land whose chief product for years was grain;
Greek = Demeter.

38. **Liberae:** Libera was an Italian goddess identified with Proserpina
(Persephone), who was reputed to have been abducted by Pluto near
Enna, Sicily. — **signum** here = *statue.*

39. **portare potuisset,** *had been able to carry* or *could have carried;* a colossal
statue!

40. **au-ferre** for **ab-ferre; abs-tuli; ab-latus,** whence the familar
term "ablative."

42. **Qui,** *for he;* conjunctive use of the relative at the beginning of a
sentence, which is more often to be translated as *and he* **(qui = et is).**

43. **vi copiisque,** *by force and troops = by force of troops = by military force;*
an example of hendiadys (one idea expressed by two nouns in Latin;
the English prefers a noun modified by an adjective). — **hoc** is
explained by the two appositional infs. **delere** and **exstinguere.**

44. **ex qua . . . ostenderetur,** a characteristic clause expressing cause,
since from it . . . . — **periculi:** explain this gen. which depends on
nihil. (W. p. 192 mid.)

45. **aedificiis:** what case? (W. p. 168.)

46. **publicis privatis = publicis et privatis:** asyndeton is the lack of
a conjunction, used to impart greater terseness and punch and often
a staccato effect.

47. **In,** *in the matter of, in respect to.* — **habuit . . . , habuit:** note the
combination of anaphora (the use of the same word at the beginning
of successive phrases) and asyndeton to emphasize the reasonableness
and decency of Marcellus. Note also the emphasis which **humanitatis** receives by being placed somewhat unusually at the end of the
sentence.

48. **victoriae rationem,** *he had consideration (regard) for his victory:* since
victoriae and **humanitatis** are in balanced construction both
dependent on **rationem,** what is the case of **victoriae?** Analyzing
words in parallel construction can often prove helpful. For syntax
see W. p. 374 end. — **humanitatis,** not always an easy word to
translate, here seems to combine *kindness, courtesy, decency.* — **Victoriae,**
again gen. as you can see from **humanitatis** below, is here predicate
gen. of possession: *the part of victory.* This can be illustrated by
arranging the Latin thus: **putabat deportare multa Romam esse
victoriae,** where the infinitive phrase **deportare multa Romam**
(*carrying off many things to Rome*) is clearly subject of **esse** (inf. in ind.

statement).   Literally, *he kept thinking that carrying off many things to Rome was of victory* or *victory's*, i.e., *belonging to victory.*

49. **ornamento urbi:** what construction?   (W. p. 375 top.) — **quae . . . possent:** since this clause tells what kind of things the **multa** are, what kind of subjunctive is **possent?** W. p. 182.

50. **humanitatis:** see **victoriae** just above.

53. **ad aedem,** *at the temple:* **aedes** or **aedis** is the building; **templum,** the consecrated spot, which naturally includes the building.

54. **aedibus: aedes, -ium** in the plu. = *house.* — **Nihil . . . , nihil . . . , nihil:** again anaphora combined with asyndeton for great emphasis. Cicero is fond of this; watch for it.

55. **suburbano:**   sc. **praedio,** *estate, villa.* — **domum:** syntax, W. pp. 178–179.

56. **domum** here = subj. of **futuram.**

57. **permulta: per-** as a prefix often has an intensive force such as *very.*

59. **qua:** fem. nom. sing. of indef. adj. modifying **iniuria.** — **mortuo:** a pred. adj., (to such a hero) *now that he is dead.*

61. **adventum et comitatum,** *the governor's arrival and his retinue.*

63. **quam:** the antecedent is **aedis.**

67. **vexata** agrees with the subject of **videatur:** what seems to have been molested? — **Agathoclis,** gen. of **Agathocles,** tyrant and later king of Syracuse 317–289 B.C.

68. **parietes: paries, -etis,** *wall of a building;* **murus,** *a city wall.*

69. **pictura:** what kind of abl.?   (W. p. 377 top.) — **nobilius: nobilis,** connected with **nosco,** basically means *knowable* and hence *famous, celebrated, noble* (i.e., *of noble birth*).

71. **profana,** *secular, not sacred* (because when a city was conquered, its gods were thought to have abandoned it), pred. acc. with **omnia;** W. p. 68 n. 6.

73. **sacra religiosaque,** again pred. acc.

74. **saecula:** explain the syntax.   (W. p. 179.)

76. **si . . . dedicaturum (esse):** when Marcellus made the vow, his direct statement was **"Si Syracusas cepero, duo templa dedicabo."** What kind of condition is this?   (W. p. 156 II A.)   **Dedicabo** naturally became **dedicaturum** (W. pp. 117–118). Why did **cepero** become subjunctive?   (W. p. 378 top.) — **is** refers to Marcellus.

79. **deberet:** the subjunctive shows that Verres was the kind of man who . . . What kind of subj.?   (W. p. 182.)

85. **formarum,** *appearance, features.* — **quanto:** what two ablatives are most commonly associated with the comparative degree? (W. p. 376 end, 377 top.) Which abl. is this?   (W. p. 376 end.) — **taeter, -tra, -trum,** *offensive, hateful.*

86. **cum illi tamen,** *since they for all their tyranny;* **tamen** implies a concessive clause: "Although they were tyrants." — **ornarint,**

syncopated for **ornaverint,** perf. subj.; **sustulerit** is in the same construction.

87. **hic:** the asyndeton emphasizes the contrast between **illi** and **hic.**

89. **commemorem:** the deliberative or dubitative subjunctive is used in questions implying doubt or, as here, indignation: *am I to relate!* See W. p. 236 n. 13. — **Vereor ne:** for the construction with verbs of fearing see W. p. 378 mid.

91. **liquido,** adv., *with certainty.*

92. **per-fectiores,** lit. *more thoroughly made, more carefully wrought.*

93. **Incredibile dictu: dictu** is the abl. of the supine (a defective verbal noun of the 4th decl.) used as an abl. of specification (W. p. 376); lit., *it is past belief in respect to the telling = it is past belief to tell.*

94. **scriptum,** as a neut. n., *a writing, account, record.* — **quam multi . . . reliquerint:** since this clause depends on **dictu,** what is the syntax of **reliquerint?** (W. p. 141 end-142.) — **Nimium** or **nimis,** adv., *too much, excessively:* a cardinal concept in Greek and Roman ethics, which is summed up in Horace's **nil nimis,** *nothing in excess,* the golden mean. Here Cicero is trying to make the less artistic Romans realize how very fond of such things the artistic Greeks were and hence how deeply they suffered from Verres' wholesale looting. — **forsitan . . . efferant:** the subjunctive of indir. question is regularly used with **fors-sit-an,** *there would be a chance whether = perhaps.*

95. **Esto,** the fut. imperative of **sum,** *let it be;* we say *granted.*

96. **ea:** obj. of **reliquisse** and **abstulisse.**

98. **argumenta:** *subjects* (stories, designs) carved in relief and affixed to the doors.

99. **ea detrahenda curavit,** lit. *he took care of the removal of these things = he saw to it that these things were removed.*

101. **bullas,** ornamental *bosses* or *bolt heads.*

106. **Etiamne gramineas hastas . . . concupisti?** This is the simple outline of the main clause of the sentence. The sentence becomes so complicated with subordinate clauses describing the nature and artistic worthlessness of these pieces of bamboo that **etiam** has to be repeated at the end of the sentence and **hastas** is repeated through the collective **id** (= *this sort of thing*). — **in hoc nomine,** *at this item* (= the spears). The jury was surprised **(commoveri)** that Verres should bother to steal such worthless objects.

107. **quod:** antecedent is **nomine,** which stands collectively for **hastas.**

108. **manu factum quidquam,** *anything wrought by hand;* i.e., they were no work of art.

109. **tantum,** adv. *only.* — **vel,** *even,* modifies **audire.**

110. **concupisti** (= **concupivisti**): note the intensity of this word (*desire eagerly, have a passion for*) and the attendant sarcasm.

112. **Nam:** it was foolish to steal the worthless spears *for* the great beauty of the Sappho almost justified his desire to steal it. — **Sappho** (6 cen. B.C.) the greatest writer of Greek lyric poetry, whom the ancients honored with the title of "the tenth muse."

113. **concedendum . . . videatur:** an impersonal passive construction difficult to translate literally (e.g., *it seems to have to be permitted and pardoned*); we might say *it seems necessarily permissible and even pardonable.* — **Silanionis:** *Silanio's.* — **opus . . . eruditissimus:** it is the complexity of this sentence which makes it difficult for us to comprehend at first glance. Analysis of forms reveals this basic outline: (1) **opus** with all its modifiers (**Silanionis . . . elaboratum**) must be acc. since **quisquam** is nom.; (2) **quisquam** with all the attendant noms. must go together (**non modo privatus sed etiam populus, potius quam homo elegantissimus,** etc.) and must be subject; (3) **haberet** must be the main verb (a deliberative subj. to express indignation): "should any one (even any people) other than a **homo elegantissimus** (= sarcastic for Verres) have possessed such an **opus?** I wonder." Built into this dubitative subjunctive is the indignant reply "Of course not!"

116. **elegantissimus,** *most discriminating.*

118. **beati,** *fortunate.* — **delicati,** *fastidious.*

119. **si . . . volet, eat:** a fut. more vivid condition with a jussive subjunct. substituted for the fut. ind. in the conclusion. — **aedem Felicitatis:** built ca. 150 B.C. and filled with art objects taken from conquered Corinth.

120. **monumentum Catuli:** the Temple of Fortune vowed by Catulus in the war against the Cimbri in 101 B.C., perhaps in the Campus Martius. — **porticum Metelli:** ca. 146 B.C. Metellus Macedonius enclosed two temples (Juno and Jupiter Stator) in the Campus Martius with a portico. These buildings obviously served much as art museums.

121. **istorum:** clearly Verres and his friends. — **Tusculanum:** originally an adjective with **praedium,** *villa, estate;* Tusculum, a beautiful spot about 15 miles southeast of Rome, where many wealthy Romans had estates, among whom later was Cicero. — **ornatus:** i.e., for special occasions.

122. **suorum,** neuter = **signa** and other works of art. — **aedilibus:** the aediles were in charge of celebrations. — **commodarit = commodaverit,** fut. perf. ind. = in case Verres has lent (lit. shall have lent) some of his art treasures to the aediles for public exhibition. — **habeat . . . habeat:** these two clauses can be punctuated as commands, paralleling *det* and *spectet;* and then they are sarcastic: let Verres have his private art collection because he is too fastidious and too learned to go to the regular art galleries open to the public. These two clauses might also be punctuated with question marks, in which

case they would express indignation: is Verres to have his own private collection!

123. **ornamentis:** abl. of means with **plenam** and **refertas.**

124. **plenam domum, villas refertas:** note the chiasmus and the asyndeton. — **operari,** (*unskilled*) *laborer;* contempt which is carried out further in the relative clause.

126. **multo:** what abl.? (W. p. 376 end.)—**ferenda ... auferenda:** to carry them on his back as a day laborer than to carry them off as a connoisseur (whose sensitive appreciation of them might in some degree palliate his crime of theft).

127. **sublata,** from **tollo.**

128. **sui,** gen. of the reflex. pron.; what kind of gen? (W. p. 374 end.) As a reflexive it refers to the subject of **reliquerit.** — **reliquerit:** is this fut. perf. ind. or perf. subj.? (W. p. 142.) — **cum ... tum,** *not only ... but also.*

129. **pernobile:** again note the intensive force of the prefix **per-.** — **incīsum:** take great care to distinguish between **in-cīdō** (note the *long* i which derives from the diphthong ae in the simple verb **caedo,** *cut*) and **in-cĭdō** (with the *short* i which derives from the **a** in the simple verb **cădō**); cp. Eng. *incision* and *incident.* This is helpful for all compounds of **caedō** and **cadō.** — **basi,** abl. sing. of **basis,-is,** f., *pedestal, base.*— **quod:** Cicero, who has become so interested in his caricaturing of Verres, rather leaves **quod** up in the air, if the truth is to be told. However, we may try to explain it somewhat as follows. (1) **Quod** refers to **epigramma** and is the conjunctive relative = **et hoc epigramma.** (2) **Quod** cannot be the obj. of **tulisset** because the next sentence proves that the base with its epigram is still in Syracuse. The understood obj. of **tulisset** must be the statue of Sappho. (3) **Quod (epigramma)** and **unam litteram Graecam** could conceivably be taken together (with asyndeton) as objects of **scisset:** "and if **iste, qui ... intellegit,** had understood this epigram **(quod)**—had understood one letter of Greek!—he certainly would not have taken (the statue of Sappho)."

130. **Graec-ulus:** the diminutive ending here displays contempt: Greekling, pseudo-Greek, who is not the connoisseur or the scholar that he pretends to be.

132. **quod scriptum est** = the **epigramma.** — **fuerit:** sc. **ibi.**

134. **Quid,** adverbial acc. = *well; how about it?* — **Paeanis:** Paean was an epithet of Apollo the healer. Aesculapius was the son of Apollo and was pre-eminently the god of healing.

135. **non** = **nonne,** as also in line 137.

136. **visere,** *go to see:* a frequentative of **videre.**

137. **Liberi:** Liber was the Roman equivalent of Bacchus. — **Aristaei:** Aristaeus, a Greek son of Apollo, was a protector of flocks, bees, vine, and olive.

143. **quanto honore:** an abl. of descr. (W. p. 377) here used in the
predicate: lit., *of how great esteem do you think Jupiter was?* We might
say, "How greatly esteemed . . . ?"

144. **volueritis,** fut. perf. ind.

145. **quanta religione,** another pred. abl. of descr.: lit. *of how great
sanctity* (was that statue) = *how very sacred* (was that statue). —
fuerit: is this ind. or subj.? Why? (W. p. 142.) — **eadem specie
ac forma,** an attributive abl. of descr. with **signum:** that *of-the-same-
appearance-and-beauty* statue = that statue *identical in appearance and beauty*.

146. **Capitolio:** the Capitolium (Capitol) was the magnificent Temple
of Jupiter Capitolinus (on the Capitoline Hill); cp. our word
"Capitol." — **Flamininus:** he defeated Philip V of Macedon in
197 B.C. and proclaimed the liberty of Greece in 196 B.C.

147. **ferebantur: fero** not infrequently means *report, say*.

149. **in Ponti ore et angustiis:** i.e., where the Black Sea and the Bosporus
meet at the north end of the Bosporus.

150. **sua,** refers, not to the subject of the verb (Flamininus), as it strictly
should, but rather to **illud (signum)** which has been placed at the
beginning of the sentence as being in effect the subject of the thought.

152. **Quod:** the antecedent is **id.**

159. **habetote:** 2nd per. plu. of fut. imperative, *think, consider*.

160. **adventu,** abl. of cause. (W. p. 376.)

161. **esse . . . desideratos,** *have been missed = lost*. — **requisisse,** syncopated for **requisivisse;** Marcellus hoped to save him at the capture
of Syracuse.

162. **Archimedem illum:** when **ille** *follows* the noun it means *that
famous*. — **summo ingenio:** what kind of abl.? (W. p. 377 end.) —
quem = **et eum,** conjunctive use of the relative.

163. **interfectum (esse):** carelessly by some untutored Roman soldiers
flushed with victory.

164. **verum,** adv., *but*. — **asportaret: asporto** derives from **abs** (an old
form of **ab**) + **porto.**

169. **sibi:** what use of the dat.? (W. p. 112 mid.)

171. **nimio opere,** lit. *with too great work, too much, excessively* or perhaps
only *exceedingly* (**nimium, nimis**); cp. **magno opere,** *greatly*.
Although for Roman consumption Cicero here speaks somewhat
patronizingly of Greek devotion to art, actually Greek works of art did
become popular among the Romans as is shown by the fact that so
many ancient Greek works are known to us only through Roman
copies.

173. **Mihi:** why dat.? Review the list of the more common verbs involved
(W. p. 168–169 top).

174. **hosce:** the **c** in the various forms of **hic** was originally -**ce** (similar to
our "this-here"), and this -**ce** was found throughout the paradigm.
In this passage the full -**ce** is probably used for greater emphasis.

176. **huiusce modi:** as a gen. of description (W. p. 374 mid.) these words = the adj. **talis,** *such,* which in view of the other genitives makes for a smoother translation: *such spoliation of* .... — **fanorum atque oppidorum:** what kind of gen.? (W. p. 374 end.)

177. **Licet ... dicat,** *it is permitted that he say* = *although he may say* (that he bought). — **credite hoc mihi:** this clause combines the two case constructions which may follow **credo,** (a) **credite hoc,** *believe this* (acc. of thing), (b) **credite mihi,** *believe me* (dat. of person, W. p. 168). In English we should have to say something like "believe this (= the following), I beg you" or "believe me when I say this ..."

180. **scitote:** fut. impv. of **scio** is commonly used with the force of the present, *know.*

181. **qui** (indef. adj.) is often used for **quis** (indef. prn.).

182. **turpitudinem:** what is this greatest disgrace? It is the whole clause **referri ... abalienasse,** in which the subject of **referri** is the inf. clause **civitatem ... abalienasse** (**abalieno** (1), *transfer to another*): *that it be entered in the public records that a state,* etc.

185. **mirandum in modum,** adv. phrase, *in a wonderful way.*

187. **quam:** what does **quam** mean with the superlative? (W. p. 124 Vocab.)

192. **quae apud quosque,** *what (works of art) among the several peoples:* in the omitted passage Cicero names some dozen works of art in different parts of the Greeks' world, each work priceless to the Greeks, among them the Cnidian Aphrodite by Praxiteles and the bronze heifer by Myron at Athens.

193. **tōtā Asiā:** the prep. **in** is often omitted when the place is modified by **totus.**

Cicero, *Crucifixion of Gavius* (Verres, Actio Secunda V. 61. 158 ff.). Cicero recounts the story of what happened even to a Roman citizen who dared to speak against Verres.

196. **Consano (Consanus, -a, -um),** *of Consa,* a city of the Hirpini in south central Italy.

198. **Quod,** conjunctive use of rel. = **et hoc (crimen).**

200. **fore** = **futurum esse.**

201. **adductus ... testimoniis Valentinorum,** etc.

202. **Valentinorum (Valentini,-orum),** *the people of Valentia* in Bruttium, the toe of Italy. — **Reginorum (Regini, -orum),** *the people of Regium,* which was a Greek city on the very tip of the Italian toe opposite Sicily.

203. **Messana,** in northeast tip of Sicily opposite Regium.

204. **actione testium,** *at the hearing of the witnesses.*

206. **iam tot horas ... dicam:** idiomatic use of pres. tense with words indicating duration of time, where we say "I have already spoken so many hours."

210. **in medio,** *in the middle* = *before you.*

213. **in illo numero:** a little before this passage Cicero told how Verres had brutally incarcerated in the old quarries at Syracuse a fugitive remnant of the army of rebellious Sertorius, who had been defeated by Pompey in 72 B.C.

214. **isto:** Verres. — **nescio qua: nescio qua** taken together form an indef. adj., *some* (*I do not know what*).

215. **lautumiis,** *quarries;* presumably the same quarries in which the sad remnant of the Athenian force to Sicily came to an ignominious end in the Peloponnesian War. These quarries can still be seen.

216. **Reginorum:** Regium was 4 miles from Messana across the strait in Italy.

219. **rectā:** sc. **viā.**

220. **praesto,** adv., *on hand, ready, waiting for.* — **advenienti,** *to him arriving* = *on his arrival;* ready to prosecute him on his return. Clearly this remark cost Gavius his life.

221. **nihil interesse,** *it made no difference.* — **apud istum,** *in the presence of* (*before*) *that man.*

222. **ut:** again note **ut** with the indicative.

223. **quam haberet:** rel. clause of purpose; **quam = ut eam.** — **adiutricem:** pred. acc. (W. p. 68 n. 6); Cicero used the fem. noun **adiutrix, -icis,** *helper,* rather than the more common masc. noun **adiutor, -oris,** *helper,* because **urbem** and **quam** are fem.

225. **magistratum Mamertinum,** *the Mamertine magistrate:* the Mamertini were originally a band of Campanian mercenaries who served under Agathocles, tyrant of Messana, and who after his death seized the town for themselves (ca. 282 B.C.); and ever after the people were called the Mamertini.

226. **esse:** ind. statement suggested by **res defertur:** that there was a Roman citizen . . .

227. **quem:** conjunctive rel. = **et eum.**

234. **quo tandem,** *just how far;* — **acturus esset,** fut. subjunct. in past time, *he was going to do, he would do.*

235. **medio:** remember the partitive use of **medius** = *the middle of.*

236. **deligari,** *to be bound;* cp. **deligo,** *choose;* **diligo,** *esteem;* **delecto,** *delight.* — **Clamabat:** note the pathos implicit in the imperf. of repeated action: *he kept calling out.*

237. **(se) meruisse,** *that he had earned* (*his pay*), *had served.*

238. **Panormi: Panormus,** *Palermo* today; what is the case of **Panormi?** (W. p. 178 II. 1.) — **negotiaretur:** why subjunc.? (W. p. 378 top.) The equites were the business men of Rome.

239. **iste:** on the basis of the context what verb is to be supplied with **iste?** Note that it must be a verb which can take the construction **se comperisse.** — **se . . . eum:** reflex. **se** must refer to **iste; eum** = Gavius.

240. **a ducibus fugitivorum:** gladiator Spartacus and his fellow **fugitivi** (*runaway slaves*) held out against the Roman armies (73–71 B.C.) and ravaged Italy until finally defeated by Crassus in 71 B.C.

241. **cuiquam:** what kind of dat.? (W. p. 375 mid.) — **cuius rei . . . esset:** clearly not part of what Verres claimed to have found out **(comperisse)**; but **res (rei),** the incorporated antecedent of **cuius,** is in apposition with the whole preceding idea: *a thing of which there was . . . .* For the subjunc. see W. p. 182.

243. **Caedebatur:** in this passage the imperfects, with their idea of action going on in past time, make the scene vivid and alive—*he was being beaten (and cut).* — **Messanae,** locative (W. p. 178 II.1).

246. **commemoratione civitatis,** *mention (recital) of citizenship.* — **depulsurum:** explain the syntax (W. p. 117).

248. **ut . . . deprecaretur:** noun cl. of result in appos. with **hoc.**

253. **lex Porcia:** in 198 B.C. this law forbade the infliction of capital or corporal punishment (e.g., scourging) without the right of a trial before the assembly. — **leges Semproniae** of 123 B.C.: similar to the preceding except that a citizen had the right of appeal even against an official to whom dictatorial power had been given.

254. **tribunicia potestas:** the tribunes were essentially the protectors and leaders of the plebs. By ca. 80 B.C. Sulla's senatorially slanted constitution had reduced the tribunes to a very insignificant position and limited their powers correspondingly **(graviter desiderata).** Now at last **(aliquando)** in this very year of 70 B.C., the consuls Pompey and Crassus restored the tribunes' powers **(reddita plebi Romanae),** including the right to try criminal cases before the comitia tributa. — **Hucine . . . reciderunt:** *has it all come to this, pray, that . . . ?*

256. **foederatorum,** *allies* (allied with Rome by a treaty, *foedus*). — **beneficio,** i.e., by his election to the office of praetor. — **fascis et securis** (acc. plu.): the famous symbol of a Roman official who held the imperium (see a dictionary s.v. *fasces*). Both praetor and consul held the imperium.

261. **quemquam: quisquam** is regularly used after a negative or an implied negative; here the incredulity implicit in the question provides the negative connotation.

263. **loco: locus,** because of its very meaning, is often used without a prep. in a place construction; here the meaning is figurative, *plight, condition.*

264. **futurum sit;** the periphrastic, or compound, form composed of the future act. partic. + **sim (essem)** is used as a future subjunctive when the idea of futurity is emphasized; cp. p. 10 l. 234 above. — **agam:** versatile **ago** here means *I shall deal* (with you).

265. **repentinum,** *unexpected, all of a sudden,* i.e., contrary to the original charge that he was a fugitive from Sertorius' army. — **in lautumias:** apparently a convicted spy would have received quite other treatment.

267. **aliquis . . . Gavius:** *someone with the name Gavius;* there were many
of that name, and Verres might try to prove that Cicero was talking
about the wrong one.

269. **ad arbitrium,** *at your bidding,* implying *to your heart's content:* I shall
give you all you judge (**arbitror**) necessary.

270. **dicant:** rel. cl. of purpose; similarly **doceant** below.

271. **necessarios:** as a noun **necessarius** means *a necessary person, a
close connexion, an intimate friend, a relative.* — **te . . . sero doceant,
iudices non sero:** since these two clauses are parallel in construction,
what can you deduce about the case of **iudices** and about the verb
for the second clause? Note how the asyndeton enhances the epigrammatic quality of these clauses. — **sero,** adv., *too late.*

275. **patronis:** the general meaning is *protector* (cp. **pater**); the specific
meaning here is *advocate.*

276. **Cum . . . fecero:** note that when **cum** refers to the pres. or the fut.
it regularly has the indic. (W. p. 147 n. 1). This is **cum**-temporal as
contrasted with **cum**-circumstantial (W. p. 147). — **istuc = istud.**

279. **ideo:** refers to **quod . . . quaereret.** — **clamitasse:** ind. statement
depending on **locutus es,** whereas **esse** depends on **clamitasse.**

280. **fuisse:** also depends on **locutus es.**

281. **veri:** this refers to **locutus es illum . . . clamitasse se esse civem.**

283. **argentarium,** *silver business = banking business.* — **ceteri,** *all the others*
(a strong, all-inclusive word); **alii** would have meant simply *others.*

284. **genere,** the *kind* or *sort* characterized by the whole **qui . . . dicerent**
clause.

285. **se vidisse:** therefore supremely important as eyewitnesses.

286. **idem:** **ĭdem,** neut., *the same thing;* **īdem,** masc., *the same man.*

287. **clamitasse:** in appos. with **hoc.** — **se . . . Romanum:** this
obviously — and intentionally, you may be sure — has become a
refrain throughout this passage. — **apud te,** *with you, in your estimation.*

288. **dubitationem . . . crucis,** *some hesitancy to inflict crucifixion;* **dubitationem** is in same constr. as **moram.**

288. **ut . . . ut:** again anaphora and asyndeton give an emotional emphasis. — **dubitationem . . . crucis,** *some hesitancy to inflict crucifixion;*
dubitationem is in the same constr. as **moram.**

291. **hic haereo,** lit. *here I cling = to this I cling.*

292. **induatur ac iuguletur:** here the passive can be translated reflexively, (he must of necessity) *entangle himself and destroy himself* (lit. *slit
his own throat,* which for us is too strong a metaphor with **confessione**).
— **necesse est,** impersonal, *it is necessary:* the full construction is
necesse est ut + subjunctive, but **ut** is often omitted.

293. **Qui,** *what kind of person:* i.e., a citizen or not. — **esse:** sc. **eum
(Gavium)** as a subj.; little words like this are not infrequently
omitted when easily supplied.

295. **qui esset . . . dicebat:** note how Cicero adapts his style to the
excitement and the tension of the passage with the stiletto thrusts of

the short clauses, the juxtaposition of **tua te,** the interlocked word-order of the **tua (te accuso) oratione,** the contrast in meaning of the three verbs **ignorabas—suspicabare — dicebat. — extrema:** the partitive use of the adj. (cp. W. p. 103, Vocab. under **medius**).

296. **Si . . . ducerere, quid . . . clamitares:** this is a contrary-to-fact condition which actually refers back to the past moment when Gavius was being led to punishment; and so we might have expected the pluperfect subjunctive. However, Cicero uses the imperfect as being more vividly descriptive by imagining the situation before our very eyes and by emphasizing the repeated action in **clamitares:** "if you were being led to punishment (now before our eyes — but, of course, you are not), what would you be crying out other than . . . ?" If we now put Verres back in Gavius' place, we logically have: "if you had been led . . . , what would you have cried out . . . ?"

297. **esse:** ind. disc. going back to **clamitares.**

299. **si . . . profuisset:** actually this clause as it stands is only half of a conditional sentence the full form of which would be something like this: **(si sic clamavisses) nomen civitatis tuae tibi profuisset,** . . . *the name of your citizenship would have benefited you.* In the present sentence this conclusion **(profuisset)** has become the conditional clause of a new conditional sentence: **si nomen civitatis tibi profuisset, ille . . . ne moram quidem mortis mentione civitatis adsequi potuit:** "if the name of citizenship would have profited you, could not that man have gained at least a postponement of the death penalty by the mention of citizenship?"

301. **praetorem:** the governor of Sicily was a praetor.

304. **tenues,** *humble* (lit. *thin, slender;* cp. "tenuous"). — **navigant,** etc.: Cicero sketches a vivid vignette of the value and power of Roman citizenship anywhere in the world.

305. **quo,** adv. with **eis** as antecedent = **ad quos.**

308. **existimationis,** *public opinion.* — **neque . . . solum** = **et non solum.**

310. **quocumque venerint,** a conditional relative clause in indirect statement. The direct statement would be: "if we come to any place (**si . . . venerimus,** fut. perf. ind.), this (citizenship) will be a source of protection (**erit**)." Explain what has happened to **venerimus** (ind.) and **erit** (ind.) in the indirect statement (W. p. 378 top, pp. 117–118).

311. **Tolle . . . praecluseris:** the outline of this sentence is **tolle hanc spem (tolle . . . , constitue . . .) iam . . . praecluseris,** *take away this hope . . . ; you will soon have closed . . . ;* i.e., "if you take away . . . , you will soon have closed . . . ," or "take away this hope and you will soon have closed."

312. **civibus Romanis:** dat. of ref. which with verbs meaning *to take away* has the force of separation when the dat. indicates a person. — **constitue** (*establish, decide*) is followed by **nihil esse** and **praetorem**

posse in parallel construction. — **opis** goes with **nihil** (W. p. 192).

315. **quod** gives the reason for **impune** and **supplicium quod velit.** —
quis = **aliquis.**

318. **ista,** *that* (defense) *of yours.* — **civibus . . . praecluseris,** *you will
have closed to Roman citizens.*

319. **plura:** sc. **dicam.** — **fueris:** perf. subj. in conditional clause of
comparison, *as if you had been.* In Latin such clauses of comparison
ordinarily have the construction of future less vivid conditions (pres.
subj., or perf. subj. where this tense is required), whereas in English
the contrary-to-fact construction is preferred.

320. **generi,** *class, society;* i.e., Verres has become the public enemy
(hostis) of all Roman citizens, not merely the personal enemy of
Gavius alone.

321. **Quid . . . attinuit** with the inf. clause **(te iubere . . .)** as subj.:
what was the point of your ordering . . . ; i.e., this extra torture actually
had nothing to do with the case.

322. **more atque instituto,** abl. of accordance (W. 166 n. 8).

323. **figere,** sc. **crucem.**

328. **post conditam Messanam:** *after Messana having been founded* =
since the founding of Messana, a favorite construction of Livy's.

330. **divisa,** sc. **esse.** — **servitutis:** crucifixion was the form of execution
for criminals and slaves.

333. **Facinus . . . tollere:** note the buildup of the climax in both the
nouns and the verbs: **facinus,** *bad deed;* **scelus,** *crime;* **parricidium,**
murder of a relative or *a parent;* and **vincire,** *to bind;* **verberare,** *to
scourge;* **necare,** *to murder.* The ultimate climax **(civem) in crucem
tollere,** *nailing a citizen on the cross,* is heinous beyond even Cicero's
power to describe! — **vincire:** take care to distinguish between
vincio, -ire, and **vinco, -ere.**

335. **his:** sc. **rebus.**

338. **non unum hominem nescio quem,** *not just some human being or
other.*

339. **hominis:** i.e., Verres.

340. **graviter tulisse . . . :** Cicero cleverly *suggests* that Verres would even
like the power to crucify Roman citizens in the very strongholds of
the Roman democracy (the Forum, the assembly place, the rostra);
i.e., he would like to become a tyrannical dictator. Hence Verres is
a menace not only to a Gavius but even to Rome and all Roman
citizens. — **quod . . . non posset . . . defigere,** *the fact that he could
not . . .* ; a noun clause; why subjunctive? (W. p. 378 top.) Note the
effective anaphora and asyndeton at the end of the clause.

342. **Quod . . . elegit** = **elegit (id) quod . . . potuit,** *the thing* (= place,
site) *which.* — **his locis:** i.e., **foro . . . rostris** in the preceding
sentence. — **celebritate,** *in the throng of people;* what abl.? (W.
p. 376 top.)

343. **regione,** *location.* — **potuit,** sc. **esse.**

345. **praetervectio, -onis,** *passing place.*

348. **verum = sed.**

350. **conqueri (con + queror,** *complain***)** and **deplorare (de + ploro,**
lament): note the intensive force of the prefixes: *complain loudly* and
lament bitterly.

351. **rerum:** the gen. as well as the more common abl. can be used with
dignus. Here **rerum** has hardly more than a generalizing force.

353. **ne non:** if the **non** seems somewhat pleonastic, it can be taken to
emphasize **unus:** not even one Roman citizen will be judged deserving of crucifixion, (while) all others will be judged as most undeserving of a similar peril. The following sentences reveal the
Romans' sense of the paramount value of Roman citizenship and its
unity. Not even one Roman should be crucified!

355. **in,** *in the case of.*

356. **nauarchus, -i,** *captain of a ship:* in an earlier passage Cicero told
how pirates had destroyed the Syracusan fleet and killed the captains
in the forum, and he implied that this had been done through Verres'
connivance.

360. **loco,** *condition, rank.*

363. **versari,** *depend on.*

CICERO: *DE OFFICIIS*

In sadness and despair over the demise of the Roman republic during the dictatorship of Julius Caesar, Cicero sought distraction from the political ills of the period in the consolation of philosophy and ethics, and under the aegis of Greek thought he composed at top speed such works as *De Finibus Bonorum et Malorum, Tusculanae Disputationes, De Natura Deorum, De Senectute, De Amicitia*. The last of such works was *De Officiis*, which he completed by November of 44 B.C. and which he dedicated to his son, Marcus, a somewhat irresponsible graduate student at Athens. Despite some evidences of haste, this practical moral work has earned much praise, and it provides interesting, instructive reading for the 20th century.

1. **annum:** he had gone to Athens in April of 45 B.C. — **audientem,** *hear the lectures of, study under* Cratippus.

2. **idque,** *and that too.*

3. **urbis:** Athens, though it had become politically insignificant, was still venerated as an intellectual capital. — **ut:** note the mood of the verb in this clause.

6. **ĭdem:** note that the *i* is short. — **orationis:** here = *language.* Note that all educated Romans of this period were bilingual.

7. **mi,** voc. of **meus.**

8. **illis:** i.e., the speeches: the philosophical works were almost as numerous.

11. **aetati:** he was twenty-one.

13. **patere,** *lie open, extend,* and hence *apply.*

16. **officio:** cp. the abl. with **careo.** — **et . . . et (in eo colendo; in eo neglegendo).**

17. **situs, -a, -um,** *placed, situated.* — **honestas,** (*honor*), *virtue, worth;* not *honesty,* which is rather **probitas, fides.**

19. **nullis . . . tradendis,** abl. of attendant circumstance: *in giving no instructions = if he gives no instructions.* — **philosophum,** pred. acc. (W. p. 68 n. 6).

20. **potissimum,** adverbial accusative, *chiefly.* — **Stoicos:** the Romans found the Stoic emphasis on **virtus** and character very acceptable.

24. **institutio, -onis,** f., *education, instruction.*

26. **finem bonorum,** *the end, goal, summit of good things = the summum bonum.* This is the theory. The **alterum** provides the practical rules of conduct by which to achieve the theory.

27. **usus, -ūs,** m., *practice.*

29. **Principio,** *in the first place* (i.e., at the beginning of our discussion).

31. **nocitura: -turus, -a, -um:** the fut. part. can have the meaning of "likely to."

32. **anquirat,** derived from **quaero.** — **paret:** take care to distinguish between **paro, -are,** and **pareo, -ere.** — **Commune . . . est . . . appetitus:** since **commune** is a pred. adj., it should actually agree with **appetitus,** but the neut. ending is used to make the adj. practically a noun: *a common thing,* or *characteristic, is the longing.*

35. **interest,** impersonal verb, *it makes a difference.* Here the subject is **hoc** with its appositional clause **quod . . . se accommodat:** lit. *this very greatly makes a difference, (namely) that . . . a beast adapts itself;* better, *there is this very great difference, that . . .*

36. **haec:** what in the preceding clause must be the antecedent of **haec?** — **tantum, quantum,** adv. acc., *only to the extent that.*

37. **paulum admodum,** *very little.*

38. **homo:** the skeleton of the rest of this sentence reads thus: **homo (quod . . . futuras) facile . . . videt et (-que) praeparat.** The expression is an example of Cicero's **copia;** the thought is simply that through his faculty of reason man can understand the concatenation of cause and effect and can govern himself accordingly.

40. **praegressus, -ūs:** *the goings before* = the previous developments. — **antecessiones,** *antecedent* (ultimate) *causes.*

42. **degendam: de-ago.**

45. **societatem,** *companionship.*

46. **in eos:** note that the acc. **(eos)** = the goal toward which.

47. **coetus et celebrationes,** *meetings and assemblies,* or *festivals.* — **obiri,** *to be visited, attended.*

48. **suppeditant ad,** *suffice for.* — **cultum** and **victum: cultus, -ūs,** refers to culture and refinement in living; **victus, -ūs,** refers to food and other necessities of life, sustenance (cp. "victuals").

50. **quae:** conjunctive use of the relative. — **maiores,** predicate accusative: **eos** (i.e., **animos**) **maiores.**

52. **hominis . . . propria,** *characteristic . . . of man.*

54. **aveo, -ere,** *wish.* — **addiscere:** explain how the prefix **ad** might be translated as "something new."

55. **occultarum aut admirabilium;** i.e., the mysteries or miracles of science.

59. **principatus, -ūs,** *pre-eminence, rule.* — **informatus, -a, -um,** *formed, fashioned.*

61. **humanarum rerum:** the insignificant matters of life, as the Stoics saw it.

63. The following reordering of the sentence will reveal the meaning: **et illa non est parva** (*a small*) **vis . . . quod** (*namely that*) *this animal alone . . . .*

66. **aspectus, -ūs,** *sight.*

67. **convenientiam,** *harmony (coming together, agreement, harmony)* — **Quam similitudinem,** *and this resemblance,* i.e., the resemblance of the physical world to the spiritual world.

68. **natura ratioque** are regarded as a single concept (= that which makes man distinctly different), and so they are modified by the singular **transferens** and serve as the subject of the singular **putat, cavet,** etc.

70. **indecorē effeminatēve:** since the **-ve** indicates that both words are in the same construction, does **indecore** here come from **indecoris, -e** or **indecorus, -a, -um?**

71. **libidinose,** *capriciously.*

73. **conflatur: conflare,** *blow together, forge.*

74. **honestum . . . honestum.** Starting with **honestus, -a, -um,** *honorable, virtuous,* we here have in the first place **id honestum** (neut. as a noun) meaning *virtue, moral excellence,* and in the second place **honestum** (adj.), *honorable, proper.* Of **honestum** (the noun) Cicero says in *De Finibus* II 14.5: "Honestum igitur id intellegimus quod tale est ut, detracta omni utilitate sine ullis praemiis fructibusve per se ipsum possit iure laudari." — **nobilitatum,** *made famous* (i.e., praised by the multitude); cp. **nobilis,** *well known* (from **nosco**).

79. **quattuor:** in Greek thought there were four cardinal virtues, which Cicero translates as **sapientia (prudentia), iustitia, fortitudo, temperantia,** and somewhat generally defines in the following list.

80. **aliquā,** sc. **parte.**

81. **sollertia,** *skilful mastery, intellectual development.* — **versatur,** lit. *turns itself about in;* therefore, *is engaged in* or *is concerned with.*

82. **(in) fide:** i.e., the faithful observation of.

83. **invicti,** *unconquered,* and therefore *unconquerable.* — **robore (robur, -oris,** n.) *oak,* and therefore *strength;* cp. "corroborate."

84. **modestia,** *moderation, restraint* (not "modesty," which is rather **pudor** or **verecundia**).

86. **locis,** here = *topics, divisions;* note that the gender is masc., as **quos** shows.

87. **consistit in,** *take a stand on* = *consist of.*

89. **pulchrum,** a predicate adjective in the neuter to agree with **excellere,** an infinitive used as a noun: *and we think it (is) admirable to excel in this,* **putamus excellere (esse) pulchrum.** The same construction is found in the next clause.

91. **genere,** *in this kind (of activity).*

92. **iisque** = **eisque.** — **temerē** (adv.): be careful to distinguish between **temerē,** *rashly, heedlessly* (cp. Eng. "temerity") and **timidē,** *timidly.*

95. **quod,** *the fact that,* introducing a noun clause: *the other fault is the fact that.*

99. **cognitio, -onis,** *learning.*

101. **reliquis,** sc. *virtues, divisions.* — **latissime patet ea ratio:** lit. *that policy (practice, principle) extends (applies) most widely;* i.e., *the policy of the widest application is the one (by which)* . . .

104. **beneficentia,** *beneficence, charity.*

105. **eandem: idem** can often be translated by *likewise* or *also.*

107. **communibus pro communibus:** the various things and services that are free to the members of a community are to be used for the equal benefit of all.

108. **utatur:** the subject is supplied from the **quis** in the preceding clause. — **ut,** *as,* balancing **pro** in the preceding clause. — **suis = privatis.** — **iustitiae** depends on **fundamentum.**

109. **dictorum,** from **dictum,** the neut. of the perf. participle used as a noun.

110. **unum (genus),** sc. **est.**

111. **inferunt,** sc. **iniuriam.** — **quibus,** dative.

117. **de industria,** *on purpose, intentionally.*

119. **Maximam . . . partem,** *for the most part.*

120. **concupiverunt,** from **concupisco,** *desire eagerly.*

121. **interest:** the subject of the impersonal verb is the double indirect question **utrum . . . an.**

122. **plerumque,** adv. acc., *for the most part, generally.*

123. **consulto et cogitate,** *intentionally and deliberately.*

125. **quod** introduces a rel. clause of characteristic (**dubites**) and at the same time provides the subject for **sit** (indir. quest.). Change the awkward literal translation to something like: (to do anything) when/if you doubt whether it is right or wrong. — **Aequitas,** *fairness = justice.*

127. **incidunt.** Review the pr. parts of **cado,** *fall,* and **caedo,** *cut.* Then note that in compound verbs **cado** becomes **-cĭdo** and **caedo** becomes **-cīdo** (the diphthong **ae** has naturally become long **ĭ**). Hence, **incĭdo** = *fall on, happen, occur;* **incīdo** = *cut into.*

129. **ut,** *as (for example),* the question being whether one should or should not. — **reddere:** distinguish between **red-do** (*give back, return*) and **red-eo** (*go back, return*).

130. **quae-que:** the antecedent is **ea.** — **migrare,** *migrate,* but here *transgress.*

131. **servare:** distinguish between **servo, servare,** and **servio, servire.** — **Referri,** *to be carried back = to go back, return.*

133. **noceatur.** In Latin, intransitive verbs (i.e., those that do not take a direct obj. in the acc.) do not have a full passive conjugation, but many may be used in the impersonal passive for which we have really no idiomatic literal translation: *that it be not harmed to anyone = that harm be not done* or *that no harm be done to anyone, that no one be harmed.* Note that the regular dat. with **noceo** and **servio** (i.e., **cui** and

utilitati) remains unchanged (cp. W. pp. 168–169). — **serviatur:** impers. pass.; cp. **noceatur.**

136. **calumnia,** *chicanery.*

138. **triginta dierum,** gen. of description (W. p. 374 mid.).

139. **indutiae, -arum,** only in plu., *a truce.*

140. **essent:** why subj.? **Quod** + ind. = reason of the author; **quod** + subj. = reason of someone other than the author, here **ille.**

142. **finibus:** Labeo was appointed to arbitrate a border dispute between Nola and Naples. — **datum,** simply a participle.

143. **cum utrisque:** what part of speech must **cum** be here? — **locutum,** sc. **esse.**

144. **appetenter,** adv. from **ad-petens,** *greedily;* **ne (cupide) . . . ne (appetenter)** are to be construed as correlatives introducing **agerent.**

145. **aliquantum,** neut. as noun, *a good deal.*

147. **Decipere,** used as a pred. noun, *this is deception (cheating).*

148. **sollertia,** here = *trickery.*

151. **modus,** *limit.* — **haud scio an,** *I do not know whether = I am inclined to think.*

152. **eum iniuriae paenitere:** in Latin **paenitet** is an impersonal verb that has as direct object the repentant person **(eum)** and a genitive of that of which he repents **(iniuriae).** Thus here **paenitere** has no subject, but **eum** is the object: *that it repent him of his injury = that he repent of his injury.* — **ut . . . ne quid: ne quid** would have sufficed; supply **faciat.**

154. **iura belli:** for further details see W. p. 202.

155. **eo:** refers to **quid.**

156. **ut:** introduces **censuit.**

157. **iurasset,** syncopated form for **iuravisset.** Regulus, having been captured along with other Romans, was sent to Rome to see whether the Romans would ransom those held by the Carthaginians. In a meeting of the senate Regulus argued against the ransom of himself and his fellow captives and then, loyal to his oath, returned voluntarily to Carthage and to certain death.

158. **censuit: censeo, -ere, -sui, -sum,** *estimate, think, advise.*

161. **Meminerimus:** perf. subj. of the defective verb **memini;** jussive subj., *let us remember.*

162. **infima,** a pred. adj.

163. **quibus** (= **et eis**) is abl. depending on **uti** (W. p. 164). — **qui . . . mercennariis: qui iubent uti quibus** (= **servis**) **ita ut mercennariis** (*hired men*).

164. **operam exigendam (esse),** (*saying that*) *service ought to be . . . .* — **iusta:** e.g., food, clothing, shelter.

165. **elatio,** *exaltation.*

167. **in vitio** = **vitiosa.**

169. **adeptus,** from **adipiscor, -i,** *acquire, obtain.*

170. **illud,** *that (remark).*

171. **calliditas,** *cunning, cleverness.* — **potius quam,** *rather than.*

174. **habeat:** because of parallelism of the two clauses, **habeat** must have a force similar to that of **est appellanda.** What, then, is the nature of this subjunctive? (See W. p. 133.).

175. **omnibus:** dat. or abl.? (W. p. 169.). — **concupieris,** syncopated for **concupiveris,** subjunctive in the indefinite 2nd pers. sing., *you* or *one.* — **aequitatem,** *fairness, impartiality.*

176. **quo . . . praeclarius,** *the more difficult (it is), the more admirable* (lit. *by what . . . by this*). Can you explain the construction? (See W. p. 376 end.).

177. **tempus,** *occasion.*

180. **positum,** used as predicate adj. agreeing with **honestum illud.**

183. **Omnino** modifies **fortis.**

185. **persuasum est:** impers. pass. of intrans. verb; lit. *it has been persuaded = a person has been persuaded.* — **nihil . . . succumbere.** Despite the fullness of expression the construction is fairly simple: **oportere** (*it is necessary, it behooves*) **hominem admirari (optare, expetere) nihil nisi** (= *except*) **quod . . .**; (and **oportere hominem**) **succumbere nulli homini neque perturbationi nec fortunae.** Here all the infinitives are subjects of the impersonal verb **oportere,** which in its turn is subject of **persuasum est.**

191. **cum . . . tum,** *not only . . . but also.*

193. **ea . . . parva ducere,** *to consider those things . . . small:* **parva** is pred. acc.; the **ducere** phrase is one of the subjects of **ducendum est.** — **fortis animi,** (*characteristic*) *of a brave soul,* pred. gen. of possession.

195. **versantur = sunt.** — **nihil =** a strong **non.**

198. **consentaneum** (cp. **con-sentio**), *reasonable.*

200. **a labore,** abl. of agent in form, and so **labore** must be an instance of personification.

201. **tam angusti animi,** *so (characteristic) of a narrow mind,* a predicate gen. (of possession).

202. **tam . . . quam,** *so . . . as.*

205. **Vacandum est,** impersonal passive, *one must be free from.*

206. **cum . . . tum,** as above.

210. **rei publicae:** what case and why? (W. p. 169.). — **praefuturi sunt:** active periphrastic = fut. act. partic. + **sum:** (*they*) *are* (**sunt**) *going to be in charge of* (**prae-futuri**).

211. **teneant:** observe the mood of this main verb. (W. p. 133 top.).

212. **referant,** here intransitive as our *refer* often is. — **obliti,** from **obliviscor,** *forget.*

213. **alterum,** sc. **praeceptum.**

214. **Ut . . . sic,** *as . . . so.*

215. **tutela, -ae,** noun of **tutor (tueor),** *protection.* — **procuratio (procuro),** *administration;* subject of **gerenda est.**

218. **Hinc,** i.e., from partisanship and selfish use of power.

219. **apud Atheniensīs** (form, W. p. 75 n. 3): from the Peloponnesian War on.

220. **bella civilia:** those of Marius and Sulla, Caesar and Pompey. In fact, the ugly situation continued after Cicero's death at the battles of Philippi and Actium until Augustus finally established the Pax Romana. Virgil, Horace, and many other Romans became heartily weary of civil war and were grateful to see Augustus embody many of the ideals expressed in the rest of this sentence.

225. **offendat,** intrans., *suffer grief.* — **oppetat (ob-peto),** *encounter.*

228. **ad,** *according to.*

230. **immoderate (in-modus),** *without limit, intemperately.* — **levitatis,** pred. gen., *a sign of fickleness.*

233. **honestatis:** remember not to translate this by *honesty.*

234. **verecundia,** *modesty, propriety,* a fear that holds us in restraint; (cp. **vereor**). — **ornatus, -ūs,** *embellishment.* — **temperantia,** *self-control, restraint, avoidance of excess, temperance.* — **modestia,** *moderation* (cp. **modus,** *limit, measure*).

236. **decorum, -i,** n. *decorum, propriety, that which is fitting or becoming;* cp. **decet,** *it is fitting, proper, seemly, becoming, decent.*

237. **ea = talis.** — **queat: queo, quire, quivi (-ii,), quitum,** defective verb found chiefly in present, *can, be able* (= **possum**).

242. **loco,** often used alone without **in** to express place where. The **loco** with **continetur** above may be of the same nature or may be an instrumental abl., but the translation is the same. — **disserendum est,** impers. pass.

244. **agas:** subjunctive in indef. 2nd per. sing. — **veri:** what kind of gen.? (W. p. 192.).

246. **mente . . . captum,** *taken in respect to the mind* = *insane, mad.*

252. **appetitus, -ūs,** cp. **ad-peto.**

254. **praesit,** *be in front* = *be in command, command.* — **obtemperet: obtempero** (1), *obey, submit.*

255. **temeritas, -tatis:** what does English *temerity* mean? — **agere,** grammatically dependent on **debet;** but supply **quisquam** (*anybody*) **debet,** which makes much easier sense in this clause than does **actio debet.**

256. **probabilem** (cp. **probo,** *approve*), *acceptable.*

257. **fere,** not to be confused with **ferre.** — **discriptio,** not *description,* but *definition.*

258. **oboediant (ob-audio),** *listen to* = *obey.*

259. **ignavia, -ae,** *listlessness;* not to be confused with **ignorantia,** just as **ignavus** is not **ignarus.** — **sintque:** sc. **homines** as subject, since **appetitus** can not in sense be subject of this verb and clause. — **omni:** what must this modify?

261. **appetitus,** antecedent of **qui** but incorporated into the rel. clause: *those* (ii) *appetites which.* — **longius,** *too far.*

262. **a ratione:** ordinarily **ratione** alone (abl. of means) would be used. What is the effect of the **a?** It personifies **ratione** (abl. of agent).

264. **quibus,** conjunctive use of relative.

265. **ipsa,** here, and often, conveniently translated by *very.*

267. **gestiunt,** *be excited.*

269. **formam,** *outline, description.*

275. **quo:** what kind of abl.? (Ẇ. p. 377 top.).

278. **liberalem,** *gentlemanly, befitting a free man.*

279. **Modus,** here = *rule, method* (for accomplishing all this). — **decus, -oris,** n., a variant for **decorum, -i,** which has been in this work the more common. What, then, must **optimus** modify?

283. Book III deals with the conflict between moral right and expediency, a problem which still confronts us in the atomic age. A few of the abundant examples cited by Cicero are given in the following excerpts. — **com-moveo,** move greatly, affect.

284. **attenderis,** sc. **ad eam,** you give your attention to it.

286. **intellegendum (est),** impersonal passive.

288. **opinio,** *thought, expectation.*

289. **nobis ... persuasum esse debet,** impers. pass., lit. *it ought to have been persuaded to us.* Put this into good English.

290. **celare,** here = *hide from.*

291. **esse faciendum: persuadeo ei ut id faciat,** *I persuade him to do it* (*that he should do it*) = indirect command; **persuadeo ei eos id facere,** *I persuade him that they are doing it* = indirect statement.

293. **a Platone:** in Book II of the *Republic.* — **discessisset,** *had gone apart = had opened up.*

294. **hiatum (hiatus, -ūs),** *opening, gap:* cp. English "hiatus."

295. **fores (foris -is,** f., *door*), usually in plu. from the idea of *folding doors.*

296. **invisitata,** *not seen = unusual;* what kind of abl.? (W. p. 377 end.) — **anulum (anulus, -i,** *ring*): distinguish between English "annular" and "annual."

297. **induit: in-duo, -duere, -dui, -dutum,** *put on.*

299. **pālam;** ˙**pāla, -ae,** *bezel,* or mounted gem, of a ring; not to be confused with **palam,** adv., *openly.*

302. **stuprum intulit,** *he ravished.* — **eā (= reginā) adiutrice;** what construction? (W. p. 111.)

304. **exortus est (ex-orior),** *he arose = he rose to be.*

307. **nihilo:** what kind of abl.? (W. p. 376 end.).

308. **bonis viris,** dat. of ref. (W. pp. 182–183), which in prose is used as the equivalent of the abl. of agent with the passive periphrastic (W. p. 112) and in poetry can be so used with any passive verb. In

the present passage the dat. has a somewhat more emotional force than the more factual abl. of agent: *in the case of good men.*

309. **quīdam,** to be carefully distinguished from **quĭdem.**

310. **fictam:** **fingō, -ere, fīnxī, fictum,** *mold, fashion, imagine,* cp. "fiction"; **fīgō, -ere, fīxī, fīxum,** *fasten, fix:* fix this in your memory! — **commenticiam,** *invented, fictitious.* — **prolatam:** from **pro-fero.**

312. **sciturus sit . . . futurum sit, . . . sisne facturus:** these periphrastic forms actually provide a future subjunctive, here obviously used in a future less vivid condition.

314. **feceris:** see **concupieris** above, line 175.

317. **quidnam,** *what, pray tell.* — **facerent:** at once an indirect question and the conclusion of a contrary to fact condition.

318. **tamquam,** *as it were, so to speak.* — **tormenta: tormentum,** *an instrument of torture* (**torqueo**).

319. **responderint:** perf. subj. by attraction standing for fut. perf. ind. in fut. more vivid condit.: **si responderint . . . fatebuntur.**

3'22. **causae,** here = *cases, situations;* similar to Ital. *cosa* (*thing, matter*) and Fr. *chose,* both of which derive from **causa.** — **utilitatis (-tas, -tatis),** *usefulness, advantage, expediency.*

323. **hoc:** explained by the appositional clause **relinquendane . . . magnitudinem.**

326. **Collatino collegae:** an analysis of the endings (**-o** = dat./abl.; **-ae** = gen./dat./nom. plu.) shows that the dat. is the common denominator. The dat. of separation (a special use of dat. of reference) is used with verbs meaning *to take away* when compounded with **ab, de, ex.** (W. p. 215 #2 n. 15.) — **Brutus:** the leader in the expulsion of Tarquinius Superbus (last of the kings at Rome), famous as first consul of the Roman Republic with Collatinus as colleague. The following text explains Brutus' action toward Collatinus.

327. **imperium abrogabat,** *was taking away the imperium,* which was the supreme power of command possessed by the consuls.

328. **consilium hoc:** explained by the following appositional infinitive clause. — **cognationem,** *family, kindred.*

330. **quod:** the antecedent is **id.**

333. **esse,** *exist.*

334. **rege:** Romulus.

336. **quam,** (*rather*) *than.* — **fratrem interemit:** for the story see Livy p. 46.

337. **pietatem,** *loyalty, devotion* (to family and friends, to country, to the gods).

338. **muri causam,** *the excuse of the wall* (over which Remus is said to have leaped to show his scorn of Romulus' fortifications on the Palatine).

339. **pace . . . Quirini:** lit. *with the peace of Quirinus; with all respect to Quirinus* (the name given to Romulus after his deification at his death).

340. **dixerim,** potential subj., *I would say*.

342. **aliis:** ind. obj.

343. **suae . . . serviendum est:** highly idiomatic but essential to the thought. A very literal translation should help to make the construction clear: *by each person* (**cuique,** dat. of agent) *it ought to be served* (impers. pass.) *to his own advantage* (ind. obj.) *in so far as it may be done*, etc. Now try putting this into good English.

344. **scitē** (*cleverly*) **Chrysippus inquit (ut multa scitē dicit):** i.e., in his colorful, vivid language. C. (280–205 B.C.) was the head of the Stoic school after Zeno and Cleanthes; he was famous for his systematization of the Stoic doctrines. — **stadium,** cognate accusative (i.e., the noun has a meaning identical with, or similar to, that of the verb): *run a race, run a stadium* (*race*) = *run a race in the stadium.* Cp. St. Paul (Heb. 12.1): "Let us run with patience the race that is set before us," where in the Greek the word for race, **agona,** is a similar cognate accusative with **trechōmen.** — **eniti (enitor),** *struggle.*

345. **supplantare** (cp. **planta,** *plant; sole of the foot*) : *to trip up.*

348. **alteri:** what kind of dat.? See note on **Collatino** above.

349. **Illa,** sc. **sunt.**

350. **prae,** *in comparison with*.

351. **cum . . . tum,** correlatives, *not only . . . but also, both . . . and.* Also note that Latin and Greek are fond of stating the general idea first and then following it with a specific instance.

352. **quae:** what is the antecedent? — **Cannensi (Cannensis, -e,** adj.), *at Cannae;* see Livy, pp. 60–61.

353. **rebus secundis,** abl. abs.

354. **speciem utilitatis,** *the appearance, pretext of expediency = apparent* or *specious expediency.*

355. **Persarum: Persae, -arum,** m., *Persians*.

356. **impetum:** in 480 B.C. at Thermopylae, which the Greeks lost but which was made immortal by the heroic stand and death of Leonidas and his men.

357. **līberīs: līberī, -orum,** *children;* to be distinguished from **lībrī,** *books.* **Troezene (Troezen, -zenis,** f.), locative; Troezen, an old Argolic city across the Saronic Gulf southwest from Athens. Theseus was reared here.

358. **classe defenderent,** which they did famously at Salamis in 480 B.C. under the leadership of Themistocles. — **Cyrsilum,** an otherwise unknown Athenian.

359. **Xerxem:** Xerxes was the Persian king.

363. **contione (contio, -onis),** an assembly convened especially to hear a speech by a magistrate.

364. **salutare:** here not an infinitive but the adj. **salutaris, -e,** *healthful, advantageous.* — **sciri,** *to be known* (publicly). — **opus esse,** *there was need.*

365. **quicum,** an old form = **quocum.**

366. **Aristides,** an Athenian statesman so famous for his incorruptibility that he was called the Just. — **ille,** sc. **dixit.**

367. **esset ... esset:** subordinate clauses in indirect statement (W. p. 378). — **ad Gytheum:** *near* or *at Gytheum,* a port in Laconia. — **quo facto,** abl. abs., **quo** being neuter. — **frangi ... opes,** the Athenians and the Spartans were notorious rivals.

369. **exspectatione,** i.e., of all the people, abl. of attendant circumstance.— **per-utile:** note carefully the force of the prefix.

372. **auctore Aristide,** *on the authority of Aristides;* what construction? (W. pp. 111–112.)

374. **Quamquam,** here an adv. of transition, *and yet.* — **cum ... tum,** correlatives.

375. **alias,** *at another time, other times* (cp. Eng. use of "alias" for an assumed name). Again note the general followed by the specific, — **Pyrrhi:** chivalrous Greek king and general who championed the Greek city-states of southern Italy against Rome. Although he won Pyrrhic victories against Rome in 280 and 279 B.C., he lost the last battle in 275 B.C. — **Fabricio:** an example of a simple, incorruptible Roman.

376. **iudicatum est,** *was decided, was declared openly.*

378. **generoso,** *noble,* rather than the Eng. derivative "generous," which in Latin is a word like **liberalis** or **munificus.** — **perfuga, -ae,** m., *deserter.*

379. **si ... necaturum,** a future more vivid condition in indirect statement in historical sequence. The deserter's original statement to Fabricius was: **Si ... proposueris** (fut. perf. ind.), **ego, ut** (*as*) **clam veni, sic ... redibo et ... necabo. Proposueris** and **veni** have to become subjunctive by the rule for subordinate clauses in indirect discourse (W. p. 378). They also have to become pluperfect subj. (**proposuisset; venisset**) by the rule that once a verb is in the perfect system it remains in the perfect system, and the pluperf. subj. is the only "historical" subj. in the perfect system (the imperf. belongs by formation to the present system). See W. p. 142.

381. **reducendum:** with verbs meaning to care for, to contract for, or to undertake the gerundive can be used in agreement with the object to express the idea of purpose; *he took care for this man to be led back* = *he took care to have him led back.*

382. **factum,** a noun. — **Atqui,** conjunction, *and yet.*

383. **opinionem,** *repute, impression, popular estimate.*

384. **sustulisset:** past contrary to fact conclusion with a simple pres. conditional clause.

386. **Utrum** is balanced by **an** at the end of the sentence. The actual grouping would be **utrum armis an venenis;** but emphasis and suspense is secured by placing **utrum** first in the sentence at far remove from **an.**

392. **L. Philippi Q. f.** = **Luci Philippi Quinti fili,** *of Lucius Philippus the son of Quintus.*

393. **sententia,** *opinion, proposal;* viz., **ut . . . redderemus. — quas civitates,** an example of an antecedent incorporated into its relative clause: **eae civitates quas. — Sulla,** military and political rival of Marius and finally, in 82–79 B.C., dictator with senatorial bias. — **ex,** *in accordance with.*

394. **vectigales (vectigalis, -e),** *tributary, liable to taxes* **(vectigal).**

396. **est adsensus,** from the deponent **adsentior,** *agree with.*

397. **senatūs:** what case? What case follows **quam** after a comparative? See W. p. 123. — **At,** *but (you say).*

399. **fultum: fulcio, -ire, fulsi, fultum,** *prop up, support;* cp. Eng. "fulcrum."

400. **odium et infamia,** subjects of **potest,** but **potest** and **utile** are made to agree simply with **odium,** the nearer noun.

403. **Sol,** i.e., Apollo.

404. **optasset** = **optavisset;** for syntax cp. **proposuisset,** n. 379.

406. **promissum . . . non esse servatum,** *for the promise not to have been,* etc., actually subject of **fuerat.**

408. **Quid quod,** *what of the fact that.* — **Theseus,** the great legendary hero and king of early Athens. As a special favorite, Theseus had received from Poseidon (Neptune) the promise to fulfill any three requests which Theseus might make of him. When Theseus incorrectly suspected Hippolytus, his son, of having an affair with his wife Phaedra, he prayed for the death of Hippolytus.

410. **patri,** the more eloquent dat. of agent instead of the more common abl. of agent.

411. **optato: optatum, -i,** used as a noun, *wish.*

414. **immolavit Iphigeniam:** Agamemnon, commander of the Greek forces against Troy, sacrificed Iphigenia, his daughter, to Diana to atone for a crime and thus gain favorable winds for his expedition to Troy. — **qua:** what kind of abl. is this? (W. p. 377 top.)

416. **taetrum (taeter, -tra, -trum),** *hideous, offensive.*

418. **non numquam,** *not never* = *sometimes.* — **deposita (depositum, -i),** *things which have been deposited* or *entrusted.* — **Si . . . insaniens:** these two conditional clauses are followed by two conclusions **(reddere . . . reddere).** The structure of this sentence is highly rhetorical. First, note the asyndeton (lack of a conjunction) between the two conclusions. Then note chiasmus, or ABBA word order in both parts of the sentence: (A) **sanā mente** (B) **deposuerit,** (B) **repetat** (A) **insaniens;** and (A) **reddere** (B) **peccatum,** (B) **officium** (A) **non reddere.**

419. **deposuerit:** the perf. subjunctive may be used for the pres. subj. in the *if*-clause of a fut. less vivid condition. — **peccatum,** *a sin.*

424. **conventis (conventum, -i),** *agreements.*

426. **Regulus,** after winning a number of victories in the First Punic War, was finally captured by the Carthaginians in 255 B.C. Although the exact circumstances of his death are somewhat disputed today, the story which Cicero here outlines became a saga of old-time Roman courage and morality. — **consul:** actually proconsul, having served his second consulship during the previous year.

427. **iuratus,** usually act. in meaning, *having sworn = under oath.* — **ut,** *on the condition that,* an **ut**-clause with jussive connotation resulting from **iuratus.** — **redditi essent,** subjunctive by attraction standing for the fut. perf. ind. in an original fut. more vivid condition.

428. **nobiles;** e.g., a number of Carthaginian generals. — **Carthaginem:** what acc.? W. p. 178 #II (2).

430. **talis,** explained by the three infinitive phrases **manere, esse,** and **tenere.**

432. **communem,** sc. **calamitatem.**

434. **mandata (mandatum, -i),** *orders.*

435. **recusavit:** verbs meaning to refuse and to hinder are often followed by **ne** + subj.; *he refused to state his opinion* on the subject in the senate (saying that . . .).

436. **esse:** depends on idea of saying implicit in **recusavit.**

437. **dixerit quispiam,** potential subj., *someone may say* (see above, n. 340.)

438. **reddi,** subject of **esse.**

443. **exquisita (ex-quaesita):** on the basis of the etymology can you explain how we can say, for example, both "*exquisite* torture" and "*exquisite* perfume?"

444. **vigilando,** *by staying awake;* i.e., *by being kept awake:* this was a torture by which he is reputed to have been put to death on his return to Carthage.

445. **senex,** here used as an adj.

448. **laudandus,** sc. **est.** — **iure,** sc. **iurando.**

449. **Cannensem:** see passage in Livy on the battle of Cannae in the Second Punic War.

450. **quorum:** plu. because the antecedent **(ea castra)** is plu.; genitive, because either the abl. or the gen. may be used with **potior** on the ground that **potior** means basically *to make oneself powerful* **(potis)** by means of something (abl.) or over something (obj. gen.). (W. p. 164.)

451. **impetravissent:** for syntax see above n. 379; here the verb is intransitive and means *to gain one's request.* — **(decem illi) vituperandi,** sc. **sunt; vitupero** (1), *blame, censure.*

452. **Polybius:** a Greek historian of the 2nd century B.C. who lived at Rome as a political hostage 167–151 B.C.; he wrote in Greek a sober and reliable history of Rome from the 2nd Punic War to the destruction of Carthage in 146 B.C.

454. **paulo,** abl. of degree of difference as with comparatives: *after by a little than he had* . . . = *a little after he had.*

456. **interpretabatur,** deponent, *he understood, kept explaining.*

458. **calliditas, -tatis,** *cleverness, artifice;* cp. **callidus** in the next sentence. — **imitata,** from **imitor** (1).

459. **vinctus,** from **vincio, -ire, vinxi, vinctum,** *bind;* to be distinguished from **victus** from **vinco, vincere, vici, victus.** — **illud:** sc. **erat;** looks forward to the rest of the sentence.

463. **insitum (-sero, -serere, -sevi, -situm),** *implanted,* with dat.

465. **Idem,** *the same man,* i.e., Polybius; **idem** with a short **i** = *the same thing.*

466. **adflictis (adfligo),** lit., *having been dashed* = *damaged, shattered.* — **excelso animo:** what kind of abl.? (W. p. 377 end.)

CICERO: *DE AMICITIA*

The *De Amicitia* is another of the literary works turned out by Cicero in 44 B.C. after Caesar's Ides of March (v. the introduction to *De Officiis*). In addressing his prefatory remarks to T. Pomponius Atticus, Cicero makes it clear that he wishes the whole essay to be a tribute to his life-long friendship with Atticus. This purpose Cicero artistically accomplishes by representing C. Laelius as engaged in a discourse on friendship soon after the death in 129 B.C. of Laelius' dearest friend, Scipio the Younger (P. Cornelius Scipio Africanus Minor). Laelius delivers the discourse in the framework of a conversation with his two sons-in-law C. Fannius and Q. Mucius Scaevola (the augur and jurist, whom Cicero had known when a very young man). The work has long been a favorite.

1. **sermonem,** *conversation, discourse;* not *sermon.*
2. **habitum:** cp. **orationem habere,** *to deliver a speech.* — **illo,** sc. Laelius. — **genero: gener, -eri,** *son-in-law.*
3. **diebus:** what kind of abl.? (W. p. 376 end.) — **sententias:** i.e., the ideas or opinions rather than the **verba ipsa.**
4. **arbitratu,** *in accordance with my own judgment,* i.e., an artistic rather than a literal report; cp. preceding note.
5. **coram,** adv. from **con** (= **cum**) + **os,** i.e., *face to face, personally.*
6. **mecum ageres:** the subject is Atticus; the phrase = **hortareris.**
7. **cum . . . tum,** here correlatives = **non solum . . . sed etiam.** — **cognitione** (*study, consideration*) and **familiaritate** (*close friendship*) depend on **digna,** which is regularly used with the abl.
8. **prodessem: prosum,** *be useful to, benefit;* in a noun clause of result (cp. W. p. 205 n. 30): *I have made (it) that I benefited = I have provided benefit.* — **multis:** what case and why? (W. p. 169 and n. 3.)
11. **persona,** originally *mask* (worn by an actor); hence *personality, character.* — **disputata,** sc. **esse.**
13. **plus:** to be construed with **gravitatis.**
14. **libro:** abl. of means, but we might say *in this book.* — **amicissimus,** from adj. **amicus, -a, -um:** *most friendly = a completely devoted friend;* a magnificent tribute to Cicero's apparently unclouded friendship with Atticus.
16. **socerum: socer, -eri,** *father-in-law.*
17. **Africani:** Africanus was an honorary title given to Scipio for his victory over Carthage in the Third Punic War in 146 B.C. His illustrious adoptive grandfather, P. Cornelius Scipio Africanus Maior,

was given the title Africanus because of his victory over Hannibal in 202 B.C. — **his,** sc. **viris:** abl. of source.

20. **quonam:** from interrog. adj. **quinam,** which does not differ greatly from interrog. **qui.** — **pacto: pactum, -i,** *way.*

23. **animum adverti,** taken as a unit, *I have noticed, perceived.*

24. **acceperis:** why subjunctive? (W. p. 378.) — **cum . . . tum,** correlatives as above.

25. **non** can often be translated *fail to: you could not fail to be deeply moved.*

27. **viderint,** probably fut. perf. ind., *will have seen = will understand;* perhaps a potential subjunctive. — **sapientes,** *philosophers,* particularly the Stoics, whose ideal of imperturbability **(ataraxia)** would theoretically not permit them to be moved by any consideration.

28. **mentiar,** pres. subj. balancing **si negem,** *I should lie.* — **orbatus: orbo** (1), *deprive of.* What then is the construction of **amico?** (W. p. 94.)

29. **recordatione,** *recollection* (cp. **cor, cordis,** *heart,* which was regarded as the seat of memory). Why abl.? (W. p. 164 and n. 5.)

31. **vixerim:** subj. both because it is attracted into the subj. by **videar** and because it represents the reason which he gives himself when he reflects on the situation. — **tam . . . quam,** *so* (much) . . . *as.*

32. **quod,** *the fact that,* introducing a noun clause which, like **fama,** is a subject of **delectat.**

33. **fore = futuram esse.** — **eo magis:** starting as an abl. of degree of difference (W. p. 376), **eo** also has the connotation of cause because of the following **quod**-clause, *the more . . . because, the more . . . for the reason that.*

34. **cordi,** actually a dat. of purpose (**cor, cordis,** *heart*); lit. *it is for a heart to me = it is pleasing (agreeable, dear, gratifying),* where **cordi** has become in effect an indeclinable adj.

35. **paria,** the neuter of the adj. **par, paris,** used as a noun, *pairs.* The traditionally famous ones known at the time of Laelius are Theseus and Pirithoüs, Achilles and Patroclus, Orestes and Pylades, Damon and Pythias.

38. **pergratum:** what is the force of the prefix **per-** here? (W. p. 369.) — **feceris . . . disputaris (= disputaveris):** the fut. perf. ind. can be used in both clauses of a fut. more vivid condition. — **disputaris,** *discuss* (and state).

39. **qualem,** sc. **amicitiam esse;** i.e., what the nature of friendship is.

41. **gravarer: gravor** (1), *be weighed down = be reluctant.*

44. **Quamobrem = quam ob rem,** *wherefore.* — **quae:** sc. **ea** as antecedent of **quae** and obj. of **petatis.**

45. **censeo,** originally *estimate,* then *think, advise, recommend;* cp. "censor." — **petatis,** sc. **ut: ut** may be omitted after verbs of commanding. — **qui profitentur,** i.e., professional philosophers or Sophists. — **tantum,** adv., *only.*

48. **nisi,** *except.* — **bonis,** masc.
51. **rerum,** obj. gen. depending on **consensio:** *a fellow feeling for = an agreement on all matters;* a statement of the ideal situation, which could hardly obtain *in toto* for the ordinary run of mankind. — **quā:** what kind of abl.? (W. p. 377.)
52. **haud scio an,** *I do not know whether = I am inclined to think.* — **exceptā sapientiā,** abl. abs., but we say *with the exception of.* — **sit:** why subjunctive? (W. p. 142.)
57. **illi:** supply a verb from the context.
58. **gigno, -ere, genui, genitum,** *beget, bring forth.*
60. **tales,** i.e., **bonos.** — **opportunitates,** *advantages.*
61. **queo** = **possum.** — **qui,** adv., *how.* — **vitalis,** *worth living.*
62. **Quid,** sc. **est.**
63. **(aliquem) quicum,** *someone with whom;* **qui,** an old abl. form used with **cum.** — **Qui esset: qui** is probably again an adv. as above.
64. **haberes,** sc. **aliquem.** — **illis,** i.e., **prosperis rebus.** — **aeque ac tu,** *as much as you;* **ac (atque)** means *as* after words of comparison and similarity.
65. **gaudeo, -ere, gavisus sum,** *rejoice.* — **sine eo** serves as a conditional clause, *if there were not a person who.*
67. **singulae . . . singulis:** the repetition emphasizes the limited nature and service of other objectives than friendship: *individually for generally single* (i.e., limited) *purposes.* — **utare** (= **utaris**), sc. **eīs;** for the 2nd per. sing. pass. ending **-re** = **-ris** see W. p. 84 n. 2.
70. **Quoquo,** adv., indefinite of **quo,** *wherever.* — **praesto,** adv., *at hand, ready* (to help).
72. **aquā, ignī, amicitiā:** what construction? (W. p. 164.) — **locīs:** abl. of place where without a preposition is common in the case of **locus.**
73. **adversas,** object both of the participles and of the understood **facit. partiens: partio, -ire,** *divide, distribute.*
74. **communicans: communicare,** *share, take a share in.* — **leviores,** predicate accusative (W. p. 68 n. 6).
75. **cum . . . , tum nimirum,** *while . . . , also certainly.* — **commoditates:** cp. **opportunitates** above.
76. **illā,** sc. **commoditate:** what kind of abl.? (W. p. 376 top.) — **omnibus,** sc. **rebus;** what construction? (W. p. 169 and n. 3.) — **quod . . . patitur,** an appositional clause explaining **illā.** — **bonam spem praelucet in posterum,** *(friendship) throws a ray of good hope into the future.*
77. **debilitari: debilito** (1), cp. the English derivative.
78. **intuetur: intueor** (2), *look upon, behold* (cp. "intuition"). — **exemplar, -aris,** n., *a likeness, image.*
79. **et absentes,** *even though absent.* — **imbecilli: imbecillus, -a, -um,** *weak.*

80. **quod difficilius dictu est,** *what is more difficult to say :* **dictu,** supine, abl. of specification (W. p. 376); see *Verres,* n. on text p. 6 l. 93.

81. **desiderium,** *longing, grief* (for what has been lost). — **beata** and **laudabilis,** predicate adjectives (W. p. 20); note the chiasmus.

82. **eximo, -ere, -emi, -emptum,** *take away.*

83. **coniunctionem,** *bond.*

84. **Id** refers to the striking idea of the preceding sentence. — **minus,** adv. = **non,** *not, not at all.*

85. **concordiae** and **discordiis:** the etymological base of these words is **cor, cordis,** *heart.*

86. **discidiis (-dium, -dii),** *division, disagreement.*

87. **funditus,** adv., *completely.*

89. **si quando,** *if ever.* — **officium amici,** *dutiful action, service.* — **exsisto, -ere, -stiti, -stitum,** *stand forth, appear.* — **adeundis: periculum adire,** *incur danger.*

90. **efferat:** syntax? (W. p. 182 and n. 1.)

91. **clamores:** sc. some appropriate verb such as **facti (auditi, sublati) sunt.** — **totā caveā,** *in the entire theater* (strictly the auditorium); the abl. of place where is regularly used without a prep. when the noun is modified by **totus.** — **hospes, hospitis,** *guest.* — **Pacuvii:** a tragic poet of the 2nd century B.C., whose plays have not survived despite his fame in antiquity.

92. **fabula,** the regular word for *play* as well as *story.* This play was apparently based on Euripides' *Iphigenia among the Taurians,* in which the famous friends Orestes and Pylades are arrested by Thoas, the king of the Taurians. Thoas has condemned Orestes to death, but he does not know which of the two Greek strangers actually is Orestes. Hence the setting for this display of loyalty between friends.

93. **neco** (1), *kill.*

94. **perseveraret,** *kept insisting,* same construction as **diceret.** — **plaudo, -ere, plausi, -sum,** *applaud.* — **ficta** (from **fingo**), *imagined, imaginary* (cp. "fiction.")

98. **hactenus,** adv., *thus far.*

99. **si quae:** what does **quae** mean after **si?** (W. p. 158 Vocab.) — **si videbitur,** *if it seem best, if you please.*

100. **quaeritote,** fut. imperative, a rather formal equivalent of **quaerite.**

101. **potius,** adv., *rather, preferably.* — **quamquam** + ind., *although.*

102. **sed,** *yet.* — **aliud quoddam,** lit. *a certain other thing* = *something quite different.*

103. **filum, -i,** *thread* (cp. "filament"), hence metaphorically *style;* sc. **est.**

105. **illud** is subj. of **solet** and looks ahead to the **utrum** clause, which is a double indirect question in explanatory apposition with **illud.** — **considerandum,** a pred. adj., *deserving of consideration* (cp. W. p. 106 s.v. **ago**). — **imbecillitatem:** cp. **imbecilli** in line 79.

106. **inopia (in + ops),** *need* (*a lack of means*).

107. **meritum, -i,** (*a thing deserved*), *benefit, service.* — **quod . . . acciperet:** to the writer of English a more natural order would be **(ut) . . . quisque acciperet ab alio id quod quisque ipse minus posset (accipere** or **facere) per se.**

108. **vicissim,** *in turn.* — **an (utrum . . . an,** *whether . . . or*) introduces the second part of the indirect question, which itself has two parts: (1) **hoc esset proprium . . . ,** (2) **sed alia causa (esset) antiquior,** etc. — **hoc,** i.e., the desire of reciprocal advantage just mentioned. — **proprium amicitiae,** *a characteristic, a property of friendship* (to be sure; but there is something more fundamental and finer in the essential nature of friendship); **proprium** is the neut. of **proprius** (*peculiar, characteristic*), but it here has the force of a noun.

109. **alia causa,** sc. **amicitiae est.**

111. **coniungendam: con-iungo,** *unite* here = *generate, show* (mutual good will and kindness). — **ab eis percipiuntur,** *are gained from those.*

112. **simulatione,** *pretense.*

113. **temporis causā,** *for the purposes of the moment.* — **fictum,** here = *false* (cp. **ficta** above).

114. **quidquid est,** *whatever is* (sc. *in it*). — **voluntarium,** *spontaneous.*

115. **potius,** sc. **quam.** — **orta,** sc. **esse.**

116. **cogitatione,** *deliberation, consideration.*

117. **Quod** = **et hoc,** conjunctive use of relative (W. p. 217 n. 19).

120. **multo** modifies **evidentius** (W. p. 376 end).

121. **caritate: caritas,** *affection, love;* cp. "charity" in the sense of Christian love. — **natus, -i** = **filius.** — **dirimi: dirimo, -imere, -emi, -emptum,** *sunder, break off.*

122. **cum + ind.** = **cum-**temporal (W. p. 147 n. 1); this clause after **deinde** balances **ex ea caritate** after **primum.** — **similis,** i.e., to the preceding. — **exstitit (exsisto,** *stand forth, appear, arise*): the pres. perf. makes the **cum-**clause a present general one; see **nacti sumus** below.

123. **nacti sumus (nanciscor, -cisci, nactus sum,** *find*): the perf. ind. (as a pres. perf.) may be used in the conditional clause of a pres. general condition (*if we find,* lit. *have found*).

125. **virtute:** W. p. 377 top.

126. **adliciat (-licio, -ere, -lexi, -lectum),** *allure, attract.* — **quippe,** adv. common in explanations, *indeed, certainly;* **quippe cum,** *inasmuch as.*

128. **Fabrici** and **Curi:** Fabricius and Curius were popular heroes in the war against Pyrrhus.

129. **memoriam usurpo** (1), lit. *use the memory of* = *think of, cherish the memory of.* — **viderit,** perf. subj. in characteristic clause expressing concession (*although*); subject is indefinite, suggested by **quis.**

130. **Tarquinius Superbus,** an Etruscan, the last and hated king of Rome, expelled 510 B.C.

131. **est decertatum:** Latin intransitive verbs can be used in the impersonal passive (3d per. sing.) as here: *"it" was fought to the finish = there was a fight to the finish* or *we fought it out.*

132. **altero:** Pyrrhus was famous among the Romans for his chivalry in the war in southern Italy. — **alienos** here = *unfriendly.*

133. **crudelitatem:** the Romans were traditionally somewhat less than fair to Hannibal because he had brought the power (imperium) to the brink of disaster.

134. **oderit: odi, odisse,** is a defective verb used in the perfect system; if **odi** means *I hate,* what does **odero** mean?

135. **Quod si,** *but if.*

137. **quid mirum est,** *what wonder is it.*

138. **usu (usus, -us),** *by experience,* i.e., by close social contact. — **perspicio, -spicere, -spexi, -spectum,** *observe, note.*

139. **Quamquam,** at the beginning of a sentence or of a main clause in a sentence, *and yet;* as a subordinating conj. + ind., *although,* as in the next sentence.

140. **studio,** *enthusiasm, devotion, affection.*

141. **consecutae sunt: con-sequor,** *follow, result.*

142. **mercedis: merces, -edis,** f., *pay, reward.* — **adducti:** agrees with subject of main verb.

143. **eius = amicitiae.**

144. **conglutinaret: conglutino** (1), *cement together.* — **commutata: commuto,** *change.* — **dissolveret,** sc. **amicitias:** friendship would not be able to stand the test of adversity.

145. **idcirco,** *therefore, for that reason.*

147. **perge: pergo, -ere, perrexi, perrectum,** *continue.*

150. **disserebantur: -sero, -ere, -ui, -sertum,** *discuss.*

151. **usque,** adv., *all the way, clear up* (to).

152. **per-manere. — nam,** sc. **dicebat. — ut:** both **ut**-clauses are subjects of **incidere (in-cadere),** *befall, happen: it often happened that.* — **idem,** neut. in both clauses. — **non idem expediret,** *the same thing was not expedient* or *useful* (to both the friends); i.e., they had changed in their objectives—and in their thinking, according to the 2nd **ut**-clause. — **incidere:** depends on an understood **dicebat.**

153. **saepe,** modifies **mutari.**

154. **alias,** *at another time* (cp. our "alias"): **alias . . . alias,** *at one time . . . at another (time).* — **ingravescente,** *growing heavy* or *burdensome;* construction? (W. p. 111.)

155. **discidium, -i,** *separation, disagreement, alienation.* — **plerumque,** adv., *generally.*

156. **postulo** (1), *demand.* — **ut:** this clause is in explanatory apposition with **aliquid.** — **libido, -dinis,** *lust.*

158. **quatenus,** *how far.*

159. **Numne:** interrogative particle **num,** which expects the answer "no," strengthened by the interrog. enclitic **-ne:** *they were not morally bound to bear . . . , were they?* For this an affirmative translation can often be effective: *surely they were not morally bound to bear . . . .* — **Coriolanus,** a patrician, was banished from Rome early in the 5th century B.C. for resisting the authority of the tribunes. Subsequently he marched on Rome with a Volscian army but was dissuaded from his attack by his mother.

161. **peccati (peccatum, -i),** *sin;* construction, W. p. 374 end. — **peccaveris:** see Index under Subjunctive, indef. 2nd per. sing.

162. **conciliatrix, -icis,** f., *she who unites* or *brings about unity, the uniter.* — **opinio, -onis,** *repute, belief:* what people think **(opinor)** you are or have.

163. **defeceris,** lit. *make away from = desert, fail.* — **sancio, -ire, sanxi, sanctum,** *make sacred, ratify.*

165. **ut,** *on the condition that,* a kind of jussive clause. — **quemquam: quisquam,** regularly used after a negative or the equivalent, *anyone.*

166. **circumfluere omnibus copiis,** *to overflow with = to wallow in complete affluence.*

167. **nimirum,** *certainly, of course.*

168. **stabilis, -e** = Eng. derivative; whether you take it with **benevolentiae** or with **fiducia** makes little difference.

169. **fiducia, -ae,** *assurance* (cp. **fides**). — **sollicitus, -a, -um,** *disturbed, in a state of anxiety.*

170. **diligat:** what kind of subj.? (W. p. 236 n. 13.)

171. **coluntur (colo, -ere, -ui, cultum,** *cultivate, court*), sc. **tyranni.** — **simulatione,** *by a pretense* (of friendship). — **dumtaxat,** *at least, at any rate, only.*

172. **Quod si,** *but if.*

173. **inops,** gen. **-opis,** adj. of 1 ending, *destitute, needy.* — **Quod:** the antecedent is the preceding sentence. — **ferunt:** here, as often, a synonym of **dicunt,** *report, relate, assert.* — **exsulantem: exsulo** (1), *go into exile* **(exsilium).**

175. **neutris: ne-uter, -tra, -trum,** *neither* (cp. "neuter"). — **illā superbiā,** *that arrogance* (of his), *such arrogance* (cp. his name, Tarquinius Superbus): either abl. of cause with **miror** (W. p. 376) or abl. of description agreeing with the subject of **potuit** (W. p. 377).

176. **importunitas, -tatis,** *insolence, inconsiderateness.* — **amicum,** in appos. with **quemquam.**

177. **mores:** review the meaning of **mos** in the plu. (cp. "moral").

178. **praepotens, prae-potens:** for force of the prefix **prae-** v. W. p. 369.

179. **effecit:** the perfect tense (gnomic perf.) can be used to express general truths; *(fortune) has generally made* and so *generally makes.*

180. **caecus, -a, -um,** *blind.* — **fere** = **plerumque.** — **fastidium,** *scorn, disdain,* the immediate and specific sin.

181. **contumacia, -ae,** *obstinacy, haughtiness* (= **superbia),** the resultant character. — **insipiente:** as **sapiens** is a *wise man,* **insipiens** is a *fool.* What kind of abl.? (W. p. 377 top.)

182. **hoc,** *this one may observe—that those who . . . ;* the infs. **immutari, sperni, indulgeri** are in apposition with **hoc.** — **commodis moribus,** predicate abl. of description, *of agreeable character.*

184. **amicitias,** subj. of **sperni.** — **indulgeri,** impersonal passive of an intransitive vb. + dat. **(novis,** sc. **amicitiis),** *it is given up to* = they *give themselves up to new friendships.*

185. **cum plurimum . . . possint,** *when they are powerful the most* = *when they have the most power* or *greatest influence.* — **facultatibus,** *means.*

186. **equos, famulos, vestem, vasa:** in explanatory apposition with **cetera.** — **famulus,** *a slave* (who serves in the house; cp. **familia).**

187. **amicos,** sc. **sed,** an instance of asyndeton.

188. **ita ut dicam,** *so to speak,* used to qualify a somewhat extreme metaphor. — **supellex, supellectilis,** f., *furniture, equipment.*

190. **querebatur,** subject is Scipio; from **queror,** not **quaero.** — **omnibus,** sc. **aliis; ceteris** might have been used.

191. **capras et oves,** *goats and sheep.* — **(eos) posse,** implied indirect statement depending on the idea of saying in **querebatur.**

194. **nota, -ae,** *mark.*

195. **eligendi** goes with **sunt** above.

196. **et . . . expertum:** read it thus: **et difficile est (aliquem) iudicare nisi expertum (expertum** agreeing with **aliquem** supplied as the subject of **iudicare):** *unless having tested (a person)* = *unless he has tested (a person).*

197. **prudentis,** pred. gen. of possession, *it is the part of a prudent man.* — **sustinere,** *to check.* — **impetus, -ūs,** *impulse.* — **quo** = **ut eo (impetu).**

198. **aliquā parte,** *in some degree.* — **periclitatis (periclitor,** 1), *having been tested;* sometimes the perfect partic. of a deponent verb has a passive meaning.

200. **parva** and **magna,** sc. **pecuniā.** — **sīn,** *but if.*

201. **sordidum,** sc. **esse,** *that it is base.*

202. **magistratus, -ūs,** *office, magistracy.*

203. **amicitiae:** case and reason? (W. p. 169 and n. 3).

204. **potentia, -ae** = **potestas** but perhaps somewhat more general in the sense of "influence."

206. **verso** (1), frequentative of **verto; versor,** *be engaged in, take part in.* — **invenias,** *where could,* or *would, you find* (if you were to look for him), potential subjunctive. — **qui anteponat,** *who would . . .* (characteristic).

207. **plerique, -aeque, -aque** (plu.), *very many, most.*

208. **societas, -tatis,** *partnership, association, sharing.* — **ad quas . . . qui descendant:** lit. *into which those who would descend it is not easy in respect to the finding* (**inventu,** abl. of the supine, see n. 80); now put this into good English!

210. **cerno, -ere, crevi, cretum,** *distinguish, perceive.* — **haec duo,** *the following two actions,* referring to the **aut si . . . aut (si)** clauses. — **levitatis,** *of fickleness;* gen. of crime or penalty with **convincunt,** *convict;* W. p. 263 n. 28.

211. **bonis rebus,** i.e., their own good fortune. — **contemnunt** (*despise*), sc. **amicum.** — **in malis deserunt,** *in a friend's adversity they desert him.*

213. **hunc,** sc. **esse.**

215. **Una** as a pred. adj. agrees with **amicitia,** but we say *friendship is the only thing.*

217. **ostentatio, -onis:** a predicate noun after **esse.**

218. **tenuis, -e,** *slender, modest, simple.* — **victus, -ūs,** *mode of living* (especially in a victual sense), *food.* — **cultus, -ūs,** *style of living* (dress, housing, etc.), also *refinement.* — **delectat:** singular because both subjects form essentially one idea. — **quorum:** what kind of genitive? (W. p. 374 end.)

219. **quam,** adv., *how,* modifies **multi.**

220. **inanius: inanis, -e,** *empty, vain.* — **cetera,** obj. of **putent.**

221. **per-multi:** what is the force of the prefix? (W. p. 369.) — **nihilo:** note that **nihilum, -i,** is used as a collateral of **nihil** when case distinction is necessary.

222. **ad unum,** *to a man.* — **Serpit (serpo, -ere) . . . per,** *creep through, permeate.* — **nescio quo modo,** a kind of parenthetical clause equivalent to an adv., *I do not know how* = *somehow.*

223. **degendae: dego (de-ago), -ere,** etc., *pass* (one's life).

224. **expertem (ex-pars)** + gen. **(sui),** *without a share in, free from itself.*

225. **aliquod tamquam adminiculum,** *some support* (prop for vines) *as it were.* — **adnitor, -i, -nixus sum,** *struggle toward, lean on.*

226. **in amicissimo quoque,** *in the case of one's dearest friend as well;* i.e., the support given by friendship is mutual.

227. **aliquando,** *at last.*

228. **conciliat,** *unites.*

229. **convenientia,** *harmony, agreement.*

230. **idem,** neut.

232. **exardesco, -ere,** (*become hot*), *glow.* That which glows is either **amor** or **amicitia.** — **uterque, utraque, utrumque,** *each one of two: each of the words is derived.*

233. **amare,** *love,* commonly has a more emotional and physical connotation; **diligere,** (*choose*), *love, esteem, value highly,* has a more rational and intellectual connotation.

234. **ipsa,** easily translated by *actually.* — **ef-flor-escit,** *begins to flower forth, blossom forth.*

235. **minus** = **non.**

236. **caducae,** *(ready to fall),* perishable, transitory. — **aliqui,** plu. of **aliquis.** — **an-quirendi (quaero),** *seek out.*

237. **diligamus:** what kind of subjunctive? (W. p. 203 n. 15.)

238. **sublata,** from **tollo.**

239. **vivit tamen semperque vivet:** note the chiasmus.

241. **tribuit (tribuo, -ere),** *grant, bestow.*

243. **quod senserim,** *so far as I obse.ved,* an idiomatic use of the characteristic clause.

245. **communis, -e,** *shared.* — **militia, -ae,** *military service.* — **peregrinatio, -onis,** *foreign travel.* — **rusticatio, -onis,** *visit to the country.*

246. **dicam:** *why should I speak,* the deliberative subjunctive is often more rhetorical than real as here meaning in effect *there is no need for me to speak.* — **cognoscendi,** here nearly synonymous with **discendi.** We might say here *(the pursuits) of studying and learning (something).*

248. **con-trivimus (-tero, -ere, trivi, tritum),** *wear out, spend* (time); cp. "trite," "contrite." — **recordatio, -onis,** *recollection.*

249. **una cum,** *together with.*

250. **nec** = something like *actually not.*

251. **augentur (augeo, -ere, auxi, auctum),** *increase, grow* (cp. "augment," "auction").

252. **illis,** sc. **rebus.** — **aetas:** Laelius was about 55 at the time of the dialogue.

254. **tolerabilia,** predicate adj.

255. **quae dicerem,** (I had these things) *to say.*

257. **praestabilius:** *more excellent, better.*

CICERO: *EPISTULAE*

The nearly 900 letters of Marcus Tullius Cicero which have come down to us cover the period from 68 B.C. to 43 B.C. and provide us with unrivaled source material for the history and the times of that period as well as an intimate acquaintance with Cicero's thought and personality. All kinds of topics serious and simple are found here from politics, exile, and literature to family, friends, a freedman, and a new lavatory at his Tusculan villa. His correspondents are also numerous: the members of his family, his life-long friend Atticus, various other friends, and public figures. Since Cicero appears to have had little idea of ever publishing these letters, he did not consider them a literary genre as Pliny the Younger clearly regarded his letters. Hence Cicero's style is generally that of an educated man's simple, informal *sermo cotidianus*, free of the self-consciousness which Pliny often betrays. These are the work not so much of Cicero the rhetorician and orator as of Cicero the man revealing uninhibitedly his human feelings.

Note on epistolary usages.

The salutation usually consists of (1) the writer's name in the nominative, (2) the addressee's name in the dat., (3) some expression of greeting, such as **S.** or **Sal. (Salūtem dīcit), S.P.D. (Salūtem plūrimam dīcit).**

The complimentary close, when used, was usually a simple **Valē (Valēte,** if plural). This might be followed by the date and **data** (sc. **epistula,** *the letter was given*) or **dabam** (sc. **epistulam**).

The knot of the string which tied up the wax tablets or the papyrus scroll was sealed with sealing wax into which was impressed the sender's seal.

Sometimes in letters the past tenses are used in such a way as to apply to the moment when the recipient reads the letter, not to the actual time of the writing of the letter, whereas in English we use the tenses appropriate to the time of writing.

Hanc epistulam domī scrībēbam (or **scrīpsī**), *I am writing* (*I write*) *this letter at home.*

Epistulam scrīpseram, *I wrote the letter.*

These are referred to as the epistolary tenses.

2. **(ut) ames,** *admire, approve.* — **constantiam,** *firmness, strength of character:* perhaps said somewhat tongue in cheek since **non placet** can mean both *it does not seem best* (i.e., politically? in 59 B.C. when the 1st Triumvirate were in the saddle) and *it is not pleasing* (i.e., Cicero

doesn't really care about the games anyway). — **Antium, Anti,** *Antium* (modern Anzio), on the coast about 30 mi. south of Rome and 12 mi. west of the Appian Way at Tres Tabernae. Syntax of **Anti?** (W. p. 178 II. 1.)

3. **hyposoloicon,** Greek, *somewhat awkward;* Cicero, who, like most educated Romans of the period, spoke Greek as well as Latin, liked to use occasional Greek words just as we might write a French or German or even a Latin tag to a friend who would appreciate it. — **vitare . . . suspicionem:** perhaps because of the political tension revealed in the next letter. — **deliciae, -arum,** f. plu., *luxurious pleasures;* so **delicate** below, *luxuriously.*

4. **anaphainesthai,** Greek = **videri,** *to be seen.* — **inepte,** *foolishly.*

5. **peregrinor** (1), *travel abroad* or *about.* — **Nonas Maias,** *the nones of May,* the nones = the 5th day of the month, except in March, May, July, and October, when they are the 7th day. — **Formiano** (sc. **praedio**), *estate at Formiae,* on the coast of Latium considerably south of Antium.

6. **visuri simus:** this is in effect a future subjunctive, *we are going to see,* in indirect question. — **ab Appi Foro,** sc. **hanc epistulum dabam,** *I am mailing this letter* (lit. *giving it to the letter carrier);* for the epistolary imperfect see the introduction above. The Forum of Appius and Three Taverns were villages on the Appian way east of Antium. Cicero stayed on the Appian Way and by-passed Antium completely.

7. **horā quartā,** roughly 10:00 A.M. calculated from sunrise. — **dederam aliam** (sc. **epistulam**), *I mailed;* epistolary pluperfect. — **paulo:** syntax? (W. p. 376 end.)

10. **exopto** (1), strong form of **opto,** *earnestly desire.* — **Rem publicam:** three men were in effect ruling by their arbitrary power what had been a constitutional republic. — **funditus,** adv., *utterly, completely.*

11. **Cato,** *a Cato;* i.e., not *the* famous Cato but one of that family name.

12. **Gabinius,** a politician working with the Triumvirate, not the Catilinarian conspirator.

13. **de ambitu postulare,** *accuse* (*him*) *of bribery.* — **diebus aliquot** (indecl. adj.), *for several days;* the abl. of time within which is at times used to express extent of time (as does the acc.). Cato had to make arrangements with the praetors before the trial, and they in the interests of the triumvirate refused to see him.

14. **in contionem escendit,** lit. *he ascended into a meeting of the people =* *he arose to address the assembly.* — **privatum** i.e., one not publicly appointed by due constitutional process.

15. **Propius . . . quam ut,** lit. *nothing was done* (*happened*) *more nearly than that . . . = he came within an ace of being . . . .*

16. **qui,** interrog. adj. agreeing with **status.**

17. **Nostrae causae,** *my cause:* Cicero's political enemies, especially Clodius, were trying to get him on the grounds that he had executed

Roman citizens without allowing the constitutional right of appeal from the death sentence—as indeed he had done in the case of the Catilinarian conspirators, though in the public interest, he maintained. Despite his confidence here, his enemies did finally secure his banishment in 58 B.C. Cicero often uses **nos** and **noster** for **ego** and **meus.** — **defuturi** (**desum** + dat., *fail*): *likely to fail, on the point of failing.* — **mirandum in modum,** *in a way to be marveled at, in a marvelous fashion.*

18. **profitentur** (**-fiteor, -eri, -fessus sum**), *speak out openly.* — **cum ... tum,** correlatives. — **spe maximā:** what kind of abl.? (W. p. 377 end.)

20. **animo,** *courage, confidence.* — **pertimescam,** lit. *become* (**-sco**)—*very much* (**per-**) *afraid of* (**-time-**) = *I should greatly fear.*

21. **tam ... habet,** lit. *the situation is thus to such a degree* = *the situation is emphatically this.* — **diem (Clodius) dixerit,** *appoint a day, fix a date* (for trial). This means constitutional legal action. — **con-curret:** in the context sc. *in my favor* or *against him.*

22. **vi agere** (**vi** is abl.): the possibility of violence here is in ugly contrast to the legal procedure suggested at the beginning of the sentence; and the resort to **vis** was all too commonly the ugly procedure of this 1st century B.C. Specifically, Clodius might use his mob of hoodlums.

23. **fore ut** + subj. (result), a not uncommon circumlocution for the fut. inf. — **studiis:** plu. because **amicorum** and **alienorum** are plu. — **alienorum:** i.e., those who were not of Cicero's immediate political party. — **vi:** what case and why? (W. pp. 168–169.)

25. **antiqua:** i.e., those who had supported Cicero against Catiline in 63 B.C.

26. **nostri = mei:** syntax? (W. p. 50 n. 4., p. 374 end.) — **qui:** what part of speech and meaning? (W. p. 158 Vocab. s.v. **quis.**)

27. **horum regum:** members of the triumvirate who, Cicero implies, were ruling with the arbitrariness of King Tarquinius Superbus, who had made **rex** a hated word in Roman politics. — **bonis:** obviously Cicero's party, those loyal to the constitution, to the **senatus populusque Romanus.**

29. **comparatione,** preparation. — **deminuo, -ere, -minui, -minutum,** *lessen;* i.e., he does not trust them very much! — **Tribuni designati,** *tribunes elect.*

30. **praetores,** *as praetors.*

32. **fac,** sc. **ut,** *see to it that.*

34. **crebro,** adv., *frequently.*

36. **Numquam ante,** modify **legisse.**

37. **eo,** neuter. — **distinear: dis** (*apart*) + **teneo,** *distract.*

38. **voculae (voc-ula):** **-ula,** a diminutive suffix meaning lit. *little* and often *poor, dear,* etc., *my poor* or *weak voice,* probably strained from speaking.

39. **ambulo** (1), *walk about.*

40. **illud,** *the following,* obj. of **scire** and explained by the following infs. in indirect statement. — **Sampsiceramum,** name of an Oriental potentate which Cicero humorously used for Pompey; used as obj. of **paenitere** and as subj. of **cupere.**

41. **sui status paenitere: paenitet** (impersonal verb) + acc. of person + gen. of thing which causes the regret or displeasure; e.g., **paenitet eum sui erroris,** lit. *it repents him of his error, he regrets it.* Here **Sampsiceramum** is object of **paenitere,** and **status** is the genitive; the infinitive **paenitere** depends on **scire.** Pompey's status in 59 B.C. was that of neither general nor politician; he was simply a member of the unofficial triumvirate formed in 60 B.C. with Caesar and Crassus. — **restitui** depends on **cupere.** — **locum:** e.g., as a general with extensive powers such as he had been in 67–61 B.C.

42. **decidit: de-cado.** — **impertire,** *to impart to = to share with.*

43. **interdum aperte,** adverbs, *sometimes openly* (cp. "aperture"). — **nullam,** to be translated as an emphatic adv., *not at all, in no wise,* though it is an adj. with **quam.**

44. **deinde,** sc. **te scire volo.** — **partis,** (*political*) *party.* — **nullo adversario,** abl. abs., *though there is no opponent, no opposition.*

45. **consenescere,** *grow very old* (figuratively) = *to lose power* (cp. **senex**). — **consensionem** (cp. **sentio, sensus**) ... **fuisse,** lit. *that the agreement of neither the wish nor the talk of all men was ever greater = that there was never greater agreement in what all men desired and said in their conversation.*

47. **Nos ... intersumus,** *I am between* or *in the midst of = I take part in;* the plural **nos** (sometimes called the "editorial we") is at times used for the 1st per. sing.

48. **forensem:** i.e., legal activity in the courts as contrasted with the political activity just mentioned.

49. **Ex quo** = **et ex hoc,** *and as a result of this* (*situation*); conjunctive use of the relative (W. p. 217 n. 19).

50. **earum rerum** depends on both **commemoratione** and **desiderio** (*longing*); what kind of gen.? (W. p. 374 end.) Cicero had a weakness for dwelling on his accomplishments of 63 B.C.; but be it said on his behalf that he did so as a patriot proud of having saved his country, which contrasts favorably with the motives of Caesar, Pompey, and Crassus at this time.

51. **boopidos nostrae consanguineus,** *the brother of our ox-eyed* (= *bigeyed*) *girl;* i.e., the notorious Clodius, who was the brother of the notorious Clodia, who is known under the name of Lesbia in Catullus' poems. Homer applies the feminine adjective **boopis** (gen. **-opidos**) to the goddess Juno, and Cicero's use of the adjective shows that Clodia was famous for her large, lustrous eyes. — **non mediocres terrores iacit** (*he throws out, utters*) **et denuntiat** (*threatens*), *he utters*

frightening words and threatens extraordinary acts of terror. Cicero had exposed Clodius, and Clodius was now running a ruthless campaign for election to the tribuneship so that he might introduce, among other things, legislation which would lead to Cicero's banishment. By terroristic tactics he succeeded in both objectives.

52. **negat, fert, ostentat,** sc. **haec** (the **terrores,** etc.) with each verb: *he denied them to Pompey, to the rest he displayed them and showed them off.* — **prae,** prep. + abl., *before.* — **ostentat,** frequentative of **ostendo.**

53. **profecto,** adv., *really.*

54. **expergiscor, -isci, -perrectus sum,** *wake up;* name the form of **expergiscere** (W. pp. 163–164 top.) — **ingredior,** *walk.*

55. **advolo** (1), *fly to* (me). — **quantum,** obj. of **ponam.**

56. **quodque maximum est,** *and what is most important,* emphasizes the following **quantum** clause; **(id) quod** is often used to refer to a group of words.

59. **permagni nostra (re) interest,** *it is of very great importance to us,* a highly idiomatic expression. **Permagni** is gen. of indefinite value meaning *of very great value* (W. p. 231 n. 43, 283 #54 n. 12). The impersonal **interest,** *it concerns, it is important* (because literally *it is among*), is so similar in meaning to **rēfert** (not **rěfert**) that it follows the construction of **rē-fert** in having the fem. of the possessive adj. to indicate the person: **nostrā rē-fert** and **nostrā (rē) interest,** which seems originally to have meant *it bears* or *is in accordance with our business* (*interest, concern*), *it is important to us.* Now what is important? It is **te esse Romae;** and so this infinitive clause serves as the subject of **interest.** — **comitiis** (**comitia, -orum,** n.), *at the elections.* — **illo,** i.e., Clodius; what construction? (W. p. 111.)

60. **Romae:** what case? (W. p. 178 II. 1.)

61. **Terentia,** Cicero's wife; **Tulliola,** affectionate diminutive for **Tullia,** his daughter, whom he deeply loved; **Cicero,** Cicero's son Marcus.

63. **perfertur: fero** is often used with the sense of *bringing news, reporting.*

64. **incredibilem,** actually a pred. adj. with **esse** but placed at the head of its clause for emphasis. — **tuam** and **te** refer to Terentia; Cicero refers to each of the three, following the order in the salutation.

65. **Me miserum,** acc. of exclamation (W. p. 219 n. 28, 268 n. 30). — **te isto virtute,** lit. *you of that excellence of yours = you, a person of such excellence;* for the abl. of description see W. p. 377. — **humanitate,** *human kindness.*

66. **aerumnas (-na, -nae),** *hardship.* — **te ... incidisse,** the infinitive used independently (i.e., without an introductory main verb) to express an exclamation, *to think that you have.*

67. **patre** is actually the antecedent of **quo** and it belongs with **ex eo (patre);** but when the relative clause precedes its antecedent, the antecedent is often found incorporated into the rel. cl. as here. — **capiebat:** subject is Tulliola, who was now 20 and married.

68. **luctus, -ūs,** *grief, sorrow.* — **Cicerone:** young Cicero was only 7 at the time.

69. **sapere,** *to have understanding.*

70. **Quae:** what use of the relative? (W. p. 217 n. 19.) — **ut:** what must it mean here? (W. p. 179 Vocab.)

71. **ab eis:** the senatorial party; from the beginning Cicero had had to struggle against their grudging acceptance of him because he was a **novus homo,** and they were jealous **(invidebant)** of his glory.

72. **qui petebant:** the Triumvirate, who did invite Cicero to join them but whose political philosophy he could not accept.

73. **apud nos,** *with me.* — **tantum,** neut. acc. used with adverbial force.

75. **dabo operam (opera, -ae,** f., *attention, pains, care*), *I shall take care:* cp. his reference at the beginning of the next paragraph to a plague at Thessalonica, where he had been staying; it is possible that Terentia had been worried about this. — **desit: desum** + dat., *be wanting to = fail, hamper.*

76. **quanto:** what construction? (W. p. 376 end.)

77. **fuerit:** form and reason? (W. pp. 141–142.)

78. **omnis tribunos habemus,** *we have all the tribunes (with us).* — **Lentulum,** sc. **habemus;** Lentulus Spinther was consul elect at this time, and then as consul in 57 B.C. he did much to secure Cicero's return from exile.

79. **est desperandum (de-spero):** impersonal passive.

80. **familia,** household in the limited sense of *slaves.* — **quo modo,** *as (in what way.).* What the friends had suggested is not clear, but Cicero himself had thought of freeing them in certain circumstances. — **de loco,** *with regard to the place* (i.e., Thessalonica). On fleeing into exile Cicero had gone to Gn. Plancius, quaestor of Macedonia, at Thessalonica.

81. **quam diu,** *how long = as long as.* — **attigit: ad** + **tango.**

82. **officiosus: officium** + **-osus.** (W. p. 372 end.)

83. **Epiro:** the wild section in N.W. Greece from which Pyrrhus came. — **quo,** adv. — **Hispo:** probably L. Calpurnius Piso, who was the incoming governor of Macedonia and who as consul in 58 B.C. had worked with Clodius to secure the banishment of Cicero.

85. **decedat:** what kind of subj.? (W. p. 205 n. 30.) Plancius was about to retire from his post in Macedonia.

87. **pietatis:** *affection and loyalty* (not "piety" in our ordinary sense of the word.)

88. **Piso, Pisonis,** Tullia's husband (C. Calpurnius Piso) who, however, died in 57 B.C. just before Cicero's return. — **in,** *toward* (a kind of goal or place to which).

89. **ei voluptati:** what kind of datives? (W. p. 375 top.) So **gloriae** in the next sentence = *a source of glory.* — **Utinam . . . sit:** the pres. subj., commonly with **utinam,** can express a present possible wish as

here, *may this thing be* (*his pleasure*); this is called the optative use of the subj.

91. **De,** *concerning;* Terentia had not gotten along well with Quintus. — **vos,** subj. of **esse;** also felt as subj. of **sitis.** — **praesertim,** adv., *especially.*

92. **quam:** what does **quam** mean with a superlative? (W. p. 124 Vocab.)

93. **egi,** sc. **eis gratias, eis** being the antecedent of **quibus.** — **aliquem certiorem facere,** *to make someone more certain = to inform him:* in his letters to these men Cicero gave Terentia due credit for reporting to him their help. — **Quod,** *as to the fact that.*

94. **vicus, -i,** *property, an estate of some sort;* the word can also mean a *village* in the country; *a district, a street,* or *a line of houses* in a city.

96. **quid puero fiet,** *what will become of the boy* (lit., *what will be done with the boy,* abl. of means). — **queo (quire, quivi, quitum) =** **possum.**

97. **Tantum,** *only this much* (as follows); he has just said that he can not **reliqua scribere.**

98. **erunt in officio,** *will do their duty.*

100. **vide ne puerum perditum perdamus,** *see that we do not ruin* (i.e., financially, by your selling too much of your property) *the boy, who has* (*already*) *been ruined* (e.g., by the stigma of my exile). — **Cui:** syntax? (W. p. 375 mid.)

101. **mediocri virtute opus est,** *there is need of* (*only*) *ordinary courage;* **opus est** + abl. of means, lit. *there is work* (*to be done*) *by = there is need of.*

102. **Fac (ut) valeas:** for **fac** and **dic** (below) see W. p. 37; **valeas,** a subj. of command (cp. **vide ne perdamus** above). The original *Be strong, do* (*it*) came to mean *see to it that you are strong.* — **tabellarios,** *letter-carriers* (cp. **tabella**).

103. **omnino,** *definitely.* — **exspectatio,** *the waiting.*

104. **d. a. d. VI K. Decemb. =** **(litterae) datae ante diem sextum Kalendas Decembres,** *given* (to the letter-carrier) *on the 6th day before the December Kalends,* i.e., Nov. 26. The **d.** may also stand for **datum** or **dabam.** Note that our word "date" derives from this **datae** or **datum.** For the details of the highly idiomatic and involved method of expressing dates in Latin one should consult a regular Latin grammar. — **Dyrrachi:** case? (W. p. 178 II. 1.). Dyrrachium was on the coast of the Balkan peninsula north of Epirus and approximately opposite the heel of Italy.

105. **Dyrrachium . . . scribam,** a postscript. — **libera civitas:** technically not subject to Rome, and hence a place where Roman exiles could live unmolested.

106. **celebritas, -tatis,** *crowded condition,* because it was an important port for the traffic from Italy to Greece. — **alio,** adv., *to another place, elsewhere.*

108. **Marco Mario,** known only through a few of Cicero's letters. He was a man of poor health and quiet life, and a person of taste and refinement. He had a villa at Stabiae near Cicero's.

109. **tenuit quominus venires;** *kept you from coming:* verbs of hindering and preventing are followed by **ne** or **quominus** + subj.

110. **tribuo,** sc. **id.**

111. **duxisti,** *consider.*

112. **posses,** sc. **venire. — utrumque laetor** (1), *I am glad of* (take delight in) *two things* (each of two).

113. **et ... te fuisse et ... valuisse,** *both that you were ... and that ...;* the infs. are in explanatory apposition with **utrumque.**

115. **apparatissimi (erant),** *most sumptuous.* — **stomachi (-chus, -chi),** *stomach, digestion;* hence *liking* or *taste.* We say "to your taste."

116. **coniecturam,** *guess, conjecture.* — **meo,** sc. **stomacho.**

117. **honoris causā:** whose honor, their own or Pompey's? Cicero answers the question in the following relative clause, where **honoris causā** = *with honor.* — **scaena,** *stage* (and backdrop), *theater.*

118. **deliciae, -arum,** lit. *delights;* but often, as here, the plu. is used in the singular sense of *pet* or *favorite.* — **noster Aesopus,** *my friend Aesop,* in his younger days the most famous tragic actor at Rome and a friend of Cicero's; not, of course, the writer of fables, who lived perhaps 5 centuries earlier. — **eius modi fuit,** *he was such:* he was so old and feeble that all people were quite willing for him to retire **(ei desinere liceret).**

119. **per,** *by.* — **iurare,** *to take an oath,* i.e., as a character in the play.

120. **defecit,** *failed.* — **Quid** = **cur,** as often. — **narrem, narro** (1); syntax? (W. p. 236 n. 13.)

121. **Nosti** = **novisti. — lepōris (-or, -oris),** *attractiveness, charm;* syntax, W. p. 192.

122. **mediocres ludi,** *ordinary productions.* — **apparatus (-tus, -tūs) spectatio,** *the spectacle* (sight) *of the elaborate display;* not unknown even today!

123. **hilaritatem (-tas, -tatis),** *enjoyment; amusement, gayety.* — **sescenti,** *600;* commonly used for an indefinite large number, not to be taken literally: hyperbole to emphasize the extravagance of the spectacle. — **muli:** perhaps they carried Agamemnon's booty when he returned to Clytemnestra from Troy. — *Clytaemnestra* and *Equo Troiano,* the titles of two Roman tragedies presented during the **ludi;** they have not survived, but they clearly dealt with the Trojan cycle.

124. **creterrarum (creterra, -ae),** *mixing bowl,* for mixing water with wine as the ancients regularly did; syntax? (W. p. 192 end.) — **armatura, -ae,** *armor, equipment.*

126. **attulissent,** sc. **si adfuisses.**

127. **Quod si,** *but if.* — **Protogeni (-genes, -genis),** *Protogenes,* apparently an educated Greek slave trained as a professional reader;

many cultivated Romans had such slaves. — **ne,** a Greek interjection, *surely*.

128. **nostrum,** from the pron. **nos,** not from **noster** (W. p. 50 n. 4). — **delectationis** depends on **plus.**

129. **venationes,** *hunts, hunting spectacles;* ravenous wild beasts (lions, panthers, elephants, etc.) were turned loose in an enclosure to fight human beings and one another: Walters reports that on this specific occasion Pompey provided 600 lions and 20 elephants and that during the early Empire thousands of animals were thus killed. — **binae (bini, -ae, -a),** distributive numeral, *two each* (day).

130. **polio** (4), *polish;* **politus,** *polished,* therefore *refined, cultivated.*

131. **homo** = *human being,* contrasted with **bestia.** — **imbecillus,** by nature as compared with **bestiae,** and also because sometimes they were given no weapons against the animals. — **lanio** (1), *tear, mangle.*

132. **venabulum, -i,** *hunting spear,* with a broad point. — **transverbero** (1), *pierce through.*

134. **admiratio, -onis,** *surprise, amazement.* — **vulgi et turbae,** lit. *of the common people and the throng* = by hendiadys *the vulgar throng.* Hendiadys is the Roman way of expressing one idea by two parallel nouns where we prefer to convert one of the nouns into an adjective modifying the other noun.

135. **exsisto,** *stand out, show itself, appear.* — **quin etiam,** *why even.* — **misericordia.** Many cite the passage in the *Natural History* (VIII. 7) of Pliny the Elder, who refers to the present event. The poor terrified elephants seemed in their peculiar way to plead with the spectators so appealingly that all the people arose with tears in their eyes and cursed Pompey. Sad to say, this type of reaction does not seem to have been common among the Roman populace who yelled for *panem et circenses.*

138. **forte,** abl. of **fors** as adv., *by chance, perhaps.*

139. **dirupi** (from **di-rumpo,** *burst*) **paene,** *I nearly killed myself* (over the trial).

140. **Canini:** Caninius was a **tribunus plebis** in 56 B.C., but we know nothing about this case. — **populum,** *a public.*

141. **mehercule,** *by Hercules* = *good heavens!* or *so help me!* — **artem desinerem** = *retire.*

142. **nostri: similis** may be followed by the dat. or the gen.

144. **meritos (mereror, -eri, -itus sum),** *deserve.* — **rogatus, -ūs,** noun from **rogo.**

145. **causas . . . vivendi,** *reasons for living.* — **arbitratu (-tus, -tūs)** *choice, pleasure;* abl. of accordance.

146. **oti** = **otii;** see W. p. 18 n. 1. — **quodque,** *and as to the fact that;* actually in apposition with the following **hoc.**

147. **interviso, -ere, -visi, -visum,** *visit from time to time.*

148. **tamen ... liceret:** an example of brachylogy (brevity of expression); full expression would require **frui liceret** and **lepore** in both **neque-** clauses. — **nos,** subj. of **frui.** — **lepore:** why abl.? (W. p. 164 and n. 4). — **qui;** sc. **lepor; qui** is adj. of indefinite **quis** after **si** (cp. W. p. 158 Vocab. s.v. **quis**). — **meo,** sc. **lepore.**

149. **quibus:** what kind of abl.? (W. p. 94.)

150. **relaxaro,** contracted form = **relaxavero** (W. p. 227 n. 141). — **commentaris** (**commentor, -ari, -atus sum,** *study, consider, practice*): present with extent of time where we use the perfect, *you have been studying.*

151. **humaniter vivere,** *to live as a man* (**homo**) *should live, to live a life of culture.* Much of this paragraph echoes in the feeling of many a person harassed by the tenseness and complexity of modern living.

152. **sustento** (1), intensive of **sustineo,** *endure with courage.* — **tuere (tueor, -eri, tuitus/tutus sum),** *look at, guard, watch, protect* (cp. Eng. "intuition," "tuition," "tutor"); what is the form of **tuere?** (W. pp. 163–164 top.)

153. **lecticula,** diminutive of **lectica,** *in my small litter;* but what kind of abl.? (W. p. 66 end.) — **concursare** (1), *run about = travel about* (frequentative).

155. **abundantia:** what kind of abl.? (W. p. 376 mid.) — **erga,** prep. + acc., *toward.* — **subinvitaras (sub-invito, -are, -avi),** lit. *gently* (**sub**) *invite = suggest, hint;* for the syncopated form W. p. 227 n. 141.

156. **quo:** why is **quo** here used to introduce a purpose clause (W. p. 241 n. 26)?

157. **paeniteret:** for construction see n. 41 above. — **quod** = **et hoc.**

159. **quod ... vises,** clause in apposition with **hoc.**

160. **Q.Q.** = **Quintus** (Cicero's brother) and **Quintus** (the son of Quintus). The fact that Cicero writes this in the names of all the members of the family and the use of **plurimam (salutem)** would seem to evince the affection in which all held Tiro. Incidentally, it was Tiro who invented the first system of shorthand (Notae Tironianae) for the purpose of taking down Cicero's speeches and who was important in the editing of Cicero's letters.

162. **opportunitatem,** *advantage.* — **desidero** (1), *miss.*

164. **quartanam,** sc. **febrim** (*fever*), *quartan fever,* which recurred every 4th day. — **Curius,** a banker at Patrae in whose care Cicero had left Tiro.

166. **humanitatis tuae,** *characteristic of your human feeling* (or *kindness*). — **quam:** what does this mean with the superlative? (W. p. 124 Vocab. s.v. **quam.**)

167. **quantum ex desiderio labores,** *how much you suffer from missing* (*me*).

169. **nauseae molestiam,** *the annoyance of seasickness;* cp. "nausea" today. — **hieme naviges:** the ancients thought that winter was no time for navigation.

170. **ad** = *to the vicinity of.* A military commander could not enter Rome without surrendering his **imperium,** unless the senate had granted him a triumph. Cicero was awaiting a triumph for a victory in his province of Cilicia but it had not yet been decreed by the senate. — **pridie Nonas Ianuarias** = *Jan.* 4 (49 B.C.). — **incĭdi: in-cado.**

171. **cui . . . mederi: medeor, -eri,** *heal, cure,* + dat.; **cui = et ei (bello).** Actually there was practically no likelihood that his patriotism could have stemmed the tide of Roman history, which as we can now see was setting toward one-man rule of some sort.

172. **ex utraque parte,** *on both* (each of 2) *sides,* i.e., the Caesarians and the senatorial aristocracy. Note Cicero's lack of illusions.

173. **impedimento mihi:** what construction? (W. p. 375 top.)

174. **Omnino,** *in general.* — **et Caesar . . . et Curio.** — **amicus noster:** Cicero had been on reasonably friendly terms with both Pompey and Caesar. — **minax, -acis,** *threatening.*

175. **qui . . . teneret,** characteristic clause expressing cause, (*still shameless (defiant), since he kept.* For the complex problem of the claims and counterclaims in this political and military duel between Caesar on the one hand and Pompey and the senate on the other, the student should consult some history of Rome.

176. **Curio:** Caesar had won his support by financial aid.

177. **Antonius . . . et Cassius,** partisans of Caesar and tribunes for 49 B.C. When the senate rejected Caesar's letter referred to in the preceding sentence and decreed that Caesar must disband his army or be regarded a public enemy, Antony and Cassius futilely interposed their veto against the senate's decree and so in effect had to flee.

178. **postea quam = postquam.**

179. **nobis,** Cicero and Pompey; that **nobis** is plu., *us,* is shown by the following **sumus.** — **proconsulibus:** a proconsul was an exconsul whose consular imperium had been extended by vote of the Senate beyond his year as consul. This was the rule in the case of provincial governors. — **negotium,** *business, assignment.*

180. **ne . . . caperet:** this was the wording of a **senatus consultum ultimum,** a decree of martial law placing the state in the hands of the higher officials; cp. the similar decree in 63 B.C. — **detrimenti (detrimentum, -i,** *harm*) depends on **quid.**

182. **Omnino,** *assuredly.* — **ex hac parte,** *on our side.*

183. **comparatur,** impersonal passive, *it is being prepared* = *preparations are being made.*

184. **sero,** adv., *too late;* this adv. and the present tense of **comparatur** give evidence of Pompey's lack of preparation. — **discriptae sunt: dis-scribo,** lit. *write separately (apart)* = *distribute, assign;* **de-scribo,** *write down, describe.*

185. **quam . . . tueretur:** the clause is loosely added as a kind of

appositive to **regiones,** *what part* (or *the part which*) *each· should defend,* indirect question combined with the idea of command.

188. **cui des,** i.e., a letter-carrier. — **Etiam atque etiam,** repetition for emphasis = *again and again.* — **(litterae) datae pridie Idus Ianuarias,** *the day before the Ides of January* = Jan. 12. **D.** may also stand for **datum** or **dabam.**

191. **Lippitudo, -inis,** *inflammation of the eyes.* — **librarii manus,** *the handwriting of my secretary.*

192. **erat,** epistolary imperfect = **est;** similarly **scriberem** for **scribam.** — **Omnis exspectatio nostra erat (est),** lit. *our entire expectation is (in . . .)* = *we are eagerly awaiting* (*the news from B.*)

193. **Brundisinis (Brundisinus, -a, -um):** as Caesar crossed the Rubicon and marched south, Pompey fled before his advance south to Brundisium, where he was preparing to cross over to Greece. — **Si nactus esset:** the syntax is somewhat difficult here because it is so informal, as often happens in our letters to friends today. **Nactus esset,** stands for **nactus erit** (fut. perf. ind. of a fut. more vivid conditional clause), the subjunctive of implied indirect discourse being used to represent the thought which raced through Cicero's mind as he waited for the news **(exspectatio erat);** the sequence is historical because of the epistolary **erat.** The conclusion has the implied finite verb **erat/est** (as the nominative **spes dubia** proves), by which Cicero states a fact at the time of writing **(spes dubia erat/est).** The thought is easy enough: if Caesar **(hic)** finds Pompey **(Gnaeum),** there is an uncertain hope for peace; but if Pompey **(ille)** crosses over to Greece before Caesar catches up with him, there is fear of a disastrous war.

195. **in quem hominem,** *to what kind of man* (i.e., Caesar). Many had feared Caesar as an **improbus;** but after Caesar's unexpected clemency in sparing the forces of Pompey who surrendered to him at Corfinium, opinion throughout Italy began to turn in Caesar's favor.

197. **occiderit (ob-caedo):** i.e., especially if there were to be no proscriptions (the public posting of names of political enemies to be liquidated). — **cuiquam:** dat. of separation (reference in origin) is common with persons after verbs that mean to take away **(ademerit,** from **adimo);** this refers to confiscations, which regularly attended proscriptions.

199. **municipales homines,** *townspeople* (i.e., outside of Rome). — **rusticani,** *country people.*

200. **prorsus,** adv., *absolutely.* — **nummulos,** *little sums of money.*

201. **illum,** Pompey, who had posed as the champion of the senate and constitutionality.

202. **confido, -ere, -fisus sum,** *trust completely,* may take dat. of indir. obj. or the abl., which is place where or perhaps cause.

203. **nostris** refers to the senatorial party.

204. **scripseram,** epistolary pluperf. = *I have written;* and **exspectabam,** epistolary imperf. = *I am waiting for.* See general introd. to Cicero's letters.

207. **Gaudeo (-ere, gavisus sum),** *rejoice, be glad* + **quod** causal or acc. and inf. = *I am glad that.* — **valde,** *greatly, very much.*

208. **quae apud Corfinium sunt gesta,** refers to Caesar's clemency in releasing without injury Pompey's troops whom he captured at Corfinium in Central Italy; also mentioned by Cicero in the preceding letter.

209. **hoc libentius,** *the more gladly:* **hoc** is abl. of degree of difference as *the* is an Anglo-Saxon instrumental case used with the same force. — **mea sponte,** abl. used as adv., *voluntarily, of my own accord.* — **facere ut me praeberem,** *to see to it that I should show myself* or *to take care to show myself.* — **constituo, -ere, -stitui, -stitutum,** *determine, resolve.*

210. **Pompeium:** construe with **reconciliarem** (*regain, win back*).

211. **Temptemus si possimus,** *let us try in case we should be able,* fut. less vivid conditional clause equivalent to an indirect question = *let us try and see whether we can.*

212. **diuturna,** adj. of **diu.** — **reliqui:** Marius, Cinna, Sulla. — **crudelitate:** e.g., proscriptions; syntax? (W. p. 376 mid.)

213. **diutius,** *longer, rather long* = *any length of time.*

214. **Sullam:** Sulla had himself made dictator in 81 B.C.; in 79 he resigned the dictatorship and retired. — **imitaturus sum,** an active periphrastic combination which emphasizes the immediate future, *I am going to . . . , am about to . . . .*

215. **liberalitate,** *generosity.*

216. **quem-ad-modum** = **quo-modo.** — **non-nulla,** *several things.*

219. **N. Magium praefectum,** *Numerius Magius, an officer.*

220. **institutum, -i,** *practice,* as he had done in the case of the other captured officers. — **eum missum feci,** *I made him sent away;* what is good English for this?

221. **faber, -bri,** *a smith:* **fabrum,** an old form = **fabrorum;** i.e., officers in the corps of engineers.

222. **malit** = **magis velit;** hence the **quam,** which goes with the idea of **magis.**

223. **inimicissimi,** i.e., certain senators.

224. **artificium,** *scheme.*

227. **vellem,** *I could wish* (potential subjunctive).

228. **adfuisses** (*that*) *you had been present;* **volo** may be followed by the subjunctive with or without **ut** as in Eng. "I could wish (that) you had been."

229. **ex eo . . . quod,** *from the fact that.*

230. **aliquantum,** adv., *somewhat.* — **adquievi: adquiesco,** *become quiet, rest;* cp. **quies.**

232. **adhibuisti (ad-habeo),** *show.* — **oratio, -onis,** *eloquence.* — **societas aegritudinis,** *partnership in* (lit. *of*) *my grief* (lit. = *sickness of mind*).

This is almost a translation of Greek **sympatheia**, *sympathy*, which literally means *suffering with another*, *fellow suffering* or *feeling*, as does also ecclesiastical Latin **compassio**, *compassion*.

234. **ut:** does **ut** here mean *so that* or *as?* (W. p. 179 Vocab.) — **praeditus**, *endowed*.

235. **dolori:** syntax, W. p. 169 and n. 3.

236. **deficio** + acc. and **desum** + dat. both mean *fail*.

237. **Q. Fabius Maximus,** a hero against Hannibal.

238. **consularis,** *an ex-consul.* — **magnis rebus gestis** modify **virum** understood: explain the syntax (W. p. 377 end); **res gestae,** *accomplishments*.

239. **L. Aemilius Paullus,** victor at Pydna in 167 B.C. in the 3d Macedonian War, whose triumph was marred by the death of his 2 youngest sons within 7 days. — **duo,** sometimes (as here) used for **duos.** — **Gaius (Sulpicius Gallus),** called **vester** as one of the Sulpician gens, as was the recipient of this letter. — **Cato,** the censor.

240. **summo ingenio, summa virtute:** note the asyndeton (lack of a conjunction). What kind of abl.? (W. p. 377 end.) — **iis,** *those,* = *such* (that).

241. **fuerunt** = **vixerunt.**

242. **consequebantur: con-sequor,** *follow up, obtain.*

243. **Mihi:** what kind of dat.? (W. pp. 182–183.) — **ornamentum, -i,** *distinction, honor.*

244. **eram adeptus:** from **adipiscor,** *gain.* — **unum manebat illud solacium:** under Caesar's rule, during which Cicero deemed his political life and honor were lost, the only solace left him for all these losses was his daughter's love and understanding—and now even that has been taken from him.

246. **procuratio, -onis,** *management, conduct.* — **impediebantur cogitationes,** *my (sad) meditations were not held in check.*

247. **in foro,** i.e., *in legal practice.* — **libet, -ere, libuit,** impersonal, *it is pleasing.* — **curia, -ae,** *senate-house:* Caesar had belittled the role of the senate, which was now not the vital center of government that it had been before the First Triumvirate.

248. **id quod erat: id** is in apposition with the whole clause **existimabam . . . perdidisse,** *the thing which was* = *as was the case.*

249. **perdidisse,** in the sense of *lose;* the subject is **me.**

250. **frangerem me:** *break myself* = *gain control over myself.*

251. **toleranter,** adv. (cp. **tolerare**), *patiently.* — **quo confugerem: quo,** adv., lit. *whither* = *(a person) to whom I might flee;* why subjunctive? (W. p. 203 n. 15.) — **ubi,** *with whom* (lit. *where*).

253. **vulnere,** syntax W. p. 376 mid. — **consanuisse: consanesco, -ere -sanui,** *become healthy, get well, heal.*

254. **recrudescunt:** lit. *become raw again* = those former wounds are opening up again. — **non** ultimately modifies **possum.** — **a re publica,** *from the political world.*

255. **quae levaret** = **ut ea** (i.e., **domus**) **me levaret** (*relieve*); W. p. 203 n. 15 and cp. the parallel **ut . . . adquiescam** below.

256. **bonis:** we should probably use the singular, *in its good.*

258. **domesticum,** sc. **dolorem.**

260. **Quo** (degree of difference) **magis,** *all the more.*

261. **ratio nulla,** *no practice of reason.* — **coniunctio consuetudinis,** *the association of our daily lives.*

263. **cum . . . tum** = **non solum . . . sed etiam.**

265. **ante,** *in advance,* i.e., before Caesar returns from Spain, where he had just defeated Pompey's sons at Munda. — **commentemur: commentor** (1), *consider carefully.* — **traducendum sit,** *pass, spend.*

266. **unius,** namely Caesar, modified by the four following adjectives; despite his aversion to dictatorship, Cicero can recognize good qualities in Caesar.

267. **liberalis,** *generous.* — **nec a me alieni,** *not estranged from me.*

268. **cum:** in view of the following **tamen** what does **cum** mean? (W. p. 147 n. 2.) — **magnae est deliberationis,** *it is a matter of great consideration,* a predicate gen. of description modifying the subject, which is the **quae ratio sit ineunda.**

269. **ratio non agendi aliquid sed quiescendi:** note that under a person like Caesar the plan has to be one not of action but of inactivity.

271. **(M. Minucius) Basilus,** erstwhile friend and now assassin of Caesar.

272. **gratulor** + dat., *congratulate* (wish joy to). — **gaudeo, -ere, gavisus sum,** *rejoice;* **mihi,** dat. of ref. — **amari,** sc. **volo.**

273. **quid agas:** probably no more than *how you are.* A friend meeting another often commenced a conversation with **"Salve! Quid agis?"**— **certior fieri,** *to be made more certain* = *to be informed.*

274. **G. Cassius Longinus,** a former Pompeian who had experienced Caesar's clemency but none-the-less turned tyrannicide with Brutus and finally committed suicide in despair after the defeat of Brutus at the Battle of Philippi, 42 B.C.

275. **laetor** (1), *be glad* (cp. **laetus**). — **tibi:** what kind of dat.? (W. p. 182); practically = dat. of agent, as often in poetry. — **orationem meam,** the First Philippic vs. Antony, delivered Sept. 2, 44 B.C.

276. **quā,** what special abl.? (W. p. 164): refers to his hostile **sententiam** vs. Antony as well as the **orationem.** — **nihil negoti** = *no problem.*

277. **reciperare,** also spelled **recuperare,** *regain.* — **homo amens,** etc.: Antony of course; note the adjectives, the like of which together with even stronger statements in the Philippics goaded Antony to demand Cicero's life in the subsequent proscriptions.

278. **nequior:** compar. of **nequam,** indecl. adj., *worthless, good for nothing, bad.* — **ille,** i.e., Caesar. — **nequissimum,** modifying **quem,** really contains the reason for his having been slain, i.e., because he was utterly bad.

279. **caedis: caedes, -is,** f., *slaughter* (cp. **caedo,** *cut,* and **oc-cīdo**).

280. **criminor, -ari, -atus sum,** *charge;* the charge was made by Antony following Cicero's First Philippic. — **nisi ut . . . incitentur** explains the **causam.** — **veterani:** Caesar's.

281. **extimesco,** *greatly fear.*

282. **communicet: communico** (1) here = **iungo.** The subjunctive is jussive: *only* **(modo)** *let him.* Some punctuate with a comma after **extimesco,** which would make **modo** = **dum modo,** *provided* (v. W. p. 220 n. 87). The construction would remain basically the same but the thought would seem somewhat weaker. — **Pisoni** depends on **licet;** L. Calpurnius Piso, Caesar's father-in-law, who had been a political enemy of Cicero. — **in eum invectus est** (**in,** *against,* + **veho, -ere, vexi, vectum,** *carry*), *was carried against him = inveighed against, attacked.*

283. **tricesimus, -a, -um,** *thirtieth,* referring to the First Philippic, Sept. 2.

284. **P. Servilius Vata,** a member of the Senate who at first supported Cicero against Antony but later became reconciled to Antony. — **tuto,** adv., *safely.*

285. **gladiator,** obviously an insulting term for Antony which, in view of **caedem,** we might render by *butcher.* — **eius,** sc. **caedis.**

286. **ante diem tertium decimum Kalendas Octobres** = Sept. 19. — **a me** (*to make a beginning*) *from me = with me.* — **ad quem,** sc. **diem,** *on which.*

287. **venerat,** sc. **in senatum.** — **commentor, -ari, -atus sum,** *prepare* or *practice* (*a speech*).

288. **lustra, -orum,** lit. *brothels = debauchery.* — **commentatio, -onis,** noun of **commentor.**

289. **suo more,** abl. of accordance (W. p. 166 n. 8), which is related to the abl. of manner.

290. **quod scribis,** *in regard to your writing that . . . .*

291. **proficio, -ere, -feci, -fectum,** *accomplish.* — **ut in tantis malis,** lit. *as in such great evils = considering the vast extent of the evils.*

292. **consulares:** i.e., Cicero, Piso, Servilius as mentioned above.

293. **senserint:** why subj. ? (W. pp. 141–142.) — **locuti sint** and **possint:** why subj. ? (W. p. 378 top.)

294. **vobis:** Cassius, Brutus, *et al.;* a genuine plural, since **vos** was not used for **tu** as **nos** was often used for **ego.**

295. **velim salvis nobis,** *I should like* (sc. **vos id facere**) *while I am safe* (i.e., still alive). This,of course, never did happen: and a year later during the proscriptions Cicero was assassinated by Antony's orders. — **velim** is a potential subjunctive. — **sin id** (i.e., **salvis nobis**) **minus** (= **non**), sc. **erit:** no matter what happens to Cicero, he is confident that the republic will soon be rightly restored by Cassius.

297. **tuis,** sc. **amicis.** — **ad me referent,** *report* (*matters*) *to me = consult me.*

LIVY: *AB URBE CONDITA*

Livy, even though he wrote during the rather benign reign of Augustus, was depressed by the evils which had come into Roman experience in the 1st century B.C. From this pessimism he found escape in turning his attention back to the noble and glorious days of earlier Rome and in composing his vast and majestic history of the heroic past, his 142 books *Ab Urbe Condita* (*From the Founding of the City*). Although Livy was not a strictly scientific historian in our sense of the word, his rich pages contain an artistic or poetic truth which is perfectly valid, and they provide an accurate assessment of what his fellow Romans thought about the *mores* and *gravitas* and *fides* and *virtus* and the *viri* of the earlier *res publica Romana*. An unblushing *laudator temporis acti*, he graphically makes live for us the character to which the truly spectacular and dramatic development of Roman history was due. Livy, like Virgil and Horace, hoped that contemplation of this ancient nobleness would inspire his contemporaries to better living; and we too, if we will, can gain new devotion to high ideals from his magnificent epic page.

1. **contra**, adv., in contrast to many readers who may be more interested in the most recent period than in the earlier centuries. — **quoque:** in addition to possible fame and the desire to commemorate the accomplishments of the foremost people of the world. — **ut:** in this complex clause what verb in the subjunctive does **ut** introduce?
2. **malorum,** neut.: the corruption, violence, and civil wars of the 1st century B.C. — **tantisper,** *just so long.*
3. **prisca (priscus, -a, -um),** *ancient, venerable* (i.e., not merely *old*).
4. **ante conditam condendamve urbem:** lit. *before the city having been founded or to be founded* (*built*), i.e., *before the establishment or the building of the city;* a difficult phrase, which, however, must refer to such stories as those about Aeneas and Romulus. — **decora (decorus, -a, -um),** *suitable to, becoming.*
5. **rerum gestarum: res gestae,** *things done, exploits, history.* — **monumentis: monumenta,** *memorials, records* (cp. **moneo,** *remind, warn*).
7. **humana,** acc., obj. of **miscendo;** Livy is fond of the gerund + an object. — **divinis,** neuter as can be easily seen from **humana.** — **primordia,** acc., obj. of **faciat; augustiora** is pred. acc. (W. 68 n.6).

8. **cui:** after what words do **quis** and **qui** mean *any?* (W. p. 158, Vocab.)

9. **referre,** sc. **origines.** — **auctores,** in apposition with **deos.** — **ea,** *such.* — **populo R.,** what kind of dat.? (W. p. 375 mid.)

10. **suum,** sc. **parentem.** — **potissimum,** *above all.*

11. **tam,** modifies **aequo.**

12. **imperium,** sc. **Romanum;** said with a spirit of proud patriotism.

13. **utcumque,** *however, in whatever manner.*

14. **discrimine,** *critical importance;* i.e., *I shall attribute to them no great importance.* — **illa,** *the following.* — **mihi,** dat. of reference (W. pp. 182–183); *it is my judgment that each one should . . . ,* or *let each one, I urge you, . . .*

16. **militiae,** locative case as is **domi:** *at home and in military service* = *in peace and in war.* — **partum,** partic. of **pario,** *beget, produce.*

17. **auctum,** partic. of **augeo,** *enlarge, increase* (cp. "augment"). — **velut desidentīs** (**desido,** *sink, subside*) **primo mores,** *character (morals) at first tottering, as it were;* **desidentīs** = **-ntēs,** acc. (W. p. 75 n. 3).

18. **(quisque) sequatur animo,** parallel to **quisque intendat animum** above. — **ut,** *how,* an indir. quest. depending on **sequatur animo.**

19. **lapsi sint,** sc. **mores:** the picture is that of a damaged building tottering and then toppling in ruins.

20. **perventum est,** impersonal passive.

21. **cognitione rerum,** *knowledge* or *study of history* (lit. *things*).

22. **te . . . intueri,** in explanatory apposition with **hoc.** — **omnis exempli documenta,** *instructive examples* (**documenta**) *of every mode (of life).*

23. **imitere** = **imiteris,** from **imitor, -ari:** *(something) which you should imitate* or *to imitate.* — **capias,** potential subj., *you may choose;* but with the following clause it means rather *you may learn.* — **foedum . . . quod vites,** *you may detect the foul course, foul in the beginning, foul in the end, which you are to avoid:* e.g., the proscriptions and other instances of selfish and unprincipled practices of the 1st century B.C.

24. **inceptu,** abl. of supine, abl. of specification: lit. *foul in regard to the beginning;* cp. Virgil's famous **mirabile dictu,** *wonderful to relate.* Supines are verbal nouns formed on the perf. participial stem and found only in acc. **-um** and abl. **-ū.**

25. **Ceterum,** adv. acc., *as to the rest* = *but.*

26. **sanctior,** more virtuous.

27. **civitatem,** antecedent of **quam** incorporated into the rel. clause: (*nor was there ever*) *a state into which.* — **serae,** plu. to modify the two following nouns, but we should use the adverb *so late.*

29. **adeo,** adv., *to such an extent that, in fact.* — **quanto . . . tanto:** what construction? (W. p. 376 end.) — **rerum . . . cupiditatis:** what construction? (W. p. 192.)

30. **avaritiam ... desiderium:** in these balanced phrases **divitiae: avaritiam = voluptates: desiderium.** Careful analysis of balanced clauses (especially when connected by **et**) will often yield clues to the syntax.

31. **pereundi perdendique:** these two verbs form a kind of couplet: **perdo** is transitive, *to ruin;* **pereo** is intransitive, *to perish, to ruin oneself, to be ruined.*

32. **forsitan,** here used as **fortasse,** which does not require the subjunctive. '

33. **ordiendae rei:** the **ordiendae** seems pleonastic in view of **ab initio,** but it does provide a certain emphasis which might be preserved by some such rendering as *of a new undertaking.* — **ordior,** v. 35 below.

34. **ominibus:** be careful not to misread this as **omnibus.** The Romans always regarded omens as of utmost importance. — **precationibus deorum,** *entreaties of the gods;* **deorum** is an objective gen. (W. p. 374); cp. the invocation at the beginning of the *Aeneid:* "Musa, mihi causas memora." — **ut,** *as.*

35. **orsis** (**ordior, -iri, orsus sum,** *begin*), *to those having begun so great of a work = to those who have undertaken so great a work.* It was a **tantum operis** indeed, when one recalls that Livy composed 142 books, which would be the equivalent of perhaps 30 volumes today.

37. **Proca,** an Alban king. Livy has just told the legend of Aeneas' establishment at Lavinium, of Ascanius' transfer of the people to Alba Longa, and of the line of Alban kings down to Proca. — **regnat:** historical present (W. p. 206 n. 7).

38. **stirpis: stirps, stirpis,** f., *stock, offspring.* — **maximus** (i.e., in years), *oldest.* — **Silviae:** Silvius was said to be the son of Ascanius.

39. **legat,** *bequeathed:* from **lēgō, -āre,** not **legō, -ere.**

40. **plus ... potuit,** *was able more = had greater power.*

41. **aetatis:** what kind of gen.? (W. p. 374 end.)

42. **filiae Reae Silviae,** dat. of separation depending on **adimit.**

43. **Vestalem:** the Vestal Virgins in the service of the goddess of hearth fire took a vow of chastity. The breaking of this vow meant death.

44. **partus (partus, -ūs),** *offspring.*

45. **debebatur ... fatis:** certainly a recurrent theme in the *Aeneid.*

46. **secundum,** here = prep. + acc., *following, in accordance with.* — **opes,** *power.*

47. **rata,** from **reor, reri, ratus sum,** *think;* cp. **ratio.**

48. **nuncupat,** *she named.*

50. **vincta,** from **vincio,** not **vinco.**

51. **iubet,** sc. **rex.**

52. **forte (fors, fortis,** f.), *by chance, luck.* — **Tiberis,** subj. of both **poterat** and **dabat.** The skeleton of the involved sentence is **Tiberis effusus nec** (= **et non**) **adiri ad cursum poterat, et infantes**

posse mergi spem dabat, very literally *the Tiber, having overflowed, both* (**et**) *could not be penetrated to its channel, and at the same time* (**et**) *the Tiber did offer hope that the infants could be drowned.* — **effusus,** a reflexive passive = *having poured itself out, having overflowed.*

53. **iusti . . . amnis,** *of the just stream = of the stream proper.*

54. **quamvis languidā . . . aquā,** *by the water however sluggish.* — **infantes,** acc. serving as both obj. of **ferentibus** and subj. of **posse mergi** (which depends on **spem**). The word order is certainly interlocked.

55. **defuncti (defungor),** nom. agreeing with the subject of **exponunt.** — **adluvie (adluvies),** *pool* (cp. "alluvial"). — **Ruminalis** (sc. **ficus, -i,** f.), a fig tree on the slope of the Palatine where there was a temple of Rumina, the goddess of suckling infants.

56. **vocatam (esse):** **-am** because **ficus,** like trees in general, is fem. (as is the word **arbor**).

57. **solitudines,** in contrast to the dense population in Livy's time.

58. **alveum (alveus),** *trough, tub, basket:* the floating trough in which the children had been placed.

59. **in sicco,** sc. something like **loco.**

61. **lambentem,** sc. **lupam.**

62. **Faustulo: nomen fuisse (ei) Faustulo;** as commonly, **Faustulo** is attracted into the case of **ei** (dat. of possession), *he had the name Faustulus.*

63. **ad stabula,** sc. **ductos.** — **educandos,** *to be reared.* — **datos,** sc. **esse,** still dependent on **tenet fama.**

64. **Ita:** i.e., after Romulus and Remus had reached maturity, they slew Amulius and restored Numitor to the throne at Alba Longa. — **re,** sc. **publicā.**

65. **urbis condendae,** depends on **cupido.**

66. **supererat,** *was over* (i.e., beyond a reasonable number), *was excessive:* overpopulation at Alba Longa. — **ad id,** *in addition to this* (consideration) = *besides, moreover.*

67. **accesserant (ad-cedo),** *had approached = had been added;* i.e., there were also the shepherds (among whom Romulus and Remus had been reared). — **facerent;** characteristic with the force of result.

68. **parvam,** pred. adj.: **Albam fore parvam.** — **prae,** prep. + abl., *in comparison with.*

69. **avitum: avitus, -a, -um,** *ancestral,* referring primarily to Amulius and Numitor.

71. **essent:** the subjunctive with **quod, quia, quoniam,** indicates that the reason is a quoted reason and not that of the author, here the reason of the twins.

72. **tutelae,** pred. gen., lit. (*the places were*) *of their protection = under whose protection the region was.* — **auguriis: augurium,** *augury;* this was the "science" of learning the will of the gods by the interpretation of the flight of birds (**avis**) or similar omens.

73. **daret,** rel. clause of purpose, which has an implicit idea of command: *the person who should give* (i.e., *let him give*), *the one to give.* — **Palatium Romulus, Remus Aventinum:** note the chiasmus.

74. **templa:** in apposition with **Palatium** and **Aventinum.** Originally **templum** indicated simply a sacred area marked out in the sky or on the ground as a place for taking omens or as a spot sacred to a divinity.

75. **Priori Remo,** *for Remus first* (*sooner*), dat. of reference in the sense of advantage. The position of **priori** at the beginning of the sentence emphasizes Remus' advantage in time; Romulus' advantage was in quantity. — **fertur:** note that **fero** often means *say, report.* — **sex vultures,** in appos. with **augurium.**

77. **Tempore ... praecepto,** lit. *the time* (*experience*) *having been received sooner* (**prae**) = *on the grounds that they had received their experience sooner.*

78. **trahebant,** *kept claiming.* — **cum altercatione,** *in dispute, in conflict of words.*

79. **certamine,** abl. of cause. (W. p. 376.) — **irarum:** the plu. emphasizes *angry feelings* on both sides.

80. **Ibi ... cecĭdit:** the very brevity of the sentence emphasizes the quickness with which the hotheaded scuffle was over. — **Vulgatior,** not *more vulgar* but *more commonly known.* — **ludibrio** gives the motivation for the leap. (W. p. 376 mid.)

81. **muros:** according to this version, Romulus had apparently decided for himself that his omens were superior; he had straightway with industry raised his walls to a height of perhaps three or four feet by the time Remus happened along. Actually the walls followed the pomerium, which was a consecrated plowed line around a city; and so Remus' leap over the walls and the pomerium was actually an act of sacrilege.

82. **Sic,** sc. **pereat.**

84. **appellata (est);** scholars now believe that the name of Romulus actually derives from Rome.

85. After Romulus had established and strengthened the Roman state and its constitution, and after he had been apotheosized, the people elected as their king Numa, a man of peace and piety who was credited with having systematized Roman religious institutions and practices. The third king was the warlike Tullus Hostilius, among whose campaigns was the one against Alba, the very city from which Romulus had come. To avoid great bloodshed in what amounted to a civil war, both sides agreed to the device recounted in the following passage. — **trigemini fratres,** *triplet brothers.*

86. **aetate,** depends on **dispares;** what kind of abl.? (W. p. 376 top.) — **viribus:** always take care to distinguish between **viribus** (from **vis**) and **viris** (from **vir**).

87. **nobilior,** *more renowned, well known.*

88. **error,** *confusion, uncertainty.*

89. **fuerint:** why subjunctive? (W. p. 142.) — **utroque,** adv., *in both directions.*

90. **Horatios,** pred. acc.

92. **fore:** depends on idea of "saying" implicit in preceding clause.

93. **dimicarent:** the subjunctive is used with **antequam** and **prius-quam** to express anticipation or purpose: *before they should fight.* (W. p. 248 n. 145.) — **foedus:** distinguish between **foedus, -eris,** n., *league, treaty,* and **foedus, -a, -um,** *foul.* — **ictum est** (**icio,** *strike*): the thought develops from striking a sacrificial victim by which a treaty is sanctified to simply striking or ratifying a treaty.

94. **his legibus,** *on these conditions* (lit. *in accordance with these laws*) which are explained by the appositional **ut ... imperitaret** clause.

95. **vicissent,** subordinate subjunctive in an indirect command standing for the fut. perf. indicative of the direct form. — **is,** sc. **populus** from the preceding **populi.** — **cum bona pace,** *in peace and harmony.*

96. **convenerat: convenit** used impersonally means *it is agreed, it is fitting.* — **sui,** the people of each set of triplets, the people of each side (urged their own set of triplets, **utrosque**).

97. **deos** (etc.) **intueri arma** (etc.): dependent on the idea of saying in **adhortarentur,** *urged* (*saying that ...*). — **quidquid ... , quid-quid ... , illorum ... , illorum ... :** note how the anaphora, the asyndeton, the short phrases, and the alliteration (**patrios, patriam, parentes**) are devices used by the literary artist to portray the tremendous intensity of the feeling.

98. **civium:** what kind of gen.? (W. p. 192.)

99. **et:** the regular order would be **et feroces ... et pleni.** — **suo-pte:** the **-pte** is an emphatic indeclinable suffix: *very own.* — **pleni** is used with either the gen. (as in the Eng. idiom) or the abl. (means).

102. **expertes:** distinguish between **expers, -pertis (ex-pars),** adj. + gen., *having no part in,* and **expertus, -a, -um,** from **experior.** — **quippe,** *for, you see.* — **agebatur,** *was at stake.*

105. **terni,** distributive numeral, *three each* = *the three young men on each side.*

106. **animos:** the plu. of **animus** often means *courage.*

107. **increpuēre** = **-ērunt: (increpo, -are, -ui, -itum),** *rattle, make a din.* — **arma:** strictly the defensive arms, and here probably the shields; subj. of **increpuere.**

108. **spectantīs** = **spectantēs.** — **neutro,** adv., *to neither side.*

109. **Consertis manibus,** lit. *hands having been joined* (*in battle*) = *in hand-to-hand fighting* (after spears had been hurled).

110. **agitatio,** *movement, play.* — **anceps (anceps, -cipitis,** adj.), lit. *with two heads* (**capita**), *uncertain* or *on both sides.*

111. **spectaculo essent,** *were for a sight* = *were to be seen;* what kind of dat.? (W. p. 375 top.) — **duo Romani ... corruerunt** while **tri-bus Albanis vulneratis:** two on one side dead, three on the other wounded.

112. **Ad,** *at.*

114. **exanimes (exanimis, -e),** *breathless.* — **vice,** *lot, plight;* what kind of abl.? (W. p. 376 mid.)

115. **ut . . . sic,** *as . . . so,* but here better rendered *although . . . nevertheless.* — **universi, -ae, -a,** *all together.*

117. **capessit:** the desiderative **-ess-** indicates eagerness. — **secuturos =** **eos secuturos esse.** — **ut,** *as;* usually with indicative but why subjunctive here? (W. p. 378 top.)

118. **aliquantum spatii,** *some distance:* acc. of extent of space with what kind of gen.? (W. p. 192.)

119. **videt,** sc. **eos.**

120. **sequentes, . . . abesse:** note the easy change from the participle to indirect statement.

121. **uti = ut.**

122. **ferant:** what kind of subjunctive? (W. p. 173.) Translate: *cried out to help their brother* or *that they should help their brother.*

123. **qualis . . . solet:** the full expression would be **qualis clamor ex** **insperato faventium solet esse; ex insperato,** *out of the unhoped for = unexpectedly: such as is customarily the cheer of those who are unexpectedly able to root (for their man).*

124. **proelio:** what case and why? (W. p. 164 and n. 5.)

125. **Prius . . . quam:** not infrequently **priusquam** is separated into its component elements (*sooner . . . than*), as here. What is the force of the subjunctive with **priusquam?** (See note on line 93 above, and W. p. 248 n. 145.) — **alter,** *the other* of the two remaining, who was originally the third in line of the pursuing Curiatii. — **et alterum,** *the second Curiatius also.*

127. **spe:** what kind of abl.? (W. p. 376 top.) — **Alterum:** since **alterum** both in position and in idiomatic usage balances **alter** at the beginning of the next clause (*the one . . .; the other*), **alterum** must be acc. masc. sing., obj. of **dabat.** — **intactum corpus** and **geminata victoria:** both are nom. case.

128. **ferocem,** *courageous* (for a third contest); what must this adjective modify?

129. **fessum:** what must **fessum** modify? Again note the effective combination of anaphora and asyndeton to vivify the pathetic physical weakness.

130. **strage,** *slaughter, slaughtering;* **fratrum** is clearly an objective gen. (W. p. 374 end.) — **victori:** used adjectivally here.

131. **manibus (manes, -ium,** m.), *to the shades* (of my brothers); the two slain Curiatii he regards as a kind of sacrifice to the dead, as in the case of Achilles' slaying of Hector.

132. **Male,** negative adv., *scarcely, with difficulty.* Note the vivid rapidity of this final sentence, which rather pathetically harmonizes with the words: **Nec illud proelium fuit.**

133. **(ei) sustinenti:** dat. of reference certainly with the idea of dis-
     advantage (W. pp. 182–183). — **iugulo:** note Livy's omission of a
     preposition where the regular Ciceronian prose expression would be
     in iugulo. — **iacentem,** from **iaceo, -ere,** *lie;* not to be confused
     with **iacientem** from **iacio, -ere.** — **spoliat,** *despoiled him;* stripping
     off the armor was a common practice, not reprehensible

134. **eo maiore . . . , quo prope . . . :** *all the greater as their feelings* **(res)**
     had been close to stark terror.

136. **alteri . . . alteri,** *the one group . . . the other group.*

137. **dicionis:** pred. gen. of possession.

139. **distantia,** *standing apart = separate.* — **ut et,** *as also, just as.*

140. **Addita (est):** Sextus Tarquinius (son of L. Tarquinius Superbus, the
     seventh king of Rome) had violated Lucretia, the wife of Tarquinius
     Collatinus, a trusting fellow army officer. Then, when she had called
     upon Collatinus, L. Junius Brutus, and others to swear vengeance on
     Sextus, Lucretia committed suicide and was buried at Collatia.
     Vowing the ouster of Tarquinius Superbus and his family, Brutus
     hurried to Rome and delivered to an assembly in the Forum an
     intense oration about the fate of Lucretia and the crimes of Super-
     bus. — **plebis (plebs, plebis,** f.), *the common people, plebeians.* —
     his atrocioribusque: both neuter.

141. **perpulit: per-pello.**

142. **regi,** dat. of separation (W. p. 215 #2 n. 15). — **exsules,** plu.
     according to sense, since a number of people are ordered into
     exile.

145. **Ardeam,** a town in Latium which Tarquinius Superbus was besieging
     at the time. What is the construction of **Ardeam?** (W. p. 178
     II. 2.)— **Lucretio,** the father of the dead Lucretia.

147. **rē novā:** a new thing or situation politically speaking is a revolu-
     tion.

149. **obvius (-a, -um) fieret:** *become in the way = meet.*

150. **clausae,** sc. **sunt.**

152. **inde = ex castris.**

154. **Regnatum (est),** impers. pass., *the royal power was exercised* (cp.
     regnum) or *the kings ruled.* — **ad liberatam (urbem),** *to the liberation
     of the city.*

155. **comitiis centuriatis,** abl. of time when; **comitia, -orum,** in the
     plu. means *the assembly of the Roman people; by centuries* (units of 100)
     indicates the military assembly.

156. **ex commentariis,** *according to the regulations* (for elections as estab-
     lished by the new constitution of Servius Tullius, the sixth king, who
     had created the comitia centuriata).

158. **an,** *whether* (strictly speaking, it is the second part of a double question
     utrum . . . an). — **minimis rebus,** *in the smallest matters,* as indicated
     in the following episode.

160. **nihil aliud offenderit,** *he offended no other offense* = *he gave no other offense;* **nihil aliud** is cognate acc. — **nomen,** i.e., Tarquinius Collatinus.

161. **adsuesse,** contracted form for **adsuevisse.** This and the following infs. are indirect statements giving people's reasons for **invisum:** people said that the T. had been too accustomed, etc. — **penes,** prep. w. acc., *in the possession of.*

162. **Tarquinios,** subj. of **nescire; privatos,** pred. adj. after **vivere.**

163. **periculosum:** i.e., the **nomen.**

164. **populum Romanum:** of what is this the subject?

168. **absolve,** *free,* i.e., *complete.* — **aufer (aufero, -ferre, abstuli, ablatus;** cp. "ablative"): what is the form of **fer?** (W. p. 37 top.)

169. **auctore me:** *at my request, under my authority;* what construction? (W. p. 111.)

170. **augebunt,** sc. **res.** — **Amicus:** explain why this should not be translated *Depart, O friend* but *depart as a friend.*

172. **regnum,** *royal power, kingship.* — **abiturum (esse):** the infinitive with **persuadeo** is an indirect statement (= *that so and so is*); an **ut**-clause is an indirect command (*to do so and so, that so and so should be done*).

173. **Lavinium:** what construction? (W. p.178 II. 2.) Lavinium, a town in Latium said to have been founded by Aeneas; Collatinus would hardly dare to go to an Etruscan city because of his part in the expulsion of Tarquinius Superbus.

174. **tulit** (sc. **legem**) **ut . . . essent,** *he proposed that they should be* (indirect command).

176. **quo adiutore:** what construction? (W. p. 111.)

177. **Lartem (Lars, Lartis),** an Etruscan name or title. — **Clusinum (Clusinus, -a, -um),** *of Clusium,* one of the most important Etruscan cities; near it many rich Etruscan tombs have been found.

178. **oriundos (orior, -iri, ortus sum,** *rise, spring from*), here hardly different from **ortos.**

179. **exsulare,** *to live in exile.*

180. **inultum,** sc. **esse,** *unavenged.*

182. **amplum (esse) Tuscis ratus,** *having thought* (= *thinking*) *it was an important thing* (= *an honor*) *for the Etruscans.* The important thing is stated in the infinitive phrases **cum regem esse Romae tum (regem esse) Etruscae gentis.**

183. **alias,** adv.

184. **res Clusina,** *the state of Clusium,* on the model of **res publica.**

186. **Alia . . . alia,** *some things* (= parts) . . . *others.* — **Tiberi** (abl.) **obiecto,** *by the Tiber which blocked the way.*

187. **sublicius,** *built on piles,* in contrast to the regular use of arches. — **paene . . . dedit, ni . . . . fuisset,** *almost provided—and would have done so, if there had not been.*

188. **munimentum** (cp. **munio**), *defense*, i.e., Horatius.

190. **Ianiculum,** the Janiculum, a hill across the Tiber opposite the city of Rome.

191. **suorum,** *of his own people.*

192. **reprehensans** (frequentative intensive of **reprehendo**), *seizing and holding back.* — **obtestans (obtestor),** *calling upon.* — **deum,** poetic form = **deorum.**

193. **testabatur,** *he kept declaring, avowing.*

194. **transitum pontem: pontem** is direct obj.; **transitum** is predicate accusative, *as a crossing.* — **reliquissent,** for fut. perf. in direct statement.

196. **monere, praedicere:** narrative infinitives. The narrative or historical inf. (with subject, if there is one, in nom. case) can be used as the main verb in a passage of very rapid narration. The tense sequence with it may be historical or primary. We regularly translate these infinitives as past tenses: *he warned, he instructed.* Note also how asyndeton imparts speed and intensity to the sentence.

197. **quantum,** adv. acc., *in so far as.*

198. **posset obsisti,** impers. pass., *it could be resisted = resistance could be offered.* — **excepturum (esse),** indirect statement, *saying that he would* . . . . — **Vadit:** cp. the famous words "Quo vadis?"

199. **insignis inter . . . terga:** lit. *conspicuous among the visible backs of those yielding to the fight = conspicuous among those who were clearly turning their backs to the fight.*

203. **tumultuosissimum,** *the most turbulent part of.*

205. **revocantibus,** sc. **eis** as antecedent of **qui.**

207. **provocare,** narrative inf. (see above). — **servitia = servos.**

208. **(eos) immemores . . . venire:** *(saying) that they, forgetful* . . ., *were coming* (ind. statement). — **alienam,** sc. **libertatem,** obj. of **oppugnatum.** — **oppugnatum,** *to attack:* the acc. of the supine, a verbal noun, to express purpose.

209. **alius alium,** idiomatic: *one looked at one, one at another.*

211. **Quae cuncta,** sc. **tela.**

213. **gradu,** *stance.*

217. **accipias:** sc. **ut: precor ut accipias.**

219. **habituram,** *destined to have;* what must it modify?

220. **fidei:** why genitive? (W. pp. 123 mid. and 192 mid.) — **in comitio,** the meeting *place* of the comitia.

224. **navibus . . . accitis:** although this construction is an abl. abs., the sentence is so complex that the abl. abs. should be translated as a main clause: *and he gathered ships both* **(et)** *for . . . and* **(et)** *so that* . . . .

225. **praedatum** (acc. of the supine of **praedor,** expressing purpose), *to plunder.*

227. **brevi,** sc. **tempore.**

229. **propellere,** sc. **pecus.**

230. **Obsidio (obsidio, -onis,** f., *siege*) **erat,** *the siege continued.* — **nihilo minus:** i.e., despite a temporarily successful Roman action from ambush against some Etruscan foragers. — **frumenti** goes in thought with both **caritate** (*high price*) and **inopia** (*scarcity*), but need be translated only with **inopia:** *a scarcity of grain coupled with* ....

231. **inopia,** sc. **erat.** — **se urbem:** which is the subject and which is the object of **expugnaturum,** and how can you tell even without the benefit of the context? (W. p. 116 n. 3.)

232. **cum,** *when,* should introduce **constituit,** but the clause becomes so involved that after *fuderit* Livy starts all over with the **itaque.** This kind of thing is not limited to Livy or Latin. — **indignum,** *unworthy* = *a disgraceful thing.*

233. **servientem, cum ... esset,** lit. *being in slavery when under the kings* = *when enslaved under the kings.*

234. **liberum eundem populum,** (*but*) *that the same people* (*now*) *free* ....

235. **exercitus fuderit,** sc. **populus Romanus;** strictly speaking, the historical sequence of tenses requires **fudisset** in this subordinate clause in indirect statement (W. pp. 378 and 142–143), but Livy often keeps the primary tenses in historical sequence.

236. **facinore (facinus, -oris,** n., *deed*): the root of this word is that of **facio.** — **vindicandam (esse):** **vindicare,** *to avenge.*

238. **metuens ne:** see W. p. 378 mid. — **iniussu,** a specialized abl. used adverbially, *without orders* or *without the orders* (*of* . . .). — **ignaris omnibus:** balances **iniussu;** what construction? (W. p. 111 and n. 3.)

239. **ut** (*as*) **transfuga, -ae,** m./f., *a deserter.*

240. **fortuna ... adfirmante,** abl. abs. giving the circumstances which would confirm the charge of **transfuga:** *since the fortune of the city at that time.* — **crimen, -inis,** n.: note that this word means *charge, accusation,* probably more often than it does *crime.*

242. **praedo, -onis,** m., *plunderer.* — **populationum:** depends on **ultor;** what construction? (W. p. 374 end.) — **in vicem,** *in our turn.*

243. **Adprobant:** Livy skilfully achieves suspense at this point: the **patres** apparently know the **facinus:** we do not.

246. **pari ... ornatu:** modifies **scriba;** what construction? (W. p. 377 end); **ornatus, -ūs,** *dress.*

247. **vulgo,** adv., *commonly, openly.* — **sciscitari: sciscito** or **sciscitor** (1), *inquire, seek to know* (**scire**). — **uter,** *which of the two,* always referring to two.

248. **regem,** obj. of the gerund. — **se-met:** the -met is an intensive suffix occasionally added to personal pronouns.

249. **quo,** as adv., *to what place, whither, where* (motion to which); here = *as,* looking ahead to the next clause. Always be careful to distinguish between this **quo** and **qua** (*at* or *in a place, where*); cp. "Quo vadis?"

250. **Vadentem ... viam,** etc. This very involved periodic sentence is

clear enough in Latin but is too complex for anything like a literal rendering in English; the ideas have to be divided into smaller portions. Though **vadentem** is in a general way parallel in construction to **comprehensum,** we had better make it an independent clause. *He walked away from the scene (along the route) where he had made passage . . .;* (**concursu . . . facto**) *a throng gathered where a clamor had been raised;* [**cum . . . (eum) comprehensum . . . retraxissent**] *and when the king's guards had arrested him and dragged him back,* (**ante tribunal destitutus tum . . . metuendus (erat) magis quam timens**) *set down and forsaken* (**destitutus**) *before the tribunal . . . then even he caused more fear in others than he felt in himself.*

254. **vocant,** sc. **me.** — **Hostis,** in appos. with the subject.

256. **Romanum,** a pred. adj.; a fine epigram by which to describe Roman character at its best. — **unus = solus.** — **in = erga,** *toward.*

257. **idem,** neut. modifying **decus: (eorum) petentium idem decus.**

258. **in hoc discrimen,** *for this hazard, critical danger,* explained by the two clauses **ut dimices** and **(ut) habeas.** — **accingere,** reflexive passive 2nd per. sing. imperative (cp. **sequere,** W. p. 163 end), *gird yourself (be girded).* — **in singulas horas,** *from hour to hour.*

259. **capite = vita,** abl. of price; i.e., an instrumental abl. denoting the price or cost of the action: *to fight for your life.*

261. **nullum proelium timueris: ne** or a similar negative + perf. subjunctive in 2nd person = a negative command [which can also be expressed by **noli (-ite)** + inf.]. — **uni . . . erit,** *the affair will be between you alone and (us) one by one.*

262. **infensus,** *embittered.*

264. **ambages,** *ambiguous words, riddles.* — **En,** interjection, *see, behold;* **tibi,** *for yourself,* dat. of ref.

265. **dextram,** sc. **manum.**

266. **foculo,** *into a brazier* (little fire); cp. "focus." — **Quam:** antecedent is **dextram.** — **alienato . . . animo,** abl. abs.

269. **hostilia ausus,** *having dared hostile things = for you have been more hostile toward yourself,* etc.

270. **macte** (an indeclinable form, which may be a vocative or an adverb, used with **virtute**), lit. perhaps *honored because of your courage or excellence;* the general force is that of congratulation and encouragement: *good luck, bravo, well done, congratulations.* **Iuberem . . . esse,** *I would give you congratulations on your courage.* — **ista,** *that* (courage) *of yours,* demonstrative of the 2nd person.

273. **tuleris,** perf. subj. in a purpose clause to indicate that Porsenna has already earned a favor from Mucius and that this fact is the motivation for what Mucius is going to say: *that you may have won by kindness that which . . . , let me give you this information . . . .*

274. **minis (minae, -arum),** *by threats.*

275. **te,** acc. case. — **grassaremur: grassor** (1), *proceed* (against).

276. **(sors) cuiusque . . . primi,** *the lot of each one first* = *of each one next in order.* — **quoad,** *until.* — **opportunum (-us, -a, -um),** lit. *suitable;* here = *accessible, exposed* (to us).

278. **Scaevolae** (from **scaevus,** *left*), dat. in apposition with **cui.** — **clade,** *destruction, loss.* — **cognomen.** The formal Roman name was composed of three elements: the **nomen** (indicating the gens), the **praenomen** (the familiar name, which stood before the nomen), and the **cognomen** (which stood after the nomen and in origin must have been what we call a nickname, often based on some physical characteristic as here in the case of Gaius Mucius Scaevola). — **inditum (est) (indo, -dere, -didi, -ditum),** *put on, give* (as a name).

279. **et casus . . . et dimicatio:** with what verb do these go?

280. **quo:** why abl.? (W. p. 94.) — **subeunda,** from **subeo.**

281. **ut:** completes the idea begun in **adeo moverat.**

LIVY: *THE SECOND PUNIC WAR*

In perhaps the 4th century of our era someone made a very abbreviated and uninspired summary (the Periochae) of Livy's history. Although the Periochae are not in themselves literature, excerpts from those of Books XXI and XXII have been included for two reasons: (1) to provide a setting for the actual excerpts from Livy; (2) to provide incidentally a contrast in style between these jejune compendia and Livy's rich pages.

1. **belli Punici secundi:** 218–201 B.C. Carthage was an old Phoenician colony. Hence the Romans often called the Carthaginians **Poeni** (the Roman corruption of the Greek word **Phoinikes**, Phoenicians) and used **Punicus, -a, -um** as the adjective.

2. **foedus:** a ten-year-old treaty between Rome and Carthage by which the Ebro (Hiberus) River was recognized as the northern boundary of the Carthaginian province in Spain. — **transitus, -us,** *a crossing.*

3. **Saguntinum** = **-tinorum,** *of the people of Saguntum,* which was a Greek colony north of the Ebro and an ally of Rome.

5. **quererentur:** distinguish between **queror** and **quaero.**

6. **saltu (saltus, -us),** *the pass* (through the Pyrenees Mountains). — **per Gallias:** the plu., indicating *the lands of the Gauls;* construe with **venit.** — **Volcis (Volcae, -arum,** m. plu.), a people in southern Gaul.

7. **Alpes, -ium,** f., *the Alps.*

9. **ad,** *at* or *near* in situations of rest. The Ticinus and the Trebia were tributaries of the Po River.

11. **Africani:** called Africanus because it was he who finally defeated Hannibal at Zama in Africa and won the Second Punic War for the Romans.

15. **in se convertit,** *attracted to himself.* — **Hamilcarem:** Hamilcar Barca, father of Hannibal and a Carthaginian general in the First Punic War (264–241 B.C.).

16. **veteres milites,** veterans of the First Punic War, subject of the narrative infs. **credere** and **intueri.** — **vigorem in vultu vimque:** the alliteration gives emphasis; cp. our "vim and vigor."

17. **habitum (habitus, -us) oris,** *expression.* — **pater in se,** *the father* (*Hamilcar*) *in him,* or *his similarity to his father.*

18. **momentum** (originally **movimentum,** *movement*), *influence, importance;* i.e., Hannibal was determined to win his own way.

19. **ingenium** (lit. that which is born in a person), *nature, talent.* — **parendum**, gerund in apposition with **res.**

20. **habilius: habilis, -e,** *(handy), fit.* — **discerneres:** the past tense of the potential subjunctive in the indefinite 2nd per. sing., *you could decide.*

21. **Hasdrubal, -balis,** son-in-law of Hamilcar, and the general currently in command of Spain. Observe that the subj. of a narrative inf. **(malle)** is put in the nom. case.

22. **praeficere,** *put in command.* — **quid,** *anything.* — **agendum esset:** Livy uses the imperfect and pluperfect subjunctive to indicate repeated action; hence **ubi** = *whenever.*

23. **alio duce,** abl. abs.

26. **Caloris:** what kind of gen.? (W. p. 374 end.) — **cibi potionisque** depend on **modus.** — **discriminata (sunt),** *were separated.*

28. **gerendis rebus:** dat. with compounds; lit *(that time) which was left over* (i.e., beyond what was necessary) *for the doing of things* = *(that time) which was not required for things which had to be done.*

29. **superesset:** for the subjunctive see note on **agendum esset** above.—**ea:** what in the preceding clause must be its antecedent?

30. **accersita** = **arcessita (arcesso),** *summoned, obtained.* — **sagulo,** *by a small military cloak.* — **humi:** locative; cp. **domi** (W. p. 179 top).

31. **Vestitus, -us,** *clothing.* — **nihil** = strong **non.**

32. **aequales** = **vestitum aequalium.** — **conspiciebantur,** *were conspicuous.*

35. **perfidia plus quam Punica:** since to the Romans **fides Punica** was proverbial for utter faithlessness and treachery, the present phrase is the *ne plus ultra* in the ugly history of national animosities.

36. **sancti:** what kind of gen.? (W. p. 192 mid.) — **deum** = **deorum.** — **nullum ius iurandum,** *no oath* = *no respect for oaths.* The whole sentence follows the tradition of the Romans' bitter hatred toward Hannibal, who had nearly cost the Roman state its life and who for over a decade had roamed the heartland of Italy at will. Probably the Romans could not be expected to display magnanimity toward such an enemy; certainly they did not. In fact, on the strength of Polybius and even some other passages in Livy, it is generally agreed that in sentences like the present one they emotionally exaggerated the enormity of Hannibal's sins. Such national animosities are not unknown today.

37. **indole (indoles, -is,** f.), *natural inheritance.* — **triennio (tres-annus),** a not uncommon use of the abl. of time within which where we might have expected the acc. of extent of time.

38. **meruit (mereo),** *earn (pay,* etc.), *serve as a soldier.*

39. **duci:** what construction? (W. p. 112 mid.)

40. **Druentia,** the Durance, a tributary of the Rhone in S.E. Gaul. — **campestri (campester, -tris, -tre),** *like a field* **(campus),** *level.* —

cum pace, *with the peace,* i.e., *the good will* (abl. of attendant circumstance).

42. **praecepta erat,** *had been anticipated.* — **ex propinquo:** Livy is fond of using a preposition and the neut. of an adjective with an adverbial or adjectival force: *from a near thing, close at hand, at close range.*

43. **caelo,** dat. with **immixtae;** a vivid expression full of discouragement for Hannibal's men. — **tecta (tectum, -i),** lit. *roofs = shelters, dwellings.*

44. **imposita: impono** is used with **in** + acc. or with dat.

45. **intonsi et inculti,** *unshaven and untidy.* — **inanima,** *inanimate things,* probably in the way of equipment.

46. **visu, dictu;** supines, abl. of specification (W. p. 376 top); see n. 24 on Livy, *Ab Urbe Condita.* — **erigentibus . . . agmen:** *to those guiding their line of march up = to those marching up.*

47. **imminentes:** modifies **tumulos.**

49. **quam . . . valle,** *in the widest possible valley* (see vocab. under **quam**); note again Livy's expression of "place where" without a prep., as also **tumulis** below.

50. **aliud:** Hannibal actually fortified his camp, but he made feints to give the impression that he would try to lead his army through the pass at the foot of the heights held by the mountaineers. However, when at the end of the day the natives finally realized that Hannibal was not going to carry out this apparent intention, they withdrew from their posts on the heights and returned home in the evening; and Hannibal·built a very large number of camp fires to make the enemy think that his entire army was spending the night in camp.

52. **quoque:** from **quisque.** — **evadit,** *escaped.*

54. **mota,** sc. **sunt.**

55. **castellis (castellum, -i),** *forts.*

56. **alios (hostes,** acc. plu.**) . . . alios hostes:** *some of the enemy . . others of the enemy.*

57. **viā,** abl. of way by which (= abl. of means), the regular road, which ran along at the foot of the heights. — **diversis rupibus,** *along opposite cliffs;* for abl. see **viā** above. — **iuxta,** *equally .* — **in vias . . . adsueti,** (the mountaineers) *being accustomed to (regular) roads and out-of-the-way paths.*

59. **plus . . . certaminis:** what kind of gen.? (W. p. 192.)

60. **quoque,** from **quisque.** — **primus,** *he might be the first to . . . .*

61. **qui . . . consternabantur:** the outline of the thought is **qui et . . . territi trepidabant, et icti . . . consternabantur.**

62. **repercussae,** *re-echoing.*

66. **immensum altitudinis:** neut. of adj. used as a noun with gen. of the whole, *an immensity of depth = an immense depth;* cp. **ex propinquo** above.

67. **ruinae modo,** *in the fashion of a falling building.*

68. **visu:** what construction? See **visu** above.

75. **stativa (-orum; sc. castra) habita sunt,** *a stationary camp was made.*

77. **Fessis,** sc. **eis,** dat. depending on **adiecit.**

78. **nivis,** from **nix,** f. — **casus, -us,** *fall.* — **Vergiliarum,** constellation of the Pleiades, which set toward the end of October, although snow could have fallen even a month before.

80. **segniter,** *slowly, sluggishly.* — **pigritia,** *sluggishness.*

81. **emineret (emineo),** *stand out, be conspicuous.* — **praegressus: praegredior** + acc., *precede;* probably on the basis of some special information.

82. **iussis militibus: iussis** agrees with **militibus,** which is ind. obj. of **ostentat.**

83. **ostentat: ostento** (1), frequentative or intensive of **ostendo,** a good key to Hannibal's mood, *eagerly point out, display.* — **subiectos** + dat., *thrown = lying at the foot of (under), adjacent to.* — **Circumpadanos:** from **Padus, -i,** Po River, the largest river in northern Italy.

84. **eos transcendere:** note **eos,** the subject accusative; what then is the construction of the infinitive? (W. p. 117.)

85. **urbis Romanae,** *of the city of Rome.* — **plana, proclivia:** *level, downhill!* The asyndeton emphasizes the eagerness of Hannibal's assurances.

86. **summum,** adv. acc., *at most.*

88. **Ceterum,** adv. acc., *but* (lit. *as to the rest*): if the mountaineers were now no trouble, the steep southern slopes of the Alps proved more troublesome than the western and northern ones.

92. **Ventum,** sc. **est.** — **rectis saxis,** *steep rocks = steep, rocky sides;* since it modifies **rupem** as does **angustiorem,** what kind of abl. is this? (W. p. 377 end.)

93. **temptabundus,** *feeling his way.*

94. **virgulta (virgultum, -i),** *bushes.* — **demittere sese,** *let himself down.*

98. **id ipsum,** *this very purpose.*

99. **purgato,** *cleared.* — **fodiendum:** fodio, fodere, fodi, fossum, *dig up;* cp. "fossil;" not to be confused with **foedus, -a, -um** or **foedus, -eris.**

100. **ad rupem muniendam:** on the model of **viam munire,** *to build* (lit. *fortify*) *a road;* we might say *to make a passage via the cliff.* — **unam = solam.**

101. **ducti,** actually a participle agreeing with **milites,** subject of **faciunt,** but translate as if the reading were **milites ducti sunt, et ... struem faciunt.**

102. **detruncatis,** *lopped.*

103. **succendunt ardentiaque: succendo,** *to set on fire;* ardeo, *to be on fire, to glow.*

104. **infuso (-fundo) aceto:** whatever was actually done, Hannibal's passage was undoubtedly little short of a miracle. — **putrefaciunt,** *make rotten* or *friable.*

105. **anfractibus (anfractus, -us),** *turn, bend.*

106. **elephanti:** war-elephants were first employed against the Romans (and with great success) by the Greek general Pyrrhus in 280–279 B.C. The Carthaginians also had war-elephants. However, although these elephants helped to terrify the natives in Hannibal's march through the Alps, they were apparently little used during the Second Punic War.

107. **fame:** distinguish between **fames, -is,** f., *hunger* (cp. "famine") and **fama, -ae,** *fame.*

108. **fere:** distinguish between **fere,** adv., *almost, about,* and **ferre,** inf., and **ferrum, -i,** *iron, sword.* — **cacumina** (**-men, -minis,** n.), *top, summit.* — **pabuli (pabulum, -i),** *food, fodder;* what kind of gen.? (W. p. 192.)

109. **Inferiora,** sc. **loca.** — **prope,** here prep. + acc., *near.*

110. **cultu,** *culture, life, occupation;* abl. with **dignus.**

111. **muniendo,** abl. with **fessis;** refers to **ad rupem muniendam** above.

112. **Hoc maxime modo,** *in this way for the most part.* Since Livy's account of Hannibal's crossing of the Alps seems to be rhetorical rather than strictly geographical, much uncertainty exists about the exact route taken. However, all will agree on Livy's power of graphic narration and on his artistic truth even where literal truth as to the details may be lacking.

113. **Carthagine novā:** New Carthage in S.E. Spain, the point of departure for Hannibal's march to Italy.

115. **vigilias: vigilia, -ae,** *wakefulness, lack of sleep,* the plu. indicating that there was no sleep in this terrible four-day march through the swamp. — **paludibus: palus, -udis,** f., *swamp.*

116. **venit:** in the spring of 217 B.C. — **quadriduo: quadriduum, -i,** derived from **quattuor** and **dies.**

117. **temerarius,** *rash;* cp. Eng. "temerity" (not "timidity"). — **contra auspicia,** a sign of rashness to the Roman mind.

119. **devolutus** (**devolvo,** *roll down*), *thrown* (on his head); certainly a bad sign at the start of an undertaking!

121. **acie,** *in battle line,* full formal battle array in the open field: the crucial point in the Fabian policy because frankly the Roman generals were for a long time no match for Hannibal in the open field.

122. **victoriis,** to be construed with **ferocem.**

123. **tantum,** adv., *only;* modifying **opponendo.** — **conatūs** (**-tus, -tūs,** m.), the noun of **conor.**

124. **magister equitum:** the master of the horse was second in command to the dictator.

125. **criminando: criminor** (1), *accuse, calumniate.* — **segnem (segnis, -e),** *slow, slothful.*

126. **ei,** dat. with **aequaretur:** lit. *the command was made equal to him with the dictator = he had equal power.*

128. **discrimine,** *crisis, danger.* — **superveniente,** *arriving* (unexpectedly).

130. **idem,** neut. — **Idemque,** masc. nom. sing., *the same man =* Hannibal. — **Fabi,** depends on **agro.**

131. **agro pepercit (parco):** explain the syntax of **agro.** (W. p. 168.)

133. **et ducibus:** i.e., both consuls went into the field at the same time.

134. **pugnatum est,** impersonal passive. — **caesa,** sc. **sunt; milia** with the following numeral is the subject.

135. $\overline{\text{XLV}}$ = **quadraginta quinque milia.**

136. $\overline{\text{VIII}}$ = **octo milia.**

137. **Varroni obviam itum (est),** impers. pass., lit. *there was a going to meet V. = V. was met.*

138. **actae,** sc. **sunt.** — **quod ... desperasset,** subjunctive in implied indirect discourse: *because, as they said, he had not despaired.*

139. **nobilis:** not to be translated *noble.*

140. **memorata,** *recounted, memorable* (among the few disasters), modifies **pugna.** Three others at Hannibal's hands were Ticinus, Trebia, and Cannae.

142. **petiere:** what form? (W. p. 55 n. 7.)

143. **ad,** *at.*

145. **frequentis contionis modo,** *in the manner of a crowded (full) assembly.* — **turba** (nom. case), *the throng.*

146. **versa** (middle, or reflexive, use of the passive), *having turned itself to* or *turning to.*

147. **pugna ... victi sumus:** Laconic enough to suit even the Spartans, and undoubtedly intended to emphasize that **gravitas** (*seriousness, dignity, morale*) which was for so long one of the most noble and valuable characteristics of the Romans.

149. **alius ab alio impleti:** an example of the distributive idiom of **alius,** meaning lit. *one person having been filled with rumors by one person and another by another,* or more smoothly, *filling one another with rumors.* — **domos,** plu. of the more common **domum;** what construction? (W. pp. 178 II. 2, 179 top.)

150. **caesum,** sc. **esse:** why **esse** and not **est** or **erat?** (W. pp. 117–118.)

151. **Quot casūs** (nom. plu.), *how many misfortunes.*

152. **exercitūs victī,** gen. sing. — **tot in curas ... erant:** lit. *into so many anxieties had the souls of those been drawn with suffering* (**dis-**). Now with the literal meaning clearly in mind try rendering this sentence into forceful idiomatic English which says exactly what the Latin does, no more and no less.

153. **ignorantium:** looks back to **eorum.**

154. **satis certum habet,** *know with any degree of certainty.*

155. **praetores,** who had judicial functions and naturally presided over the senate in the absence of the consuls.

156. **ab orto** (sc. **sole**), *from the risen sun = from sunrise.* — **curia,** *the senate-house;* not **cura.**

157. **quonam** (from **quinam**) **duce,** *by what leader, pray;* this form of the interrogative indicates urgency and desperation. — **resisti,** impersonal pass. inf. — **resisti Poenis:** note that even in the impersonal passive **resisti** still retains the dative of indirect object which it would have in the active voice. (W. p. 169 mid. and n. 3.)

159. **adhibitum** (lit. *brought to*), *applied, employed.*

160. **dictatorem dicendum:** in appos. with **remedium,** *a dictator to be appointed = the appointment of a dictator.* There was only one dictator at a time; he was appointed to meet a specific emergency; his term was six months unless he completed his mission in less time, and his power was absolute. Sulla and Caesar were not dictators of the old republican variety.

161. **uno = solo.** — **videbatur,** sc. **dictator** as subj.

163. **(id) quod:** the **quod** clause is in apposition with the clause **populus creavit.**

167. **locis:** **locus** is often used without prepositions of place. — **videretur,** *it seemed best.* — **rescinderent** (-scindo, -ere, -scidi, -scissum), *tear down* or *back.*

168. **penatibus:** the penates were the household gods; the prime effort was to be devoted to the defense of the city rather than to the rest of Italy. — **dimicandum esse:** impers. pass. of the passive periphrastic; why inf.? (W. p. 117.) — **nequissent (nequeo) = non potuissent.**

170. **viam Latinam:** a road leading south from Rome, somewhat parallel to the Appian Way, only more inland.

172. **cogeret:** the subjunctive depends on his thought implicit in **commissurus.** — **commissurus,** *intending to entrust himself to fortune in no place;* i.e., *determined not to entrust himself to (mere) luck in any place.* This new policy of caution and watchful waiting earned Fabius the epithet Cunctator (the Delayer) and has given us "Fabian policy" and "Fabian socialism;" the policy was born of suffering ("pathei mathos," said the Greeks; "Romani edocti malis," says our text below; "moniti meliora sequamur" are the words in *Aeneid* 3.188); the idea helped the Roman state to survive and provides a valuable lesson for our own time. It is sad that disregard of this policy in 216 B.C. had to bring the tremendous Roman tragedy of Cannae. However, enough caution lasted thereafter till the younger Scipio could survive, mature, and graduate from Hannibal's own school of war and finally defeat the great general at his own game.

173. **nullā morā factā,** probably an abl. abs. of attendant circumstance:
lit. *no delay having been made but that* . . .; better, *and without delay the
Carthaginian led out* . . . .

174. **educeret,** sc. **milites.**

176. **increpans** (lit. *rattling*), *saying angrily.* — **Romanis:** what construction? (W. pp. 182–183.)

177. **Ceterum,** adv. acc. = **sed**; i.e., in spite of his bravado of the preceding sentence. — **incessit,** *attacked, came over.* (In view of **rediit**
and **timuit, incessit** must be the perfect of **incedo** rather than a
histor. pres. of **incesso,** though the sense would be much the same.)

178. **quaesissent:** why subjunctive? (See n. 71 on p. 161.)

179. **prudentiam,** the antonym of the **temeritas** which Livy sees in
Flaminius, Minucius, and Varro. — **extemplo,** adv., *immediately.* —
Constantiam, sc. **eius.**

180. **hauddum** = **nondum,** *not yet.*

181. **crebro,** adv., *frequently.*

184. **magistrum equitum:** Minucius, Fabius' second in command.

185. **Ferox,** *impetuous.* — **consiliis ac lingua:** what kind of abl.? (W. p.
376 top.)

186. **segnem,** pred. acc.; sc. **eum** (Fabius) as direct obj.: (*he kept calling*)
him slow (instead of one who delays).

187. **compellabat** (from **compellare,** not **compellere**), *call, rebuke,
stigmatize;* note the effectiveness of the imperfect (W. pp. 71–72).

188. **aquas Sinuessanas,** *the waters* (= medicinal springs) *of Sinuessa,* a
town in Latium. — **populatio, -onis,** *plundering:* Hannibal's
plundering of Rome's allies continues.

189. **tamen . . . latius:** the actual destruction was enormous, but the
area from which people fled was greater. Undoubtedly Hannibal was
counting on this sort of thing coupled with spectacular victories to
break the loyalty of the members of the Roman Federation to Rome
and cause wholesale desertions to Hannibal, which would bring Rome
to her knees and obviate the need of a siege. In this Hannibal made
his greatest miscalculation. Livy's explanation follows in the second
part of this sentence. — **Numidae, -arum,** m., *the Numidians.*

190. **videlicet,** adv., *clearly.*

191. **abnuebant** (**abnuo, -ere, -nui**), *nod away from* = *refuse.* — **quod,**
which; the antecedent is **melioribus parere.**

192. **melioribus,** sc. **viris,** i.e., the Romans; what construction? (W. p.
168.)

193. **ad Vulturnum,** *near the Vulturnus,* a river in Campania. — **castra,**
sc. **hostium** or **Hannibalis.**

194. **ager,** here = *district, country.* — **villae,** *farms.*

195. **iuga** (**iugum, -i**), *ridge.* — **de integro,** *afresh.*

196. **in suos . . . intentus** (**intendo,** *stretch*), *alert to his own men.*

197. **prius ab illis,** *previously by the former.*

199. **infamem (infamis, -e),** *unpopular.* — **tenore (tenor, -oris),** *course.*

201. **actum est,** impers. pass.; **agere** here = *discuss.*

202. **non praesentem** (i.e., with his army) **solum ... sed absentem** (he had had to go to Rome) **etiam.**

203. **rei bene gerendae ... (rei bene) gestae** (i.e., well managed in his absence); both are dat. with **obsto** (W. p. 169).

204. **sedulo,** adv. (*zealously*), *purposely.* — **quo,** actually abl. of degree of difference (W. p. 376 end) to introduce a purpose clause; when is **quo** so used? (W. p. 241 n. 26.)

206. **promulgaturum,** sc. **se** as subject; indirect statement. — **de aequando ... iure:** the whole purpose of the dictatorship was to secure in an emergency greater efficiency by granting all the imperium to one man (instead of two consuls). The measure here proposed nullified the original purpose of the dictatorship. Actually, as a result of this, the rash Minucius and his army were trapped by Hannibal until they were rescued by the cautious Fabius. Thereafter Minucius had the good sense to recognize Fabius as his superior until the end of Fabius' six-month term.

207. **prius ... quam,** *sooner ... than* = **priusquam,** *until.*

208. **Flamini,** who had died at Trasumennus.

209. **suffecisset,** *had substituted.* — **suasor,** *recommender, advocate.*

211. **sordido,** *base;* i.e., socially, for his father was a butcher.

212. **Cum:** conjunction. — **orationibus,** by a tribune who had inveighed against the patricians.

213. **rogando collegae,** *for electing a colleague:* what construction? (W. p. 375 top.)

214. **experta (experior, -iri, expertus sum):** lit. *having tried* = *realizing from experience* (that there had been ...). — **parum ... virium:** check the case and construction of **virium** carefully (W. p. 192). — **competitoribus:** there had/been three patrician candidates; of course, one of the two consuls had to be a plebeian (i.e., Terentius Varro) and the other a patrician. Hence the desire of the patricians now to have a candidate who would be a strong match for Varro.

216. **ad petitionem,** *to the campaign for election, to run for election.*

217. **proficiscentem:** Fabius, no longer dictator, addresses the consul as he leaves for the war.

218. **tui,** gen. of pronoun **ego:** *like you, the like of you;* some adjectives like **similis** which usually take the dative (W. p. 375 end) may be modified by a possessive gen. as here.

219. **supervacanea,** *superfluous.*

221. **nescio an,** *I do not know whether* = *I am inclined to think.*

222. **adversarius,** *political opponent.* — **maneat te,** *may await you* = *may prove to be.*

224. **nobilior:** not *more noble;* cp. n. 139 above.

225. **ratio,** *method, system.*

227. **stultorum:** it is the mark of a fool to learn simply by trial and error, simply by experience undirected by reason. — **ratio,** here = *reasoning, judgment.*

229. **sŏlum (sŏlum, -i),** *soil, earth;* not **sōlus, -a, -um.**

232. **tempus diesque,** *each day that passes;* somewhat like our tautological "time and tide."

234. **illi:** what kind of dat. ? (W. p. 375 mid.)

237. **fame quam ferro:** the alliteration emphasizes the contrast; the style throughout this speech is highly rhetorical and effective (epigrams, parallel clauses and phrases, polysyndeton, etc.). — **absumpti,** sc. **sunt.** — **victus (victus, -ūs,** *way of living; food),* here acc. plu., *food, victuals.*

238. **superaturi simus,** *we are going to overcome (him);* future subjunctive, formed by fut. partic. + subj. of **sum.**

240. **idem:** note that here and at the beginning of the next clause the **i** is short (see W. p. 51 mid.); it is, of course, an immediate battle. — **tui:** nom. plu.

242. **resistas oportet: oportet** may take the subjunctive or the infinitive.

244. **steteris:** what form ? (W. p. 156 n. 2.) — **falsa infamia:** i.e., the unfounded charges which his political enemies would make against him.

245. **saepe,** to be construed with **laborare.**

247. **metuat: volo** and its compounds may take the subjunctive as well as the more common infinitive. — **audentem:** note that this is not **audientem.**

253. **fatentis (fateor):** agrees with **consulis** but explains **haud laeta,** *allowing as he did that those things . . . were rather . . .*

254. **factu:** for form and construction see n. 24 on Livy, *Ab Urbe Condita.* — **consuli:** what kind of dat. ? (W. p. 375 mid.)

255. **virium:** depends on **quid;** see W. p. 192. — **fore:** implied indirect discourse; although **quid** should technically introduce an indirect question, the clause has the force of an emphatic statement, and hence the infinitive is used.

259. **satis exploratis:** this much, at least, the Romans had learned from Flaminius' fatal carelessness at Trasumennus. — **Poenum, . . . Poenum:** apparently the first **Poenum** refers to Hannibal and the second, as a collective singular, means *the Carthaginians.*

260. **Cannas (Cannae, -arum),** a town on the Aufidus River in Apulia in S. E. Italy. — **bina (bini, -ae, -a,** lit *two each), two camps:* with nouns like *castra* that were normally used only in the plural the Romans expressed the numeral idea not by the cardinals, but by distributive numerals **singuli, bini, terni,** etc.

261. **nactus (nanciscor, -i,** *come upon, obtain), entertaining* (the hope).

262. **procursatione (-tio, -tionis;** cp. **pro-curso** from **curro),** *a charge, skirmish.*

263. **sollicitari:** what use of the inf.? See n. 196 on Livy, *Ab Urbe Condita.* — **seditione** [**se(d),** *apart,* + **it** (from **ire**), *going*], *dissension, quarrel; mutiny* is too strong a word here. The soldiers were quarreling over the policy to follow just as were their consular generals.

265. **speciosum (-osus, -a, -um),** *beautiful, splendid;* sarcastic of course.

267. **Postero die:** Paulus had been in command on the day before and had restrained the Romans from making impetuous contact with Hannibal. Only one consul at a time had the chief command, on alternate days.

270. **tenuēre:** observe that this is not **tenēre.**

271. **tuenda data (est),** *was given to be looked after, was given for supervision.*

272. **cornibus:** what construction? (W. p. 169.)

274. **adversus,** here an adj. agreeing with **ventus:** *adverse* (to the Romans).

277. **primo proelio,** *at the first part of the battle, at the beginning of the battle.*

278. **fundā, (funda, -ae),** *with a sling-stone.* — **confertis (confertus, -a, -um),** *with men in close formation,* i.e., his bodyguard of picked cavalry-men.

280. **omissis equis,** *their horses having been let go = having dismounted.* — **et,** *even;* he was so weak from his wound.

282. **dissipati sunt: dissipo** (1), *scatter.*

284. **praetervehens: praetervehor, -vehi, -vectus sum,** *ride by.* — **equo:** abl. of means in Lat., place where in Eng.

287. **virium:** from **vir** or **vis**?

288. **funestam (-us, -a,-um),** *disastrous, fatal.* — **ne ... feceris:** what kind of subj.? (W. p. 259 #23 n. 1.)

289. **luctus: luctus, -ūs,** *mourning, grief.*

290. **macte virtute esto,** highly idiomatic, *good luck to you;* lit. *thou shalt be increased in thy courage.*

291. **cave** (sometimes **cave ne**) + subj. **(absumas),** a prohibition, *do not waste,* lit. *beware (lest) you waste.*

293. **muniant,** subj. of indirect command more often introduced by **ut:** (tell them) *to fortify* or *that they should fortify.*

294. **Fabio,** sc. **nuntia;** one cannot help thinking of Leonidas and of Simonides' elegiac couplet on the Spartans who fell at Thermopylae, which Cicero renders thus:

> Dic, hospes, Spartae nos te hīc (*adv.*) vidisse iacentes,
>   dum sanctis patriae legibus obsequimur.

praeceptorum, gen. depending on **memorem;** what kind of gen.? (W. p. 374 end.)

295. **Me-met,** emphatic form of **me;** **-met** can be added to other forms of the personal pronouns except the gen. plu.

296. **patere:** what form of **patior** is this? (W. pp. 163 end and 164 top.) — **reus (-i,** *defendant*) **iterum:** Paulus had earlier been charged with misappropriation of booty (in 219 B.C.) but not convicted. — **e,** *as a result of.*

297. **alieno crimine,** lit. *by a charge belonging to another, by incriminating another.*

301. **insertus,** lit. *having been introduced into* = *having joined.*

304. **caesi,** sc. **esse; caesi** (nom. plu.) to agree with the subject of **dicuntur.**

308. **perfunctus: perfungor, -i, -functus sum,** *perform, complete.* — **bello:** explain the syntax. (W. p. 164 mid. and n. 5.) The use of the word **bellum** shows that these Carthaginians considered that the war, and not a mere battle **(pugna),** had been won. — **diei,** what kind of gen.? (W. p. 192.)

310. **cessandum (esse),** impers. pass., *that there ought to be no delay at all.*

312. **Capitolio:** Capitolium was used both of the temple and the hill, apparently regarded as the **caput** of Rome; cp. our words "Capitol," "capitol," and "capital." — **epulaberis: epulor** (1), *to banquet, feast.* — **sequere:** what form? (See **patere** above.) — **equite,** used as a collective noun here. — **prius venisse quam venturum:** *(they may know) that you have arrived (even) before they know that you are setting out;* i.e., *you will actually be there before they know it.*

313. **nimis laeta . . . maiorque quam ut,** *too joyous . . . and too great than that he could* = *for him to be able;* the **ut** clause is result.

315. **pensandum: pensare,** *weigh carefully.*

316. **opus esse:** in the phrase **opus est,** etc., *there is need, it is necessary,* **opus** is indeclinable and it can be accompanied by various constructions including the abl. (very common), the gen., the inf. — **nimirum,** adv., *surely.* — **eidem:** not to be construed with **di.**

317. **victoria:** syntax? (W. p. 164 mid.)

318. **saluti . . . urbi:** explain these datives. (W. p. 375 top.)

319. **non,** sometimes conveniently rendered by *fail to:* *(no other nation) would have failed to be overwhelmed,* or *any other nation would have been . . . .* Throughout this entire passage, as in many others, we see Roman character at its best. Surely one of the clearest reasons for Rome's greatness is this morale and pertinacity, this **gravitas** and **virtus;** it had an epic quality which both Virgil and Livy appreciated and admired and recorded for our inspiration.

320. **praetores,** again in the absence of the consuls. — **curiam Hostiliam:** the regular meeting place of the senate down to the time of Caesar, said to have been built by Tullus Hostilius.

324. **expeditos,** *light-armed* and therefore swift. — **obvios,** *those in the way opposite* = *those whom they met;* i.e., fugitives straggling back to Rome. —**percunctando: percunctor** (1) or **percontor,** *to question.*

325. **referant:** why subjunctive? (W. p. 203 n. 15.) Note that Livy may use primary sequence after a historical main verb.

326. **nominis,** here = *power.*

327. **quo,** adv.

328. **acturus sit,** future subjunctive in an ind. quest., *what he is going to do.*

329. **illud:** looks ahead to, and is explained by, the appositional **ut-**clauses; *the following.* — **patres = patres conscripti, senatores.**

330. **tollant:** lit. *lift up and take away;* here = *allay.* — **familiarum: familia, -ae,** *household* including slaves.

333. **prohibeant:** why subjunctive? (See **referant** above.)

334. **nisi . . . salvis,** clearly an abl. abs. with conditional force.

336. **esse . . . colligentem,** *he was (at Canusium) gathering.*

341. **dilectu: dilectus, -ūs,** *a levy.*

342. **praetextatos,** boys under 17: the *toga praetexta* with its crimson band around the edge was worn until the boy became of age at 17 or 18 and assumed the *toga virilis,* the toga of manhood. The use of this word indicates that they even enrolled **(scribunt)** boys of, say, 15 and 16.

344. **Latinum nomen,** *Latin status,* a class of allies who had special privileges. On the principle of **divide et impera,** Rome had a separate treaty with each one of her allies.

345. **arma, tela:** the former primarily defensive, the latter offensive. — **spolia . . . detrahunt,** to be used in case of need against the enemy, as the British got out their old firearms in defense of Britain in World War II.

347. **quanto:** syntax? (W. p. 376 end.) — **cladibus:** syntax? (W. p. 377 top.)

348. **indicio: indicium,** *evidence;* syntax? (W. p. 375 top.) — **quod,** *the fact that,* a noun clause in apposition with **res.**

349. **labare,** *waver;* cp. **labor, -i, lapsus sum,** *slip.*

351. **moverunt,** sc. **animos.** — **usquam,** *anywhere.*

352. **adventum:** i.e., the return of Varro after his defeat at Cannae.

354. **magno animo:** what construction? (W. p. 377 end.)

355. **fuisset,** subjunctive by attraction: this occurs when a clause which would normally have the indicative is imbedded in a subjunctive clause of which it is an integral part. — **obviam** (adv.) with dat.: *toward, to meet;* i.e., to meet the consul (Varro) as he returned. — **itum ab omnibus ordinibus sit:** impers. pass. with abl. of agent: *all orders went (to meet . . .)* This included the senators, some of whom, at least, had favored another battle with Hannibal. — **frequenter,** *in throngs.*

356. **desperasset:** the subjunctive shows that this is the people's reason, not Livy's; *because, as they said, he had not despaired.* "Magno animo" indeed, when one thinks what a scapegoat Varro might have been; this is Roman character at its best. This magnificent morale plus, perhaps, the fact that for whatever reason Hannibal didn't march directly on Rome enabled the Romans to survive Cannae and to persevere until (as was the rule in Roman history) they won the final victory, at Zama in 202 B.C.

OVID: *METAMORPHOSES*

Ovid (Publius Ovidius Naso) was born in 43 B.C., the year of Cicero's death and the year after the assassination of Julius Caesar. In A.D. 8 he was banished by Augustus to Tomis on the Black Sea because of his *Ars Amatoria* and some "error" which has never been ascertained, and there he died in A.D. 17. Hence his *floruit* was the period of Augustus. With perhaps too great facility he turned out a mass of love poetry which was regarded as clever but which was often inimical to Augustus' attempted moral reforms. However, his most famous work even to the present day is the one on mythology entitled *Metamorphoses*. Here the poet skilfully narrates for entertainment 14 books of short stories from Greek mythology, connecting them by the theme of metamorphosis (Greek for "change of form"). These stories are interesting, well told, and commonly edifying in one way or another; and it is not strange that they and their imagery have been extensively used in poetry and in other fields right down to our own times.

Scansion

The *Metamorphoses* are written in the poetic form called dactylic hexameter, which is also the verse of such great epics as the *Iliad*, the *Odyssey*, and the *Aeneid*. All poetry has rhythm (a flowing quality) of some sort. In our own poetry this rhythm is accomplished by some accentual pattern of *stressed and unstressed* syllables. In classical Greek and Roman poetry this was done by a quantative pattern of *long and short* syllables. To this rhythm our poets frequently (though not universally by any means) add rime; but, although the Romans liked various forms of assonance, poetic rime in our sense of the word was not a feature of ancient classical poetry. A person who would like to read ancient dactylic hexameters must first of all know something about the quantity of syllables.

Quantity of Syllables

A syllable is long (1) by nature or (2) by position. (In scansion a macron, or long mark, —, is placed above letters to indicate a long syllable; a curved mark, ∪, indicates a short syllable.)

(1) Long by nature—if it contains a long vowel or a diphthong: **a-mi-cus**, **quae-dam.**

(2) Long by position—if the vowel (long or short) is followed by two consonants or a double consonant (*x* or *z*): mis-sus, saxa (= sac-sa).

(a) However, when a stop (*p,b; c,g; d,t*) is followed by a liquid (*l* or *r*), the syllable may be treated as long or short according to the requirements of the meter: pat-rem or pa-trem, lac-rimae or la-crimae.

(b) The rule of "position" also holds when the final syllable of a word ends with a consonant and the next word begins with a consonant: nec verba; sed non; in mare; auxilium per.

Elision

Elision is the cutting off of a final vowel or vowel + m before an initial vowel of the following word: iamqu(e) erat; tempor(e) in; saep(e) ubi; amic(o) aut; format(ae) infundere; loc(um) et; peregrin(am) ut. In oral reading these elided syllables may have been omitted entirely (which is easier), or they may have been slurred over.

(a) In the case of the word est a kind of reverse elision occurs in which the e of est is lost: duro est becomes duro'st.

(b) The sound (letter) *h* does not count in any way: it does not prevent elision and it does not make position: e.g., iacer(e) hos; pronus humi.

(c) Consonantal *i:* initial *i* followed by a vowel was a consonant with the sound of *y;* and so it prevents elision (flumina iuro) and can make position (facinus iurasse). Somewhat similarly intervocalic *i* serves both as a vowel and as a consonant; e.g., huius is scanned as if spelled hui-yus.

Dactylic Hexameter

"Hexameter" means a verse of six measures, or feet. "Dactylic" means that the basic foot is a dactyl; i.e., a long syllable followed by two short syllables (—∪∪). To provide variety a spondee (two long syllables, — —) may be substituted for a dactyl; and the sixth foot is never a dactyl but always a spondee or, by metrical license, a trochee (—∪). Obviously every foot must begin with a long syllable; and this syllable should be given a *very* faint stress, or ictus.

Four helpful mechanical rules for beginners in writing out scansion. Of course, this artificial exercise should give way as soon as possible to reading the lines aloud.

(1) The first syllable of every verse is long.

(2) The last foot of every line can contain only 2 syllables (— — or —∪).

(3) The 5th foot is usually a dactyl.

(4) If anywhere in the first 5 feet there is one short syllable, there must always be a second short syllable right next to it.

Pauses are made at natural points as indicated by the sense and the punctuation. Other metrical rules or problems will be noted as they appear. The following lines taken from the passages of Ovid in this book contain examples of the points mentioned above. In particular, explain the principles involved in the underlined parts.

1. utque lo|c(um) et vi|sa cog|noscit in | arbore | formam

2. nostra no|cens ani|ma (e)st. Ego | te, mise|randa, pe|remi

3. illa re|dit iuve|nemqu(e) ocu|lis ani|moque re|quirit

4. tempore | crevit a|mor; tae|dae quoque | iure co|issent

5. nominat.| Exau|di vul|tusqu(e) at|tolle ia|centes

6. credidit | esse de|os. Et | iam Iu|nonia | laeva

7. vos quoque | iunxit A|mor. Per e|g(o) haec loca | plena ti|moris

8. an sit et | hic, dubi|to. Sed et | hic tamen | auguror | esse

9. molli|bat lu|suque su|o mi|rabile | patris

10. et patri|ae tremu|ere ma|nus. Dedit | oscula | nato

11. nec satis|hoc Bac|cho (e)st: ip|sos quoque | deserit | agros

12. utque de|dit no|tae lacri|mas, dedit | oscula | vesti

Some Poetic Characteristics of Ovid's Style and Usage

In ancient, just as in modern, poetry considerable "poetic license" was observed both for convenience and for poetic effect. A few of these characteristics in Ovid are given here in the hope that, if they are read before the student turns to the Latin text, they may forearm him against some of the puzzlements and difficulties; for Latin poetry is enjoyable once a person is alert to the tricks of the trade.

(1) *Interlocked word order.* Latin word order is much freer in poetry than it is in prose. Often it is so involved that it is called interlocked order, which means that words which belong together (e.g., an adjective and its noun, a preposition and its object) are for poetic effect and emphasis or metrical considerations separated from each other by a number of words or even a line. For instance, an adjective may appear as the first word of a line and its noun as the last word of the line or even as a word in the next line; a prepositional phrase may occur between a noun and its adjective or it may itself be broken up by other words; a relative pronoun may be placed late in the clause which it is supposed to introduce. The possibilities

are numerous and anything may happen. This means that one has to watch the agreements in gender, number, case, etc., most carefully and must not jump to any hasty, unanalyzed conclusions. Consider this line: **flāvaque dē viridī stillābant īlice mella** (*yellow honeys dripped from the green holm-oak*). **Flava** at the beginning modifies **mella** at the end; the verb **stillabant** splits a prepositional phrase separating **de** from its object **ilice** and also the adjective **viridi** from its noun **ilice**.

(2) *Syntax and forms.* Greater freedom in syntax and poetic usages includes such items as: (a) a wider use of the dative; (b) the dative of agent instead of the ablative with *any* passive form; (c) frequent omission of prepositions where prose would require them, especially in place constructions; (d) the poetic plural of a noun where prose would use the singular; (e) the ready omission of objects of verbs or subjects of infinitives or other forms when easily supplied by the context; (f) the use of simple for compound verbs; (g) the very common use of **-ēre** for **-erunt**, 3 per. plu. perf. act., though this form is also found in prose; (h) **-um** for **-orum/-arum,** gen. plu.

(3) *Vocabulary.* A poet's vocabulary is normally large and he prefers picturesque words, colorful expressions, and metaphors so that even more often than in prose the translator cannot rest content with the mere literal translation. Similarly in his desire for variety the poet may use for the same object a number of somewhat loosely synonymous words; e.g., **mare, aequor, pelagus, pontus, altum, fluctus, unda.**

Pyramis and Thisbe

55. **iuvenum** (**iuvenis, -is,** *young man*): how is this form exceptional as a gen. plu.? (W. p. 66 n. 5.)

56. **quas:** antecedent is **puellis. — praelata (prae-fero),** *preferred.* What, then, is the construction of **puellis?** (W. p. 169 and n. 3.)

57. **tenuere:** form? (W. p. 55 n. 7.) So also **vetuere, potuere,** etc. below. — **dicitur:** subj. is **Semiramis, -idis,** wife of the Assyrian king Ninus, reputed to have been the builder of Babylon.

58. **coctilibus: coctilis, -e,** lit. *cooked* or *baked,* hence *made of brick;* cp. "terra cotta." — **murus, -i,** *wall;* cp. "mural."

59. **primos gradus** (sc. **amoris**), *the first steps* (progress) *in love.* — **vicinia, -ae,** *proximity, their being neighbors;* cp. "vicinity."

60. **cresco, -ere, crevi, cretum,** *increase.* — **taedae iure,** *by the law of the marriage torch* (which was carried in the wedding procession). — **coissent** from **co-eo,** *come together, be joined;* of what kind of condition is this the conclusion clause? (W. p. 157 IIIB.)

61. **vetuere: veto, -are, vetui, vetitum,** *forbid, prevent;* cp. "veto." — **Quod,** *a thing which;* the antecedent of **quod** is the entire next line.

62. **ex aequo,** adverbial phrase, *equally.* — **captis . . . mentibus,** sc. **amore.**

63. **Conscius,** *witness.* — **abest:** note the change from the perfect tenses of the preceding sentence (**fecit, crevit, vetuere**) to the historical present tenses of this sentence (**abest, loquuntur, tegitur, aestuat**), a not uncommon usage in which there is no basic difference of meaning except that the hist. pres. was felt to be more vivid and intense; as a rule we translate the hist. pres. as a past tense. — **nutu: nutus, -ūs,** *nod.* — **quoque magis = et quo magis,** *and the more,* balanced by **(eo) magis** later in the line; for the syntax of **quo** see W. p. 376 end.

65. **Fissus erat: findo, -ere, fidi, fissum,** *split* (cp. "fissure," "fission"); the subject is **paries, -etis,** m., *wall* of a house. — **tenuis rima, -ae,** *a thin crack.* — **quam duxerat,** lit. *which the wall had led = had developed.*

67. **nulli,** dat. of agent with **notatum,** *observed.* — **saeculum, -i,** *age, generation.*

68. **primi,** nom. plu. agreeing with the subject of **vidistis;** our idiom is *you were the first to see.* **vidistis:** note that Ovid here turns from the reader and addresses the lovers directly though, of course, they are not physically present; this is called apostrophe. — **amans,** gen. **amantis:** actually the pres. partic. of **amo,** it is used both as an adj. = *loving* and as a noun = *lover.*

69. **fecistis,** sc. **eam rimam** as direct obj.; **iter (vocis)** is predicate acc. (W. p. 68 n. 6.)

70. **blanditia, -ae,** *blandishment, endearment.*

71. **hinc . . . illinc,** *on this side . . . on that side.*

72. **Invidus, -a, um,** *envious.* — **quid = cur.**

77. **quod** clause (*the fact that . . .*) is obj. of **debere.** — **verbis** depends on **datus est.** — **trans-itus, -itus,** noun of **trans-eo.** — **auris, -is,** f., *ear.*

78. **nequiquam,** adv., *in vain.*

79. **sub noctem,** *at the approach of night, at nightfall.* — **parti . . . quisque suae,** (*they gave*) *each one to his own side.*

80. **contra,** *to the other* (*side*).

81. **Posterus, -a, -um,** adj. of **post.** — **nocturnus, -a, -um,** adj. of **nox, noctis: nocturnos ignes,** poetic expression = **stellas.**

82. **pruinosas . . . herbas,** *frost-laden grass.* — **radius, -i,** *rod, spoke, ray;* cp. "radius," "radiate." — **sicco** (1), *to dry;* cp. adj. **siccus** and "desiccate."

83. **coiere = coierunt,** *they came together, met.*

84. **queror, queri, questus sum** (not **quaero**), *complain;* cp. "querulous." — **statuo, -ere, statui, statutum,** *decide, determine.* — **silenti (silens, -entis,** W. p. 76 top) modifies **nocte.**

85. **fallo, -ere, fefelli, falsum,** *deceive, elude;* cp. **fallax,** "fallacious," "false." — **custodes,** i.e., their parents. — **foris, -is,** f. *door;* cp. "forum," *market* (*a place out of doors*).— **temptent (tempto,** 1,*try*), *to try*

or *that they should try;* syntax? (W. p. 173); so also **relinquant, con-veniant,** and **lateant** below.

86. **exierint,** perf. subj. for fut. perf. ind. (W. p. 378 top); when a **cum-**clause looks to the future, it has the fut. or fut. perf. indicative.

87. **busta, -orum,** *tomb* (of Ninus, husband of Semiramis). — **lateo** (2), *lie hidden, hide;* cp. "latent."

88. **ibī:** final **i** is here long for metrical reasons. — **niveis uberrima pomis,** *very rich in snow-white fruit:* the fruit of the mulberry tree (**morus, -i,** f.) is said to have been originally white so that we may witness its metamorphosis later.

90. **ardua (arduus, -a, -um** = **altus):** fem. because trees are fem. — **con-terminus, -a, -um (terminus, -i,** *boundary-line*), *adjacent to, near.*

91. **Pacta (pactum, -i,** agreement), poetic plu. — **lux,** *daylight:* the rest of the day seemed to drag because of their eagerness, but they had to wait till dark **(nocte silenti).**

93. **Callida (callidus, -a, -um,** *skilful, clever*) modifies Thisbe, but often we find it better to translate a Lat. adj. by an Eng. adv. — **versato cardine:** *the hinge having been turned* is intended by Ovid as a poetic expression, but it is hardly to be translated literally.

94. **suos,** her parents, adj. used as a noun (W. p. 22 n. 5); cp. **fallere custodes** above. — **adoperta vultum,** lit. *she having covered (for herself) her face:* the passive form **adoperta** (from **adoperio**) is here used as a reflexive with a direct object **vultum,** a usage which is not uncommon in poetry and which is also seen in deponent verbs (W. p. 161 n. 1).

96. **Audacem faciebat,** sc. **eam** (W. p. 68 n. 6). — **ecce,** interjection, *lo, behold.* — **recenti caede leaena boum spumantes oblita rictus,** lit. *a lioness having smeared* (**oblita,** from **oblino**) *her foaming jaws* (**spumantes rictus**) *with the gore* (**caedes, -is,** *slaughter*) *of cattle* (**boum,** gen. plu. of **bos, bovis,** *cow/ox*) = *a lioness, her jaws smeared,* etc.; **oblita rictus** is in the same construction as **adoperta vultum** 3 lines above.

98. **depositura,** *intending to quench* (lit. *put aside*): fut. partic. expresses purpose. — **sitim (sitis, -is,** f., *thirst*): the acc. sing. of this i-stem noun ends in **-im** instead of **-em.**

99. **quam** = **leaenam.** — **ad,** *by.*

100. **fūgit . . . , dumque fŭgit:** the length of the **u,** as required by the meter, indicates a difference of tense; **dum,** *while,* with the historical present is regular in historical sequence.

101. **tergo** depends on **lapsa (labor, -i, lapsus sum,** *slip, glide*). — **ve-lamen, -minis,** n., *veil.*

102. **saevus, -a, -um,** *savage, fierce.* — **compesco, -ere, -pescui,** *check.*

103. **inventos . . . sine ipsa** (sc. **Thisbe**) goes with **amictus (amictus, -ūs,** m., *robe, veil*), which is poetic plu.

104. **cruentatus, -a, -um,** *stained with blood.* — **tenuis, -e,** *thin;* cp. "attenuated," "extenuate"; Eng. "thin" is a cognate. — **lanio** (1), *tear (to pieces).*

105. **Serius,** compar. of **sero,** adv., *late.*

106. **egredior, -i, egressus sum,** *go out, leave.* — **pulvere: pulvis, -veris,** m., *dust;* cp. "pulverize." — **fera** (sc. **bestia**), **-ae,** f., *a wild animal;* **ferus, -a, -um,** *wild, fierce.* — **expallesco, -ere, -pallui,** *turn very pale.*

107. **sanguis, -inis,** m., *blood;* cp. "sanguine," "sanguinary." — **tinc-tam: tingo, -ere, tinxi, tinctum,** *wet, dip, dye;* cp. "tinge," "tincture."

110. **nostra = mea.** — **nocens, -entis,** pres. partic. of **noceo** as adj., *harmful, guilty.* — **peremi: perimo = perdo.**

111. **venires** indirect command depending on **iussi,** a poetic variation of the prose construction with **iubeo,** which regularly takes the infinitive.

112. **divellite: di-vello, -ere, -velli, -vulsum,** *tear apart.*

113. **viscera, -um,** n., *vitals;* cp. "viscera." — **morsus, -ūs,** *a biting, bite; teeth;* cp. "morsel," "remorse."

114. **quicumque,** *whoever:* the suffix **-cumque** when added to a relative makes it indefinite. — **habito** (1), cp. Eng. "inhabit" and "habitat." — **rupes, -is,** f., *rock, cliff.*

115. **timidi,** *it is the part of a timid (cowardly) person to wish for death* (**nex, necis,** f.)—but do nothing about it; **timidi** is a predicate gen. of possession. — **Thisbes,** Greek gen. sing.

116. **ad:** notice how far **ad** is separated from its object. — **pactae,** *agreed upon,* modifies **arboris.**

117. **notae** (**notus, -a, -um,** *well-known, familiar*) goes with **vesti.** The interlocked word order in these two lines is striking.

118. **haustus, -ūs,** *draught.*

119. **Quoque = et quo;** the antecedent of **quo** is **ferrum.** — **erat accinctus: accingo, -ere, -cinxi, -cinctum,** *gird, arm.* — **ilia, -orum,** *abdomen, loins.*

120. **nec mora,** sc. **erat = et sine mora.** — **ferventi . . . vulnere,** *bleeding* (lit. *boiling,* cp. "fervent") *wound* (cp. "vulnerable"). — **traxit,** sc. **ferrum.**

121. **emico** (1), *dart forth, spurt out.*

125. **Arborei fetus,** lit. *arboreal offspring = fruit of the tree.* — **aspergo, -inis,** f., *spray, sprinkling.* — **ater, atra, atrum,** *dark.*

126. **madefacta . . . radix** (**radicis,** f.), *the root drenched with.*

127. **purpureus, -a, -um,** *purple, dark red.* — **pendentia,** from **pendeo, -ere, pependi,** *hang (be suspended).* — **mora** (**morum, -i,** *mulberry*): the fruit is neuter, the tree (**morus**) is fem.

128. **posito = deposito.**

129. **requirit,** in the literal sense of **re-quaerit.**

130. **vitarit = vitaverit;** why subjunctive? (W. pp. 141–142.) Take care to learn the distinction between **vito** and **vivo. — gestio** (4), *desire eagerly, be eager.*

131. **Utque . . . sic,** *and although . . . still.* — **visa . . . in arbore formam,** lit. *the shape in the seen tree = the shape of the tree which she had seen.*

132. **incertam,** a pred. acc. (W. p. 68 n. 6) agreeing with **eam** understood. — **pomum, -i = fructus. — haeret an,** *she is in doubt whether.* — **haec sit,** sc. **arbor.**

133. **tremebunda . . . membra,** *trembling limbs,* subj. of **pulsare** (frequentative of **pello**). — **cruentum solum,** *bloody soil;* distinguish **solum, -i,** *soil,* with a short *o* from **sōlus, -a, -um,** *only, sole,* with a long *o.*

134. **ora . . . gerens:** instead of *bearing her features* we say *with features.* — **buxo pallidiora,** *paler than the wood of the box tree.*

135. **exhorruit aequoris instar,** *she shuddered like the sea* (lit. *the likeness of the sea*); **aequor, -oris,** n. (cp. **aequus**), *the level surface* (of the sea), *the sea.*

136. **exigua cum stringitur aura,** *when it is skimmed (touched lightly) by a slight breeze.* — **summum** (sc. **aequor**), *its surface;* partitive use of the adj. which here indicates the highest part of the sea (W. p. 103 Vocab. s.v. **medius**).

137. **remorata (re-moror, -ari, -moratus sum),** *lingering.* — **suos amores,** *her lover.*

138. **indignos . . . lacertos,** *her innocent* (lit. undeserving) *arms;* **lacertus** is actually the upper arm. — **claro plangore (plangor, -oris),** *with loud lamentation* or *sound of beating* (i.e., as she strikes, **percutit,** her upper arms with her hands).

139. **laniata (lanio, 1) comas,** *tearing her hair,* reflexive passive with direct object (see **adoperta voltum,** line 94). — **amplector, -i, -plexus sum,** *embrace.*

140. **supplevit: pleo** (2) is the verb of **plenus, -a, -um. — fletus, -ūs,** *weeping,* here a mere variant of **lacrimae. — cruori: misceo** may be used with the dat. as here, or with **cum.**

141. **figo, -ere, fixi, fixum,** *fix, imprint.*

142. **quis . . . casus = qui casus. — mihi,** *from me:* the dat. of reference often indicates the person to whose advantage or disadvantage (as here) a thing is done; in the present instance this can also be called the dat. of separation. — **ademit: ad-imo** (= emo), **-ere, -emi, -emptum,** *take away.*

144. **nominat: nomino** (1) is the verb of **nomen, nominis. — Exaudi: ex-audio,** a strong form of **audio. — attolle: ad-tollo. — iacentes:** note that this is not **iacientes.**

145. **Ad,** *at.* — **a morte gravatos,** *weighed down by:* a poetic and vivid use of abl. of agent where a prose writer would use simple abl. of means.

146. **erexit ... re-condidit,** *lifted up ... concealed again = opened ... closed again.*

147. **Quae:** conjunctive use of the relative (W. p. 217,n. 19). — **ense ... vacuum,** (scabbard) *empty of its sword;* what kind of abl. is **ense?** (W. p. 94.)

148. **ebur, eboris,** n., *ivory,* here = *ivory scabbard.*

149. **perdidit:** for a singular verb with a compound subject see n. 69 on **In C. Verrem, Actio Prima.** — **et** = **quoque** both in this line and in the next. — **mihi:** what construction? (W. p. 375 mid.) — **in unum hoc,** *for this one thing;* place to which expressing purpose.

150. **hīc,** sc. **amor, hīc,** the pronoun, has a long *i* where the meter requires. — **in:** the same meaning as in the preceding line.

151. **exstinctum,** sc. **te: exstinguo, -ere, -stinxi, -stinctum.** — **leti (letum, -i)** = **mortis.**

152. **comes, -itis,** m./f., *companion.* — **tui** modifies **leti.** — **quique** = **et (tu) qui.** — **morte,** modified by **sola.** — **revelli; re-vello, -ere, -velli, -vulsum,** *tear away;* cp. "revulsion."

153. **heu** is actually the phonetic spelling of a sigh; but from the lack of a similarly phonetic interjection in English it is usually translated by the anemic *alas.*

154. **Hoc ... estote rogati:** *you shall be asked for this;* **estote** is fut. imperative of **sum; rogo te hoc,** *I ask you (for) this,* double object of which one acc. remains if the verb becomes passive as **rogatus es hoc,** *you were asked (for) this.* A smoother rendering might be: *you will please grant this (in the names of us both).*

155. **meus illiusque parentes,** *you parents, mine and his.*

156. **ut ... non invideatis,** *that you do not begrudge* **eos (quos ..., quos ... iunxit) componi eodem tumulo,** an indirect command in appos. with **hoc; ut ... non** is used instead of **ne** to give special negative emphasis to the one word **invideatis.** — **hora novissima,** *our last hour.*

158. **tu, quae arbor:** the less poetic and more logical order would be **tu, arbor, quae.** — **ramus, -i,** *branch.*

159. **tegis: tego, -ere, texi, tectum,** *cover.* — **es tectura,** also introduced by **quae** as is **tegis;** and, following the lead of **tegis,** it has **corpora** understood as obj.

160. **pullos et luctibus aptos ... fetus,** *fruits that are dark and suitable to grief.*

161. **gemini monumenta cruoris,** lit. *monuments of our twin gore* = *memorials of our two deaths.*

162. **aptato ... mucrone (apto (1),** *place, adapt;* **mucro, -onis,** m., *the point of the sword):* abl. abs.

163. **incubuit (incumbo,** *lean on)* **ferro (dat.),** *she fell on the steel.* — **tepebat: tepeo,** *be warm;* cp. "tepid."

164. **Vota: votum, -i,** *prayer.*

165. **permaturuit: per-maturesco, -ere, -maturui,** *ripen thoroughly.*

166. **quod rogis superest,** *what remains from the funeral pyres* (**rogus, -i**): for dat. **rogis** see W. p. 169 and n. 3.

Daedalus and Icarus

183. **Daedalus** was a legendary Athenian. A skilful craftsman (which is the meaning of his name, the Greek word **daidalos**), he was regarded as the earliest sculptor. In a jealous rage he slew his nephew, who had been his pupil and had become his superior, and fled in exile to the court of King Minos in Crete, where he constructed the fabulous labyrinth to contain the Minotaur. Later, when Minos refused to let him leave, Daedalus contrived to fly away as we read in the following story. — **Creta, -ae,** acc. **-am** or **-en** (the Greek form). — **perosus, -a, -um,** *hating, loathing.*

184. **loci natalis** = Athens; obj. gen. (W. p. 374).

185. **pelago (pelagus, -i,** n. **= mare):** either he was shut in *by the sea* (which barred his escape) or he was shut off (excluded) *from the sea* (i.e., Minos denied him access to the sea so that he might not escape by that route). In view of the **undas obstruat** in the next sentence, the second version may have more to recommend it. — **licet ... obstruat: licet** may be used with the inf. or with the jussive subj., as here: *he* (i.e., Minos) *may block.*

186. **illāc,** adv. = **illā (-ce) viā.**

187. **possideat,** actually a jussive idea (*let him possess*) but used with a concessive force (*although he possesses*). — **aëra (aer, aeris,** m., *air*), the Greek acc. sing. form.

188. **ignotus, -a, -um,** *unknown.* — **dimittit,** *directs.*

189. **novo** (1), *make new, change, alter.* — **penna, -ae,** *feather;* cp. "pen."

190. **longam breviore sequenti:** the full expression would be **breviore pennā sequenti** (abl.) **longam pennam.** The whole passage is more impressionistic than logical in its phraseology.

191. **clivo,** poetic for **in clivo (clivus,** *slope*). — **crevisse,** from **cresco,** *grow.* — **putes,** *you would think,* potential subjunctive in indef. 2nd per sing. — **rustica ... fistula,** *a rustic pipe* = a Pan's pipe, or primitive harmonica, made of some 7 small pipes of graduated lengths, each producing a different note. — **quondam,** *at times.*

192. **disparibus: dis** (W. p. 368) + **par, paris;** cp. "disparity." — **avena, -ae,** *reed.*

193. **lino medias (pennas),** *the middle of the feathers* (he fastens) *with a linen thread.* — **ceris ... imas (pennas),** *the lowest parts* (= *the ends*)(he fastens) *with wax* (**cera, -ae**).

194. **compositas: com-pono.** — **flecto, -ere, flexi, flexum,** *bend.*

195. **avis, -is,** f., *bird;* cp. "aviation," "aviary." — **unā,** sc. **cum patre.**

196. **ignarus** = **nesciens.** — **tracto** (1), *handle;* cp. "tractable."

197. **renideo, -ere,** *shine, beam.* — **modo ... modo:** both are advs.

198. **captabat** (frequentative of **capio**), *kept plucking at.* — **plumes** = **pennas.** — **pollex, pollicis,** m., *thumb.*

199. **mollibat,** early form = **molliebat.** — **lusus, -us,** *playing, sport.*

200. **manus ultima,** *the last hand* = *touch.* — **coeptum, -i,** *a thing begun* = *undertaking, project.*

201. **geminas . . . libravit in alas,** *he balanced (his body) on the two identical wings:* this was a trial flight; **ala, -ae,** *wing.* — **opifex, -ficis,** m., **opus + facio,** i.e., the person **qui opus facit.**

202. **mota,** i.e., by the movement of his wings. — **pependit,** from **pendeo** (intransitive), *hang, be suspended, poise;* **pendo** (transitive), *cause to hang, weigh, pay, consider.*

203. **et** (adverbial) . . . **que** (conjunctive), *also . . . and.* — **natus, -i,** (partic. of **nascor** used as a noun), poetic for **filius.** — **limite** (**limes, -itis,** m., *path, way*): what kind of abl.? (W. p. 180 S. A. 7.) — **ut . . . curras:** syntax W. p. 173 and n. 1.

204. **demissior** (compar. of **de** (*down*) + **missus**), *too low.*

205. **gravet** and **adurat:** what kind of subj.? (W. p. 133 mid.) — **adurat** (**-uro, -ere, -ussi, -ustum,** *burn up;* cp. "combustion"): same constr. as **gravet.**

206. **utrumque,** *each thing,* i.e., both extremes of **demissior** and **celsior;** the doctrine of the golden mean. — **vola:** distinguish carefully between **volo** (1), *fly* and **volo, velle,** *wish.* — **specto** (1), *look at.* — **Booten aut Helicen,** acc. case, constellations of the Plowman and the Great Bear: Icarus should not try to set an independent course by the stars but should simply follow Daedalus.

207. **strictum,** *drawn* (from **stringo**); Orion is another constellation.

208. **me duce:** what construction? (W. p. 111.) — **carpo, -ere, carpsi, carptum,** *seize.* — **pariter,** adv. of adj. **par.**

209. **umerus, -i,** *shoulder, upper arm.*

210. **monitus, -us,** noun of **moneo.** — **gena, -ae,** *cheek.* — **maduere** (**madeo, -ere, -ui,** *be wet*), sc. **lacrimis,** because of his anxiety for Icarus. — **senilis, -e,** adj. of **senex,** here = **senis.**

211. **patriae: patrius, -a, -um,** adj. = **patris;** modifies **manus,** which is fem.

212. **repetenda,** (*destined*) *to be repeated.*

213. **velut,** *just as.* — **ales, -itis,** m./f., the creature which has **alas.** — **ab alto:** with what in this rel. clause must these words go?

215. **hortatur prolem** (= **filium**) **sequi:** is **sequi** the usual construction after **hortor?** (W. p. 173 and n. 1.) — **damnosus, -a, -um,** *destructive.* — **erudio** (4), *teach;* cp. "erudite."

217. **captat,** *try to catch.* — **harundo, -inis,** f., *rod.* — **piscis, -is,** m., *fish.*

218. **aut . . . arator,** *or a shepherd leaning on his staff or a plowman leaning on the handle of his plow* (**stiva, -ae; -ve,** enclitic. conj., *or*).

219. **obstipesco, -ere, -stipui,** *be amazed, astounded.* — **quique** = **et eos qui.**

221. **Samos** (**-ī**, f.), subject of **erat** understood. (Samos, Delos, Paros, Lebinthos, and Calymne, Greek islands in the southern Aegean Sea, are all fem. in gender because the word for "island" in both Greek and Latin is fem.)

222. **dextrā,** though it balances **laevā parte,** must be nominative to satisfy the requirements of the meter: *L. was right,* i.e., *on the right.* According to Ovid's statement, with Delos and Paros behind them, the pair are flying eastward over the Sporades Islands toward Asia Minor, a course which Ovid selects perhaps in order to enable luckless Icarus to fall onto Icaria, the island named after him. — **fecundus, -a, -um,** *fertile, rich.*

223. **gaudeo, -ere, gavisus sum** + abl., *rejoice in.*

225. **Rapidi . . . solis,** *of the fierce sun;* i.e., the sun seizes **(rapio)** things and burns them.

226. **odoratus, -a, -um,** *fragrant.* — **vinculum, -i,** *a fastening.*

227. **Tabuerant** (**tabesco, -ere, tabui,** *waste away, melt*), pluperf. of sudden action = *quickly melted* (i.e., before Icarus realized the situation). — **nudos,** sc. **alis** (abl. of separation). — **quatio, -ere, quassi, quassum,** *shake.*

228. **remigium, -ii,** lit. *oarage = wingpower;* explain the syntax (W. p. 94). — **percipit (per-cipio),** *catch.*

229. **caerulea** (**caeruleus, -a, -um,** *dark blue*): since the final **a** is long, with what does the word agree? — **patrium** (**patrius, -a, -um,** *of a father*), *his father's.* — **clamo** (1), *cry out.*

230. **quae . . . ab illo,** i.e., the Icarian Sea in the southeastern Aegean Sea.

231. **nec iam pater,** i.e., since Icarus had just perished in the sea.

233. **dicebat:** take particular care to note the difference between the imperf. **dicebat** and the perfs. **dixit** and **aspexit.**

234. **devovit: devoveo, -ere, -vovi, votum,** lit. *vow away = curse.* — **sepulcrum, -i,** *tomb, sepulcher.*

235. **sepulti** (**sepelio, -ire, -ivi, -pultum,** *bury*), *of the one buried there,* referring to the Island of Icaria.

Orpheus and Eurydice

1. **inde,** from Crete where Hymenaeus (mentioned in the next line) had attended a wedding in the story just preceding this one. — **croceus, -a, -um,** *saffron yellow,* the color of a bride's veil, and so a color naturally enough worn by the god of marriage. — **amictus, -ūs,** *robe.*

2. **aethera,** Greek acc. sing. form. — **Cicones, -um,** *the Cicones,* a people in Thrace, which was a district north of the Aegean sea and which was the homeland of Orpheus. — **Hymenaeus,** the god of marriage. — **ora, -ae,** *coast, shore;* to be carefully distinguished from **os, oris,** n., *mouth,* and **os, ossis,** n., *bone.*

3. **tendit,** sc. **iter.** — **Orpheus, -a, -um,** *of Orpheus.* Orpheus was a perhaps mythical poet and musician, who was said to have been the son of one of the Muses and to have lived in the period before Homer. Apollo gave him a lyre and the Muses taught him. His skill was so great that he could move not only animate creation but even trees and stones. After the final loss of his wife Eurydice, as told in the present passage, he in his grief scorned all the women of Thrace and was torn to pieces by a jealous Bacchic band. **Orpheā voce** shows that Orpheus had invited Hymenaeus to officiate at his wedding. — **nequiquam,** because of the unhappy end of the marriage.

4. **ille** = Hymenaeus. — **sollemnis, -e,** *religious, festive, customary: the customary religious (words).*

6. **Fax, facis,** f., *torch* (not to be confused with **facies**), an attribute of Hymenaeus, and torches were carried in the wedding procession. — **stridulus, -a, -um,** *hissing.* — **fumus, -i,** *smoke:* it was a bad omen for a torch not to burn with a clear flame; cp. "fumigate."

7. **usque,** *constantly.* — **motus, -ūs,** *movement;* i.e., the torch did not flame up when waved through the air.

8. **Exitus, -ūs,** *outcome, result;* sc. **erat.** — **auspicio (auspicium, -ii,** *omen*): why abl.? (W. p. 377.) — **nupta ... nova,** *the new bride;* i.e., Eurydice.

9. **Naiadum (Nais, -idos,** f., *a Naiad,* a water nymph) **turba,** *by a throng of Naiads.* — **comito** (1), *accompany.* — **vagor, -ari, -atus sum,** *wander, roam;* cp. "vagabond."

10. **occĭdit,** *die, perish.* — **talus, -i,** *ankle, heel.*

11. **Quam** = Eurydice. — **Rhodopeius ... vates,** *the Thracian bard* (Rhodope, a mountain in Thrace).

12. **ne non temptaret et,** *that he might not* (**ne**) *fail to* (**non**) *try even* (**et**).

13. **Styga** (Greek acc. sing.): **Styx, Stygis,** f., *the Styx (River).* — **Taenaria ... porta,** *the gate of Taenarus,* a supposed entrance to Hades in the southern tip of Greece; for the abl., see W. p. 180 S. A. 7.

14. **simulacra functa sepulcro,** *ghosts which had experienced burial* (without which they would have to wander in Limbo across the Styx outside of Hades).

15. **Persephonen,** Greek acc. sing.: Persephone, the daughter of Ceres and the wife of Pluto, was the queen of the underworld. — **inamoenus, -a, -um,** *unpleasant.*

16. **dominum,** i.e., Pluto. — **ad carmina,** lit. *for his songs* = *to accompany his songs.* — **nervus, -i,** lit. *sinew* = *string of his lyre;* cp. "nerve."

17. **positi sub terra mundi,** a definition of Hades.

18. **reccĭdimus: re-cĭdo (cado), -ere, reccĭdi** (cp. **cecĭdi**), *fall back, sink, descend;* if this is a perfect and not a present, it is a gnomic perfect, which, expressing a general truth, is translated by the present in English. — **quidquid mortale creamur:** prose logic would require

creatur, but the poet gives us a "construction according to sense" which can be rendered by something like: *to which we descend—all we mortal creatures.*

19. **positis = depositis. — ambagibus: ambages, -um,** f. plu.; *circumlocution, ambiguity;* what const.? (W. p. 111.)

20. **loqui:** sc. **me** as subj. — **opacus, -a, -um,** *shady, dark;* cp. "opaque."

21. **Tartara, -orum,** plu. = **Tartarus, -i,** sing.: here *the abode of the dead, Hades,* but more often the regions of torment. — **uti = ut.** — **villosa colubris,** *shaggy with snakes;* what must **villosa** modify?

22. **terna = tria:** the distributive numerals (e.g., **ternus, -a, -um,** *three each*) may be used by poets instead of the cardinals, especially when a plural noun constitutes a set of anything, as here the **monstrum,** Cerberus, the dog who guarded the entrance to Hades, had a set of three canine heads (hence three throats) on a single body. — **Medusaeus, -a, -um,** *Medusa-like, snaky-haired.* — **vincirem:** from **vincio, -ire,** not **vinco, -ere;** Hercules had bound and carried off Cerberus as one of his labors. — **guttur, -uris,** n.: where is a guttural sound made?

23. **calcatus, -a, -um,** *trodden on.* — **venenum, -i,** *poison;* cp. "venom."

24. **vipera, -ae,** = Eng. — **crescentes,** *increasing = burgeoning;* she was growing toward the prime of life.

25. **pati = ferre mortem coniugis.**

27. **an,** *whether.* — **et** (= **etiam**) **hīc** (adv.). — **auguror, -ari, -atus sum,** *divine, surmise:* **auguror eum (Amorem) esse.**

28. **est mentita: mentior, -iri, mentitus sum,** *to lie, say falsely.* — **rapina, -ae,** a noun of **rapio:** Pluto had abducted Proserpina and carried her off to Hades.

29. **vos,** i.e., Pluto and Proserpina (Proserpine, Greek Persephone). — **per ego loca:** when **ego** is used in an oath it regularly stands between **per** and its object.

30. **Chaos,** neuter sing., (*dark*) *abyss;* modified by **hōc,** which in poetry may have a long *o* in the nom. and acc. cases.

31. **Eurydices,** Greek gen. sing. form. — **properatus, -a, -um,** *premature,* lit. *hastened* (cp. **properamus** below). — **retexite:** **-texo, -ere, -ui, -textum,** *unweave, reverse* (cp. "textile"); plural because addressed to both Pluto and Proserpina.

32. **Omnia debemur: omnia** is in apposition with the subject of **debemur,** *we—all things—are owed* (*to you*); i.e., all are subject to death. — **paulum,** adv., *a little, a while.* — **moror, -ari, -atus sum,** *linger, delay.*

33. **serius aut citius:** English uses the reverse order, *sooner or later.* — **propero** (1), *hasten.*

35. **longissima regna,** *the longest rule* (over the human race); i.e., for an eternity after brief life.

36. **peregerit:** per-ago, *finish, live out.*

37. **iuris erit vestri,** lit. *she will be of* (= *belong to*) *your law* = *she will be under your jurisdiction;* **iuris** is pred. gen. of possession. — **pro munere,** *instead of a gift;* i.e., he is not asking to have her as his forever, for she is actually the property of the rulers of the dead. — **poscimus usum,** *I ask her as a loan:* temporary enjoyment (**usus; utor**) of property not one's own.

38. **venia, -ae,** *kindness, favor.* — **certum est:** what is **certum?** clearly **nolle redire (est certum mihi),** *I am resolved to refuse to return.*

41. **animae,** *ghosts.* — **Tantalus:** for his sin of hybris (pride and arrogance) he was placed near food and water which always withdrew (**refugam**) just beyond his reach whenever he sought to take it (**captavit**); but for a moment under the spell of Orpheus' music he forgot this "tantalizing" torture.

42. **stupuit . . . orbis,** lit. *the wheel of Ixion was amazed* = *Ixion on his wheel was amazed:* for an insult to Juno he was spread-eagled on a wheel.

43. **vaco** (1), *be free from* (cp. "vacant"): i.e., for a moment they forgot their urns with which they futilely ever tried to fill a cask which had holes in the bottom, their Tartarean punishment for having murdered their husbands.

44. **Belides,** the 50 granddaughters of Belus, more commonly called (from their father) the Danaids, 49 of whom murdered their husbands. — **in saxo:** because of his deceit and avarice Sisyphus in Hades was assigned the unending task of pushing up a hill a great stone which never stayed at the top of the hill but always rolled down only to be pushed up again. Orpheus' music provides Sisyphus a short respite.

45. **lacrimis** depends on **maduisse.** — **carmine** depends on **victarum.**

46. **Eumenides, -um,** f., *the Eumenides,* the Furies, three avenging deities who relentlessly harassed men for their crimes here and hereafter. They were winged and had snakes in their hair. This was the first time they had ever wept. — **regia coniunx:** the gender of **regia** shows that this is Proserpina. Who then is **qui regit** in the next line?

47. **sustinet . . . negare,** *endure to deny* = *have the courage to say no.* — **oranti,** sc. Orphei (dat.), depends on **negare.** — **ima** (or **infima**), superl. of **inferus.**

48. **recentes,** obj. of **inter;** in poetry it is not uncommon for a preposition to follow its object.

50. **simul et,** *at the same time and* = *together with.*

51. **ne flectat:** a jussive subj. in appos. with **legem,** *stipulation that he should not turn;* **flecto, -ere, flexi, flexum.** — **lumen, -minis,** n., *light; eye.*

52. **exierit:** here **exeo** has a transitive force with a direct obj., *pass beyond the valleys of Avernus* (Hades); subj. because part of an indirect

command. — **irritus, -a, -um,** *void, invalid, in vain.* — **futura (esse),** indirect statement depending on the idea of saying in **legem.**

53. **acclivis, -e,** *ascending, sloping upward.* — **muta silentia,** lit. *mute (soundless) silences* = *utter* or *complete silence.* — **trames, -itis,** m., *path.*

54. **caligo, -inis,** f., *fog.*

55. **āfuĕrunt:** the **ĕ** of the **-ĕrunt** ending of the perfect is occasionally shortened by metrical license. — **telluris . . . summae,** *the highest part of the earth* from the viewpoint of Hades would be *the upper world.*

56. **hīc,** adv. — **deficeret,** sc. **Eurydice.** — **avidus videndi:** the gen. is objective, which is common with adjectives whose meaning requires an object: *eager for seeing; eager to see.*

57. **flexit,** from **flecto.**

58. **certo** (1), *struggle.*

59. **cedentes,** from **cedo** in the sense of *yield;* in that realm there was nothing substantial.

60. **non est . . . quicquam questa,** *she did not complain anything* (i.e., *any complaint*) = *did not make any complaint* (concerning her husband).

61. **quid . . . amatam,** *what complaint was she to make except that she had been loved:* **quereretur,** deliberative subj. (W. p. 236 n. 13); **amatam (esse),** indirect statement depending on **quereretur.**

62. **supremum "vale,"** *her last farewell;* note that *fare* (*well*) is an imperative parallel to **vale.**

63. **acciperet,** characteristic clause: *a farewell which he could scarcely catch.* — **revoluta est: re-volvo, -ere, -volvi, -volutum,** *roll back;* passive often has reflexive or intransitive force: *she returned.* — **eodem,** adv., *to the same place.*

72. **orantem,** i.e., Orpheus, who had returned towards Hades as far as the Styx.

73. **portitor, -oris,** *ferryman,* i.e., Charon, who ferried the souls of the dead (and a few others) across the Styx. — **arceo, -ere, arcui,** *keep out, debar, prevent.* — **septem . . . diebus,** abl. of time within which was sometimes used to express time how long.

74. **ripa, -ae,** *bank* (of the Styx). — **Cereris sine munere,** *without the gift of Ceres* is poetic for what?

75. **alimentum, -i,** *food.*

76. **Erebus** = Hades.

77. **Rhodopen,** acc. of **Rhodope,** f., mountain range in Thrace. — **Haemus, -i,** another mountain range in Thrace.

61. **sub-it** + acc. of direct obj. (**terras**).

62. **cuncta** = **omnia.** — **arvum, -i,** *field.*

63. **ulna, -ae,** *arm.*

64. **spatior, -ari, -atus sum,** *walk.* — **passus, -ūs,** *step.*

65. **sequitur:** Orpheus is the subj. of this and the following verbs; **Eurydicen** is the obj. — **praevius, -a, -um: prae** + **via;** for

prefix **prae-** see W. p. 369. — **anteit (ante-eo):** scan the **ei** as a single syllable (synizesis).

66. **suam iam tutus respicit:** note the powerful contrast and emphasis of each of these final words against the background of the preceding passage.

Midas

85. **hoc:** Bacchus, angered by the slaying of his favorite bard, Orpheus, metamorphosed the Thracian women who had killed him into trees, but this proved not to be enough.

86. **chorus, -i,** *choral band,* better than the one which had killed Orpheus. — **vinetum, -i,** *vineyard.* — **Timolus, -i,** a mountain in Lydia.

87. **Pactolon,** Greek acc. sing. of **Pactolus, -i,** a Lydian river which rose on Timolus and was famous in antiquity for the gold found in its sand—though, says Ovid, it bore no gold before the time of the present story. — **quamvis,** *although;* cp. **quamquam.** — **aureus, -a, -um,** *golden;* and **aurum, -i,** *gold.*

88. **carus, -a, -um,** here *dear* in the economic sense, *valuable.* — **invidiosus, -a, -um,** lit. *full of envy = envied.* — **harenis (harena, -ae,** *sand;* cp. "arena"): what kind of abl.? (W. p. 376 mid.)

89. **adsuetus, -a, -um,** *customary.* — **cohors, -tis,** f., *throng, troop;* in appos. with **Satyri Bacchaeque.** — **satyri,** *satyrs,* mirth-loving, sylvan male attendants of Bacchus who had basically human bodies with some animal traits such as horses' tails, pointed ears, rough hair. They were of various ages, Silenus representing the oldest group. — **Bacchae,** female attendants of Bacchus, either semidivine spirits of vegetation as here or women who took part in the worship of Bacchus. — **frequento** (1), *attend in large numbers.*

90. **Silenus,** an aged and usually tipsy satyr who was said to have reared and instructed Bacchus. — **Titubantem (titubo,** 1, *stagger, reel*): sc. Silenum. — **meroque: merum** (sc. **vinum**), **-i,** n., *unmixed wine;* usually the ancients mixed some water with their wine — but old Silenus took his neat.

91. **ruricolae (-cola, -ae,** m.) . . . **Phryges,** *peasants, Phrygians:* one noun is in appos. with the other, but treat one as an adj., *Phyrgian peasants.* — **vinctum,** from **vincio,** not **vinco.** — **corona, -ae,** *garland, wreath:* the ancients liked to wear garlands at their festivities.

92. **Midas, -ae,** acc. **-an,** *Midas,* king of Phrygia.

93. **orgia, -orum,** n., *orgies* (ecstatic ceremonies in the worship of Bacchus), the rites of Bacchus. — **Cecropio (Cecropius, -a, -um,** *Athenian*): the meter of this line requires that the final **o** not elide (failure to elide is *hiatus*); and the fifth foot is exceptional in that it is a spondee. — **Eumolpus,** a Thracian bard and a pupil of Orpheus;

he was reputed to have brought the Eleusinian mysteries to Eleusis, near Athens.

94. **Qui** i.e. **Midas. — simul =simul atque,** *as soon as.* **— socium comitemque,** *comrade and associate* by hendiadys becomes *fellow associate* (in the mysteries). **— sacra, -orum,** here = *the sacred rites, mysteries.*

95. **hospes, -itis,** *guest.* **— festum, -i,** *festival.*

96. **bis,** adv., *twice.*

97. **agmen, -minis,** n., lit. *that which is led along* (cp. **ago**) = *a band, throng.*

98. **Lucifer (lux + fero),** the morning star who, as it were, leads away on high the stars which pale out as he brings in the light of day. **— Lydus, -a, -um,** *Lydian.*

99. **iuveni,** here an adj., *young.* **— alumnus, -i,** *foster son.*

100. **deus fecit** (*granted*) **gratum sed inutile arbitrium** (*decision, choice*) **muneris optandi** (*choose*).

101. **altor, -oris,** *foster father.*

102. **donis:** what case? (W. p. 164.) **— effice (ut) vertatur,** lit. *bring it about that* (*everything*) *be changed* = *cause* (*everything*) *to be changed.*

104. **adnuo, -ere, -ui,** lit. *nod to* = *assent to.* **— optatis,** neut. of the partic. as a noun, *to the things wished* = *to his wishes.* **— solvit,** *he performed* (lit. *loosened, unfettered*) *the service* = *he granted the boon.*

105. **Liber, -eri,** m., the Roman equivalent of the Greek Bacchus. **— indoluit: indolesco, -ere, -dolui,** *grieve.* **— quod . . . petisset,** *because* (as Bacchus said) *Midas had not sought:* the subjunctive of implied indirect statement is used in a **quod**-causal clause when the reason is not given as that of the author but is cited as the reason of some other person.

106. **malo** (from **malum, -i,** noun, *evil, misfortune*), abl. of cause; the irony is that Midas has no idea of the **malum** in store for him but thinks that this is the **summum bonum. — Berecyntius,** *Phrygian* (from Mount Berecyntus in Phrygia in Asia Minor).

107. **pollicitum, -i,** n., *promise.* **— singula, -orum,** obj. of **tangendo,** *individual things, one thing after another.*

108. **non alta . . . virgam,** *from a low* (lit. *not high*) *oak he plucked a shoot with green foliage* (lit. *being green in its foliage;* **fronde,** abl. of specification).

110. **humo (humus, -i,** *ground, soil*): the place constructions of **humus** are the same as those of **domus** (W. p. 179). **— palluit: pallesco, -ere, pallui,** *grow pale* or *yellow.*

111. **Contigit: con-tingo (tango). — glaeba, -ae,** *clod, lump of soil;* cp. "glebe." **— contactus, -ūs,** noun of **contingo.**

112. **massa, -ae,** *mass, lump* (of gold). **— arens, -ntis,** partic. as adj., *dried up.* **— decerpsit: de + carpo,** *pluck.* **— arista, -ae,** *ear of grain.*

113. **messis, -is,** f., *harvest.* **— Demptum: demo, -ere, -mpsi, -mptum,** *take away, pluck.* **— pomum, -i,** *fruit, apple.*

114. **Hesperidas,** acc. of **Hesperides, -um,** *the daughters of Hesperus* (the

evening star of the west) who tended the garden in which grew golden
apples. — **donasse** = **donavisse** (cp. **donum**), sc. **id**. — **putes,**
you would think; potential subj., as in a fut. less vivid condition. —
postibus (**postis, -is,** m., *post, doorpost;* plu. = *a door*): why dat.?
(W. p. 169.)

115. **admovit digitos:** the conditional clause of a present general condition may have the perfect indicative: *if he moves his fingers.* — **radio**
(1), *send out rays, gleam.*

118. **animo capit,** lit. *take by his mind* = *realize, comprehend.* — **fingo, -ere,**
finxi, fictum, *imagine,* lit. *mold, fashion;* cp. "fiction."

119. **Gaudenti,** sc. **ei**. — **mensas . . . exstructas,** *tables piled high.*

120. **dapibus: daps, -pis,** f., *feast, banquet,* both in sing. and plu. — **nec**
tostae frugis egentes, lit. *and not lacking parched grain* = *abounding in*
bread (**egeo** may take the gen. as well as the abl.); the line seems to
indicate all kinds of food from the simplest to the most elaborate.

122. **rigebant: rigeo** (2), *be stiff;* cp. "rigid."

123. **convellere,** *tear apart, devour.*

124. **lamina** (**-ae,** *plate*) **fulva,** *a yellow plate,* of what metal it is obvious;
cp. "laminated." — **premebat,** *cover.*

127. **Attonitus, -a, -um,** *thunderstruck, astounded.*

128. **voveo, -ere, vovi, votum,** *vow, pray for.*

129. **fames, -is,** f., *hunger;* not to be confused with **fama, -ae**. — **sitis,**
-is, f., *thirst.*

130. **meritus, -a, -um,** lit. *having deserved* = *as he deserved.* — **torquetur:**
torqueo, -ere, torsi, tortum, *twist, torment.* — **ab auro,** *as a result*
of the gold, abl. of source; or else an abl. of agent which personifies gold
almost as a malevolent deity.

131. **splendida,** *shining,* perhaps from all his contact with gold.

132. **venia, -ae,** *favor, pardon.* — **Lenaeus,** another name for Bacchus. —
pecco (1) *do wrong, sin,* cp. "impeccable."

133. **miserere** (**misereor, -eri, miseritus sum,** *pity*): what form?
(W. p. 163 end.) — **precor, -ari, -atus sum** = **oro**. — **spec-**
ioso . . . damno, *from this "splendid" calamity,* or *from this splendor*
which has brought me harm. — **eripe,** sc. **me.**

134. **Mite** (**mitis, -e,** *gentle, mild*), sc. **est**. — **deum** = **deorum**. —
numen, -minis, n., *divine will* or *power.* — **Bacchus . . . restituit:**
the sense is clear in the following order B. **restituit (eum) fatentem**
(se) peccavisse; restituo, *restore.*

135. **facti fide,** *as a guarantee* (*pledge*) *of the act.* — **solvit,** lit. *he loosened* =
he undid, canceled.

136. **Neve,** *and that not* (purpose). — **circumlitus: circumlino, -ere,**
—, -litum, *surround.*

137. **vado, -ere,** *go;* cp. "Quo Vadis." — **Sardibus** (**Sardes, -ium,**
f., *Sardis,* capital of Lydia), modified by **magnis;** depends on **vici-**
num, *close to.* — **amnis. -is,** m. = **flumen,** i.e., the Pactolus.

138. **iugum Lydum,** *the Lydian ridge,* i.e., Mt. Timolus. — **obvius, -a, -um,** *meeting, facing* + dat.

139. **donec,** *until* + subj. denotes anticipation or purpose. — **ortus, -ūs,** *source.*

140. **spumiger, -era, -erum,** *foaming.* — **tuum,** modifies **caput.** — **fonti (fons, -ntis,** m., *spring)*; why dat.? (W. p. 169 and n. 3.) — **qua plurimus: qua** is an adv., *in what place, where.* To what noun must **plurimus** refer?

141. **subde: subdo, -ere, -didi, -ditum,** *put under, plunge.* — **elue; eluo, -ere, -lui, -lutum,** *wash away.*

PLINY: *EPISTULAE*

C. Plinius Caecilius Secundus (whom we regularly know as Pliny the Younger to distinguish him from his scholarly and encyclopedist uncle, Pliny the Elder, by whom he was adopted), a native of Como in northern Italy, lived ca. A.D. 62–113. He had a successful career in the imperial civil service under Domitian, Nerva, and Trajan. As a literary figure he composed a tragedy, speeches, and verses and pridefully gave author's readings of the same; but today there is little regret that practically all of this undoubtedly rhetorical material has perished. On the other hand, we are very grateful for the survival of his letters. Though they were written with an eye to publication and consequently lack the spontaneity of Cicero's letters, and though they are marred by self-consciousness, priggishness, implicit and explicit self-praise, and a pathetic desire for compliment and immortality, they nevertheless reveal a Roman of rank who was very conscientious, reliable, kind, affectionate, helpful, philanthropic, and sensitive to beauty—one who, refusing to be soured by the evils about him, made the most of the best of his times. Reading his letters, we feel that we have come to know a good man, and we are grateful to have this fine evidence of the good in Roman life as at least a partial corrective of the black and pessimistic pictures painted by such of Pliny's contemporaries as Tacitus, Martial, and Juvenal.

1. **Septicio Suo S.:** Septicius is little known outside of Pliny's four letters addressed to him, and Pliny's characterization of Septicius in II. 9.4.: "...C. Septicium, quo nihil verius, nihil simplicius, nihil candidius, nihil fidelius novi." The S. stands for **salutem (dicit),** *says greeting* = our "Dear" in the salutation of a letter. (See p. 142.)

2. **paulo accuratius:** if there is a certain lack of spontaneity in Pliny's letters, if an almost conscious sobriety characterizes many, **paulo accuratius,** *somewhat more carefully*, provides one explanation. — **scripsissem:** subjunctive because it is part of Septicius' exhortation.

3. **publicarem,** *publish* as generally in post-Augustan writers, though earlier it meant to *confiscate*. — **non . . . ordine:** fortunately the details of this moot point are not very important for our purposes; in general it seems that the letters in each succeeding book are later than those of the preceding book. According to Mommsen, Book I was published in A.D. 97, in the brief reign of Nerva, Book II was published in A.D. 100 (Trajan had become emperor in A.D. 98), and

the rest followed in the reign of Trajan up to about A.D. 113; Pliny died perhaps in A.D. 113.

5. **paeniteat (paenitet, -ere, paenituit):** the idiomatic construction with this impersonal verb is **paenitet** + acc. of person + gen. of the thing which occasions the repentance: lit. *that it not repent you of your advice = that you do not regret your advice* or *(it remains) for you not to regret your advice (and for me not to regret my compliance).*

6. **requiram,** noun clause of result used as subject of **fiet.**

8. **Cornelio Tacito,** ca. A.D. 55–117; close friend of Pliny; one of the most famous Roman historians, whose partially extant works (the *Annals* and the *Histories*) covered the period from the death of Augustus to the death of Domitian; also his *Germania* is especially interesting as the earliest extant full-length portrait of the German people.

9. **licet,** another impersonal verb; it may be accompanied by a subjunctive **(rideas)** or an infinitive, both of which serve as its subject: *you may (laugh)* or *you have a right to.*

11. **retia (rete, -is** n.): *hunting nets* were spread, and then servants beat the woods driving the animals into the nets to be slaughtered by sportsmen like Pliny! This was the Roman, not the Greek, concept of hunting.

12. **venabulum,** *broad-headed hunting spear* for thrusting. — **lancea, -ae,** *light spear* for throwing. — **stilus et pugillares** = *pencil and pad:* a **stilus** was very similar to our stylus with which we write on a mimeograph master; **pugillares (libelli),** *wax tablets* that are easily held in the hand **(pugnus,** *fist).*

13. **manūs vacuās, plenās cerās:** chiasmus, noun adj. and adj. noun; **cera,** *wax* = *tablet.*

14. **Non est quod contemnas,** *there is no reason why you should scorn . . . .*

15. **ut,** *how,* interrogative.

17. **venabere: venor, -ari,** *hunt;* **cum** regularly takes the indicative when referring to the pres. or the fut.

18. **ut . . . sic,** *as . . . so* or, more easily, *(you may take) your writing pads just as well as (lunch basket).* — **panarium et lagunculam,** *lunch basket* (cp. **panis)** *and flask.*

19. **Dianam,** goddess of the hunt; **Minervam,** goddess of wisdom.

20. **inerrare** + dat., *wander over.*

21. **Fundano:** Pliny wrote two letters to Fundanus about some matters of political office, but Fundanus will no doubt be best remembered from Pliny's moving letter (V.16) about his sweet brave daughter who died so young (see W. pp. 275–276).

22. **quam,** *how* (well); cp. **mirum est ut** in preceding letter. — **singulis diebus,** *one day at a time.* — **ratio constet,** *the account (reckoning) balances (is correct);* a bookkeeping term meaning that everything is satisfactory.

23. **pluribus iunctis,** *when a considerable number of days are taken together;* i.e., in the aggregate as compared with **singulis diebus.**

24. **Officio,** here = *ceremony;* what construction? (W. p. 169 mid.) — **togae virilis:** when the toga praetexta of boyhood was laid aside and the plain white toga of manhood was assumed, at about the age of 17, a coming-of-age party was held.

25. **sponsalia, -ium,** n., *a betrothal.* — **nuptias** (plu. only), *a wedding.*

26. **advocationem,** *assistance at court.*

27. **Haec . . . necessaria,** if fully expanded would read somewhat like this: **haec eo die quo ea feceris videntur necessaria,** *these things on the day on which* (= *whenever*) *you do them;* **feceris,** subjunctive of indefinite 2nd person sing. in a generalizing clause. Similarly **reputes** and **secesseris.** — **reputes,** *you think back and realize.*

28. **secesseris: se-cedo,** *go apart, withdraw* (*to the country*).

29. **Quot . . . quam frigidis,** *how many . . . how* (*cold*) *dull,* double exclamation.

30. **Laurentino,** sc. **fundo (fundus),** *country estate near Laurentium* (in Latium near the sea).

31. **corpori vaco** (1), *have leisure for the body;* i.e., good exercise and the like, which is likely to be neglected in strenuous city life.

32. **Nihil . . . dixisse:** the anaphora and asyndeton give an epigrammatic quality to this sentence. — **paeniteat:** why subjunctive? (W. p. 182 and n. 1.)

33. **sermonibus: sermo, -onis,** m., *conversation.*

34. **nulla . . . inquietor:** again the anaphora and asyndeton emphasize the stresses of city life.

35. **tantum,** adv., *only*

36. **vitam:** acc. of exclamation (W. p. 219 n. 28).

37. **honestum,** not *honest,* but *fine, respectable.*

38. **mouseion,** Greek for Lat. **museum,** temple or home of the Muses. — **invenitis,** *you devise* (in a literary sense), *compose;* the subjects of the verb are the surroundings.

39. **dictatis:** people of importance owned highly trained slaves to whom they could dictate their compositions; here Pliny fancies himself as the amanuensis.

40. **multum,** adv. acc. modifying **ineptos,** *very.*

41. **Satius,** *better.*

42. **nihil agere:** i.e., to be full of busyness **(agere)** but accomplish nothing **(nihil).**

43. **Tironi:** Tiro was a close friend of Pliny, and the course of his life closely paralleled that of Pliny.

44. **Iacturam . . . feci,** most literally *I have thrown goods overboard,* but as a rule, without much of the original force, simply *I have experienced a loss.* — **si . . . amissio,** *if my being deprived of such a great man should be called a* (*mere*) *loss.*

45. **Corellius Rufus:** known to us chiefly through Pliny's letters as, for instance, the present one which speaks for itself; a person of importance in the imperial service and one whom Pliny constantly consulted. — **sponte:** i.e., by starvation to show his Stoic fortitude.

46. **exulcerat: ex-ulcerare,** *to make extremely sore* (cp. "ulcerated"), *aggravate, intensify.*

47. **fatalis,** *fated, in accordance with fate,* referring strictly to **genus** rather than **mortis.** — **utcumque,** *somehow, in one way or another.*

49. **arcessita,** *invited,* hence *voluntary* (**arcesso, -ere, -ivi, -itum,** *summon*).

54. **pignora** (**pignus, -oris,** n.), *pledges (of love).*

56. **pretia: pretium,** originally *price;* later it also gained the meaning of *reward,* as here.

57. **ipsum:** sc. **dicere.** — **pedum dolore:** *gout,* no doubt.

58. **Patrius (-a, -um),** *inherited from his father;* i.e., not caused by dissolute living. — **hic,** sc. **morbus.** — **morbi** (sc. **traduntur**) . . . **ut alia traduntur.**

59. **Hunc,** sc. **morbum.**

60. **ingravescentem,** sc. **hunc** from the beginning of the sentence.

62. **indignissima: indignus,** basically *unworthy;* hence here = *cruel, harsh.*

64. **suburbano,** sc. **praedio,** *estate.* — **iacentem** (**iaceo, -ere**), *lying (sick).*

65. **hoc moris,** *this of custom = this custom;* this use of gen. of whole became increasingly common. — **intrasset:** contracted form; subjunctive of repeated action where Cicero would have used the indicative; common from Livy on.

66. **quin etiam,** *why even.* — **capacissima,** *quite worthy of sharing.*

67. **Circumtulit oculos:** because of the heinous system of **delatores** (*informers*), Domitian's tyranny was as dangerous as that of Mussolini, Hitler, and Stalin.

68. **latroni: latro, -onis,** *bandit, cut-throat;* Domitian, of course. — **vel uno die,** *even by one day;* abl. of degree of difference depending on the idea that *survive* means *to live longer.*

69. **Dedisses:** a conditional clause without **si,** similar to our "had you given him." — **quod optabat:** hardly anything beneficial to Domitian!

71. **perseverantem,** sc. **quam** from the preceding clause, *which continuing = its persistence.* — **constantia,** *by his steadfast resolution* (to commit suicide).

77. **Iulius Atticus,** otherwise unknown, as is Geminius above.

78. **induruisse: induresco, -rescere, -rui** (cp. **durus** and the inceptive suffix **-sco** meaning *become, grow*), *become hard, harden* (intrans.). — **sane,** not so much *sanely* here as *indeed.*

79. **Kekrika,** Greek; *I have decided, my mind is made up.*

81. **amico:** what kind of abl.? (W. p. 94.) — **caream:** syntax? (W. pp. 141–142.)

84. **superstitibus suis,** abl. abs. of attendant circumstance (W. p. 111 top), *with his own* (i.e., his family) *surviving him;* the ancients felt it to be particularly horrible, a reversal of nature, for a child to die before a father. — **florente re publica,** asyndeton and construction parallel with the preceding. Why can **re publica** not be translated by *republic* in our sense of the word? These words must refer to the reign of kindly Nerva (A.D. 96–98) or of Trajan (A.D. 98 ff.); cp. **ut isti latroni supersim** above. — **omnibus suis:** what construction? (W. p. 377 top.)

85. **et . . . et** show that **iuvenis** and **fortissimi** are in the same construction, and that **tamquam** (*as if* or *as it were*) qualifies both, since Corellius was not young at 67 and was not strong.

86. **morte:** what kind of abl.? (W. p. 376 mid.) — **morte doleo, doleo nomine:** chiasmus emphasizing grief and its reasons. — **licet** can often be translated by *although.* — **imbecillum: imbecillus, -a, -um,** not the ordinary English derivative "imbecile" but *weak*, suggesting that Pliny lacks the Stoicism of his dear friend. — **nomine,** here standing for the totality of the person.

87. **testem,** one who bears witness for another in the court of life, *a supporter.*

88. **contubernali:** a **contubernalis** is lit. *one who shares the same tent,* hence a *comrade;* Calvisius was obviously a fine person, though we know about him only what little Pliny tells us.

89. **ne:** see W. p. 378 mid.

91. **audierim:** what construction? (W. p. 182 mid.) Note the difference between **quae audiverim,** *the kind which I have* (*never*) *heard* and **quae audivi,** *those which I have* (*actually*) *heard.*

94. **Avito:** the identity of Avitus is unimportant.

95. **est:** the Roman used the indicative and said "it is long" (= a long story), but we use a potential expression and say "it would be long." — **altius repetere: altius** is an adv. modifying **repetere** and the whole phrase is subject of **est longum**: *to seek again more deeply = to go back over* (*the story*) *in any great detail.*

96. **ut . . . cenarem,** noun cl. of result, subj. of **acciderit.** — **homo minime familiaris,** lit. (*I*) *a person not at all intimate, only slightly acquainted* (i.e., with the following **quendam**). — **ut:** note that this **ut** is used with the indicative.

97. **lautum et diligentem:** *refined, elegant* (lit. *well washed*) *and* (at the same time) *economical* (lit. *careful, attentive*). — **sordidum,** *mean, base;* lit. *dirty, filthy,* and hence contrasting with and balancing **lautum.** — **sumptuosum:** since this balances **diligentem** in an opposing sense what must it mean? Note the 4 hissing *s*'s between **sordidum** and **sumptuosum,** onomatopoetic background for Pliny's thought.

98. **opima . . . vilia et minuta:** again note the antithetical balance,

opima (*rich and abundant*) by itself serving as the opposite of the other 2 adjs.

99. **parvulis lagunculis:** 2 diminutive endings **(-ulis)** and one diminutive stem **(parv-)** are no doubt intended to suggest contempt, *in tiny little flasks;* actually what construction in Lat.? (W. p. 66 end.) — **di-scripserat,** not **de-scripserat.**

100. **aliud (genus),** . . . **aliud,** . . . **aliud,** *one kind,* . . . *another,* . . . *another.*

102. **recumbebat:** at meals the Romans reclined on couches.

103. **an,** strictly used to introduce the second part of a double question **(utrum . . . an),** but here translate *whether.*

105. **notam,** *disgrace,* referring to the censor's mark **(nota censoria)** which the censor, in revising the list of citizens every five years, placed opposite the names of those who, guilty of some crime or moral turpitude, were disgraced by being degraded from their current rank. — **cunctis rebus:** what construction? (W. p. 376 top.)

106. **etiam** picks up affirmatively the preceding interrogative **etiamne:** *yes, even freedmen.* — **convictores (con-vivo):** convictor, -oris, *associate,* lit. *one who lives with another.*

107. **Puto,** sc. **eos (esse).** — **Magno constat,** lit. *it stands at a great price* **(pretio),** *it costs a lot;* abl. of price (an instrumental abl. in origin). — **Minime,** *not at all, by no means:* a strong "no!"

108. **Qui,** adv., *how?* — **idem** (sc. **vinum**) **quod ego,** sc. **bibo.**

109. **hercule,** originally voc. of Hercules (help me, O Hercules) but regularly used as a mild oath little stronger than "good Heavens." — **gulae,** dat. with **temperes,** *control: control your gluttony* (lit. *gullet*). — **temperes,** indef. 2nd per. sing. of the subjunctive.

110. **quo:** sc. **id** as antecedent of **quo** and obj. of **communicare.**

112. **Tacito:** see n. 8 above.

113. **avunculi,** *of my uncle:* his maternal uncle, Pliny the Elder, who reared Pliny the Younger and by his will made him his heir. He is especially known by this letter and by another (III.5) in which his prodigious scholarly activity is recounted. — **exitum (exitus, -ūs;** cp. **exire),** *the end.* — **quo:** when used to introduce a purpose clause? (W. p. 241 n. 26.) — **tradere:** here we see Tacitus at work on his *Histories,* which covered the period A.D. 68–96, but the part dealing with the eruption of Vesuvius is not extant; this letter and the following one provide us with our best account of the event. If the Latin is not easy, your labor will be rewarded with the realization that you are working on vivid source material.

115. **esse propositam,** *has been promised.* — **Quamvis,** *although.*

116. **mansura:** here the fut. partic. has the meaning of *destined to* . . . . — **condiderit:** con-do, *put together, compose.*

117. **aeternitas:** a prophecy of the immortality of Tacitus' work which has proved true in part but not in this part. — **equidem,** regularly used with the 1st person, *I indeed, I for my part.*

118. **facere scribenda,** *to do things to be recorded* or *worth recording*, the whole phrase serving as subj. of **datum est.**

119. **utrumque:** i.e., **et facere et scribere.**

121. **Miseni:** Misenum, a promontory town and naval base which commanded the Bay of Naples; what construction? (W. p. 178 II.1.) — **imperio:** construe with **regebat.** — **praesens,** *present in person;* i.e., he was not simply at his desk in Rome. — **nonum:** the full form of the highly idiomatic expression in this date would be **ante diem nonum Kalendas Septembres,** the 9th day before the Kalends (1st day of any month) of September = Aug. 24. See some Latin grammar for an explanation of the idioms used in dates.

122. **hora** $= \frac{1}{12}$ of the day or of the night; **hora septima** = roughly 1:00 P.M. — **ei:** depends on **indicat.**

123. **inusitata magnitudine:** what kind of abl.? (W. p. 377 end.) — **frigidā:** sc. **aquā.**

125. **Nubes,** separated from its verb **oriebatur** by the parenthetical matter. — **incertum . . . ex quo monte:** naturally, since Vesuvius was ca. 18 mi. away with still other mountains in the background.

126. **intuentibus,** dat. of reference, *to those looking* = *as you looked* (it was uncertain . . .). — **Vesuvius:** Vesuvius, though an ancient volcano, had never erupted within the memory of the Romans.

127. **cuius . . . expresserit:** a rather involved way of saying "whose shape looked more like that of an umbrella pine than anything else" (a clause of characteristic). Pliny has in mind the Italian umbrella pine, whose branchless trunk culminates in a large flattish crown of branches and foliage that flares out around the top.

131. **Magnum, noscendum:** predicate adjs. agreeing with something like **hoc** understood as the subject of **visum (est),** *important and worth investigating.* — **(ei) ut . . . viro,** *to him, very scholarly man that he was* (lit. *to him as to a . . .*).

132. **Liburnicam,** sc. **navem,** a swift galley modelled on those of the Liburnian pirates of the Adriatic. — **unā** (treated as adv., but actually sc. **viā**), *along* (with him). — **vellem,** a future less vivid condition thrown back into past time, *in case I wanted;* in primary sequence, **si velim,** *if I should want to.*

133. **studere me malle:** at the age of 17 Pliny preferred to study rather than to investigate a great natural phenomenon, and we see that the child was the father of the man. — **quod scriberem,** *something to write;* i.e., an exercise in composition.

134. **Egrediebatur; accipit; orabat:** note how the asyndeton emphasizes the tenseness of the situation. — **codicillos,** *a note* (small tablets). — **Tasci,** sc. **uxoris,** *the wife of Tascus.*

135. **subiacebat,** *lay at the foot* (of the mountain). — **navibus,** abl. of means; the road had doubtless been blocked by debris.

136. **se,** indirect reflexive in indirect command, referring to Rectina, the

subject of **orabat**. — **discrimini,** *from the dangerous plight*, dat. of separation (see W. p. 215 #2 n. 15), often used of things as well as persons in Silver Latin.

137. **obit: obeo, -ire**, etc., *go to meet, perform, carry out.* — **maximo**, sc. **animo**; *courage, heroism* contrasted with scholarly interest.

138. **quadriremes,** *ships with 4 banks of oars:* he changed from the light Liburnian boat to these heavy ships as he changed his plan from scholarly observation to a mission of help. — **ascendit,** sc. **in navem,** *go aboard.*

139. **amoenitas orae,** *the charm of the shore* = *the charming stretch of shore* (was crowded). — **laturus,** *intending to bear* (*aid*); but whether Rectina was saved or not, we do not know.

140. **gubernacula (-culum, -culi**, n.), *steering oars* (plu. because one was used on each side) = *helm, rudder.*

141. **motūs:** acc. plu. of **motus, -ūs.**

142. **ut deprenderat (deprendo** or **-prehendo, -endere, -endi, -ensum,** *catch, observe*): what does **ut** mean when used with the indicative?

143. **pumices (pumex, -icis,** m., *pumice-stone*): the plu. = *pieces of pumice;* sc. **incidebant.** For an account of what happened at Pompeii see "Last Moments of the Pompeians," by A. Maiuri in the *National Geographic*, Vol. 120, #5 (Nov. 1961), pp. 651–669.

144. **nigrique et ambusti** (*scorched*, perhaps reddish brown): modify **pumices**. — **Cunctatus: cunctor** (1), *hesitate.*

145. **an.** *whether.* — **gubernatori (-tor, -toris),** *pilot*, depends on **inquit** and is modified by **monenti ut** . . . ; cp. Eng. "gubernatorial" and "governor." — **Fortes** . . . **iuvat,** a proverb.

146. **Pomponianum,** a friend of the elder Pliny's; but, as in the case of Rectina above, our correspondent fails to inform us of his ultimate fate. — **Stabiis (Stabiae, -arum,** plu. noun), a town just south of Vesuvius and Pompeii; what construction? (W. p. 178 II.1.) — **erat,** sc. **Pomponianus.** — **diremptus sinu medio,** *separated* (from Pliny) *by a bay lying between them* (**medio**); i.e., a small arm of the Bay of Naples at Stabiae.

147. **sarcinas,** *bundles.*

148. **contrarius,** an adverse wind in that it was an onshore wind blowing from the sea so that the ships could not sail out away from Stabiae. However, this same wind was favorable (**secundus**) for Pliny, who was sailing before it from the bay to Stabiae.

149. **trepidantem:** i.e., Pomponianus. — **utque:** the **-que** shows that the **ut**-clause depends on **iubet** and not on **hortatur.**

150. **timorem eius suā securitate:** note how the chiasmus brings **eius** and **sua** into juxtaposition for emphasis and contrast; for the difference between the possessives **eius** and **sua** see W. p. 61 end -62 top. Note also the etymology of **securitate** (**se,** *apart* and **cura,**

care: freedom from care, anxiety) which makes it in effect the antonym of **timorem**. — **deferri**, sc. **se** as subj. — **lotus**, from **lavo**; cp. Eng. "*lotion.*"

152. **hilari**, sc. **viro**.

155. **excitabatur**, *were enhanced;* in Latin the verb may agree with the nearer noun of a compound subject, especially since here **fulgor** and **claritas** are similar in meaning. — **relictos**, sc. **esse**; in their fear the country people had fled without putting out their fires on the hearth.

156. **in remedium**: actually place to which, indicating the goal or purpose of his statements: *to allay their terror he kept reiterating.*

157. **verissimo**: no pretence about his sleep — it was genuine; cp. the preceding letter.

158. **meatus animae**, *the passage of his breath = his breathing* or here probably *snoring;* **meatus** is the syntactical antecedent of **qui**.

159. **obversabantur**: **obversor** (1) + dat., *pass before* (his door).

160. **area**, *open space, courtyard:* actually it was the level of the courtyard which had risen **(surrexerat)**. — **diaeta**, *room, apartment.*

161. **mora**, sc. **esset**.

163. **In commune**, *for the common good*, again goal or purpose. — **subsistant**: **(utrum) subsistant an vagentur** (**vagor** (1), *wander*).

166. **Sub dio**, *under the divine element = under the open sky* (cp. **deus** and **Zeus**). — **quamquam**: to be construed with the adjectives. — **exesorum** (**exesus** from **exedo**, *eat away*), *eaten away* (as it were, by fire and gases), *porous.*

167. **quod**, a rather general conjunctive use of the relative, *but this chance:* a comparison **(collatio)** of the dangers induced them to take their chances out in the open.

168. **apud illum**, *with him* (Pliny), *in his case.* — **ratio rationem ... timorem timor**: the chiasmus effectively highlights the difference between the two types of nature vignetted by the words. Anaphora and asyndeton are other rhetorical devices in this brief sentence.

169. **Cervicalia** (-**cal**, -**calis**, n.; see W. p. 65 and 66 II), *pillows.* — **linteis** (-**teum**, -**tei**), *pieces of linen.*

171. **dies alibi, illic nox**: chiasmus emphasizes the stark difference between normal daylight elsewhere and volcanic night in the stricken area. — **noctibus**: what construction? (W. p. 377 top.)

172. **faces**, from **fax, facis**, f., *torch;* not **facies**, *face.* — **solabantur**, from **solor** (1) *console, relieve, mitigate;* not **soleo**, *to be accustomed.* — **Placuit**, *it seemed best.*

173. **ecquid**, adv. acc., *whether at all.* — **admitteret**, sc. **eos**: the **contrarius ventus**, above, had earlier prevented their sailing.

175. **linteum** here = *sail.* — **frigidam**, sc. **aquam**

176. **flammarum praenuntius**, *harbinger of flames.* — **sulpuris**: **sulpur** or **sulfur**, -**uris**, n. *sulfur.*

177. **Innixus: innitor, -niti, -nixus sum,** *support oneself by.*

178. **concidit (con-cado):** note the intensive force of the prefix, *he fell completely, in a heap, he collapsed.* — **colligo:** probably the two **servuli** survived and reported that the elder Pliny had died from the gases. — **caligine: caligo, -inis,** f., *vapor, gas;* abl. of means. — **spiritu obstructo clausoque stomacho:** did you notice the rhetorical order? What is the construction? (W. p. 111.)

179. **stomacho: stomachus** meant both *esophagus* and *stomach;* Pliny, who was more literary than scientific, did not bother to distinguish between *gullet* and *windpipe:* perhaps he meant simply *throat.* At any rate, this was the elder Pliny's vulnerable point, and he easily succumbed to the volcanic gases.

180. **interaestuans,** *inflamed.* — **dies** (*daylight*) **redditus (est):** not from **redeo.** — **is (dies) ab eo (die)** ... **tertius erat:** on Aug. 24 he sailed to Stabiae and saw daylight for the last time; on Aug.25 he died; on Aug. 26 day came again to the stricken area.

181. **corpus ... indutus:** detailed evidence that he had been overcome by volcanic gas only, corroboration of the statement presumably made by the slaves; **ut fuerat indutus,** *just as he had been clothed,* shows that there had been no harm from fire.

182. **habitus,** *position, appearance.*

184. **ego et mater:** in Latin **ego** was quite literally the pronoun of the *first* person and was so placed in a list, but we say *my mother and I.*

186. **me ... persecutum,** *that I have set forth.* — **statim,** *immediately = right after the events.*

187. **potissima** (**potis, -e,** *able*), *the best things.*

188. **aliud ... aliud** (sc. **scribere** with each of the 4 instances of **aliud**), *it is one thing to write a letter, it is another to* .... — **amico, omnibus,** *for a friend, for all.*

191. **interest,** impersonal vb., *it is important.* — **a quo ... fiat:** an indirect question used as subject of **interest.** — **facta: factum, -i,** as a noun, *deed.*

192. **humillime:** for form see W. p. 127 top and n. 1 and p. 152.

193. **Larium: Larius, -i,** Lake Como, beautiful Alpine lake in N. Italy, called **nostrum** because Pliny was a native of the city of Como as apparently was Macer.

194. **etiam,** *in particular.*

195. **municeps, -cipis,** m./f., *a fellow citizen* or *townswoman of ours.* How can you tell that this is feminine here?

196. **Maritus, -i,** *husband.*

197. **putrescebat,** *was rotting away.* — **exegit (exigo),** *demanded* (that she . . .).

198. **indicaturum (esse):** implied indirect statement.

200. **necessitas, -tatis,** *compelling reason.*

201. **mihi,** dat. of agent, which became fairly common with any passive form in the Silver Age. — **municeps,** sc. **sum.**

202. **nisi,** *except,* modifying only **proxime.** — **minus,** neuter to agree with **factum:** (*not because*) *her deed was less* (*noble*). — **Arriae:** regarding Arria see W. pp. 273–274.

203. **facto:** what construction? (W. p. 377 top.) — **minor,** *less* (*famous*).

204. **Calpurniae suae:** Pliny's second or, more probably, third wife, considerably younger than he, whom he married about A.D. 100. She showed him ideal wifely devotion, and his letters to her reveal that, despite Pliny's somewhat self-conscious and rhetorical expression, each had a tender affection for the other.

205. **In causa,** *in the situation* = (is) *responsible.*

207. **in,** *in the presence of.*

208. **diaetam,** *apartment.*

211. **quo:** antecedent = **tempus.**

215. **Olim,** *for some time.*

216. **illud:** construe with **nihil agere** and **nihil esse,** which are also modified by the attributive adjs. **iners** and **iucundum,** *that . . . doing nothing,* etc. — **iucundum nihil agere** = Italian *dolce far niente.*

218. **secedere:** i.e., to the country, as commonly in Pliny. — **studere:** i.e., such subjects as rhetoric, philosophy, literature. — **Nulla studia:** much as Pliny longs for his quiet scholarly pursuits, his duty to his friends comes first. — **tanti** (sc. **pretii**), gen. of indefinite value, *worth so much, so valuable* (lit. *of such great value*).

219. **studia ipsa:** he probably had in mind such works as Cicero's *De Amicitia.*

221. **Traiano Imperatori:** about A.D. 111 Trajan sent trusted Pliny as his personal envoy to manage the somewhat troubled province of Bithynia in Asia Minor. From Pliny's correspondance with the emperor during this period of some two years comes this very famous letter dealing with the Christians.

222. **Sollemne (sollemnis, -e),** *customary.*

224. **Cognitionibus,** *investigations:* depends on **interfui;** what construction? (W. p. 169 mid.) Apparently Pliny had heard about such things in his province, but he had no actual experience with the procedures.

225. **ideo,** adv., *for that reason.* — **quid et quatenus:** to be separated in translation, *what is customarily punished . . . and to what extent.*

226. **sitne:** both an indirect question and a dubitative subjunctive (doubt, uncertainty; see W. p. 236 n. 13): *whether there should be some distinction.* The other subjunctives of this sentence are in the same construction. — **quamlibet teneri,** *those who were ever so tender* (lit. *the ever so tender,* **tener, -era, -erum**).

228. **ei:** depends on **prosit.** — **desisse (desino),** *to have ceased* (being a Christian), subject of **prosit;** i.e., recantation. — **nomen ipsum:**

should the mere name of Christian be punished if the person were not guilty of crimes? Organizations, guilds (**collegium, -ii; hetaeria, -ae; sodalitas, -tatis**) had been forbidden in this province by Trajan because they had been sources of friction and unrest. This was simply a political matter, not a religious one; and the mere admission that a person was a Christian would, because of the organization of the Christian group, indicate that he was *ipso facto* a member of a politically forbidden **collegium** no matter how noble a life he might lead. Pliny's problem, then, is that these people seem to live fine lives but have nominally broken the edict against **collegia**.

230. **tamquam,** *as* (implying allegation).

232. **iterum ac tertio:** adv. modifying **interrogavi.** It seems that Pliny, lacking all comprehension of the Christians' religious dedication, was doing his level best from the Roman point of view to give these decent people every chance to save themselves by giving up their illegal practices. — **minatus: minor, -ari,** *threaten.*

233. **duci:** sc. **ad supplicium.** — **iussi,** parallel with **interrogavi,** is perfect active and not = **iussi (sunt).** — **qualecumque (id) esset quod,** *whatever was the nature of that* (creed, organization) *which they confessed.*

235. **similis amentiae:** what construction? (W. p. 374 mid.)

236. **urbem,** *THE city,* i.e., Rome; cp. the case of St. Paul.

237. **crimine,** *charge, accusation;* not *crime.* — **plures species,** *several kinds* (of cases).

238. **sine auctore,** *anonymously.*

239. **praeeunte me:** as today an official commonly leads a person or a group in the administration of an oath, dictating the words.

240. **imagini,** dat. with **supplicarent,** *worship* (lit. *bend the knee to*): though this form of emperor-worship was to the polytheists hardly more than an oath of allegiance, it was extremely offensive to real Christians because of their intense monotheism.

242. **quorum,** neut., *of which things.* — **nihil . . . cogi: nihil** is cognate acc., lit. *are said to be able to be forced nothing of these things* = *to be forced to do none of these things.* — **dicuntur:** the subject is **qui . . . Christiani.**

245. **ante,** adv., *before* used with acc. of extent of time: *three years, several years, before.* — **non nemo,** *one person;* cp. **non nulli,** *some.*

248. **summam,** (*this was*) *the sum.*

249. **quod:** noun clause in appos. with **summam;** why subjunctive? (W. p. 378 top.) — **stato die,** *on a fixed day,* undoubtedly Sunday. — **carmen,** in ecclesiastical terminology probably *a hymn* or *chant;* originally *a song* or *poem.*

250. **secum invicem,** *with themselves in turn* = *among themselves alternately* or *responsively.* — **sacramento,** *by an oath,* which is explained both by the prepositional phrase **non in . . . aliquod** and by the jussive **ne**

clauses, which actually seem to be more in the nature of moral injunctions, as in sermons, than an oath. — **non in scelus aliquod,** *not (directed) toward some crime:* an important point since the Christians were commonly misunderstood as some sort of criminal conspiracy because of the secretive, exclusive nature of their organization and the, to the Romans, peculiar terms and ceremonies which they used (as when the eucharist was misinterpreted as a cannibalistic feast).

252. **depositum:** some trustees then, as now, misused or used up funds entrusted to their care.

253. **discedendi,** gen. of definition defining **morem.**

254. **cibum:** the "agape," or daily love-feast, of the early Christians (food, hymns, reading of scriptures, prayers); but not the eucharist. — **promiscuum et innoxium,** *ordinary and harmless.* — **quod = et hoc; (se) desisse (desino)** depends on **adfirmabant.**

255. **secundum,** preposition + acc., *according to* (lit. *following*).

257. **ancillis,** *maid-servant* or *slave;* cp. "ancillary." These are loyal Christians, quite distinct from the recanters above. — **ministrae:** the Lat. translation of Gk. **diakonissa,** the fem. of **diakonos,** *a servant;* therefore, *deaconesses,* for many ecclesiastical terms are of Greek origin. — **veri:** what construction? (W. p. 192.) — **et per tormenta,** *even by torture,* since Pliny apparently thought that these *servants* of the church were in fact slaves (whether they were or not), and the testimony of slaves was acceptable in court only when obtained by torture.

258. **pravam, immodicam:** after Pliny's restrained report of the situation, which seems to indicate even a desire to save these recalcitrant Christians if possible, these two adjectives may strike us as somewhat harsh and consonant with Tacitus' **superstitio exitialis** and Suetonius' **superstitio nova ac malefica;** but it would be possible and in keeping with the spirit of the passage to take **pravam** as simply *irregular* (i.e., relative to pagan religions) and **immodicam** as *excessive* in its fanatical devotion to its ideals.

261. **periclitantium: periclitor** (1), *be in danger.*

263. **civitates,** here with the later meaning of *city,* which earlier would have been **urbs.**

265. **pervagata est: pervagor** (1), *pervade.* — **constat** (impersonal of **consto**), *it is agreed.*

266. **celebrari: celebro,** *visit in large numbers, to throng;* i.e., as a result of the repression of the Christians. — **sollemnia: sollemne, -is,** n., *religious rite.*

267. **venīre** from **venēo, venīre, veniī, venitum** (**venum + eō, īre,** *go for sale*), *be sold;* not from **veniō, venīre.** — **victimarum:** depends on **pastum,** *fodder:* what kind of gen.? (W. p. 374 end.) — **cuius:** can the antecedent be **victimarum?** (the gen. depends on **emptor** — what kind of gen.?)

271. **Actum: actus, -ūs,** *procedure.* — **mi,** vocative of **meus** (W. p. 14 mid.). — **Secunde:** in the body of his letters to Pliny, the Emperor Trajan often uses Pliny's cognomen, as here, sometimes with **carissime** added. — **excutiendis: ex-cutio (quatio),** *shake out* and so *examine, investigate.*

272. **Christiani,** *as Christians.*

273. **in universum,** *in general :* there can be no fixed prescription which will cover every single case. — **certam,** *fixed, unvarying.*

274. **Conquirendi non sunt (con-quaero):** this shows that Trajan intended no aggressive persecution of the Christians. — **deferantur et arguantur,** *accuse and convict;* what kind of conditional clause? (W. p. 156 IIB.) Note that **arguo** basically means *to make clear, to prove;* it does not mean *to argue* in the popular disputatious sense, which is **disputo.** Mere accusation is not to be considered; there must be a full trial in court and a formal conviction.

275. **ita,** *with the stipulation that.* — **re ipsa,** *in actual fact* (lit. *by the thing itself*), as defined by **supplicando.**

278. **crimine:** not *crime.*

279. **(est) pessimi exempli,** lit. *(such a practice is) one of very bad precedent* (i.e., *is very bad*), pred. gen. of description. — **nec est nostri saeculi,** lit. *and it is not of our age = it does not belong to our age,* pred. gen. of possession. — **est:** the understood subject is something like **hoc** or **tale** = *such a practice.*

THE VULGATE

The Old Testament, originally written in Hebrew, was in the 3rd century B.C. translated into Greek. This version was called the Septuagint after the reputed 70 or 72 scholars who worked on it. Then during the latter half of the first century of our era the New Testament was composed in Greek. As Christianity spread through the Latin-speaking world (e.g., Italy, Gaul, Spain, North Africa), Latin versions of various parts of the Bible were made anonymously from the Greek to meet the new needs. By the late fourth century these versions had become rather garbled, and St. Jerome was commissioned by the Pope to translate the Old Testament from the Hebrew into Latin and to revise the existing Latin translation of the Greek New Testament. His long labors produced the Vulgate, the *Editio Vulgata*, the standard popular (*vulgus*, the common people) edition, which for centuries was paramount in European thought. As the Greek New Testament had been written in the simple language of the common people in order that it might be easily understood by them, so the Vulgate was phrased *ad usum vulgi* and not in the rich elegant style of Cicero. The structure of the sentences is eminently simple, with more coordination than subordination. Among other vulgar Latin characteristics are the frequent use of *quod, quia,* or *ut* with the indicative or the subjunctive to express indirect statement, the increased use of prepositional phrases instead of simple cases (*dixit ad eum = ei*), the infinitive to express purpose or result, and the use of new words. Such usages continue throughout medieval Latin, and at the same time they illustrate the process by which vulgar Latin was gradually transformed into the Romance languages. In the matter of contents the passages speak for themselves.

1. **sermones,** *words, sayings.*
2. **Aegyptus, -i,** f., *Egypt.*
4. **habebis:** the future ind. can be used with the force of a command. — **coram** (from **cum** + **os, oris,** *face*), prep. + abl., *in the presence of.*
5. **sculptile, -is,** n., *a carved thing, statue.* — **omnem,** here *any;* **ullam** in class. Lat. after a negative.
6. **deorsum:** from **de-vorsum;** what direction?
8. **zelotes, -ae,** m., Gk., *one who is jealous.* — **visitans,** *send; visit* in class. Lat.
10. **misericordiam,** *mercy, compassion: showing mercy.* — **in milia:** balances **in filios** above, *toward thousands.* — **his,** dat. of reference,

in the case of the people (who). — **diligunt,** *love* in the sense of *esteem,* a very lofty and dignified word; **amo** is *love* or *like* in a more general and a more physical way.

15. **memento** (2nd per. sing.) and **mementote,** (2nd per. plu.) are imperative forms of the defective verb **memini.** — **diem sabbati** (**sabbatum, -i,** Hebrew word), *the day of rest, sabbath day.* — **sanctifices: sanctificare (sanctus, facio),** eccles. Lat., *treat as holy, sanctify;* what construction? (W. p. 173.) — **diebus:** the abl. of time within which sometimes expresses duration of time. — **operaberis: operor, -ari** = **laboro.**

17. **omne** = **ullum.**

18. **ancilla,** *maid-servant;* cp. "ancillary." — **iumentum,** *beast of burden.* — **advena, -ae,** m./f., *stranger.*

21. **benedixit: benedico** (in class. Lat. written **bene dico**) + dat., *speak well to* = *bless,* common in eccles. Lat.

24. **occides:** from **ob–caedo.**

25. **moechaberis: moechor, -ari,** *commit adultery.*

27. **proximum: proximus, -i,** m., *neighbor,* a natural later development from the literal meaning of the word; **vicinus** is Cicero's word.

32. **intellegentia, -ae,** *understanding*

35. **abyssus, -i,** *abyss, bottomless gulf, void.*

36. **Abyssus . . . mecum:** a very clear example of the parallelism which is one of the major characteristics of Hebrew poetry: the second line of a couplet repeats the thought of the first line with different words or expresses a similar idea. This can be observed in the first two lines of this excerpt and elsewhere throughout the passage.

37. **aurum obryzum,** *pure gold.*

38. **appendetur,** *weigh out;* similarly **expendo** from which derives Eng. "spend," both words reflecting the means of exchange before the invention of coinage.

40. **lapidi: lapis, -idis,** m., (precious) *stone;* modified by the adj. **sardonycho,** *of sardonyx.* — **sapphiro** (**-us, -i,** f.), *sapphire.*

41. **vitrum, -i,** n., *glass,* obviously some very valuable substance like crystal.

42. **ea,** obj. of **pro:** to what must **ea** refer? — **vasa, -orum** (**vas, vasis,** n., in sing.), *vessels.*

43. **Excelsa: excelsum, -i,** n., *a height.* — **eminentia,** n. plu. of **eminens,** *things that stand out, project, are lofty;* perhaps = *lofty peaks.*

44. **occultis** (**-ta, -torum**), *secret places.*

47. **abscondita est: abscondo,** *conceal.*

48. **latet: lateo** + acc. = *escape the notice of, be concealed from.*

49. **Perditio, -onis,** postclass. word, *destruction, ruin.*

53. **mundi: mundus,** *world, universe;* cp. "mundane."

55. **pluviis: pluvia, -ae,** *rain.*

56. **procellis:** -cella, -ae, *storm.*

62. **Ecclesiastae: Ecclesiastes, -ae, m.,** a Greek word meaning *a member of the assembly, a speaker in the assembly,* hence here perhaps *one who addresses his fellow citizens.* It is intended to translate the Hebrew word "Koheleth," which is said to occur only here in Hebrew literature and may be simply a proper name. — **David,** *of David:* the strictly Hebrew names are not inflected; their case can be determined only from the context. Since scholars agree that the actual date of this book is ca. 200 B.C., Koheleth's claim to be Solomon is only an understandable literary convention. This man is not a national Jewish writer but rather a humanist pondering the problems of mankind. — **Hierusalem,** *of Jerusalem.*

63. **Vanitas, -tatis,** *vanity* in the sense of *emptiness* and *futility* (cp. "in vain"), not of *pride* and *conceit.*

64. **omnia:** sc. **sunt.** — **amplius:** modifies **quid.**

66. **in aeternum,** *forever.*

68. **redundat,** *overflow.*

70. **saturatur: saturare,** *satisfy* (cp. **satis**); i.e., no matter how hard we look or listen we cannot explain life and the universe.

72. **faciendum est:** a future passive periphrastic with overtones of destiny, *the very thing which is going to be done; which shall be done;* i.e., the future repeats the past. There is a fixed round of events; God has predetermined them all; man cannot change them. "To every thing there is a season, and a time to every purpose under the heaven." (Eccl. 3.1.) — **valet** = **potest.** — **quisquam,** *anyone* (used primarily after a negative or in a question).

73. **Ecce,** *see! look! lo! behold!*

75. **Israhel,** *of Israel.*

77. **pessimam:** why so bad? Apparently because God has given man reason and a desire to know, and yet, despite man's diligence, man is mocked by his inability to solve the riddle of the meaning of life and the universe.

78. **cuncta** = a strong **omnia,** implying every last one.

79. **difficile** = **difficiliter.**

80. **corde: cor, cordis, n.,** *heart;* cp. "cordial."

81. **praecessi: prae-cedo.** — **sapientiā:** what is the syntax? (W. p. 376 top.)

82. **contemplata est: contemplor, -ari.**

83. **prudentiam . . . stultitiam:** i.e., he sought to understand all life.

84. **agnovi quod,** *I learned that:* the nonclassical **quod** clause of indirect statement.

85. **eo** (adv.) **quod,** *for the reason that*

86. **indignatio, -onis,** *occasion for indignation;* i.e., in this world there is no guarantee that men will be rewarded according to their deserts, for the righteous often suffer and the wicked prosper; and the wise

man has the same ultimate futile fate as the fool—death: the author lacked belief in an afterlife where injustices would be corrected. However, though sensitive to the ugly realities of life, he did not surrender to despair; rather, he said *carpe diem*, observe the golden mean, be wise, accept the reality of a God and a universe which you cannot understand. — **laborem,** *sorrow, suffering.*

88. **inimicos,** (personal) *enemy:* **in** (neg.) **-amicus;** cp. Eng. 'inimical." — **oderunt: odi, odisse, osurus,** *hate* (defective verb in perf. system with present system meanings).

89. **calumniantibus: calumniari** (dep.), *accuse falsely.*

90. **percutit: -cutio, -cutere,** etc. (**per-quatio,** *shake*), *strike;* cp. "percussion." — **maxilla, -ae,** *jaw, one side of the jaw* (in view of the following **alteram**). — **aufert: ab-fero;** cp. "ablative." — **tibi:** what kind of dat.? (W. p. 215 #2 n. 15.)

91. **vestimentum,** *clothing,* here apparently *robe* (= outergarment); **tunicam,** *tunic* (shirtlike garment worn indoors and about work, and under the toga. — **noli:** imperative of **nolo** (W. p. 394 mid.) = a prohibition, *do not.* — **petenti te** = the classical **petenti a te.**

92. **ne repetas,** sc. **ab eo;** note **ne** + *pres.* subj. in the 2nd person to express a prohibition in eccl. Lat. where class. Lat. prose would have **noli** + inf. (see the preceding line) or **ne** + perf. subj. (See W. p. 211 n. 27, 259 #23 n. 1.) — **prout,** *just as* (= **ut** + ind.).

93. **et,** an adv., not a conj.

94. **gratia,** *esteem, regard, thanks.*

97. **mutuum, -i,** *a loan.*

98. **faenerantur: faeneror** (1), *lend at interest.*

99. **Verum,** as adv., *but.*

100. **merces, -edis,** f., *pay* = *reward.*

101. **Altissimi** = **Dei.** — **super** = **erga,** *toward.*

102. **Estote,** 2nd per. plu. of fut. imperative of **sum,** *you shall be* or simply *be.*

104. **dimittite** (**di-, dis-,** *apart*), *let go, release,* hence *forgive* (cp. the Lord's Prayer, W. p. 211). — **dabitur,** impers. pass.

105. **confertam** (**confercio**) **et coagitatam** (**co-agito**), vivid terms *crammed full* and *shaken down,* referring to the measure (**mensuram**). — **super-ef-fluentem:** a late Lat. word, stronger by composition than even **super-fluentem,** which means *overflowing;* this caps the other two participles.

106. **sinum** (**sinus, -us**), *a fold* in a garment, which before the days of fancy packaging served as a pocket or bag; also *bosom* or *lap.* — **mensi fueritis,** fut. perf. of **metior, -iri, mensus sum,** *to measure.*

108. **similitudinem** (**-tudo, -tudinis**), *parable;* lit. *simile, analogy;* cp. **similis.** — **Numquid:** here a strengthened form of **num.** What kind of answer is expected to the interrogatives **num** and **nonne?** (W. pp. 378–379.)

109. **ambo,** *both,* nom. plu.: for declension see **duo** (W. p. 191); cp. "ambidextrous," "ambivalence." — **foveam,** *pit.*

111. **Quid** = **cur.** — **festucam,** *straw.* — **trabem** (**trabs, -bis,** f.), *beam of wood.*

113. **sine** (from **sino**) **eiciam:** parataxis for **sine ut eiciam.**

114. **Hypocrita, -ae,** m. (Gk. word for *actor*), *hypocrite,* only in eccl. Lat. in this sense.

118. **spinis: spina, -ae,** *thorn.* — **ficus: ficus, -i** or **-ūs,** f., *fig.*

119. **rubo** (**-us, -i**), *bramble bush.* — **vindemiant: vindemio, -are,** *harvest* (grapes).

122. **legis peritus:** the (objective) gen. is used with many adjectives, especially those denoting *desire, knowledge, memory, skill, power, fulness.* — **temptans: temptare,** *to test.*

124. **ad eum:** eccl. Lat. for **ei** (dat.) in class. Lat. after verbs of speaking; but note the regular **dixit illi** in line 127.

127. **proximum,** *a neighbor* quite literally since "neighbor" is an Anglo-Saxon word meaning "nigh-dweller."

129. **suscipiens,** *answer;* lit., *take up the thought.*

130. **Hiericho,** *Jericho,* here acc. case.

132. **semivivo relicto:** sc. **eo.** — **ut . . . descenderet,** noun clause of result, subj. of **accidit.**

133. **viā:** what kind of abl.? (W. p. 180 S. A. 7.) — **Levita, -ae,** m., a Levite, an assistant to the priests in the care of the tabernacle.

134. **secus** as prep. + acc. (anteclass. and late Lat.), *beside, along, near.* — **per-trans-iit,** *he passed by;* late and popular Latin is fond of elaborate compounds. — **Samaritanus,** a native of Samaria, a district in Palestine; the Jews had long hated the Samaritans as being not of Jewish blood in origin.

136. **alligavit: alligo** (1), *bind up.*

137. **iumentum,** *pack animal.*

138. **stabulum,** *tavern, inn;* cp. **stare** and Eng. "stay." — **denarios:** the denarius was the most common Roman silver coin; it had approximately the physical dimensions of our dime but was worth many times our dime in purchasing power.

139. **stabulario: stabularius,** the person who kept the **stabulum.**

140. **super-e-rogaveris: erogare,** *pay out* (lit. *ask for*) + **super,** in addition above the 2 denarii; fut. perf. in a conditional relative clause of a fut. more vivid condition. — **cum rediero: cum** is regularly followed by the indicative when the clause refers to present or future time.

145. **substantia, -ae,** *substance* = *property.*

147. **peregre** (**per-ager;** i.e., *through the fields to another country*), adv., *abroad.*

149. **consummasset:** pluperf. subj. of **consummo, -are,** etc., *finish, complete;* not from **consumo.**

150. **adhaesit: adhaereo,** lit. *cling to;* Eng. "adhere."

151. **pasceret,** *to feed, tend.*

152. **siliquis: siliqua, -ae,** *husk.* — **manducabant,** *chew, eat.*

154. **reversus:** from **revertor.** — **Quanti:** Cicero would have used **quot.**

156. **in,** *against.*

157. **dignus vocari:** the inf. with **dignus** is a poetic construction; Cicero would say: **dignus qui vocer.**

159. **adhuc (ad-huc,** *up to this point*), *still.*

160. **osculatus est: osculor** (1), *kiss.*

163. **Cito,** adv., *quickly.* — **stolam primam,** *best robe.* — **induite: induo, -ere,** *clothe.*

164. **date . . . in** (instead of the dat.), *put . . . on.*

165. **vitulum saginatum,** *fatted calf.*

169. **symphoniam,** *music.* — **chorum,** *song and dance;* cp. the chorus in Gk. drama.

174. **annis:** an example of abl. of time within which to express duration of time. — **mandatum,** *command.*

175. **haedum (haedus),** *a kid.*

177. **meretricibus: meretrix, -tricis,** f., *harlot;* cp. "meretricious."

178. **Fili:** what case? (W. p. 14 mid.)

181. **dives** (single ending adj. of 3rd decl.; gen. **divitis**), *rich, a rich man;* often capitalized in connection with this famous parable as if it were a proper name, Dives. — **purpura,** *purple* (*cloth*). — **bysso (byssus, -i,** f.), *cotton* or *linen material;* Gk. word in eccl. Lat.

182. **cotidie (quotidie),** *daily.* — **mendicus, -i,** *beggar;* cp. "mendicant."

183. **iacebat:** not from **iacio.** — **ianuam,** *door;* cp. "Janus," "January," "janitor."

184. **saturari [saturo** (1)]: cp. **satis.** — **micis (mica, -ae),** *crumb.*

185. **lingebant (lingo, -ere, linxi, linctum),** *lick.* — **Factum est,** *it happened, it came to pass:* common in the Vulgate.

186. **Abrahae:** both **Abraham** (indecl.) and **Abraham, -ae,** m.

187. **inferno (infernus, -i),** *the lower world* = *hell* in eccl. Lat.

188. **a longe,** *far off:* the use of **ab** with adverbs is rarely found before late Latin.

189. **miserere mei (misereor, -eri, -itus sum** + gen.), *pity;* locate the form of **miserere.** (W. p. 163 end and 164 top.)

190. **intinguat (-tinguo, -ere, -tinxi, -tinctum),** *dip;* cp. *"tinge," "tincture."*

191. **quia** = **quod** (causal). — **crucior (crucio, -are),** *torture, torment,* a powerful word involving the **crux, crucis,** the *cross* as an instrument of death; cp. "crucial," "crucify," "excruciating."

192. **recordare (recordor, -ari),** *recollect,* showing that originally the **cor, cordis,** *heart,* was regarded as the seat of memory; cp. our "learn by heart." What form? Cp. **miserere** above. — **quia,**

indirect statement; to determine the meaning of **quia** and **quod** one has to study the requirements of the context.

193. **consolatur:** here passive.

194. **vos:** i.e., you sinners. — **chaos** (neut. nom. and acc.; **chao,** abl.), *vast empty space.*

196. **transmeare,** *cross over.*

200. **ierit:** what form of **eo**? (W. p. 156 II A and n. 2.)

202. **neque,** *not even.*

204. **aspernabantur,** deponent verb.

205. **Pharisaeus,** *a Pharisee:* the Pharisees were the party of formalism among the Jews. They believed that piety consisted in minute outward, often trifling, observances rather than in a noble inward spirit; they were ostentatious in their pretentious piety and looked with contempt on all but their own.

206. **publicanus,** a collector of Roman taxes, here a native agent of a Roman company; because of their association with outsiders and their often extortionate practices, the publicani were commonly despised.

207. **raptores,** *snatchers = robbers.*

208. **Ieiuno** (1), *I fast;* cp. "jejune." — **decimas:** sc. **partes,** *tithes* (tenth parts).

209. **nec,** here *even.*

210. **percutiebat:** the imperfect is effective here; cp. "percussion."

211. **Deus:** the one form is used as either nom. or voc. case. — **propitius, -a, -um,** *gracious, kind.*

212. **ab illo:** a rather odd expression perhaps based on the abl. of source: (*if you start*) *from that man* (the Pharisee), *this man* (the publican) *went home justified* (*forgiven*); i.e., *this man rather than that one,* or *this man, not that one, went home . . . .* — **exaltat (ex-altus),** *raise on high, exalt;* a late and ecclesiastical word.

213. **humiliabitur: humilio** (1), *humble, humiliate,* a late Latin word.

MEDIEVAL LATIN

The period of medieval Latin literature extends from about the 5th century of our era to the Renaissance; its area was primarily western and central Europe. We are not to think of this literature as a merely anemic and imitative extension of its classical parent, but as a literature in its own right developing along the lines of its own genius — a living literature with Latin its living language. This Latin, a varying admixture of the classical and the popular Latin (the latter as already met above in the Vulgate), became the *lingua Franca* of the ecclesiastical world and the intellectual secular world in the fields of literature (the various and often new forms in prose and poetry), of religion and philosophy, of politics and diplomacy and law, of education, of science. Just as vulgar Latin (the language of the *vulgus*) in its extreme form developed into the Romance vernaculars (French, Italian, Spanish, etc.), so during the medieval period literature in the national vernaculars developed (heroic epic, chansons de geste, fabliaux, lyric poetry, and the like) which was directed particularly to the people of the nonscholarly groups. Probably the most striking break in the Latin tradition came when Dante, after composing some works in Latin, decided, not without considerable debate, to write the *Divine Comedy* in his native Tuscan Italian rather than in Latin. Finally, the *coup de grace* to medieval Latin literature was in effect given when the Renaissance scholars deliberately abandoned the Medieval Latin tradition and returned to the canons of the ancient classics.

Since a number of the medieval characteristics are pointed out in the index, they need not be summarized here. For the sake of simplicity the classical orthography, rather than the medieval, has been followed.

Bede

The Venerable Bede (ca. 670–735), devout English monk, famed scholar and teacher, is most famous to us for his excellent and enjoyable *Ecclesiastical History of the English People*. Working at a time when Latin was studied primarily for the sake of reading and understanding the Scriptures and the Church Fathers, he wrote good Latin which, though not completely classical, has sound syntax and is clear and effective.

1. **praetereunda (praeter-eo,** *pass over, omit*), sc. **est. — opinio, -onis,** here = *story*. — Gregory: after living some years in his own monastery in Rome, he was called to be Pope Gregory I in A.D. 590; and

in 597 he sent as missionary to the pagan Anglo-Saxons in England Augustine (the Lesser), who established a monastery at Canterbury and made it the base for missionary work throughout England.

2. **traditio,** noun of **trado. — Dicunt quia . . . multi confluxissent, et Gregorium . . . advenisse ac vidisse:** note that **dico** is here followed (1) by a **quia** (**quod** or **ut,** all translated by *that*) clause so characteristic of medieval Lat. and (2) by the classical inf. in indirect statement, both translated in the same way.

3. **mercator, -oris,** *merchant.* — **venalia (venalis, -e,** *for sale, to be sold*), best taken as a pred. adj.

4. **fuissent conlata = essent conlata (con + fero** quite literally); this subjunctive is, of course, introduced by **cum.**

6. **venusti vultus,** *of charming face,* gen. of description (W. p. 374 mid.)— **capilli, -orum,** *the hair of the head.* — **formā egregiā (egregius, -a, -um,** *unusual, remarkable*): what kind of abl.? (W. p. 377 end.)

8. **dictum est:** impers. pass. — **quia,** sc. a verb from the preceding sentence.

9. **incola, -ae,** m./f., *inhabitant.* — **talis aspectūs (aspectus, -ūs,** *appearance, aspect*): what construction? (W. p. 374 mid.)

10. **insulani (insulanus, -i,** *islander;* cp. **insula),** sc. **essent. — paganus, -a, -um,** lit. *belonging to a* **pagus** (*village*) = *rural,* and hence *pagan* (apparently because the old pre-Christian religion survived longest among the country people). — **essent implicati (implico, 1,** *enfold, entangle*): what construction? (W. p. 142.)

11. **quod** after **dico;** cp. note on **quia** in line 2. — **intimus, -a, -um,** *innermost.* — **cor, cordis,** n., *heart;* cp. "cordial."

12. **suspirium, -i,** *sigh.* — **pro,** interjection, *oh, ah.* — **lucidus, -a, -um,** adj. of **lux.**

13. **tenebrarum: tenebrae, -arum,** *shadows, darkness.* — **possideo, -ere, -sedi, -sessum,** *possess.* — **tanta gratia frontispicii (frontis-picium, -ii,** *façade,* cp. "frontispice"), *such great grace of exterior = so graceful an exterior.*

14. **gesto** (1), *carry about, have* (cp. **gero**).

15. **vocabulum = nomen.**

17. **angelicus, -a, -um** = Eng. word. — **angelorum,** depends on **cohaeredes.** — **decet, -ere, -uit,** *it is proper, fitting.*

18. **cohaeredes,** *coheirs.*

19. **provinciales, -ium,** *inhabitants of a* **provincia.**

20. **eruo, -ere, erui, erutum,** *pluck out, rescue.* — **misericordia, -ae,** (**misereo + cor**), *mercy.*

22. **adludens,** *playing on.*

24. **pontificem: pontifex, -ficis,** *pontiff* (*bishop, pope*). — **Romanae . . . sedis,** *of the Roman . . . see.*

26. **verbi ministros,** *ministers of the Word.* — **converteretur:** syntax? (W. p. 203 n. 15.)

27. **paratum esse in hoc opus ... perficiendum,** *ready to accomplish.*

28. **cooperor, -ari, -atus sum,** *work with, cooperate.* — **papa, -ae,** m., *bishop* before it finally acquired the full meaning of *pope* as we use the word today; dat. depending on **placeret.**

29. **dum:** used somewhat loosely with a combined force of circumstance (*when*) and concession (*although*), as Eng. *while* when not used in a strictly temporal sense.

31. **pontificatus, -us,** *the pontificate.*

32. **desidero** (1), *desire.*

33. **praedicator, -oris,** *preacher.* — **praedicatio, -onis,** f.: in view of the preceding note what must this abstract noun mean? — **fructifico,** *bear fruit.*

Caedmon

36. **monasterium, -i** = Eng.; at Whitby. — **abbatissa, -ae,** *abbess:* Hilda. — **gratiā,** *grace* in the ecclesiastical sense of the word; depends on **insignis** (W. p. 376 top).

37. **specialiter insignis,** *especially distinguished.* — **carmen, -minis,** n., *poem.* — **pietas, -tatis,** *piety* in the medieval Christian sense of the word.

38. **interpres, -pretis,** m./f., *expounder, translator.*

39. **pusillum,** *a little* (time). — **suavitate et compunctione,** *with greatest sweetness and humility.*

41. **contemptus, -us** = Eng. — **saeculum, -i,** *the world* in medieval Latin, cp. "secular"; *an age, a century* in classical Latin.

42. **accendo, -ere, accendi, accensum,** *set on fire.* — **Et:** the second **et** is adverbial.

44. **aequipero** (1), *to equal.* — **non ab hominibus neque per hominem,** *not by men* (i.e., the society of the human race) *nor through the agency of a human being* (i.e., one through whom God worked) — but by direct divine revelation.

45. **instituo, -ere, -titui, -titutum,** *instruct.* — **cano, -ere, cecini, cantum,** *sing, compose poetry.* — **divinitus,** adv., *divinely* (i.e., directly by God).

46. **gratīs,** abl. as adv., *gratis, for nothing,* i.e., as a direct, out-and-out gift of God. — **nil frivoli et supervacui,** *no trifling* (*frivolous*) *and unnecessary poem;* what construction? (W. p. 192.)

47. **tantummodo,** *only.*

48. **Siquidem,** *now then,* with a suggestion of cause.

49. **habitu saeculari,** *secular clothes.* — **provectior, -ius,** lit. *rather carried forward* = *rather advanced.* — **constitutus, -a, -um,** lit. *having been placed* = *attired.*

50. **aliquando,** adv., *at any time.* — **convivium, -ii,** perhaps here not much more than *dinner* (in class. Lat., *banquet*).

51. **laetitia, -ae,** *entertainment;* lit. *joy, delight.* — **decerno, -ere, -crevi,**

-cretum, *decide.* — cantare (canto, 1, frequentative of cano above, *sing, chant*) deberent, (*it was decided that*) *they should sing.*

52. cithara, -ae, a stringed instrument of some sort, *lyre.*

53. repedo (1), *retire.*

54. dum = cum.

55. stabula iumentorum, *stables of the farm animals.*

56. competenti (competens, -ntis, *appropriate*): modifies hora.

59. nescio cantare, *I do not know how to sing.*

61. cantare habes, *you have to sing* = *you must sing*, which in class. Lat. would be cantare debes.

63. creatura, -ae, *creature, creation.* — in, *to.*

64. conditor, -oris, *founder, creator.*

67. exsisto, -ere, -stiti = sum.

68. pro culmine tecti, *as the top* or *ridge of the roof.*

70. dormio (4), *sleep;* cp. "dormitory."

72. composita, lit. cum (*together*) + pono. — alia . . . aliam, *one . . . another.* — ad verbum, *to a word, literally.* — detrimentum, -i, *loss* (of), *injury* (to).

73. decor, -oris, m., *beauty.*

74. memoriter, *by heart.* — in eundem modum, *in the same manner.*

75. Deo: what case? (W. p. 203 n. 20.)

76. mane, adv., *in the morning.* — vilicus, -i, *steward.* — sibi: syntax? (W. p. 169 and n. 3.) — doni: syntax? (W. p. 192.)

78. doctioribus: doctus, -a, -um, *learned,* lit. *taught.*

79. universi, -ae, -a, *all together.*

80. probaretur: the subject is quid (esset) vel unde esset (id) quod referebat. — caelestem . . . gratiam, *heavenly grace.*

Gesta Romanorum

The *Gesta Romanorum* is a 13th century compilation of medieval tales and their moral meanings, apparently both for the preacher and for the general reader. According to the title, this work purports to recount the doings of the Roman emperors, but stories from Greek and Oriental sources have been included as well. A very popular book in the Middle Ages, it provided material for Chaucer and Shakespeare among others. The Latinity of the *Gesta Romanorum* is a considerable distance apart from that of Cicero and the style is miles apart.

82. Honorius: Roman emperor of the West, A.D. 394–410. — valde, adv., *very, very much.* — unicum filium, *an only son.*

83. volabat: from volo, -are not volo, velle.

84. omnibus, sc. rebus, though undoubtedly omnibus was thought of as neuter: — unum = quendam or it is simply the indefinite article *a*, as often in medieval Latin.

85. guerra, -ae, medieval for bellum. — habebat et devastabat: the imperf. tense is often used loosely in medieval Lat. for the perfect,

he had and he destroyed him. — **cum . . . sustinebat:** in medieval Lat. **cum** circumstantial and causal may be used with the indicative, where Cicero would use the subjunctive.

88. **per aliquam viam = aliquo modo;** this is an example of the common use of prepositional phrases to replace cases without a prep. in classical Lat. — **Si . . . possem, obtinerem:** in medieval Lat. the imperf. subj. can be used both in a fut. less vivid condition, as here, and in a pres. contrary to fact. This and similar other constructions make for the informal use of the subjunctive.

89. **copulare,** *to join.*

90. **ut . . . concederet:** actually an indirect command, depending on the idea of *asking* implicit in **misit nuntios.** — **saltem,** adv., *at least.* — **trewga, -ae,** *truce* (a Germanic word as the *w* shows). — **quod** can in medieval Lat. introduce a purpose clause, as here.

93. **filiam eius filio suo:** since **rex** is the subj. of **obtulit** and it is the **rex** who has the **filiam,** the possessives should be interchanged to read **filiam suam filio eius;** but such carelessness is not uncommon in medieval Lat.

94. **duo:** neuter. — **habeam** for **habebo.** — **decessum (decessus, -ūs);** i.e., from this world.

95. **destino** (1), *bequeath.*

96. **conventio, -onis,** *agreement, compact.* — **charta sigillata est,** *the document was sealed.* — **vale . . . fecit,** late Lat. for **vale dixit.**

98. **parari fecit** for classical **fecit ut pararetur.**

100. **intravit,** sc. **navem.** — **thesaurus, -i,** *treasure.*

101. **dominabus;** cp. **filiabus,** used to distinguish between the fem. and the masc., which otherwise would have the same form **(dominis):** *with ladies and maids.*

102. **cete,** *whale,* is in form actually a Gk. neut. plu., but **grandis** coupled with **occurrebat** here shows it to be nom. masc. sing. (cp. another form **cetus, -i**) and below under **Moralitas** we read **cete grande (est diabolus)** where **cete** is clearly neut. sing.! Such is the license of medieval Lat.

103. **deglutire,** *devour.*

105. **accidit . . . quod . . . dormierunt** for classical **accidit . . . ut . . . dormirent.**

106. **fessus, -a, -um,** *weary.*

107. **contentis: contenta, -orum,** *contents* (neut. of the partic. used as a noun.).

108. **ventre: venter, -tris,** m., *belly.*

109. **excito** (1), *arouse.*

110. **estote** (fut. imperative) **= este,** *be.* — **confortati: conforto** (1), **(con + fortis),** *strengthen greatly,* chiefly in Vulgate.

111. **salvo** (1), medieval **= servo.**

112. **erimus salvati,** analytical form **= salvabimur.**

114. **quilibet,** lit. *anyone,* perhaps = **quisque.** — **sicut profundius possit** clearly means *just as deeply as he can,* but the syntax is odd. — **duo,** i.e., **ignem et vulnera.**

117. **pergo, -ere, -rexi, -rectum,** *proceed.*

118. **Iuxta,** prep. + acc. *close to, near;* cp. "juxtaposition." — **erat ... manens = manebat.**

119. **versus = adversus,** prep. + acc., *toward.*

121. **cum instrumentis:** clearly abl. of means but **cum** would not have been used in classical Lat. — **percutere:** cp. "percussion."

122. **sonitus, -ūs,** *sound.*

123. **suaviter,** lit. *sweetly = gently;* cp. "suave." — **latus, -eris,** n., *side;* cp. "lateral." — **aperio, -ire, aperui, apertum,** *open;* cp. "aperture."

124. **generosus, -a, -um,** *noble* (of high birth).

126. **interius = intra.** — **apertum fuisset = a. esset.**

127. **immo quasi,** *nearly.* — **ceteri alii: alii** is pleonastic.

128. **cuius ... esset,** ind. quest. — **et** (sc. **quod**) ... **esse deberet,** *and that she was going to be,* indirect statement introduced by **quod** (understood); **deberet** is hardly more than a temporal auxiliary verb.

130. **recuperabant: recupero** (1), *restore, revive:* the imperf. here conveys simply a general past idea.

132. **sit,** subj. of wish, *may it be well.*

133. **in perpetuum,** *forever.*

134. **in maritum,** *as a husband.*

135. **fecit fieri = classical fecit ut fierent.** — **cophinus, -i,** *chest;* cp. "coffin" and "coffer."

136. **superscriptio, -onis,** noun from **super** + **scribo.**

137. **invenerit,** fut. perf. ind.; we should rather have expected **quod meruerit, inveniet.**

138. **plenus** + abl. of means, but we say *full of.*

139. **ex omni parte,** *in every part.*

140. **elegerit: eligo, -ere, elegi, electum,** *choose, select.*

141. **plumbum, -i,** *lead;* cp. "plumber."

143. **anulus, -i,** *ring.*

145. **eligas:** jussive subj. for imperative.

147. **intime,** *thoughtfully.*

148. **illo,** masculine.

149. **Quae:** conjunctive use of relative. (W. p. 217 n. 19.)

151. **exterius,** adv., *on the outside.* — **penitus,** adv., lit. *inside,* here *entirely.*— **ideo,** adv. = **igitur.**

153. **quod = ut.**

159. **desponsatio, -onis,** *betrothal, engagement.*

160. **nuptiae, -arum,** f., *nuptials, wedding.*

162. **Moralitas, -tatis,** *moral interpretation.*

164. **peccatum, -i,** *sin;* cp. **pecco** (1) and "impeccable." — **Dominus** (the Lord) = the **rex** in the story.

165. **desponso** (1), cp. **desponsatio** above. — **anima** = **animus.**

167. **ceteris,** i.e., the **dominabus et ancillis** mentioned above.

172. **recedat et . . . amittat,** the subjunctive is well used here to express purpose and anticipation in contrast to fact, which would be indicative.

175. **curia, -ae,** originally *the senate house,* here = *the court.*

176. **ei** = **puellae** = **animae.**

177. **potentes ac divites,** sc. **homines.**

180. **est dolendum,** *it to be lamented.* — **vae** (sc. **homini**), *woe to the man who.*

181. **eloquium, -i,** poetic for **eloquentia.** — **splendunt,** from **splendo** (3), *shine, glitter;* the classical form of the verb is **splendeo** (2).

182. **terrenis (-nus, -a, -um),** sc. **rebus.**

183. **appetit** = **ad-petit.** — **contrarium, -ii,** *the opposite.* — **illi** = the **mundi sapientes** above. — **marito** (1), *marry.*

185. **aliquo,** neuter. — **mundanus, -a, -um,** *wordly, of this world.*

186. **scilicet (scire** + **licet),** adv., *namely; of course.* — **caritas, -tatis,** lit. *dearness, love, esteem;* cp. "charity."

187. **libenter,** *willingly, with pleasure.*

Carmina Burana

Ver Redit, In Taberna, and *Vita Vana* are three samples of the *Carmina Burana* preserved in a 13th cen. manuscript from the Bavarian monastery of Benedictbeuern. These lyric poems, composed by the wandering students of the 12th and 13th cens., are pieces of often great beauty or humor. Written while medieval Latin still prospered as a living international language, their expression has all the spontaneity and naturalness of a living language as the students record the joyous and the melancholy aspects of their student life. These lyric forms with their accentual meters and their rhymes show little relationship with ancient classic lyric; they are an essentially later development and, in fact, they have much in common with modern lyric. Be it noted, however, that there were other medieval poets who did follow the classic canons. In *Ver Redit* the meter can be easily described and read as 3 accentual trochees (/ x) in lines 1,3,5,7,8 of each stanza and 2 accentual iambs (x /) in the rest.

Ver Redit

189. **Ver, veris,** n., *spring.* — **opto** (1), *wish for.*

191. **flos, floris,** m. *flower.*

193. **edunt: edo, -ere, edidi, editum,** *give forth.*

195. **reviresco, -ere, -virui,** *grow (-sco) green (-vire-) again (re-).* — **nemus, -oris,** n., *grove.*

196. **amoenus, -a, -um,** *charming, delightful.*

202. **Virgines,** acc. case. — **assumo (ad + sumo,** *take*), *take to oneself*.

204. **pratum, -i,** *meadow*.

206. **Communiter,** *together*.

In Taberna

209. The meter is 4 accentual trochees (8 syllables) per line except in lines 229–239, which are irregular in that the number of syllables varies from 9 to 11. — **taberna, -ae,** *tavern*.

210. **humus, -i,** lit. *earth, ground* = **mors** or **sepulchrum**.

211. **propero** (1), *hurry*.

212. **Cui:** why dat.? (W. p. 169 and n. 3.) — **insudo** (1), *sweat at*.

214. **nummus, -i,** lit. *a coin, a penny;* and since **pincerna, -ae,** m., means *cupbearer* and so in effect personifies **nummus,** we might translate this as *Penny* or *Mr. Penny*.

215. **Hoc** refers to **quid agatur,** etc., and is subj. of **quaeratur** and the parallel **audiatur**.

218. **indiscrete** = Eng.

219. **moror, -ari, -atus sum,** *delay, loiter, dally*.

220. **Ex his** goes with **quidam**.

221. **vestio** (4), *clothe*.

222. **induo, -ere, -dui, -dutum,** *clothe, cover*.

224. **sors, sortis,** f., *lot, fortune, share:* they send (= spend?) their fortune for Bacchus, perhaps the fortune which they have made gambling above.

225. **nummata (nummatus, -a, -um,** *furnished with money, rich,* perhaps *expensive;* cp. **nummus,** *a coin*), a somewhat obscure word here; perhaps originally some fem. noun like **mensura** (*measure*) or **olla** (*jug*) or **amphora** was understood: a standard size of jug at a standard price. As far as the spirit of the poem goes *jug* seems to provide suitable sense both here and in the last stanza. Beeson says "bill," Harrington suggests "price."

226. **hac,** i.e., **nummata.** — **libertini (libertinus, -i,** originally a *freedman*) here = *carousers*.

227. **Semel,** adv., *once*. — **pro captivis:** in this and the three following stanzas the nouns and adjectives seem to be chosen with complete abandon (except for the needs of meter and rhyme) calculated to reflect the riotous nature of the scene.

228. **ter,** adv., *three times*.

229. **Quater,** adv., *four times*.

230. **Quinquies,** *five times:* this and the following numerals ending in **-ies** are adverbial numerals, which tell *how many times*.

231. **defunctis** = **mortuis;** cp. "defunct."

232. **soror, -oris,** f., *sister*. — **vanus, -a, -um,** *vain, boastful, false*.

233. **silvanus, -a, -um,** adj. *of the woods*.

235. **monachus, -i,** *monk*. — **dispersis,** *scattered*.

236. **navigo** (1), *travel by* **navis.**

237. **discordo** (1), *disagree.*

238. **paenitens, -ntis,** *penitent.*

242. **hera, herus** (= **era, erus**), *mistress* (of a house), *master.*

243. **clerus, -i,** *the clergy;* or it may stand for **clericus, -i,** *cleric; scholar, student.*

246. **piger, -gra, -grum,** *lazy.*

247. **albus, -a, -um,** *white;* cp. "albino" and "album."

248. **vagus, -a, -um,** *wandering, roaming;* cp. **vagor.**

249. **rudis, -e,** *rough, unskilled.* **magus, -i,** m., *a learned man;* cp. the "magi."

250. **aegrotus, -a, -um,** *sick.*

252. **canus, -a, -um,** *gray-haired, old.*

253. **praesul, -ulis,** *patron; bishop.* — **decanus, -i,** *dean.*

255. **anus, -ūs,** f., *old woman.*

258. **Parum,** adv., *too little.*

259. **duro** (1), *to last.* — **ubi:** the **i** elides before the initial **i** of the next word.

260. **meta, -ae,** lit. *turning post = limit.*

261. **mente laetā,** *with happy mind = happily;* cp. the adverbial endings *-ment* and *-mente* in Romance languages.

262. **rodo, -ere, rosi, rosum,** lit. *gnaw* (cp. "rodent") = *disparage, slander:* often there was considerable animosity between the towns-people and the university students.

264. **confundo,** *confound.*

265. **non:** classical authors would have used **ne** with a jussive subj.

Vita Vana

267. Meter: lines 1, 2, 4, 5 of each stanza have 2 trochees (4 syllables) each; lines 3 and 6 have $3\frac{1}{2}$ trochees (7 syllables) each.

268. **Furibundus, -a, -um,** *furious, mad.*

272. **lilium, -ii,** = Eng.

273. **Res mundana,** *the mundane world.*

276. **impello:** in + pello.

280. **taceo** (2), *pass over in silence, be silent about.*

281. **patria,** *world* (here on earth).

282. **di-mitto,** *let go, leave, abandon.*

284. **quercus, -ūs,** f., *oak tree.*

287. **transitorius, -a, -um,** = Eng.

288. **frango, -ere, fregi, fractum,** *break,* used intransitively.

290. **corporeus, -a, -um,** adj. of **corpus.**

291. **con-tero, -ere, -trivi, -tritum,** *wear away, destroy;* cp. "contrite."

292. **confringo:** con + frango.

293. **caro, carnis,** f., *flesh.*

297. **gratulor, -ari, -atus sum,** here = *enjoy.*

Veni, Sancte Spiritus

Meter: 3½ trochees (7 syllables) per line. This hymn and the two following ones are among the greatest Christian hymns. Note the rhyme schemes.

301. **Sancte Spiritus** (**sanctus, -a, -um,** *holy;* **spiritus, -ūs,** *breath, spirit*), *Holy Spirit;* since **Sancte** agrees with **Spiritus,** what must the case of **Spiritus** be? (W. p. 14 mid.)

302. **caelitus,** late Lat. adv., *from heaven.*

305. **munus, muneris,** n., here = **donum.**

306. **lumen, -minis,** n., synonym of **lux.**

307. **Consolator, -oris,** *consoler.*

308. **hospes, -pitis,** means both *guest* and *host* (who receives and enter- tains).

309. **refrigerium, -i,** lit. *a cooling* = *refreshment, consolation.*

310. **requies, -etis,** (acc. both **requietem** and **requiem**), *rest, repose;* cp. "requiem."

311. **aestus, -ūs,** lit. *a boiling, surge* = *turmoil, commotion* (of life). — **temperies, -ei,** lit. *a tempering* = *calmness, restraint.*

312. **fletus, -ūs,** *weeping.*

314. **intima, -orum,** *innermost parts.*

318. **innoxius, -a, -um,** *harmless, innocent.*

319. **lavo, -are, lavi, lautum** or **lotum** or **lavatum,** *wash;* cp."lavatory" and "lotion."

320. **rigo** (1), *to moisten, to water;* cp. "ir-rigate."

321. **sano** (1), *heal, make sound;* cp. "sane" and "insane." — **saucius, -a, -um,** *wounded.*

322. **flecto, -ere, flexi, flexum,** *bend;* cp. "flexible," "reflect."

323. **foveo, -ere, fovi, fotum,** *warm, cherish.* — **frigidus, -a, -um,** *cold.*

324. **rego, -ere, rexi, rectum,** *rule, guide, direct;* cp. **rex,** etc. — **devius, -a, -um:** de + via.

327. **septenarium:** the seven gifts of the Spirit as given in Isaiah XI.2: *sapientia, intellectus, consilium, fortitudo, scientia, pietas, timor Domini.*

328. **meritum, -i,** *desert, benefit.*

329. **exitus, -ūs,** *result, outcome.*

Stabat Mater

Meter: 4 trochees (8 syllables) each in lines 1, 2, 4, 5, of a stanza and 3½ trochees (7 sylls.) each in lines 3 and 6.

333. **dolor-osus** and **lacrim(a)-osus:** what does the suffix **-osus** signify? (W. p. 372, 4.)

336. **gemo, -ere, -ui, -itum,** *groan.*

337. **contristans, -ntis,** *sorrowing;* cp. **tristis, -e,** *sad.*

338. **Per-trans-ivit.**

340. **benedictus, -a, -um,** *blessed.*

341. **unigenitus, -i,** *the only-begotten.*

342. **maereo** (2), *mourn, lament.*

344. **natus, -i** = **filius.** — **inclitus, -a, -um,** *famous.*

345. **non fleret . . . si videret,** *would not weep . . . if he saw;* inexact use of tenses.

347. **supplicium, -ii,** *distress, suffering.*

348. **non posset,** *could fail to.* — **contristo** (1), *sadden, afflict.*

349. **contemplari** [**contemplor** (1), *contemplate*]: a kind of explanatory or circumstantial infinitive with **contristari,** *to be sad to contemplate* = *in contemplating.*

353. **flagellum, -i,** *scourge.* — **subdo, -ere, -didi, -ditum,** *place under, subject* (*to*).

357. **eia,** interjection, here = *Oh!*

359. **lugeam** (**lugeo, -ere, luxi,** *mourn*): purpose, since the logical construction of this sentence is **fac me sentire . . . ut lugeam,** *make me feel . . . so that I may mourn.*

360. **Fac ut ardeat,** lit. *make that my heart is on fire* (*burns*) = *make my heart on fire;* **ardeat** is result. This is the classical construction; **facio** + inf. is very rare in classical Lat. but common in medieval.

362. **sibi** for **ei:** medieval writers are often careless in the use of reflexives; why the dat.? (W. p. 168.)

363. **agas:** a jussive subjunctive for the imperative is not uncommon in classical poetry.

364. **crucifixus, -a, -um,** (**cruci-fixus,** *fixed to the cross*), *crucified:* **crucifixi,** *of the crucified one.* — **figo, -ere, fixi, fixum,** *affix, thrust, imprint on.* — **plaga, -ae,** *blow, stripe.*

367. **dignor, -ari, -atus sum,** *deign.*

370. **condoleo** (2) + dat., ecclesiastical Lat., *suffer with.*

371. **Donec,** *so long as.*

374. **planctus -ūs,** *lamentation,* lit. *a beating of the breast.* — **desidero** (1), *I long.*

376. **non sis** for **ne sis,** *do not be.* — **amarus, -a, -um,** *bitter, unkind.*

377. **plango, -ere, planxi, planctum,** the verb of **planctus** above.

378. **portem: porto** (1), *carry, bear.*

379. **fac,** sc. **me.** — **consors, -sortis** (**con** + **sors, sortis,** *lot, share*), adj., *sharing in; a sharer in.*

380. **recolere** (**re-colo, -ere, -colui, -cultum,** *cultivate again, feel afresh*).

382. **inebrio** (1), *intoxicate.*

384. **Inflammatus et accensus,** e.g., **passione Christi.**

385. **sim defensus** (analytical form = **defendar**), *may I be defended,* subj. of wish.

388. **praemunio** (4), *fortify.*

389. **confoveo** (2), *warm, foster.*

391. **donetur** [**dono** (1), verb of **donum**] = **detur.**

Dies Irae

This most powerful of the medieval hyms is attributed to the otherwise little known Thomas of Celano, whose *floruit* was the earlier part of the 13th century. Meter: each line has 4 trochees (8 syllables) except the last 2 lines which have 3½ trochees (7 syllables. — **Dies irae,** i.e. the day of judgment.

395. **saeclum = saeculum,** i.e., **mundum.** — **favilla, -ae,** *ashes.*

396. **testis, -is,** *witness.* — **David** here = abl. (Hebrew names are commonly not declined): what construction? (W. p. 111 and n. 3.) David stands for the Scriptures. — **Sibylla, -ae,** *the* Sibyl was the prophetic priestess of Apollo at Cumae, who here stands for pagan lore, in which there was a tradition about the final destruction of the world by fire.

398. **iudex, -dicis,** *judge;* cp. **iudico** (1) below. — **est venturus,** *is going to come.*

399. **stricte,** *severely.* — **discussurus: discutio,** *shatter and scatter.*

400. **Tuba, -ae,** *trumpet.*

404. **creatura, -ae,** *creation.*

408. **Unde,** *by which.* — **iudicetur,** rel. clause of purpose.

411. **inultus, -a, -um,** *unavenged.*

414. **iustus,** *a just (righteous) man.*

415. **tremendus, -a, -um,** lit. *to be trembled at* = *terrifying, dread;* in common usage our word "tremendous" has lost its original force.

416. **salvas: salvo** (1), *save.* — **gratis,** abl. as adv., *without recompense, gratis.*

418. **Recordare** (**recordor, -ari, -atus sum,** *remember*); cp. **cor, cordis,** *heart* ("learn by heart"): what is the form? (W. p. 163 end -164 top.)

419. **quod sum,** indirect statement. — **via,** i.e., journey to earth.

421. **lassus, -a, -um,** *weary, exhausted;* cp. "lassitude."

422. **Redemisti,** sc. **me.**

423. **non:** what would a classical writer have used instead of **non,** and why? (W. p. 133 top.) — **cassus, -a, -um,** *useless, futile.*

424. **ultio, -onis,** f., *punishment.*

425. **remissionis** (**remissio, -onis** = Eng.), sc. **peccatorum.**

427. **Ingemisco, -ere, -gemui,** *groan.* — **reus, rei,** *a defendant, an accused.*

428. **rubeo** (2), *be red, blush;* cp. "ruby," "rubric."

429. **Supplicanti:** syntax? (W. p. 168.) — **Deus,** here vocative: in the Vulgate and ecclesiastical writers **Deus** is used for both nom. and voc.

430. **Mariam,** sc. Magdalene.

431. **latro, -onis,** *robber,* i.e., the one on the cross.

434. **fac ne,** *grant that I may not be;* in this sense **facio** takes an indirect command.

435. **cremo** (1), *consume by fire;* cp. "cremate."

437. **haedus, -i,** *goat.* — **sequestro** (1), *separate,* a late Latin word.

439. **Confutatis** [**confuto** (1), *check, repress;* cp. "refute"] **maledictis** (**male-dictus, -a, -um,** *accursed*): what construction? (W. p. 111.)

440. **addictis** (**ad-dico,** *surrender, doom to*) agrees with **malidictis** and is parallel with **confutatis.**

442. **supplex et acclinis,** *suppliant and bent.*

443. **Cor** in appos. with the subject of **oro:** *I, a contrite heart, beg.*

445. **Lacrimosa,** sc. **erit.**

447. **reus,** to be treated as an adj. = *accused, sinful.*

450. **Dona** is from **dono** (1) which is here used with its very common meaning of *present somebody* (acc.) *with something* (abl.).

VOCABULARY

VOCABULARY

For an explanation of the symbols (∗, #, √) see the Preface, pp. viii-ix.

Note: The hyphen has been used, with no complete consistency, to separate prefixes from the basic part of a word where it was thought such etymological help might facilitate the determination and the memorization of the meaning of a word.

A

∗**ā** *or* **ab (abs),** *prep.* + *abl.,* from, away from; by (*agent*); on (the side of); **ā dextrā parte,** on the right

ab-aliēnō (1), transfer to another, sell

abbātissa, -ae, *f.,* abbess (*ML*)

ab-dicō (1), renounce; resign, abdicate

∗**ab-dō, -ere, -didī, -ditum,** put away; hide

∗**ab-eō, -īre, -iī, -itum,** go away, depart

#**ab-iciō, -ere, -iēcī, -iectum,** throw away *or* down, abandon

ab-lātum: *see* **auferō**

ab-nuō, -ere, -nuī, -nūtum, deny, refuse

Abraham, *indecl., and* **Abraham, -ae,** *m.,* the Hebrew patriarch

∗**ab-ripiō, -ere, -ripuī, -reptum,** snatch away, hurry away

ab-rogō (1), repeal, abrogate, take away

#**abs-conditus, -a, -um,** concealed, hidden

ab-sēns, *gen.* **-sentis,** absent, remote

∗**ab-solvō, -ere, -solvī, -solūtum,** set free, release; absolve, acquit; complete

abs-tinentia, -ae, *f.,* abstinence

#**abs-tineō, -ere, -tinuī, -tentum,** abstain, refrain

abstulī, *perf. of* **auferō**

∗**ab-sum, -esse, ā-fuī, ā-futūrus,** be away, be absent

√**ab-sūmō, -ere, -sūmpsī, -sūmptum,** consume, waste away

abundantia, -ae, *f.,* abundance

∗**ab-undō** (1), overflow; have an abundance of, abound in (+ *abl.*)

abyssus, -i, *m.,* bottomless pit, abyss (*V*)

∗**ac = atque**

∗**ac-cēdō, -ere, -cessī, -cessum,** go to, approach, be added

∗**ac-cendō, -ere, -cendī, -cēnsum,** kindle, set on fire, light

∗**ac-cidō, -ere, -cidī,** fall; happen, take place; **accidit,** *impers.,* it happens

ac-cingō, -ere, -cinxī, -cinctum, gird on, arm; **sē accingere** *or passive used reflexively,* gird oneself

ac-ciō (4), summon, send for

∗**ac-cipiō, -ere, -cēpī, -ceptum,** receive, accept; hear, learn

ac-clīnis, -e, leaning, inclined, bent

acclīvis, -e, ascending, sloping upward

ac-commodātus, -a, -um, adapted, fit, suitable

√**ac-commodō** (1), adapt, adjust

ac-cubō (1), recline at table

ac-cūrātē, *adv. of* accūrātus

ac-cūrātus,-a, -um, careful, exact, accurate

ac-currō, -ere, -currī, -cursum, run to, hurry to

accūsātiō,-ōnis, *f.* accusation, indictment

accūsātor,-ōris, *m.*, accuser

√accūsō (1), accuse; blame, reproach

*ācer, ācris, ācre, sharp, keen, fierce, severe

*acerbus, -a, -um, bitter, harsh, cruel; *adv.* acerbē

acētum, -ī, *n.*, sour wine, vinegar

*aciēs,-ēī, *f.*, battle-line, battle

√acquiēscō, -ere, -quiēvī, -quiē-tum, become quiet, have peace

ācriter, *adv. of* ācer

√āctiō, -ōnis, *f.*, a doing, action; action *or* legal process in court

āctor, -ōris, *m., lit.* doer, performer; prosecutor; actor

actus, -ūs, *m.*, action, procedure

#acūtus, -a, -um, sharp, keen, intelligent; crafty

*ad, *prep.* + *acc.*, to, up to, near to, for the purpose of; *as adv. w. numerals,* about

ad-aequō (1), make equal, compare

ad-dīcō, -ere, -dīxī, -dictum, *lit.* assent; award; surrender; doom to

ad-discō, -ere, -didicī, learn in addition, learn something new

*ad-dō,-ere,-didī,-ditum, add

*ad-dūcō, -ere, -dūxī, ductum, lead to, bring in *or* to; induce

√ad-eō, *adv., lit.* to this; to such a degree *or* extent, so, even

*ad-eō, -īre, -iī, -itum, go *or* come to, approach, visit; undertake, undergo

*ad-ferō, -ferre, at-tulī, ad-lātum (ad-ferō), bring (to), convey, cause; report; manūs adferre, lay hands on, do violence to

*ad-ficiō, -ere, -fēcī, -fectum, in-fluence, affect, treat, afflict

ad-fingō, -ere, -finxī, -fictum, fashion, invent

√ad-firmō (1), strengthen, support; assert

ad-flictiō, -ōnis, *f.*, suffering, torment

#ad-flīgō, -ere, -flīxī, -flīctum, strike against, dash down, shatter, afflict

*ad-gredior: *see* aggredior

√ad-haereō,-ēre,-haesī,-haesum, cling to, stick to

ad-haerēscō, -ere, -haesī, hae-sum, stick to, cling to

*ad-hibeō, -ēre, -hibuī, -itum, hold to, apply, employ, show

ad-hortor, -ārī, -hortātus sum, urge, exhort, encourage

*adhūc, *adv.*, up to this time, still, yet

*ad-iciō,-ere,-iēcī,-iectum, direct to; add

*ad-imō, -ere, -ēmī, -ēmptum, take away

#adipiscor, -ī, adeptus sum, win, obtain, acquire

*ad-itus, -ūs, *m.*, approach, entrance

ad-iūdicō (1), award, adjudicate, assign

adiūmentum, -ī, *n.*, help, assistance

*ad-iungō, -ere, iūnxī, -iūnctum, join to, attach, associate

√adiūtor, -ōris, *m.*, helper, assistant

adiūtrīx, -īcis, *f.*, (female) helper, assistant

#ad-iuvō, -āre, -iūvī, -iūtum, help, assist, support

ad-liciō, -ere, -lexī, -lectum, allure, draw to oneself, entice

√ad-ligō (1), bind

√ad-loquor,-ī,-locūtus sum, speak to, address

ad-lūdō, -ere, -lūsī, -lūsum, jest at, play with; play on (a word)

adluviēs, -ēī, *f.*, overflow, pool, inundation

adminiculum, -ī, *n.*, prop (for vines), support

√ad-mīrābilis, -e, wonderful; strange; admirable

√admīrātiō, -ōnis, *f.*, wonder, amazement, admiration

√ad-mīror, -ārī, -ātus sum, wonder at, admire

*ad-mittō, -ere, -mīsī, -missum, admit; commit (a crime)

*ad-moveō, -ēre, -mōvī, -mōtum, bring up, apply

ad-nectō, -ere, -nexuī, -nexum, bind, connect

ad-nītor, -ī, -nīsus (-nīxus) sum, lean on, strive toward, exert oneself

ad-notō (1), note down, mark

ad-nuō, -ere, -nuī, -nūtum, nod assent, agree

ad-operiō, -īre, -operuī, -opertum, cover up

√ad-ōrō (1), address, entreat; reverence, worship

adp-: *see* app-

ad-quiēscō, -ere, -quiēvī, quiētum, become quiet, rest, find comfort

adr-: *see under* arr-

ad-sentātor, -ōris, *m.*, flatterer, yes-man

√ad-sentiō, -īre, -sēnsī, -sēnsum *and as depon. vb.* ad-sentior, -īrī, -sēnsus sum, assent to, agree with

√ad-sequor, -sequī, -secūtus sum, overtake, reach, attain, gain

ad-servō (1), preserve, keep, watch

adsp-: *see* asp-

*ad-stō, -āre, -stitī, stand near *or* by

#ad-stringō, -ere, -strīnxī, -strictum, bind, oblige

*ad-suēscō, -ere, -suēvī, -suētum, become accustomed; adsuētus, -a, -um, customary, usual; accustomed to

*ad-sum, -esse, ad-fuī, ad-futūrum, be near, be present; assist

√ad-sūmō, -ere, -sūmpsī, -sūmp-

tum, take to oneself, take

√ad-surgō, -ere, -surrēxī, -surrēctum, rise up, stand up

adt-: *see* att-

*adulēscēns, *gen.* -entis, young; *as a noun*, *m./f.*, a young man (*or* woman)

adūlō (1), fawn; *in pass.*, be fawned upon

adūlor, -ārī, -ātus sum, fawn (on), flatter, cringe (before)

√adulter, -erī, *m.*, adulterer

√adulterium, -ī, *n.*, adultery

ad-ūrō, -ere, -ussī, -ustum, set on fire, scorch

ad-vena, -ae, *m.*, stranger, foreigner

*ad-veniō, -īre, -vēnī, -ventum, come to, arrive

*ad-ventus, -ūs, *m.*, arrival

√adversārius, -a, -um, opposed, hostile; adversārius, -ī, *m.*, opponent, adversary

*adversus, *prep.* + *acc. and adv.*, opposite, against; towards

*ad-versus, -a, -um, *lit.* turned toward; opposed, hostile, unfavorable

ad-vocātiō, -ōnis, *f.*, assistance at court, legal advice

ad-volō (1), fly (to), hasten

*aedēs, -is, *f.*, chamber; sanctuary, temple; *plu.* house, dwelling

√aedificium, -ī, *n.*, building, edifice

√aedificō (1), build

aedīlis, -is, *m.*, aedile, superintendent of public works and entertainment

*aeger, -gra, -grum, sick

aegrē, *adv.*, *lit.* painfully; with difficulty, hardly, scarcely; *superl.* aegerrimē

aegritūdō, -dinis, *f.*, sickness; grief, sorrow

aegrōtus, -a, -um, sick

√Aegyptus, -ī, *f.*, Egypt

Aemilius, -ī, *m.*, a Roman nomen

aēneus, -a, -um, of bronze

aequābilitās, -tātis, *f.*, uniformity, impartiality, evenness

#aequālis, -e, equal; coeval

aequiperō (1), to equal

aequitās, -tātis, *f.*, fairness, impartiality, justice

*aequō (1), make equal, compare, equal; sē aequāre, become equal

*aequor, -oris, *n.*, level surface, sea

*aequus, -a, -um, equal, level, calm; fair, just; aequē, *adv.*, equally; aequē ac, ac sī, *etc.*, equally with, just as

*āēr, āēris (*acc.* āēra), *m.*, air

aerārium, -ī, *n.*, public treasury *or* funds

aerumna, -ae, *f.*, hardship

aerumnōsus, -a, -um, full of hardship, distressed, troubled

Aesculāpius, -ī, *m.*, son of Apollo

*aestās, -tātis, *f.*, summer

aestimō (1), estimate, judge

aestuō (1), boil, burn, blaze

*aestus, -ūs, *m.*, a boiling, heat, turmoil

*aetās, -tātis, *f.*, time of life, age

aeternitās, -tātis, *f.*, eternity, immortality

*aeternus, -a, -um, eternal, everlasting; in aeternum, forever

*aethēr, -eris (*acc.* aethera), *m.*, the upper air, sky

aff-: *see* adf-

#Āfrica, -ae, *f.*, Africa, *espec. the area of Carthage and her possessions*

Agamemnon, -nonis, *m.*, *commander-in-chief of the Greek forces against Troy*

Agathoclēs, -is, *m.*, *tyrant and later king of Syracuse* 317–289 B.C.

*ager, agrī, *m.*, field, land; district

*ag-gredior, -ī, -gressus sum, approach, attack; begin, undertake, try

agitātiō, -ōnis, *f.*, motion, movement, play, agitation, activity

*agitō (1), trouble, vex

*agmen, -minis, *n.*, column, line of march

*a-gnōscō, -ere, -gnōvī, -gnitum, recognize, observe, perceive

*agō, -ere, ēgī, actum, drive, lead, urge, do, act; rēs agitur, is at stake; grātiās agō, thank; vītam agō, lead *or* spend one's life

#agrestis, -e, of the fields, rustic; agrestis, -is, *m.*, a countryman, a peasant

*aiō, *defective vb. chiefly in pres. and imperf. ind.*, say; *among the most common forms are* ais, ait, aiunt

*āla, -ae, *f.*, wing

√alacer, -cris, -cre, quick, eager; cheerful, glad

alacritās, -tātis, *f.*, quickness, eagerness

alacriter, *adv. of* alacer

√Albānus, -a, -um, Alban, *referring to Alba Longa, the old Latin town on the Alban Mountain south of Rome*

*albus, -a, -um, white; pale

*āles, -itis, *m.*/*f.*, winged creature, bird

aliās, *adv.*, at another time; elsewhere; aliās...aliās, at one time...at another

√alibī, *adv.*, elsewhere, at another place

aliēnō (1), take away, transfer, remove

*aliēnus, -a, -um, belonging to another, strange, foreign, alien, hostile, unsuitable

alimentum, -ī, *n.*, food, nourishment

aliō, *adv.*, to another place, elsewhere

aliquam-diū, *adv.*, for some time

*aliquandō, *adv.*, at some *or* any time, sometimes; at last, finally

aliquantum, *adv.*, somewhat

√aliquantus, -a, -um, some, considerable; aliquantum, -ī, *n.*, a considerable amount, a good deal

aliquī, aliqua, aliquod, *indef. adj.*, some, any

*aliquis, -qua, -quid, *indef. pron.*, someone *or* somebody, something, anyone, anything

√aliquot, *indecl. adj.*, several, some

*alius, alia, aliud, other, another;
alii ... alii, some ... others

all-: *see* adl-

√allēlūia, *interjection from the Hebrew
meaning* praise ye Jehovah (V)

*alō, -ere, aluī, alitum (altum),
nourish, bring up, rear

#Alpēs, -ium, *f. plu.,* the Alps

Alpīnus, -a, -um, Alpine

#altāria, -ium, *n. plu.,* altar

*alter, -era, -erum, one of two, the
other (of two), second

altercātiō, -ōnis, *f.,* dispute, quarrel

√altitūdō, -dinis, *f.,* height

altor, -ōris, *m.,* foster father

*altus, -a, -um, high, deep; altum,
-ī, *n.,* height, heaven; depth, the
deep, the sea; *adv.* altē

*alumnus, -ī, *m.,* foster son, pupil

√alveus, -ī, *m.,* trough, tub

√amābilis, -e, lovable

amāns, *gen.* -antis, loving, friendly; amāns, -antis, *m./f.,* a loving
person, lover

#amārus, -a, -um, bitter

ambāgēs, -um, *f. plu.,* ambiguous
words, riddles

√ambitus, -ūs, *m.,* a going around;
an (illegal) canvassing for votes,
bribery

√ambō, -ae, -ō, both

√ambulō (1), walk about

amb-ūrō, -ere, -ussī, -ustum,
scorch; burn up, consume

√ā-mēns, *gen.* -mentis, out of one's
mind, mad

āmentia, -ae, *f.,* madness, folly

*amīcitia, -ae, *f.,* friendship

amictus, -ūs, *m.,* robe, veil

*amīcus, -a, -um, friendly, kind;
amīcus, -ī, *m.,* a friend

ā-missiō, -ōnis, *f.,* loss

*ā-mittō, -ere, -mīsī, -missum,
send away = let go, lose

*amnis, -is, *m.,* stream, river,
current

*amō (1), love, like; admire,
approve

amoenitās, -tātis, *f.,* pleasantness,
charm

√amoenus, -a, -um, pleasant,
lovely, charming

*amor, -ōris, *m.,* love, affection;
passion

ā-moveō, -ere, -mōvī, -mōtum,
move away, withdraw

√amplector, -ī, -plexus sum, embrace

√amplitūdō, -dinis, *f.,* size, breadth

*amplus, -a, -um, large, spacious,
ample, splendid

Amūlius, -ī, *m., brother of Numitor
and usurper of his throne*

*an, *conj., in double questions* utrum
... an, whether ... or; *in indirect simple questions,* whether;
haud sciō an, nesciō an, I
do not know whether = I am
inclined to think, probably, perhaps

√anceps, *gen.* -cipitis, *lit.* with two
heads; uncertain, doubtful; on
both sides

√ancilla, -ae, *f.,* maidservant

ānfrāctus, -ūs, *m.,* turn, bend

√angelicus, -a, -um, of an angel,
angelic

√angelus, -ī, *m.,* messenger, angel
(V)

√Anglī, -ōrum, *m. plu.,* the Angles

*anguis, -is, *m./f.,* snake

√angustiae, -ārum, *f. plu.,* the
narrows, defile, strait; distress,
straits

#angustus, -a, -um, narrow; base,
mean

*anima, -ae, *f.,* breath; soul,
principle of life, life; soul of the
dead, ghost

*anim-advertō, -ere, -vertī, -ver-
sum, give attention to, notice,
observe, consider; punish

*animal, -ālis, *n.,* living creature,
animal

animāns, -antis, *m./f.,* a living
being, creature, animal (= animal)

*animus, -ī, *m.*, soul, spirit, courage, mind; in animō habēre *or* esse, to be resolved

ann- *in compounds:* see adn-

annālis, -e, annual; annālēs, -ium, *m. plu.*, yearly records, annals

anniversārius, -a, -um, annual

*annus, -ī, *m.*, year

an-quīrō, -ere, -quīsīvī, -quīsī-tum, seek, search after

*ante, *adv. and prep.* + *acc.*: *adv.*, forward, previously, before, ago; *prep.*, before (*in time and space*), in front of

*anteā, *adv.*, before, formerly

ante-cellō, -ere, excel, surpass

ante-cessiō, -ōnis, *f.*, antecedent, cause

ante-eō, -īre, -iī, -itum, go before, precede; excel

ante-gredior, -ī, -gressus sum, go before

ante-pōnō, -ere, -posuī, -posi-tum, place before; prefer

√antīquitās, -tātis, *f.*, antiquity, men of old, the ancients

*antīquus, -a, -um, old-time, ancient, antique

Antium, -ī, *n.*, Antium (*modern Anzio*)

√Antōnius, -ī, *m.*, Antony

*antrum, -ī, *n.*, cave

√ānulus, -ī, *m.*, seal ring

*anus, -ūs, *f.*, old woman

#aper, aprī, *m.*, wild boar

*aperiō, -īre, aperuī, apertum, open, uncover, reveal

apertē, *adv.*, openly

apertus, -a, -um, open, uncovered; clear, evident; apertum, -ī, *n.*, an open space

*Apollō, -inis, *m.*, Apollo

√apostolicus, -a, -um, apostolic (*ML*)

√ap-parātus, -a, -um, elaborate, magnificent, sumptuous

ap-parātus, -ūs, *m.*, preparation, splendor, magnificence

*ap-pāreō, -ēre, -uī, -itum, be visible, appear

*appellō (1), call, name, address

ap-pendō, -ere, -pendī, -pēnsum, weigh out

Appennīnus, -ī, *m.*, the Appennines, *a mountain range extending through the length of Italy*

ap-petītiō, -ōnis, *f.*, desire

ap-petītus, -ūs, *m.*, longing, desire

#ap-petō, -ere, -petīvī, -petītum, strive after, desire, seek

Appius, -a, -um, Appian; Via Appia, the Appian Way, *first of the great Roman roads*, regīna viārum, *begun by Appius Claudius, censor in* 312 B.C., *to connect Rome and Capua and ultimately extended to Brundisium*

ap-plicātiō, -ōnis, *f.*, attachment, inclination

ap-portō (1), carry, bring to

ap-positus, -a, -um, suitable, appropriate

√ap-probō (1), approve

√appropinquō (1), approach, draw near, be at hand

ap-propiō (1) = appropinquō (*V*)

aprīcus, -a, -um, sunny, warm

*aptō (1), prepare, make ready, adjust

*aptus, -a, -um, suitable, appropriate, fit

apud, *prep.* + *acc.*, among; at; at the house of, in the presence of, with

*aqua, -ae, *f.*, water

√aquilō, -ōnis, *m.*, north wind; north

√arātor, -ōris, *m.*, plowman, tenant

√arbiter, -trī, *m.*, arbiter, judge

arbitrātus, -ūs, *m.*, decision, discretion, choice, pleasure

*arbitrium, -ī, *n.*, judgment; choice

*arbitror, -ārī, -ātus sum, judge, think, believe

*arbor, -oris, *f.*, tree

arboreus, -a, -um, of a tree, arboreal

√arceō, -ēre, -uī, shut in, keep away, restrain, debar, prevent

√arcessō, -ere, -īvī, -ītum, call, summon, derive, obtain

Archimēdēs, -is, *m., famous Greek scientist, killed at the capture of Syracuse in 212 B.C.*

Ardea, -ae, *f.*, a town in Latium

*ārdeō, -ēre, ārsī, ārsum, *intrans.*, be on fire, burn, blaze; be inflamed *or* aroused.

*arduus, -a, -um, steep, high, lofty, difficult

#area, -ae, *f.*, open space, courtyard, public square

ārēns, *gen.* -entis, dried up, parched

Arethūsa, -ae, *f., name of a spring at Syracuse*

argentāria, -ae, *f.*, banker's shop *or* business

*argentum, -ī, *n.*, silver; money

√argumentum, -ī, *n.*, proof, argument; subject, story, theme

√arguō, -ere, -uī, -ūtum, make clear, show, prove

√aridus, -a, -um, dry, parched, arid

√arista, -ae, *f.*, ear of grain

Aristaeus, -ī, *m., a son of Apollo*

Aristīdēs, -is, *m., Athenian statesman of the 5th cen. B.C.*

*arma, -ōrum, *n. plu.*, weapons, arms, armor

armātūra, -ae, *f.*, armor, equipment; a branch of military service

armātus, -a, -um, armed

*armō (1), to arm

√ar-ripiō, -ere, -ripuī, -reptum, snatch, catch, lay hold of

arrogantia, -ae, *f.*, arrogance, pride

*ars, artis, *f.*, art. skill, occupation; artēs, *plu.*, liberal arts

√artificium, -ī, *n.*, skill; cunning, scheme

*arvum, -ī, *n.*, field

*arx, arcis, *f.*, citadel, stronghold

*ascendō, -ere, scendī, -scēnsum, go up, mount

ascēnsus, -ūs, *m.*, climbing up, ascent

*Asia, -ae, *f.*, Asia, *the Roman province of Asia Minor*

√asinus, -ī, *m.*, ass

#aspectus, -ūs, *m.*, appearance, aspect

√aspergō, -inis, *f.*, spray, sprinkling

√aspernor, -ārī, -ātus sum, despise, reject

*a-spiciō, -ere, -spexī, -spectum, look at, see

√as-portō (1), carry away

asse-: *see under* adse-

assu-: *see under* adsu-

*ast-: *see under* adst-

*at, *conj.*, but, yet, on the other hand (*an emotional, or surprise, adversative as compared with* sed, *which is rather a factual adversative*)

*āter, ātra, ātrum, black, dark; gloomy

*Athēnae, -ārum, *f. plu.*, Athens

√Athēniēnsis, -e, Athenian; Athēniēnsēs, -ium, *m. plu.*, the Athenians

*atque *or* ac, *conj.*, and, and also, and even

at-quī, *conj.*, yet, however; now

atrōciter, *adv.*, savagely, fiercely, cruelly

*atrōx, *gen.* -ōcis, cruel, fierce, harsh

at-tamen, *conj.*, but yet

√at-tendō, -ere, -tendī, -tentum, *lit.* stretch to; animum attendere, direct attention to, notice, attend to.

√Atticus -ī, *m.*, Titus Pomponius Atticus, *business man and literary figure, long resident of Athens, Cicero's close friend*

at-tineō, -ēre, -tinuī, -tentum, pertain to, concern

*at-tingō (ad-tangō), -ere, -tigī, -tāctum, touch, reach, be related to

at-tollō, -ere, raise *or* lift up

*at-tonitus, -a, -um, thunderstruck, astonished

at-tulī, *see* ad-ferō

*auctor, -ōris, *m.*, author, leader, supporter, originator, founder, instigator

#auctōritās, -tātis, *f.*, authority, power, influence, decision, bidding; official record

√audācia, -ae, *f.*, daring, insolence

*audāx, *gen.* -ācis, bold, daring

*audeō, -ēre, ausus sum, dare

*audiō (4), hear, learn; listen to, obey; examine a case in court

audītus, -ūs, *m.*, hearing

*au-ferō, -ferre, abstulī, ablātum, carry away *or* off, remove, steal; destroy

√au-fugiō, -ere, -fūgī, flee away, escape

*augeō, -ēre, auxī, auctum, increase, enlarge

√augurium, -ī, *n.*, augury, interpretation of omens; omen

auguror, -ārī, -ātus sum, *lit.* prophesy by augury; conjecture, surmise

augustus, -a, -um, revered, august

*aura, -ae, *f.*, air, breeze, wind

*aureus, -a, -um, of gold, golden

*auris, -is, *f.*, ear

#aurōra, -ae, *f.*, dawn; **Aurōra**, *goddess of the dawn*

*aurum, -ī, *n.*, gold

#auspicium, -ī, *n.*, divination from omens given by birds, auspices; omen

*aut, *conj.*, or; aut ... aut, either ... or

*autem, *postpositive conj.*, however; moreover

#avāritia, -ae, *f.*, greed, avarice

*avārus, -a, -um, greedy, avaricious; *adv.* avārē

√avēna, -ae, *f.*, wild oats; shepherd's pipe

Aventīnum, -ī, *n.*, Aventine Hill *in Rome*

√aveō, -ēre, desire

√Avernus, -a, -um, of Avernus, *the infernal regions, or Hades*

√ā-vertō, -ere, -vertī, -versum, turn away

*avidus, -a, -um, eager, desirous, longing; greedy, avaricious

*avis, -is, *f.*, bird; omen

√avītus, -a, -um, ancestral, hereditary

#avunculus, -ī, *m.*, uncle (*on mother's side*)

B

Babylōnius, -a, -um, Babylonian

Baccha, -ae, *f.*, a Bacchante, female worshipper of Bacchus

*Bacchus, -ī, *m., god of fertility, wine, and literary inspiration*

baculum, -ī, *n.*, staff

√balineum, -ī, *n.*, bath

*barbarus, -a, -um, foreign, barbarian, uncivilized

basis, -is, *f.*, pedestal, base

*beātus, -a, -um, happy, fortunate, prosperous; blessed; *adv.* beātē

Bēlides, -um, *f. plu.*, the Danaïdes, *grand-daughters of Belus, condemned in Tartarus to draw water eternally*

*bellicus, -a, -um, of war, belonging to war

*bellum, -ī, *n.*, war

#bēlua, -ae, *f.*, beast

*bene, *adv.*, well, rightly; quite, thoroughly; *compar.* melius; *superl.* optimē

√bene-dīcō, -ere, -dīxī, dictum, speak well of, praise; bless (*V*)

benedictus, -a, -um, blessed (*EL*)

beneficentia, -ae, *f.*, beneficence, charity

√beneficium, -ī, *n.*, kindness, favor

√bene-volentia, -ae, *f.*, good will, kindness, favor

√benignē, *adv.*, kindly, in a friendly fashion

benignitās, -tātis, *f.*, kindness, friendliness, courtesy

Berecyntius, -a, -um, Phrygian (**Berecyntus**, *a mountain in Phrygia*)

√bestia, -ae, *f.*, beast, animal

*bibō, -ere, bibī, drink

bīduum, -ī *n*, a period of two days

bīnī, -ae, -a, *distrib. numeral,* two each, two (*nouns normally plu.*)

*bis, *adv.,* twice

√blanditia, -ae, *f.,* blandishment

√bonitās, -tātis, *f.,* goodness

*bonus, -a, -um, good; worthy, loyal; bona, -ōrum, *n. plu.,* good things, goods, property; *compar.* melior, -ius, better; *superl.* optimus, -a, -um, best, very good, excellent

Boōtēs, -ae *or* -ī (*acc.* -ēn), *m.,* constellation of the Plowman

*bōs, bovis (*plu: gen.* boum; *dat. and abl.* bōbus), *m./f.,* ox, cow

*bracchium, -ī, *n.,* arm, *strictly* the forearm

*brevis, -e, short, brief; shallow; brevī, *as adv.* (*sc.* tempore), in a short time

√brevitās, -tātis, *f.,* shortness; brevity, conciseness

√Britannia, -ae, *f.,* Britain

√Brundisīnus, -a, -um, of Brundisium, *a port on the heel of Italy*

*Brutus, -ī, *m.,* *a famous cognomen:* L. Junius Brutus, *who freed Rome from Tarquinius Superbus and was elected to the first Roman consulship;* M. Junius Brutus, *assassin of Julius Caesar;* D. Junius Brutus, *a conspirator against Caesar*

bulla, -ae, *f.,* boss, stud; amulet

√bustum, -ī, *n.,* *oft. plu.,* tomb

buxum, -ī, *n.,* wood of the box tree

byssus, -ī, *f.,* cotton, cotton *or* linen material (*V*)

C

*C., *abbr. of* Gaius, *a praenomen*

√cacūmen, -minis, *n.,* top, peak

*cadō, -ere, cecidī, cāsum, fall, happen, perish

√cadūcus, -a, -um, falling, frail, perishable

*caecus, -a, -um, blind; obscure, uncertain

*caedēs, -is, *f.,* *lit.* a cutting; slaughter, murder

*caedō, -ere, cecīdī, caesum, cut, beat, slay

*caelestis, -e, heavenly, celestial

caelitus, *late Lat. adv.,* from heaven

*caelum, -ī, *n.,* sky

*caeruleus, -a, -um, blue, dark blue

*Caesar, -aris, *m.,* *a cognomen; espec.* Gaius Julius Caesar

#calamitās, -tātis, *f.,* misfortune, disaster, loss

calceāmentum, -ī, *n.,* shoe

√calcō (1), tread on

√Calendae, -ārum, *f. plu.,* the calends = the first day of a month

#calidus, -a, -um, hot

#cālīgō, -inis, *f.,* mist, fog, vapor, gas

calliditās, -tātis, *f.,* skill; shrewdness

√callidus, -a, -um, skilful, shrewd, crafty, cunning

#calor, -ōris, *m.,* heat

calumnia, -ae, *f.,* deceitful pretense, chicanery, false statement

calumnior, -ārī, -ātus sum, accuse falsely, misrepresent

Calymnē, -ēs, *f.,* *an island of the Sporades in the Aegean Sea off the southwestern coast of Asia Minor*

√campester, -tris, -tre, like a field (campus), level

*campus, -ī, *m.,* field, plain

*candidus, -a, -um, gleaming white

Canīnius, -ī, *m.,* *a Roman name*

*canis, -is, *m./f.,* dog

Cannae, -ārum, *f. plu.,* *a town in southeastern Italy where Hannibal disastrously defeated the Romans in* 216 B.C.

Cannēnsis, -e, of *Cannae*

*canō, -ere, cecinī, cantum, sing, compose (poems)

*cantō (1), sing, celebrate in song

*cantus, -ūs, *m.,* song

√cānus, -a, -um, gray; old

Canusium, -ī, *n.,* *a town in Apulia in southern Italy*

#capāx, *gen.* -ācis, able to hold; receptive, fit for

√capessō, -ere, -īvī, -ītum, seize eagerly, enter upon

*capillus, -ī, m., hair, hair of the head; plu., the hair

*capiō, -ere, cēpī, captum, take, receive, get, capture

*Capitōlium, -ī, n., the Capitoline Hill in Rome

capra, -ae, f., a she-goat

*captīvus, -a, -um, captured in war; captīvus, -ī, m., a captive, prisoner

√captō (1), freq. of capiō, try to take, snatch at, pluck at, desire

Capua, -ae, f., city in Campania

*caput, capitis, n., head, life

cardō, -inis, m., hinge

*careō, -ēre, -uī, be without, lack; be deprived of, miss; + abl.

#carītās, -tātis, f., dearness, love, esteem, affection; high price

*carmen, -minis, n., song; lyric poem

carnālis, -e, fleshly, carnal (EL)

√carō, carnis, f., flesh

*carpō, -ere, carpsī, carptum, pluck, gather, make use of, enjoy; tear to pieces, censure, slander, revile

√Carthāginiēnsis, -e, Carthaginian

√Carthāgō, -inis, f. Carthage, famous city and rival of Rome in north Africa

*cārus, -a, -um, dear

Cassius, -ī, m., Cassius, espec. C. Cassius Longinus, the assassin of Julius Caesar

√cassus, -a, -um, empty, hollow, useless, vain

*castellum, -ī, n., fort

√castīgō (1), reprove; punish

*castra, -ōrum, n. plu., camp; castra pōnere, pitch or make camp

*cāsus, -ūs, m., lit. a falling or fall (cadō); accident, chance; misfortune; cāsū, abl., by chance

√Catō, -ōnis, m., famous cognomen, especially Cato the Censor and Cato of Utica, his Stoic grandson

*causa, -ae, f., cause, reason; sake; case, situation; excuse, pretext; causā with a preceding genitive, for the sake of, on account of

√cautus, -a, -um, cautious, careful; secure

*caveō, -ēre, cāvī, cautum, beware of; take care, see to it (that)

-ce, demonstrative enclitic added to some pronouns (and adverbs): huius-ce bellī, of this (here) war

celebrātiō, -ōnis, f., crowded assembly; festival, celebration

celebritās, -tātis, f., large crowd, crowded condition; frequency; fame

*celebrō (1), celebrate; honor, make famous

*cēlō (1), hide, conceal

*celsus, -a, -um, high, lofty, noble

#cēna, -ae, f., dinner

*cēnō (1), dine

*cēnseō, -ēre, cēnsuī, cēnsum, estimate, think, judge; advise, vote, decree

centuriātus, -a, -um, divided into centuries (groups of 100)

√cēra, -ae, f., wax, writing tablet covered with wax

Cereālis, -e, of Ceres

*Cerēs, Cereris, f., the Roman goddess of agriculture and grain

*cernō, -ere, crēvī, crētum, see, discern, distinguish, decide

*certāmen, -minis, n., contest, struggle, fight

certē, adv., certainly, surely, at least

certō, adv., with certainty, without doubt, really

*certō (1), fight, struggle, contend

*certus, -a, -um, definite, certain, sure, fixed, resolved upon, reliable; aliquem certiōrem facere, to make someone more certain = to inform him; certior fīō, I am informed

cervīcal, -ālis, n., pillow

*cessō (1), delay

*cēterus, -a, -um, the other, the rest, *mostly in plu.;* adv. cēterum, but, however

√cētus, -ī, m., whale (*plu.* = cēte, *a Greek neuter form, sometimes also used as a singular*)

#ceu, adv., as, just as

√Chaos, *nom. and acc. n.,* empty space, the lower world

*charta, -ae, f., papyrus paper; letter, poem, document, etc.

*chorus, -ī, m., choral dance; choral band, chorus

#Christiānus, -ī, m., a Christian

√Christus, -ī, m., Christ

Chrȳsippus, -ī, m., *Stoic philosopher*

*cibus, -ī, m., food

*Cicerō, -ōnis, m.: (1) Marcus Tullius Cicero, *orator, statesman, and author,* 106–43 B.C.; (2) *his brother,* Quintus Tullius Cicero

Ciconēs, -um, *m. plu., a Thracian people*

Cilix, -icis, m., *a Cilician (from Asia Minor)*

*cingō, -ere, cīnxī, cīnctum, surround, gird (on)

*cinis, -eris, m., ashes

*circā, adv., around, round about; *prep.* + acc., around, about

*circum, adv. *and prep.* + acc., around, near

circum-arō (1), plow around

*circum-dō, -are, -dedī, -datum, put around; surround with

√circum-ferō, -ferre, -tulī, -lātum, carry around, turn around

circum-fluō, -ere, -flūxī, -fluxum, overflow; abound in, be rich

√circum-fundō, -ere, -fūdī, -fūsum, pour around; *pass.,* stream around, gather around

circum-linō, -ere, smear around, spread over, cover

circumpadānus, -a, -um, about the Po (river)

circum-pōnō, -ere, -posuī, -positum, place around

circum-spectō (1), look around, look at

√circum-stō, -āre, -stetī, stand around, surround

#circum-veniō, -īre, -vēnī, -ventum, surround, encircle

#cithara, -ae, f., a stringed instrument, lyre

*cito, adv., quickly; *compar.* citius; *superl.* citissimē

*citō (1), arouse; call, summon, cite

citrō, adv., to this side

*cīvīlis, -e, civil, pertaining to citizens

*cīvis, -is, m./f., citizen

*cīvitās, -tātis, f., state; citizenship

*clādēs, -is, f., injury, damage; slaughter, destruction

#clam, adv., secretly, privately

clāmitō (1), *frequentative of* clāmō, cry out (over and over)

*clāmō (1), cry, shout

*clāmor, -ōris, m., shout, outcry, clamor, applause, noise

√clāritās, -tātis, f., clearness, brightness

*clārus, -a, -um, bright, clear; famous, illustrious

*classis, -is, f., fleet, navy

*claudō, -ere, clausī, clausum, close, shut

clērus, -ī, m., the clergy (*ML*)

*cliēns, -entis, m., dependent, client, follower

clīvus, -ī, m., slope; hill

Clūsīnus, -a, -um, of Clusium, *a city in Etruria*

Clytaemnēstra, -ae, f., Clytemnestra, *wife and murderess of Agamemnon*

Cn., abbr. of the praenomen Gnaeus

co-aedificō (1), build on

co-agitō (1), shake together (*V*)

cocles, -itis, m., one-eyed man; Horatius Cocles, *who held the Tiber bridge against the Etruscans*

coctilis, -e, *lit.* baked; made of brick

√cōdicillus, -ī, *m.*, writing tablet

#co-eō, -īre, -iī, -itum, go together, meet, assemble; be joined

*coepī, -isse, coeptum, *defective verb in perf. system only*, began

coeptum, -ī, *n.*, work begun, undertaking

#coetus, -ūs, *m.*, a meeting, assembly

cōgitātē, *adv.*, thoughtfully, deliberately

*cōgitātiō, -ōnis, *f.*, thinking; thought, plan, purpose, design

*cōgitō (1), think, ponder, intend, plan

cognātiō, -ōnis, *f.*, relationship, family, connection

√cognitiō, -ōnis, *f.*, acquaintance with, knowledge of, consideration; legal inquiry, investigation

cognitor, -ōris, *m.*, attorney; witness to one's identity

√cognōmen, -nōminis, *n.*, surname, *which follows the* praenomen *and the* nomen

*cognōscō, -ere, cognōvī, cognitum, become acquainted with, learn, recognize; *in perf. tenses*, know

*cōgō, -ere, coēgī, coāctum (co-agō), drive *or* bring together, assemble; force, compel

co-haereō, -ēre, -haesī, cohere, adhere, hang together

co-hērēs, -ēdis, *m./f.*, coheir

*cohors, -ortis, *f.*, division of soldiers; retinue, band, crowd

Collātīnus, -ī, *m.*, L. Tarquinius Collatinus, *colleague with Brutus in the first consulship at Rome*

col-lātiō, -ōnis, *f.*, *lit.* a bringing together, a comparison

col-laudō (1), praise highly

#collēga, -ae, *m.*, partner in office, colleague

*col-ligō, -ere, -lēgī, -lēctum (con-legō), gather together, collect; infer, suppose

*collis, -is, *m.*, hill

*collum -ī, *n.*, neck

*colō, -ere, -uī, cultum, cultivate, cherish, honor, worship

*color, -ōris, *m.*, color

coluber, -brī, *m.*, serpent, snake

*coma, -ae, *f.*, hair (of the head)

*comes, -itis, *m./f.*, companion, comrade

comitātus, -ūs, *m.*, attendance, retinue, escort

comitium, -ī, *n.*, assembly place; comitia, -ōrum, *n. plu.*, public assembly, an election

comitō (1), accompany, attend

commeātus, -ūs, *m.*, provisions, supplies

commemorātiō, -ōnis, *f.*, mention, remembrance

√commemorō (1), mention, relate

commentārius, -ī, *m.*, memorandum, commentary; record

commentātiō, -ōnis, *f.*, meditation, study, preparation

commentīcius, -a, -um, invented, fictitious

commentor, -ārī, -ātus sum, study, consider, practice (something oratorical or literary)

√com-minus, *adv.*, hand to hand, at close quarters

*com-mittō, -ere, -mīsī, -missum, commit, entrust; be guilty of; allow it to happen (that)

commoditās, -tātis, *f.*, advantage, comfort

√commodō (1), furnish, lend

commodum, -ī, *n.*, convenience, advantage

*commodus, -a, -um, suitable, advantageous, favorable, agreeable, easy, pleasant; *adv.* commodē

√com-moveō, -ēre, -mōvī, -mōtum, move greatly, stir, affect; disturb, alarm

√commūnicō (1), make common, share, communicate, confer

com-mūniō (4), fortify on all sides

*commūnis, -e, common, general, universal, public; *adv.* commūniter, jointly, together commūnitās, -tātis, *f.*, community, fellowship

com-mūtātiō, -ōnis, *f.*, change; exchange

√com-mūtō (1), change completely, alter; exchange

com-parātiō, -ōnis, *f.*, preparation, acquiring; comparison

1. com-parō (1) [par, equal], to match, compare

*2. com-parō (1) [parare], prepare, make ready, establish

√compellō (1), call; rebuke, chide

√com-pellō, -ere, -pulī, -pulsum, bring together, collect; drive, compel

√compescō, -ere, -pescuī, check, restrain

competēns, *gen.* -entis, appropriate

com-petītor, -ōris, *m.*, competitor

com-placeō, -ēre, -placuī, -placitum, please greatly

*com-plector, -ī, -plexus sum, embrace

complexus, -ūs, *m.*, embrace

com-plōrātus, -ūs, *m.*, loud wailing, lamentation

√com-plūrēs, -a, *plu.*, several, many

*com-pōnō, -ere, -posuī, -positum, put together, compose

com-positus, -a, -um, *lit.* put together; well arranged, prepared, calm

#com-prehendō, -ere, -hendī, -hēnsum, seize, arrest; perceive, comprehend

com-primo, -ere, -pressī, pressum, press together, embrace; restrain

compunctiō, -ōnis, *f.*, humility, remorse (*EL*)

cōnātus, -ūs, *m.*, attempt

*con-cēdō, -ere, -cessī, -cessum, depart; yield, grant, concede

concessus, -ūs, *m.*: *only in abl.* concessū, by permission

#con-cidō, -ere, -cidī, fall down in a heap, collapse, perish

conciliātrīx, -īcis, *f.*, uniter

√conciliō (1), bring together, win over, reconcile

√concilium -ī, *n.*, council; assembly

#con-citō (1), stir up, excite

con-clāmō (1), shout together, cry out, shout loudly

√con-clūdō, -ere, -clūsī, -clūsum, shut up, close, conclude

#con-cordia, -ae, *f.*, concord, unity, harmony

√con-cupīscō, -ere, -pīvī *or* -piī, -pītum, long for, eagerly desire

*con-currō, -ere, -currī, -cursum run *or* rush together, assemble

concursō (1), run about, travel about

con-cursus, -ūs, *m.*, a running together, attack, encounter

√condemnō (1), condemn, blame

*condiciō, -ōnis, *f.*, agreement; condition, terms

√conditor, -ōris, *m.*, founder

*con-do, -ere, -didī, -ditum, put together, found, establish, build; compose; lay away, bury

con-doleō, -ēre, -uī, -itūrus, feel great pain, suffer greatly; + *dat.*, suffer with another (*EL*)

*cōn-ferō, -ferre, -tulī, collātum, bring together, compare, devote, apply; sē cōnferre, betake oneself, go

√cōn-fertus, -a, -um, closely packed, dense, crowded

cōnfessor, -ōris, *m.*, one who confesses Christianity, a martyr (*EL*)

*cōn-ficiō, -ere, -fēcī, -fectum, accomplish, finish, produce; wear out, weaken, exhaust, destroy

*cōn-fīdō, -ere, -fīsus sum, have confidence in, trust, be confident

#cōn-fīrmō (1), make firm; assert, affirm

*cōn-fiteor, -ērī, -fessus sum, confess, acknowledge

cōn-flīctō (1), *lit.* strike together; ruin; be tormented, be afflicted

√cōn-flīgō, -ere, -flīxī, -flīctum, collide, clash, fight

cōn-flō (1), *lit.* blow together; melt metals; forge, produce

√cōn-fluō, -ere, -flūxī, flow together, stream in, flock together

cōn-fōrmō (1), form, shape, fashion

cōnfortō (1), strengthen greatly (*V*)

cōn-foveō, -ēre, -fōvī, -fōtum, to warm, cherish, foster

√cōn-fringō, -ere, -frēgī, -frāctum, break to pieces, destroy

√cōn-fugiō, -ere, -fūgī, flee (to), take refuge, have recourse (to)

#cōn-fundō, -ere, -fūdī, -fūsum, confuse, disturb, confound

cōnfūtō (1), check, repress, silence

con-glūtinō (1), glue *or* cement together, bind closely

con-gredior, -ī, -gressus sum, come together, meet; fight

con-gregō (1), collect into a flock *or* herd; gather together

con-gruō, -ere, -uī, come together, agree, harmonize

*con-iciō, -ere, -iēcī, -iectum, throw together, cast, force; conjecture

con-iectūra, -ae, *f.*, conjecture, inference

con-iūnctiō, -ōnis, *f.*, a joining; union, association, bond; intimacy

con-iūnctus, -a, -um (*partic. of* coniungō), joined together, united

*con-iungō, -ere, -iūnxī, -iūnctum, join together, unite

*coniūnx, -iugis, *f.*, wife; *sometimes m.*, husband

√con-iūrō (1), swear together; conspire

#con-lēga: *see* collēga

*cōnor, -ārī, -ātus sum, try, attempt

√con-queror, -ī, -questus sum, complain (loudly), lament, deplore

con-quiēscō, -ere, -quiēvī, -quiētum, become quiet, find rest

√con-quīrō, -ere, -quīsīvī, -quīsītum, search out

cōn-salūtō (1), greet, salute

cōnsānēscō, -ere, -sānuī, become healthy, get well, heal

√cōn-sanguineus, -a, -um, of the same blood, related; *as a noun*, brother, *m.*, sister, *f.*

Cōnsānus, -a, um, of Consa, *a city in south central Italy*

cōn-scendō, -ere, -scendī, -scēnsum, ascend, mount, climb, go on board

√cōn-scientia, -ae, *f.*, *lit.* knowledge (in oneself), consciousness, conscience

*cōn-scius, -a, -um, *lit.* having knowledge with another; cognizant of, aware, conscious; *m. and f. as a noun*, accomplice

√cōnsecrō (1), dedicate, consecrate

cōn-sector, -ārī, -ātus sum, follow, pursue, strive after

cōn-senēscō, -ere, -senuī, become old, grow weak, lose power

cōn-sēnsiō, -ōnis, *f.*, agreement, harmony

cōn-sentāneus, -a, -um, agreeing with, suitable; reasonable, consistent; cōnsentāneum est, it is reasonable (+ *inf. or* ut-*clause as subject*)

cōn-sentiō, -īre, -sēnsī, -sēnsum, agree, be of one accord

*cōn-sequor, -ī, -secūtus sum, follow, result; follow up, pursue; gain

cōn-serō, -ere, -seruī, sertum, connect, join, bind, engage in battle

#cōn-servō (1), save, preserve; maintain, observe

cōnsīderātē, *adv.*, thoughtfully, carefully

√cōnsīderō (1), contemplate, consider, weigh

*cōn-sīdō, -ere, -sēdī, -sessum, sit down, take up a position

*cōnsilium, -ī, *n.*, counsel, advice, plan, purpose; judgment, wisdom; council, panel (of jurors)

√cōn-sistō, -ere, -stitī, take one's stand, halt, stop, stay; be based on, consist of (+ **in** + *abl.*)

cōnsōlātor, -ōris, *m.*, consoler

cōnsōlō (1), comfort, console (*According to Lewis and Short this active form is anteclassical and very rare. The regular class. form is the deponent* **cōnsōlor.**)

√cōnsōlor, -ārī, -ātus sum, console, comfort

√cōnsors, *gen.* -sortis, sharing in; *as a noun*, a sharer in, partner

cōn-spectus, -a, -um (*partic. of* cōnspiciō, to view), visible

*cōn-spectus, -ūs, *m.*, sight, view

*cōn-spiciō, -ere, -spexī, -spectum, look at, observe; *pass. often* = be conspicuous

cōn-stāns, *gen.* -stantis, standing firm, steady, constant, steadfast

√cōnstantia, -ae, *f.*, firmness, steadfastness, strength of character

cōn-sternō, -ere, -strāvī, -strātum, confound, alarm, terrify, dismay

*cōn-stituō, -ere, -uī, -ūtum, place, establish, arrange; determine, decide

*cōn-stō, -āre, -stitī, -stātūrus, stand firm; consist of, be composed of, depend on; cost; **cōnstat,** *impers.*, it is agreed; **ratiō cōnstat,** the account balances

√cōn-stringō, -ere, -strinxī, -strictum, bind, fasten

#cōn-suēscō, -ere, -suēvī, -suētus, be accustomed

*cōnsuetūdō, -dinis, *f.*, custom, practice, way of life

*cōnsul, -ulis, *m.*, consul

#cōnsulāris, -e, of a consul, consular; **cōnsulāris, -is,** *m.*, an ex-consul, a person of consular rank

√cōnsulātus, -ūs, *m.*, consulship

*cōnsulō, -ere, -uī, -tum, deliber-ate; consult; + *dat.*, have regard for, look out for the interests of

cōnsultātiō, -ōnis, *f.*, deliberation, inquiry, asking for advice

cōnsultō (1), consider carefully, weigh, ponder

√cōnsultum, -ī, *n.*, decree, *espec.* **senātūs cōnsultum,** a decree of the senate; **cōnsultō,** *as adv.*, intentionally, deliberately

√cōn-summō (1), sum up: finish, complete

*cōn-sūmō, -ere, -sūmpsī, -sūmptum, use up, consume

con-tāctus, -ūs, *m.*, touch

con-tāgiō, -ōnis, *f.*, *lit.* a touching; contagion, infection

*contemnō, -ere, -tempsī, -temptum, scorn, despise, disparage

√contemplor, -ārī, -ātus sum, contemplate, consider carefully; look at, view

contemptiō, -ōnis, *f.*, contempt, disregard

contemptus, -ūs, *m.*, disdain, contempt

*con-tendō, -ere, -tendī, -tentum, strain, strive, contend, hasten

*contentus, -a, -um, contented, satisfied

con-terminus, -a, -um, adjoining

√con-terō, -ere, -trīvī, -trītum, wear out, consume, spend (time), destroy

con-terreō, -ēre, -terruī, -territum, terrify, frighten thoroughly

√contiguus, -a, -um, touching, adjoining

con-tinentia, -ae, *f.*, restraint, temperance

*con-tineō, -ēre, -uī, -tentum, hold together, contain, restrain; *pass.*, consist of, depend on

*con-tingō, -ere, -tigī, -tactum, touch; happen, befall; concern

√continuus, -a, -um, uninterrupted, successive

#contiō, -ōnis, *f.*, meeting, assembly; a speech made to the assembly

*contrā, *adv.*, on the contrary; *prep.* + *acc.*, against, contrary to

con-tractus, -a, -um, *partic. of* contrahō

#con-trahō, -ere, -traxī, -tractum, *lit.* draw together; transact, complete a business arrangement, make a contract; shorten, reduce, contract

√contrārius, -a, -um, opposite, contrary

con-trīstāns, *gen.* -antis, sorrowing

√con-trīstō (1), make sad, sadden; make gloomy

contubernālis, -is, *m.*, comrade

contumācia, -ae, *f.*, obstinacy, haughtiness

con-turbō (1), throw into disorder, confound, disturb

con-valēscō, -ere, -valuī, become strong, recover, convalesce

con-vellō, -ere, -vellī, -vulsum, tear, rend

con-veniēns, *gen.* -entis, agreeing, harmonious, appropriate

convenientia, -ae, *f.*, *lit.* a coming together; agreement, harmony, symmetry

*con-veniō, -īre, -vēnī, -ventum, come together, meet; to be agreed upon; convenit, it is agreed

conventiō, -ōnis, *f.*, agreement, compact

conventum, -ī, *n.*, agreement, compact

*convertō, -ere, -vertī, -versum, turn about, change, reverse; return

convīctor, -ōris, *m.*, *lit.* one who lives (vīvere) with another, associate

√con-vincō, -ere, -vīcī, -victum, overcome, convict, prove guilty

#convīvium, -ī, *n.*, feast, banquet; dinner

co-operor, -ārī, -ātus sum, work with, cooperate

#co-orior, -īrī, -ortus sum, arise, break out

√cophinus, -ī, *m.*, basket, chest

*cōpia, -ae, *f.*, abundance, supply, fullness, opportunity; fluency; *plu.* wealth, resources, forces, troops

cōpiōsē, *adv. of* cōpiōsus

√cōpiōsus, -a, -um, well supplied, abounding, abundant, plentiful, copious

√cōpulō (1), join together, couple, unite

*cor, cordis, *n.*, heart; cordī esse, be dear to, to please

√cōram, *adv.*, face to face, in one's own person, personally; *prep.* + *abl.*, in the presence of

Corfīnium, -ī, *n.*, *a town in central Italy*

Coriolānus, -ī, *m.*, *an early Roman traitor dissuaded by his mother from attacking the city*

#Cornēlius, -ī, *m.*, *name of men of a famous Roman gens (clan) which includes:* P. Cornelius Scipio, *father of the following:* P. Cornelius Scipio Africanus Maior, *conqueror of Hannibal;* P. Cornelius Scipio Aemilianus Africanus Minor, *victor in the Third Punic War in 146* B.C.

*cornū, -ūs, *n.*, horn; wing of an army

*corōna, -ae, *f.*, wreath, garland

corporeus, -a, -um, corporeal, fleshy

*corpus, -oris, *n.*, body

*cor-rigō, -ere, -rēxī, -rēctum, set right, correct; reform

*cor-ripiō, -ere, -ripuī, -reptum, seize; attack, blame

√cor-ruō, -ere, -ruī, fall together, fall to the ground; be ruined

√cotīdiē, daily, every day

crassus, -a, -um, thick, dense; fat; rude

Cratippus, -ī, *m.*, *Athenian philosopher of 1st cen.* B.C.

√creātor, -ōris, *m.*, creator, maker

√creātūra, -ae, *f.*, creature, creation (*EL*)

*crēber, -bra, -brum, thick, frequent, crowded

crēbrō, *adv.*, frequently

crēdibilis, -e, credible, worthy of belief

*crēdō, -ere, crēdidī, crēditum, believe, give credence to, trust, + *dat. or acc. or both*

√cremō (1), consume by fire, burn

*creō (1), create, choose, elect

crepitus, -ūs, *m.*, rattling, rustling

*crēscō, -ere, crēvī, crētum, increase, grow, thrive, prosper

Crēta, -ae (acc. -am *or* -ēn), *f.*, Crete

crēterra, -ae, *f.*, mixing bowl

*crīmen, -minis, *n.*, charge, accusation; *sometimes* fault, offense, guilt, crime

crīminor, -ārī, -ātus sum, accuse, denounce, charge

√croceus, -a, -um, saffron yellow

cruciātus, -ūs, *m.*, torture, torment

cruci-fīgō, -ere, -fīxī, -fīxum, fix to the cross, crucify

√cruciō (1), crucify, torture

*crūdēlis, -e, cruel

crūdēlitās, -tātis, *f.*, cruelty, severity

crūdēliter, *adv.*, cruelly

cruentātus, -a, -um, stained with blood (*cp.* cruor)

*cruentus, -a, -um, bloody

*cruor, -ōris, *m.*, blood, gore

√crux, crucis, *f.*, the cross

√cubiculum, -ī, *n.*, bedroom

cucurrī: see currō

#culmen, -minis, *n.*, top, summit

*culpa, -ae, *f.*, fault, blame

*cultus, -ūs, cultivation; culture, civilization, style of living, refinement

*cum, *conj.*, *usu. w. subj.*, when, since, although; *also w. ind.*, when; cum ... tum, both ... and, not only ... but also

*cum, *prep.* + *abl.*, with

cumulātē, *adv.*, heaped up, abundantly, completely

cūnctātiō, -ōnis, *f.*, a delaying, hesitation

cūnctātor, -ōris, *m.*, delayer

*cūnctor, -ārī, -ātus sum, delay, hesitate

*cūnctus, -a, -um, all (together as a whole), whole

#cupiditās, -tātis, *f.*, desire, passion; avarice; partisanship

*cupīdō, -inis, *f.*, desire; Cupīdō, -inis, *m.*, Cupid, *son of Venus*

*cupidus, -a, -um, desirous, eager, greedy, avaricious, fond; *adv.* cupidē

*cupiō, -ere, -īvī, -ītum, wish eagerly, desire, long for

*cūr, *adv.*, why?

*cūra, -ae, *f.*, care, concern, anxiety

#cūria, -ae, *f.*, senate-house; *in EL* the court (*e.g.*, of God)

Cūriatiī, -ōrum, *m.*, *the three Alban brothers who fought the three Horatian brothers*

Cūriō, -ōnis, *m.*, *a Roman cognomen*

Curius, -ī, *m.*, *Roman nomen; espec. the conqueror of Pyrrhus*

*cūrō (1), care (for), cure, attend to, take care, see to it (that), manage; *w. gerundive*, have a thing done

*currō, -ere, cucurrī, cursum, run, hurry

*currus, -ūs, *m.*, chariot

*cursus, -ūs, *m.*, a running, course, journey; racecourse

curvāmen, -minis, *n.*, a bending, an arching, curve

*custōdia, -ae, *f.*, custody, prison; a guard, sentinel

√custōdiō (4), guard, preserve, observe

*custōs, -ōdis, *m./f.*, guard, watchman

D

Daedalus, -ī, *m.*, *legendary Athenian craftsman who built the labyrinth in Crete*

*damnō (1), condemn, censure

damnōsus, -a, -um, harmful, destructive

*damnum, -ī, *n.*, damage, injury, loss

*daps, -pis, *f.*, feast, banquet (*both sing. and plu.*)

dator, -ōris, *m.*, giver

√David, *indecl.*, *the great king of the Hebrews*

*dē, *prep.* + *abl.*, from, down from; concerning, about

*dea, -ae, *f.*, goddess

*dēbeo, -ēre, dēbuī, dēbitum, owe, ought, must

dēbilitō (1), weaken

decānus, -ī, *m.*, dean (*EL*)

*dē-cēdo, -ere, -cessī, -cessum, withdraw, depart; depart from life, die

*decem, *indecl.*, ten

√December, -bris, -bre, of *or* belonging to December

*dē-cernō, -ere, -crēvī, -crētum, decide, judge, decree

√dē-cerpō, -ere, -cerpsī, -cerptum, pluck off, gather

√dē-certō (1), fight out, fight through, fight to a decision

dēcessus, -ūs, *m.*, departure; death

*decet, -ēre, decuit, *impers.*, it is proper, fitting, becoming, decent (physically *or* morally), it befits *or* becomes

#dē-cĭdō (-cădō), -ere, -cĭdī, fall down, sink; perish

deciēs, *adv.*, ten times

√decimus, -a, -um, tenth; decima, -ae, *f.*, *sc.* pars, a tithe

*dē-cipiō, -ere, -cēpī, -ceptum, deceive

√dē-clārō (1), make clear, declare; declare as elected to office

√dē-clīnō (1) turn away, avoid, shun

√decor, -ōris, *m.*, charm, beauty, grace

decorō (1), adorn beautify

√decōrus, -a, -um, fitting, becoming, seemly, proper, decent, graceful; decōrum, -ī, *n.*, propriety, grace

*dē-currō, -ere, -(cu)currī, -cursum, run down

*decus, -oris, *n.*, honor, worth, virtue

dē-decet, -ēre, -decuit, *impers.*, it is unfitting, unbecoming

√dē-decus, -oris, *n.*, disgrace, infamy, shame

dē-dicō (1), dedicate, consecrate

*dē-dō, -ere, -didī, -ditum, give up, surrender

*dē-dūcō, -ere, -dūxī, -ductum, lead away *or* off, draw down; lead, conduct

dē-fatīgō (1), to weary, fatigue, tire

dēfectiō, -ōnis, *f.*, desertion, revolt

*dē-fendō, -ere, -fendī, -fēnsum, ward off; defend, protect

dēfēnsiō, -ōnis, *f.*, defense

*dē-ferō, -ferre, -tulī, -lātum, bear off; report; accuse

*dē-ficiō, -ere, -fēcī, -fectum, fail; revolt, desert

dē-fīgō, -ere, -fīxī, -fīxum, fix, fasten, drive down

dē-fīniō (4), bound, limit, define

dēfīnītiō, -ōnis, *f.*, definition

dē-flagrō (1), burn down, consume by fire

√dē-fleō, -ēre, -flēvī, -flētum, weep for, bewail

#dē-fluō, -ere, -flūxī, -fluxum, flow down, flow away, vanish

dēfōrmō (1), disfigure, spoil

√dē-fungor, -ī, -fūnctus sum, perform, discharge, complete; die

√dē-glūtiō (4), swallow down (*EL*)

√dēgō, -ere, dēgī (dē-agō), pass (time *or* life), live

√dehinc, *adv.*, *lit.* from here; thereupon, henceforth

*dē-iciō, -ere, -iēcī, -iectum, throw down, ward off, avert

√dein, adv. = deinde

*deinde or dein, adv., from there, then, next, in the second place

√dēlectātiō, -ōnis, f., delight, pleasure

#dēlectō (1), delight, please, interest

dē-lēgō (1), assign, delegate

*dēleō, -ēre, -ēvī, -ētum, destroy wipe out, erase

dēlīberātiō, -ōnis, f., deliberation, consideration

√dē-līberō (1), weigh carefully, consider

dēlicātē, adv., luxuriously

#dēlicātus, -a, -um, charming, luxurious, dainty, fastidious

*dēliciae, -ārum, f., usu. only in plu., delight, pleasure; sweetheart, darling

dē-ligō (1), bind

*dē-ligō, -ere, -lēgī, -lēctum, pick out, choose, select

dē-līrō (1), be mad, insane, rave

Dēlos, -ī, f., a small island of the Cyclades in the Aegean Sea, sacred as the birthplace of Apollo and Artemis (Diana)

√dēlūbrum, -ī, n., shrine, temple

dē-migrō (1), emigrate, depart

dē-minuō, -ere, -minuī, -minū-tum, diminish

dē-missus, -a, -um (partic. of dēmittō), lit. lowered; low, weak, humble, downcast

*dē-mittō, -ere, -mīsī, -missum, lit. send down; thrust or plunge into, lower, let down

#dēmō, -ere, -dēmpsī, -dēmp-tum, take away, remove

#dēmum, adv., at length, at last

√dēnārius, -ī, m., Roman silver coin which used to be evaluated at ca. 20¢ but would be worth much more today

*dēnique, adv., finally, at last

*dēns, -ntis, m., tooth

*dēnsus, -a, -um, thick, dense

dē-nūdō (1), lay bare, denude

#dē-nūntiō (1), announce, declare, proclaim, threaten; not denounce

de-orsum, adv., downward, down

dē-pecūlātor, -ōris, m., plunderer, embezzler

dē-pecūlor, -ārī, -ātus sum, plunder, rob

√dē-pellō, -ere, -pulī, -pulsum, drive away, ward off

dē-plōrō (1), weep, bewail, bewail the loss of

*dē-pōnō, -ere, -posuī, -positum, put down, deposit; lay aside, give up, abandon, get rid of

√dē-portō (1), carry off

dē-positum, -ī, n., deposit, trust

√dē-precor, -ārī, -ātus sum, avert by entreaty

*dē-prehendō, -ere, -hendī, -hēn-sum, seize, arrest; detect, ob-serve, understand

√dē-primō, -ere, -pressī, -pres-sum, press down, depress, sink

dē-ripiō, -ere, -ripuī, -reptum, snatch away, pull down

dē-ruptus, -a, -um, steep

*dē-scendō, -ere, -scendī, -scēn-sum, descend, go down

dē-scrīptiō, -ōnis, f., definition, description

*dē-serō, -ere, -seruī, -sertum, desert

dēsertus, -a, -um (partic. of dēserō), deserted, lonely

*dēsīderium, -ī, n., longing (especi-ally for what one misses or has lost), desire

*dēsīderō (1), long for, miss, desire; require; lose

dē-sīdō, -ere, -sēdī, sink, give way

√dē-signō (1), mark out, signify; elect; dēsignātus, -a, -um, as adj., chosen, elect

dē-siliō, -īre, -siliī, -sultum, leap down

*dēsinō, -ere, -siī, -situm, cease, stop, leave off

dēsolātus, -a, -um, forsaken, desolate

dē-spērātiō, -ōnis, *f.*, hopelessness, despair

*dē-spērō (1), give up hope, despair

dē-spicientia, -ae, *f.*, contempt

*dē-spiciō, -ere, -spexī, -spectum, look down on, scorn, despise

dē-spoliō (1), plunder, rob

dēspōnsātiō, -ōnis, *f.*, betrothal (*V*)

dēspōnsō (1), betroth

*dēstinō (1), determine, resolve, intend, destine

*dē-stituō, -ere, -stituī, -stitūtum, set down; leave, abandon

dē-stitūtus, -a, -um (*partic. of* dēstituō), forsaken, helpless

dē-struō, -ere, -struxī, -structum, tear down, destroy

*dē-sum, -esse, -fuī, -futūrus, be wanting, fail (+ *dat.*)

√dē-super, *adv.*, from above, above

√dē-terreō, -ēre, -uī, -itum, frighten away, prevent, hinder

dētestābilis, -e, detestable, abominable

*dē-trahō, -ere, -traxī, -tractum, take away, remove

dētrīmentum, -ī, *n.*, loss, damage, harm

dē-trūdō, -ere, -trūsī, -trūsum, thrust down *or* away, dislodge

dē-truncō (1), lop off; behead

*deus,-ī, *m.*, god; *voc.* = deus

dē-vāstō (1), lay waste, devastate

dē-vius, -a, -um, out of the way, off the road; dēvium, -ī, *n.* (*sc.* iter) a byway

dē-volō (1), *lit.* fly down; rush down

dē-volvō, -ere, -volvī, -volūtum, roll down, fall headlong

√dēvōtiō, -ōnis, *f.*, a consecrating *or* vowing (*espec. of one's life*) *in* class. *Lat.*; piety, devotion *in EL*

*dē-voveō, -ēre, -vōvī, -vōtum, vow, consecrate; curse

*dexter, -tra, -trum (*or* -tera, -terum), right, on the right

*dextra, -ae, *f.* (*sc.* manus), right hand

√diabolus, -ī, *m.*, devil (*EL*)

diaeta, -ae, *f.*, room

√Diāna, -ae, *f.*, *virgin goddess of the moon and of the hunt, sister of Apollo*

diciō, -ōnis, *f.*, authority, control, sway

*dīcō, -ere, dīxī, dictum, say, tell, speak; call, name; proclaim, appoint

dictātor, -ōris, *m.*, dictator

dictitō (1), say repeatedly, over and over

dictō (1), dictate; compose

dictum, -ī, *n.*, *lit.* thing said; a word; proverb

didicī: *see* discō

*diēs, diēī, *m./f.*, day; (period of) time; in diēs, from day to day; ad diem, at the appointed time, punctually

dif-ferentia, -ae, *f.*, difference

*dif-ferō, -ferre, dis-tulī, dī-lātum, differ, be different; report, circulate; put off, postpone

*dif-ficilis, -e, not easy, difficult, hard; surly, obstinate; *compar.* difficilior; *superl.* difficillimus; *adv.* difficiliter *or post-Augustan* difficile

√dif-fugiō, -ere, -fūgī, -fugitum, flee in different directions, disperse

#dif-fundō, -ere, -fūdī, -fūsum, pour forth in all directions, spread out, extend

*digitus, -ī, *m.*, finger

*dignitās, -tātis, *f.*, worth, merit, honor, dignity, prestige

*dignor, -ārī, -ātus sum, to deem worthy; deign, condescend

*dignus, -a, -um, worthy (of + *abl. or gen.*)

√dī-gredior, -ī, -gressus sum, depart

*dī-lēctus, -ūs, *m.*, a levy

*dīligēns, *gen.* -entis, careful, assiduous, industrious, diligent; *adv.* dīligenter

#dīligentia, -ae, *f.*, carefulness, attention, diligence

*dīligō, -ere, -lēxi, -lēctum, [lit. choose out] value, esteem, love,

dīmicātiō, -ōnis, f., fight, combat, struggle

#dīmicō (1), fight, struggle

*dī-mittō, -ere, -mīsī, -missum, send away, send forth; let go, release, forgive

dī-moveō, -ēre, -mōvī, -mōtum, move apart, separate

dīreptiō, -ōnis, f., plundering

*dī-rigō, -ere, -rēxī, -rēctum, lit. guide straight, arrange, direct

dir-imō, -ere, -ēmī, -ēmptum, take apart, separate, break up, end, disturb

√dī-ripiō, -ere, -ripuī, -reptum, tear apart, plunder, rob

dī-rumpō, -ere, -rūpī, -ruptum, break apart, burst

dīs = deīs

dis- (dī-, dif-, dir-), prefix = apart, away, not

*dis-cēdō, -ere, -cessī, -cessum, go away, depart

√dis-cernō, -ere, -crēvī, -crētum, separate; distinguish, discern, decide

discidium, -ī, n., disaffection, alienation

*disciplīna, -ae, f., training, discipline, instruction

√discipulus, -ī, m., pupil; disciple

*discō, -ere, didicī, learn

*dis-cordia, -ae, f. disagreement, dissension, strife

dis-cordō (1), disagree, quarrel

di-scrībō, -ere, -scrīpsī, -scrīptum, distribute, assign

*discrīmen, -minis, n., distinction, turning point, crisis, critical moment, peril

dis-crīminō (1), separate, divide

dis-cursus, -ūs, m., lit. a running about to and fro, mad rush

√dis-cutiō, -ere, -cussī, -cussum, shatter, scatter, destroy

√dis-pār, gen. -paris, unequal

#di-spergō, -ere, -spersī, -spersum, scatter, spread abroad

dispersē, adv., here and there

#dis-pōnō, -ere, -posuī, -positum, distribute, station at intervals

dis-putātiō, -ōnis, f., discussion

dis-putō (1), discuss, examine

√dis-sēnsiō, -ōnis, f., disagreement, dissension

√dis-serō, -ere, -seruī, -sertum, discuss, argue

dis-sipō (1), scatter

√dis-solvō, -ere, -solvī, -solūtum, dissolve, separate, release

dis-sonus, -a, -um, discordant, confused

dis-tineō, -ēre, -tinuī, -tentum (dis, apart, + teneō), hold apart, separate; hinder, distract

√di-stō, -āre, stand apart

dis-trahō, -ere, -traxī, -tractum, draw apart, distract

*diū, adv., long, for a long time; compar. diūtius; superl. diūtissimē

dīus, -a, -um: see dīvus

diūtinus, -a, -um, lasting, of long duration

√diūturnus, -a, -um, long-lasting

dī-vellō, -ere, -vellī, -vulsum, tear apart

*dīversus, -a, -um, separate, different, various

*dīves, gen. dīvitis, rich, wealthy; compar. dīvitior or dītior; superl. dīvitissimus or dītissimus

*dīvidō, -ere, -vīsī, -vīsum, divide, separate

√dīvīnitus, adv., divinely, providentially

*dīvīnus, -a, -um, divine; godlike, excellent

*dīvitiae, -ārum, f. plu., riches, wealth

*dīvus, -a, -um, divine; dīvus, -ī, m., a god; dīva, -ae, f., goddess; dīvum, -ī, n., sky

*dō, dăre, dedī, dătum, give, offer, furnish; litterās dare, write or mail a letter

*doceō, -ēre, docuī, doctum, teach, inform, explain

√doctor, -ōris, *m.*, teacher

√doctrīna, -ae, *f.*, learning, erudition; teaching, instruction

doctus, -a, -um (*partic. of* doceō), *lit.* taught; learned, well informed, skilled

√documentum, -ī, *n.*, example, instance, pattern; proof

*doleō, -ēre, -uī, -itūrus, feel pain, be pained, grieve

*dolor, -ōris, *m.*, pain, grief

dolōrōsus, -a, -um, full of sorrow (*late Lat.*)

√domesticus, -a, -um, pertaining to the home *or* family, domestic

domicilium, -ī, *n.*, dwelling, abode

*domina, -ae, *f.*, mistress of a household, lady

dominātiō, -ōnis, *f.*, rule, dominion; despotism

*dominus, -ī, *m.*, master, lord

Domitiānus, -ī, *m.*, *Roman emperor* A.D. *81–96*

*domus, -ūs, *f.*, house, home; domī (*loc.*) at home; domum, (to) home; domō, from home

*dōnec, *conj.*, as long as, until

*dōnō (1), give, bestow

*dōnum, -ī, *n.*, gift

*dormiō (4), sleep

Druentia, -ae, *f.*, the Durance, *a tributary of the Rhone*

dubitātiō, -ōnis, *f.*, doubt, hesitation

*dubitō (1), doubt, hesitate

*dubius, -a, -um, doubtful, uncertain, hesitant; dubium, -ī, *n.*, doubt, uncertainty

ducentī, -ae, -a, two hundred

*dūcō, -ere, dūxī, ductum, lead; consider, think

*dulcis, -e, sweet, pleasant, dear

*dum, *conj.*, while, as long as; until; provided that

√dumtaxat, *adv.*, at least, at any rate, only

*duo, duae, duo, two

duodeciēs, *adv.*, twelve times

#duplex, *gen.* -plicis, *adj.*, twofold, double

#dūrō (1), harden; endure; remain, last

*dūrus, -a, -um, tough, strong, hard, harsh, cruel; *adv.* dūrē *and* dūriter

*dux, ducis, *m./f.*, leader, guide, commander

E

*ē: *see* ex

#ebur, eboris, *n.*, ivory

*ecce, *adv.*, lo, behold

Ecclēsiastēs, -ae, *m.*, the Preacher, one who addresses the assembly (*V*)

ē-dīcō, -ere, -dīxī, -dictum, proclaim, declare, decree

ē-dictum, -ī, *n.*, decree, proclamation

ē-dō, -ere, -didī, -ditum, give forth; give birth to; tell, publish

√ē-doceō, -ēre, -docuī, -doctum, teach thoroughly, instruct

ē-ducō (1), rear, educate

*ē-dūcō, -ere, -dūxī, -ductum, lead out

effēminātē, *adv.*, effeminately, in unmanly fashion

*ef-ferō, -ferre, extulī, ēlātum, carry out, lift up, extol, praise; *pass.*, be carried away, be puffed up

ef-ficiō, -ere, -fēcī, -fectum, accomplish, bring about, cause

ef-flōrēscō, -ere, -flōruī, blossom, flourish

*ef-fugiō, -ere, -fūgī, fugitum, flee away, escape, avoid

ef-fugium, -ī, *n.*, escape

*ef-fundō, -ere, -fūdī, -fūsum, pour out

*egeō, -ēre, eguī, be in need, need, lack, want; *often* + *abl.*

ē-gerō, -ere, -gessī, -gestum, take away

*ego, meī, *1st personal prn.*, I; *plu.* nōs, nostrum/nostrī, we, *sometimes* = I

*ē-gredior, -ī, -gressus sum, go out

ē-gregiē, *adv. of* ēgregius

*ē-gregius, -a, -um, *lit.* out from the herd; uncommon, extraordinary, excellent, remarkable, distinguished

√eia, *interj. indicating surprise, joy, or exhortation*, ah, ha, well ·then, come on

√ē-iciō, -ere, -iēcī, -iectum, throw out, reject

√ē-lābor, -ī, -lāpsus sum, slip away, escape

ē-labōrātus, -a, -um, *lit.* worked out; carefully finished

ēlātiō, -ōnis, *f.*, exaltation

√ēlegāns, *gen.* -antis, choice, fine, tasteful, refined; fastidious

#elephantus, -ī, *m.*, elephant; ivory

√ē-levō (1), lift up, raise

*ē-ligō, -ere, -lēgī, -lēctum, pick out, select

*ē-loquentia, -ae, *f.*, eloquence

√ēloquium, -ī, *n.*, *poetic for* ēloquentia

ē-lūceō, -ēre, -lūxī, shine forth, be conspicuous

ē-luō, -ere, -luī, -lūtum, wash away

√ē-mendō (1), free from faults, correct

√ē-mergō, -ere, -mersī, -mersum, come forth, emerge

ē-micō, -āre, -uī, -ātum, spring forth, break forth

#ē-mineō, -ēre, -uī, project; stand out, be conspicuous

*ē-mittō, -ere, -mīsī, -missum, send forth, let go forth

*emō, -ere, ēmī, ēmptum, buy

ē-morior, -ī, -mortuus sum, die off, perish

ēmptiō, -ōnis, *f.*, purchase

ēmptor, -ōris, *m.*, purchaser

*ēn, *interjection*, see, lo, behold

ē-narrō (1), narrate, explain

*enim, *postpositive conj.*, for, indeed, certainly

enim-vērō, *adv.*, certainly, indeed, to be sure

#ē-nītor, -ī, -nīxus (nīsus) sum, struggle, strive

ē-notō (1), make notes on

*ēnsis, -is, *m.*, sword

#eō, *adv.*, to that place

*eō, īre, iī, itum, go

√eō-dem, *adv.*, to the same place

epigramma, -atis, *n.*, inscription, epigram

*epistula (epistola), -ae, *f.*, letter, epistle

√epulor (1), feast, dine

*eques, equitis, *m.*, horseman, knight, businessman

√equester, -tris, -tre, (of) cavalry, equestrian

#equidem, *adv. usu. emphasizing the 1st person*, indeed, certainly, (I) for my part

equitātus, -ūs, *m.*, cavalry

*equus, -ī, *m.*, horse

era, -ae, *f.*, mistress (of a house)

Erebus, -ī, *m.*, the lower world, Hades

ē-rēctus, -a, -um (*partic. of* ē-rigō), erect, intent, excited

√ergā, *prep.* + *acc.*, toward, in relation to

*ergō, *adv.*, therefore

*ē-rigō, -ere, -rēxī, -rēctum, direct *or* guide up; erect; excite

*ē-ripiō, -ere, -ripuī, -reptum, snatch away

*errō (1), wander astray; err, be mistaken

*error, -ōris, *m.*, *lit.* a wandering, straying; error, mistake, fault

#ērudiō (4), teach

ērudītus, -a, -um, educated, learned, cultivated

√ē-rumpō, -ere, -rūpī, -ruptum, burst forth, break out

√ē-ruō, -ere, -ruī, -rutum, pluck out, rescue

erus, -ī, *m.*, master (of a house), owner

ē-scendō, -ere, -scendī, -scēnsum, climb up, ascend

estō, *3rd per. sing. of fut. imv. of* sum, granted, *lit.* let it be; *also 2nd per. sing.*, be, you shall be

*et, *conj.*, and; et ... et, both ...
and; *adv.*, even, also, too

√et-enim, *conj.*, for truly, and in fact

*etiam, *adv.*, even, also

Etrūria, -ae, *f.*, *a district north of Rome*

*Etruscus, -a, -um, Etruscan; an Etruscan

*et-sī, *conj.*, even if, although; and yet

Eumenides, -um, *f. plu.*, *the* (three) Furies, *who harassed men for their crimes*

#Eurydicē, -ēs, *f.*, *wife of Orpheus*

*ē-vādō, -ere, -vāsī, -vāsum, *lit.* go forth; escape; travel over

ē-vagor, -ārī, -ātus sum, wander, spread (intrans.); transgress

*ē-veniō, -īre, -vēnī, -ventum, come out, turn out, result, happen

ē-ventus, -ūs, *m.*, *lit.* outcome; result

#ē-vertō, -ere, -vertī, -versum, overturn, destroy

ē-vidēns, *gen.* -entis, clear, evident

*ex *or* ē, *prep.* + *abl.*, from within, out of, from; because of; ex parte, in part

ex-aequō (1), make equal, place on a level

ex-altō (1), elevate, exalt

ex-animis, -e, breathless, lifeless

ex-ārdēscō, -ere, -ārsī, take fire, become hot, glow

√ex-audiō (4), hear, listen

*ex-cēdō, -ere, -cessī, -cessum, go away from, go beyond, transgress

√excellō, -ere, excelluī, excelsum, be superior, surpass, excel

#excelsus, -a, -um, lofty, high

√ex-cerpō, -ere, -cerpsī, -cerptum, pick out, choose, select

*ex-cipiō, -ere, -cēpī, -ceptum, take out, except; receive, welcome; capture

*ex-citō (1), arouse, excite

#ex-clūdō, -ere, -clūsī, -clūsum, shut out, exclude

excūsātiō, -ōnis, *f.*, excuse

*ex-cutiō, -ere, -cussī, -cussum, *lit.* shake out; investigate, examine

ex-edō, -ere, ēdī, -ēsum, eat up, hollow out

exemplar, -āris, *n.*, image, likeness; model

*exemplum, -ī, *n.*, example, model

*ex-eō, -īre, -iī, -itum, go out

exercitātiō, -ōnis, *f.*, exercise, training, practice

*exercitus, -ūs, *m.*, army

exēsus, -a, -um: *partic. of* exedō

ex-horreō, -ēre, -uī, shudder, shudder at

exhortātiō, -ōnis, *f.*, exhortation

*ex-igō, -ere, -ēgī, -āctum, drive out; demand, require; complete

*exiguus, -a, -um, scanty, small, little

√eximius, -a, -um, extraordinary, excellent

ex-imō, -ere, -ēmī, -ēmptum, take away, remove

exīstimātiō, -ōnis, *f.*, judgment; good name, reputation

*exīstimō (1), estimate, reckon, think

exitiōsus, -a, -um, disastrous, destructive

*ex-itus, -ūs, *m.*, a going out, departure, passage; end, death; result, outcome

ex-onerō (1), unburden, release

ex-optō (1), desire (optō) greatly (ex), long for

*ex-orior, -īrī, -ortus sum, arise, spring up, come forth

ex-pallēscō, -ere, -palluī, turn very pale

*ex-pediō (4), let loose, set free; prepare, procure; be profitable, advantageous

expedītus, -a, -um, unimpeded, unencumbered, light-armed

*ex-pellō, -ere, -pulī, -pulsum, drive out, expel

expergīscor, -ī, -perrēctus sum, wake up

*experior, -īrī, -pertus sum, try,
    test, learn by experience
ex-pers, *gen.* -pertis (ex-pars),
    having no part in, free from
    (+ *gen.*)
expertus, -a, -um, experienced
√ex-petō, -ere, -petīvī, -petītum,
    seek after, strive for, desire
ex-plānō (1), explain
#ex-plicō, -āre, -āvī *or* -uī, -ātum,
    unfold, release, explain, set forth
#ex-plōrō (1), search out, ascertain;
    explōrātus, -a, -um, certain,
    sure
*ex-pōnō, -ere, -posuī, -positum,
    set forth, explain, expose
√ex-primō, -ere, -pressī, -pres-
    sum, express, portray, describe
ex-prōmō, -ere, -prōmpsī,
    -prōmptum, disclose, tell
√ex-pugnō (1), take by storm,
    capture
ex-quīsītus, -a, -um, diligently
    sought out, choice, exquisite
ex-sanguis, -e, bloodless, lifeless,
    pale
ex-siliō, -īre, -uī, leap forth, start
    up
#exsilium, -ī, *n.*, exile
*ex-sistō, -ere, -stitī, step forth,
    emerge, arise, appear; exist, be
exspectātiō, -ōnis, *f.*, a waiting,
    anticipation, expectation
ex-spectō (1), watch for, wait for,
    expect; wait to see, fear, dread
ex-spīrō (1), breathe out, expire,
    die
ex-spoliō (1), plunder, rob
*exstinguō, -ere, -stīnxī, -stīnc-
    tum, extinguish, destroy
#ex-stō, -āre, be extant, exist
#ex-struō, -ere, -strūxī, strūc-
    tum, heap up
#ex-sul, -sulis, *m./f.*, an exile
ex-sulō (1), go into exile, be
    banished
√ex-sultō (1), leap up, rejoice, exult,
    revel, boast
√ex-surgō, -ere, -surrēxī, get up,
    stand up

ex-suscitō (1), arouse
√extemplō, *adv.*, immediately
*exter *or* exterus, -era, -erum,
    outside, outer, foreign; *compar.*,
    exterior, -ius, outer, exterior;
    superl., extrēmus -a, -um outer-
    most, farthest, last, extreme, the
    last part of
exterius, *adv.*, *see* extrā
#externus, -a, -um, external
√ex-terreō, -ēre, -uī, -itum,
    frighten, terrify greatly, alarm
ex-timēscō, -ere, -timuī, greatly
    fear
*extrā, *adv. and prep.* + *acc.*, outside;
    compar. adv. exterius, on the out-
    side, externally
√ex-trahō, -ere, -traxī, -tractum,
    drag out
*extrēmus, -a, -um (*superl. of*
    exterus), outermost, furthest,
    last, extreme, the furthest part
    of; extrēmum, -ī, *n.*, outer
    edge, end
ex-ulcerō (1), *lit.* make very sore;
    aggravate, intensify
ex-ūrō, -ere, -ussī, -ustum, burn
    up

F

faber, -brī, *m.*, smith, carpenter,
    engineer
#Fabius, -ī, *m.*, *a Roman nomen;*
    e.g., Q. Fabius Maximus Cunc-
    tator, *famous for his tactics of delay
    against Hannibal*
Fabricius, -ī, *m.*, *a Roman nomen,*
    espec. a general against Pyrrhus
*fābula, -ae, *f.*, story; play
√facētus, -a, -um, elegant, witty,
    humorous
*faciēs, -ēī, *f.*, form, face, appear-
    ance
facilē, *adv. of* facilis, easily; *compar.*
    facilius; *superl.* facillimē
*facilis, -e, easy
facilitās, -tātis, *f.*, facility, fluency;
    courteousness, affability, good
    nature
facinorōsus, -a, -um, criminal

*facinus, facinoris, *n.*, a deed; a bad deed, misdeed, crime

*faciō, -ere, fēcī, factum, make, do, accomplish, bring about; see to it (that), take care

factum, -ī, *n.*, *lit.* a thing done; deed, act

#facultās, -tātis, *f.*, ability, skill; opportunity, means

faeneror, -ārī, -ātus sum, lend at interest

*fallō, -ere, fefellī, falsum, deceive, cheat, disappoint; be false to, violate; escape the notice of

*falsus, -a, -um (*cp.* fallō), false, deceptive

*fāma, -ae, *f.*, rumor, report, tradition

*famēs, -is, *f.*, hunger, starvation, famine

*familia, -ae, *f.*, household, family property, slaves; family; group

#familiāris, -e, belonging to a familia, friendly; intimate; familiāris, -is, *m.*, intimate friend

√familiāritās, -tātis, *f.*, intimacy, close friendship

*famulus, -ī, *m.*, servant, slave

√fānum, -ī, *n.*, temple, shrine

√fascis, -is, *m.*, bundle; fascēs, -ium, *plu.*, fasces (*bundle of rods with an imbedded ax, a sign of high office with the* imperium)

√fāstīdium, -ī, *n.*, scorn, disdain, aversion; haughtiness, fastidiousness

#fātālis, -e, fated, in accordance with fate; fatal, deadly

*fateor, -ērī, fassus sum, confess, admit

#fatīgō (1), tire, weary, exhaust; harass

*fātum, -ī, *n.*, fate

√favilla, -ae, *f.*, glowing ashes

#favor, -ōris, *m.*, favor

*fax, facis, *f.*, torch

*fēcundus, -a, -um, fertile, rich

√fēlīcitās, -tātis, *f.*, happiness, good fortune

fera, -ae, *f.*, wild animal

*ferē, *adv.*, generally, as a rule, about, almost; nōn ferē, scarcely, hardly

#fermē = ferē

*ferō, ferre, tulī, lātum, bear, carry; endure; report, say

*ferōx, *gen.* -ōcis, fierce, bold, warlike, defiant

*ferrum, -ī, *n.*, iron; sword

*ferus, -a, -um, wild, savage

fervēns, *gen.* -entis (*partic. of* ferveō), boiling, foaming

*ferveō, -ēre, ferbuī, boil, foam; rage

*fessus, -a, -um, tired, exhausted

festīnātiō, -ōnis, *f.*, haste

#festīnō (1), hurry, hasten

festūca, -ae, *f.*, straw, stem

*fēstus, -a, -um, festal, festive; fēstum, -ī, *n.*, festival, holiday

fētus, -ūs, *m.*, offspring, progeny, fruit

fictus, -a, -um (*partic. of* fingō), fashioned, fictitious, false

fīcus, -ūs *or* -ī, *f.*, fig tree; fig

*fidēlis, -e, faithful

*fidēs, -eī, *f.*, faith, trust, reliance, belief; loyalty, fidelity; pledge, word of honor; protection

√fīdūcia, -ae, *f.*, confidence, reliance, trust

*fīdus, -a, -um = fidēlis

*fīgō, -ere, fīxī, fīxum, attach, fasten, affix, fix

*figūra, -ae, *f.*, form, shape

*fīlia, -ae, *f.*, daughter

*fīlius, -ī, *m.*, son; *voc.* = fīlī

#fīlum, -ī, *n.*, thread; form, style

√findō, -ere, fidī, fissum, cleave, split

*fingō, -ere, fīnxī, fictum, fashion, mould, imagine, pretend

*fīniō (4), limit, bound, restrain, restrict; end, finish

*fīnis, -is, *m.*, end, limit, boundary; purpose, aim, goal

*fīō, fierī, factus sum, be made, be done, become, happen, come about

*firmō (1), make firm, strengthen, fortify

*firmus, -a, -um, strong, firm, steadfast

#fistula, -ae, f., pipe, waterpipe, shepherd's pipe; ulcer

√flagellum, -ī, n., scourge

√flāgitium, -ī, n., shameful act, outrage, disgrace

*flagrō (1), blaze, be inflamed

Flāminīnus, -ī, m., Roman general who defeated Philip V of Macedon in 197 B.C.

Flāminius, -ī, m., C. Flaminius, consul defeated and killed by Hannibal at Lake Trasimene in 217 B.C.

*flamma, -ae, f., flame, blaze

*flāvus, -a, -um, yellow, reddish yellow

*flectō, -ere, flexī, flexum, bend, turn; change

*fleō, -ēre, flēvī, flētum, weep; bewail, lament

flētus, -ūs, m., weeping, lamentation

*flōrēns, gen. -entis, blooming, flourishing

*flōs, flōris, m., flower

√fluitō (1), flow; float

*flūmen, -minis, n., stream, river

*fluō, -ere, fluxī, fluxum, flow

fōculus, -ī, m., lit. a little fire; a brazier

fodiō, -ere, fōdī, fossum, dig up

foederātus, -a, -um, allied

*foedus, -a, -um, foul, hideous, base, shameful

√foedus, -eris, n., treaty

*folium, -ī, n., leaf

*fōns, -ntis, m., spring, source, fountain

*fore (= futūrus esse), an old fut. inf. of sum; fore ut + subj. (result) can be used as a circumlocution for the fut. inf. of a verb

forēnsis, -e, of the forum, public, forensic

*foris, -is, f., door; plu., entrance

*fōrma, -ae, f., form, appearance, beauty

Formiānus, -a, -um, of or near Formiae, a coastal town of Latium;

Formiānum (praedium), an estate near Formiae

*formīdō, -inis, f., dread, terror

fōrmula, -ae, f., rule, regulation, formula

#fors, fortis, f., chance, luck; forte, abl. as adv., by chance, accidentally

*forsitan, adv. w. subj., perhaps

*fortasse, adv., perhaps

forte, abl. of fors as adv., by chance

*fortis, -e, strong, brave; adv. fortiter

√fortitūdō, -dinis, f., strength, bravery, fortitude

fortuītō, adv., by chance, fortuitously

*fortūna, -ae, f., luck, fortune (good or bad)

#fortūnātus, -a, -um, lucky, fortunate, prosperous

*forum, -ī, n., forum, market-place: place of business, law, and government

fovea, -ae, f., pit, pitfall

*foveō, -ēre, fōvī, fōtum, warm, cherish

*fragilis, -e, easily broken, frail, weak

√fragor, -ōris, m., a breaking, crash, noise

*frangō, -ere, frēgī, frāctum, break, shatter; subdue

*frāter, -tris, m., brother

*fraus, fraudis, f., deceit, fraud

*frequēns, gen. -entis, full, crowded

frequenter, adv., in large numbers; frequently

√frequentō (1), attend (in large numbers), visit often

*fretum, -ī, n., strait, channel

√fretus, -ūs, m., = fretum

*frīgidus, -a, -um, cold; insipid, trivial

*frīgus, -oris, n., cold

frīvolus, -a, -um, trifling, worthless

*frōns, -ndis, f., leaf, leaves, foliage, leafy bough

*frōns, -ntis, f., forehead, brow, appearance

frontispicium, -ī, n., façade, exterior (ML)

frūctificō (1), bear fruit (EL)

*frūctus, -ūs, m., fruit, enjoyment, profit

frūgifer, -era, -erum, fruitful, profitable

*frūmentum, -ī, n., grain

*fruor, fruī, frūctus sum, enjoy

*frūstrā, adv., in vain, without reason

*frūx, frūgis, f., grain

*fuga, -ae, f., flight

*fugiō, -ere, fūgī, fugitum, flee, escape

√fugitīvus, -ī, m., runaway slave

#fulciō, -īre, fulsī, fultum, prop up, support

*fulgeō, -ere, fulsī, flash, gleam, shine

√fulgor, -ōris, m., flash, brightness

*fulmen, -minis, n., lightning, thunderbolt

fultūra, -ae, f., prop, support

#fulvus, -a, -um, yellow, tawny

fūmō (1), to smoke, steam

#fūmus, -ī, m., smoke

funda, -ae, f., sling, sling-stone

√fundamentum, -ī, n., base, foundation

funditus, adv., utterly, completely

*fundō, -ere, fūdī, fūsum, pour, pour forth; spread, scatter, rout

√fūnestus, -a, -um, fatal, calamitous

*fungor, -ī, fūnctus sum, perform, discharge, complete

furibundus, -a, -um, furious, mad

*furor, -ōris, m., rage, madness

*fūrtum, -ī, n., theft; a stolen thing

fūsus, -a, -um: see fundō

G

#Gāius, -ī, m., a common Roman praenomen; see also under C.

*Gallia, -ae, f., Gaul, the territory extending roughly from the Pyrenees to the Rhine

*Gallus, -a, -um, Gallic; Gallus, -ī, m., a Gaul; Gallus, -ī, m., a Roman name

*gaudeō, -ēre, gāvīsus sum, rejoice, be glad

*gaudium, -ī, n., joy, gladness

Gāvius, -ī, m., a Roman citizen crucified by Verres

*gelidus, -a, -um, icy, cold

√gelū, -ūs, n., frost, cold

#geminō (1), double, repeat

*geminus, -a, -um, double, twin

#gemitus, -ūs, m., groan

*gemma, -ae, f., bud; jewel, gem

*gemō, -ere, -uī, -itum, groan, lament

*gena, -ae, f., cheek

*gener, -erī, m., son-in-law

generātiō, -ōnis, f., generation (V)

#generōsus, -a, -um, noble, excellent, magnanimous

geniāliter, adv., gaily, joyfully

*gēns, gentis, f., clan, tribe, nation

*genus, -eris, n., kind, sort, class, category, nature, race

*gerō, -ere, gessī, gestum, bear, wear; manage, conduct, carry on, perform; bellum gerere, wage war; sē gerere, conduct oneself, behave; rēs gestae, rērum gestārum, f. plu., exploits, history

√gestiō (4), exult, be excited or transported, desire eagerly

√gestō (1), carry about, bear, wear

*gignō, -ere, genuī, genitum, beget, bring forth

gladiātor, -ōris, m., gladiator, robber

*gladius, -ī, m., sword

√glaeba, -ae, f., clod, lump of soil

*glōria, -ae, f., glory, fame

Gnaeus, -ī, m., a Roman praenomen; e.g., Gnaeus Pompeius Magnus

√Gorgō, -gonis, f., one of 3 sisters of whom the most famous was Medusa

gradātim, adv., step by step, by degrees

*gradus, -ūs, m., step, position, degree, rank; stand, stance

Graeculus, -ī, m., a Greekling

*Graecus, -a, -um, Greek; Graecus, -ī, m., a Greek

grāmineus, -a, -um, grassy; of bamboo

√**grassor, -ārī, -ātus sum,** proceed, act; attack

∗**grātia, -ae,** *f.,* charm, grace; favor, regard; thankfulness, gratitude; **grātiās agere,** to thank; **grātiam habēre,** be thankful, feel grateful

grātīs *or* **grātiīs,** *abl. of* **grātia,** out of favor *or* kindness, without recompense, for nothing

grātulor, -ārī, -ātus sum, rejoice; congratulate

∗**grātus, -a, -um,** pleasing, grateful

∗**gravis, -e,** heavy, weighty, important, grave, serious, severe

√**gravitās, -tātis,** *f.,* weight, gravity, seriousness, importance

graviter, *adv.,* heavily, severely, deeply, grievously

#**gravō** (1), make heavy, weigh down

gravor, -ārī, -ātus sum, be weighed down; be reluctant

gubernāculum, -ī, *n.,* helm, rudder

√**gubernātor, -ōris,** *m.,* pilot

guerra, -ae, *f.* = **bellum** (*ML*)

gula, -ae, *f.,* throat; appetite

#**gustō** (1), taste, take a snack

√**guttur, -uris,** *n.,* throat

Gȳgēs, -is, *m., a king of Lydia*

gymnasium, -ī, *n.,* gymnasium, *which, in addition to the exercise area, usu. had rooms for intellectual and artistic activities*

H

∗**habeō, -ēre, habuī, habitum,** have, hold, possess; consider, regard, think

√**habilis, -e,** handy, fit; skilful

∗**habitō** (1), inhabit; dwell

∗**habitus, -ūs,** *m.,* appearance; dress; condition, nature

√**hāc-tenus,** *adv.,* thus far, up to this time *or* point

√**haedus, -ī,** *m.,* a kid, young goat

Haemus, -ī, *m., a mountain range in Thrace*

∗**haereō, -ēre, haesī, haesum,** cling, stick; hesitate, be perplexed

haesitō, (1), *lit.* to stick fast, remain fixed; hesitate

Hamilcar, -caris, *m., a Carthaginian name, espec.* Hamilcar Barca, *father of Hannibal and general in the First Punic War*

∗**Hannibal, -balis,** *m., Carthaginian general in 2nd Punic War; see Livy*

#**harēna, -ae,** *f.,* sand

#**harundō, -inis,** *f.,* reed, rod

√**Hasdrubal, -balis,** *m., a Carthaginian name, espec. the brother of Hannibal*

#**hasta, -ae,** *f.,* spear

∗**haud,** not, not at all; **haud sciō an,** I am inclined to think

∗**hauriō, -īre, hausī, haustum,** draw out, drain, drink up *or* in; exhaust

haustus, -ūs, *m.,* drink, draught

Helicē, -ēs (*acc.* -**ēn**), *f.,* the Great Bear *or* Dipper, *constellation of Ursa Major*

hera = era

∗**herba, -ae,** *f.,* grass; plant

∗**hercule,** *or* **hercle,** *interjection,* by Hercules, good Heavens, certainly

∗**hērōs, -ōis** (*acc.* -**ōa**), hero

herus = erus

Hesperides, -um (acc. -**as**), *f. plu.,* daughters of Hesperus (*the Evening Star in the west*) *and guardians of the golden apples*

hetaeria, -ae, *f.,* fraternity, secret society

∗**heu,** *interjection,* oh! ah! alas!; *actually the spelling of a sigh*

heus, *interjection,* come now, see here, say

hiātus, -ūs, *m.,* opening, cleft

√**Hibērus, -ī,** *m., the river Ebro in eastern Spain*

∗**hīc,** *adv.,* in this place, here

∗**hic, haec, hoc,** *demonstrative adj. and pron.,* this, the latter; *at times hardly more than he, she, it*

∗**hiems, hiemis,** *f.,* winter, storm

Hierusalem, *indecl. n.*, Jerusalem (*V*)

*hilaris, -e, cheerful, glad

hilaritās, -tātis, *f.*, enjoyment, amusement, gayety

*hinc, *adv.*, from this place, hence; here; henceforth; for this reason

√Hippolytus, -ī, *m.*, *son of Theseus*

*Hispānia, -ae, *f.*, Spain (*including Portugal*)

*historia, -ae, *f.*, history, historical work

*ho-diē, *adv.*, today

√hodiernus, -a, -um, of this day, today's

*homō, hominis, *m./f.*, human being, man, person

√honestās, -tātis, *f.*, honor, virtue, worth

*honestus, -a, -um, honorable, worthy, noble; honestum, -ī, *n.*, morality, moral excellence, virtue

* honor(ōs), -ōris, *m.*, honor, esteem. respect, public office

honōrō (1), to honor

*hōra, -ae, *f.*, hour; time

√Horātius, -a, -um, *belonging to the Horatian gēns; espec. the three Roman Horatii who fought the three Alban Curiatii;* Horatius Cocles, *who defended the Tiber bridge against Porsenna;* Q. Horatius Flaccus, *the lyric poet*

#horror, -ōris, *m.*, a shuddering, dread, terror, horror

*hortor, -ārī, -ātus sum, urge, encourage

*hortus, -ī, *m.*, garden

*hospes, -pitis, *m.*, guest; host; stranger

√hostīlis, -e, of an enemy, hostile

Hostīlius, -a, -um, Hostilian, *referring espec. to Tullus Hostilius, third king of Rome*

*hostis, -is, *m.*, an enemy (*of the state*); *plu.*, hostēs, the enemy

*hūc, *adv.*, to this place, to this; hūcine, *the interrog. form*

hūmānitās, -tātis, *f.*, kindness, courtesy, refinement, culture

hūmāniter, *adv. of* hūmānus, in a cultured, refined manner; kindly

*hūmānus, -a, -um, human; humane, kind; cultured, refined

humiliō (1), to humble (*V*)

*humilis, -e, *lit.* on the ground; humble, insignificant, lowly

*humus, -ī, *f.*, earth, ground; humī, *loc.*, on the ground

*Hymenaeus, -ī, *m.*, Hymen, *the god of marriage*

hȳpocrita, -ae, *m.*, actor; hypocrite (*V*)

I

*iaceō, -ēre, -uī, lie; lie dead

*iaciō, -ere, iēcī, iactum, throw

iactūra, -ae, *f.*, *lit.* a throwing away; loss; iactūram facere, suffer a loss

*iam, *adv.*, now, already, soon; iam diū *or* prīdem, long ago

Iāniculum, -ī, *n.*, *a hill across the Tiber from Rome*

*iānua, -ae, *f.*, door, *espec.* outside door

Iānuārius, -a, -um, of January

ibī, *adv.*, there; thereupon

Īcarus, -ī, *m.*, *son of Daedalus*

īcō, -ere, īcī, ictum, strike, hit, stab; foedus īcere, strike *or* make a treaty

*ictus, -ūs, *m.*, blow, stroke

√id-circō, *adv.*, on that account, therefore

*īdem, eadem, ĭdem, *demonstr. adj. and pron.*, the same

*ideō, *adv.*, on that account, therefore

√idōneus, -a, -um, fit, suitable, proper

√iecur, -oris, *n.*, the liver

iēiūnō (1), fast (*V*)

√Iēsus, -u, *m.*, Jesus

*igitur, *postpositive conj.*, therefore, then

*ignārus, -a, -um, not knowing, ignorant; not known, unknown ignāvia, -ae, f., idleness, inactivity; cowardice

*ignis, -is, m., fire

ignōminia, -ae, f., disgrace, dishonor

ignōrantia, -ae, f., ignorance

*ignōrō (1), not to know, be ignorant, be unacquainted with

*ignōscō, -ere, -nōvī, -nōtum, pardon, forgive

*ignōtus, -a, -um, unknown, strange

√īlex, -icis, f., oak tree

īlia, -ium, n. plu., abdomen, groin

illāc (sc. viā), adv., that way

*ille, illa, illud, demonstrative adj. and pron., that, the former; at times weakened to he, she, it

√illinc, adv., from that place, thence; there

*illūc, adv., to that place

#illūstris: see inlūstris

*imāgō, -ginis, f., image, portrait

imbēcillitās, -tātis, f., weakness

imbēcillus, -a, -um, weak, feeble

*imber, -bris, m., violent rain, storm; shower

*imitor, -ārī, -ātus sum, copy, imitate

*immānis, -e, enormous, horrible

#im-memor, gen. -oris, unmindful, forgetful

*immēnsus, -a, -um, immeasurable, immense

im-migrō (1), move into, migrate

#im-mineō, -ēre, hang over, threaten, be imminent

im-misceō, -ēre, -miscuī, -mixtum, mix, mingle

*immō, adv., nay rather, on the contrary; indeed

im-moderātē, adv., without measure, immoderately

√im-modicus, -a, -um, immoderate, excessive, unrestrained

#im-molō (1), to sacrifice

*im-mortālis, -e, immortal

im-mūtābilis, -e, unchangeable

im-mūtō (1), change, transform

√impedīmentum, -ī, n., hindrance; plu. = baggage

*impediō (4), entangle, impede, hinder, prevent

*im-pellō, -ere, -pulī, -pulsum, push forward, impel, urge

*im-pendeō, -ēre, hang over, threaten, impend

*imperātor, -ōris, m., commander, general; emperor

√imperitō (1), govern, command

*imperium, -ī, n., command, military authority, power, rule; dominion, empire; the supreme power of command held by the consuls

*imperō (1), give commands to, command, order

√impertiō, -īre, -īvī, -ītum, share or divide with

#im-petrō (1), get, obtain, gain by request, accomplish

*im-petus, -ūs, m., attack

√im-piger, -gra, -grum, not lazy, energetic

*im-pleō, -ēre, -plēvī, -plētum, fill up, complete, satisfy, accomplish, fulfil

*im-plicō, -āre, -uī or -āvī, -ātum, enfold, involve, entangle

implōrātiō, -ōnis, f., an imploring

√im-plōrō (1), implore, beseech

*im-pōnō, -ere, -posuī, -positum, put on or in

importūnitās, -tātis, f., insolence, ruthlessness

*im-probus, -a, -um, not good, base, wicked, shameless

#im-prōvidus, -a, -um, lit. not foreseeing; heedless, imprudent

imprūdentia, -ae, f., lack of foresight, ignorance

√impudēns, gen. -entis, shameless, impudent

impūnē, adv., with impunity, safely

im-pūnitās, -tātis, f., impunity

im-pūrus, -a, -um, unclean, foul, shameful

*īmus, -a, -um, a superl. of īnferus

*in, *prep.* (*1*) + *abl.*, in, on, among, in the case of; (*2*) + *acc.*, into, toward, against

in-amoenus, -a, -um, unpleasant, unlovely, dismal

in-animus, -a, -um, without life, inanimate

*inānis, -e, empty, vain, useless, idle

inaugurō (1), take the auguries; consecrate

*in-cēdō, -ere, -cessī, -cessum, advance, attack

*incendium, -ī, n., fire, heat, conflagration

#in-cendō, -ere, -cendī, -cēnsum, set on fire, inflame, excite, enrage

inceptus, -ūs, m., beginning, undertaking

*in-certus, -a, -um, uncertain

*in-cĭdō, -ere, -cĭdī, -cāsum (cadō), fall into *or* upon, come upon, fall in with; happen, occur

in-cīdō, -ere, -cīdī, -cīsum (caedō), cut into, inscribe

*in-cipiō, -ere, -cēpī, -ceptum, begin

incitāmentum, -ī, n., inducement, incentive

√incitō (1), arouse, stir up, incite

in-clāmō (1), cry out to, call upon

√in-clīnō (1), lean, bend, incline

#inclitus, -a, -um, famous

√in-cognitus, -a, -um, unknown, unexamined

incohō (1), begin

√incola, -ae, m., inhabitant, resident

√in-colō, -ere, -uī, -cultum, dwell, inhabit, live in

#in-columis, -e, uninjured, safe

in-commodum, -ī, n., inconvenience, trouble, disadvantage, harm

incōnsīderātē, *adv.*, without consideration

in-continenter, *adv.*, intemperately

in-corruptus, -a, -um, uncorrupted, unspoiled, trustworthy

*incrēdibilis, -e, incredible, extraordinary

in-crepitō (1), call out to; reproach, rebuke

#in-crepō, -āre, -uī, itum, rattle, make a din; speak angrily; reproach, rebuke

in-crēscō, -ere, -crēvī, grow, increase

√in-cultus, -a, -um, uncultivated; unrefined, rude

*in-cumbō, -ere, -cubuī, -cubitum, lie on, lean on, throw oneself on, fall on

*in-de, *adv.*, thence; after that, thereupon

in-decōrus, -a, -um, unbecoming, unseemly, disgraceful; *adv.* indecōrē

index, -dicis, m., witness, informer

India, -ae, f., India

#indicium, -ī, evidence, proof

*in-dicō (1), declare, make known

√in-dīcō, -ere, -dīxī, -dictum, proclaim, declare; impose

in-dictus, -a, -um, unsaid; in-dictā causā, *lit.* the case not having been said = without a hearing

indigentia, -ae, f., need, want

indignātiō, -ōnis, f., indignation; a cause for indignation

indignitās, -tātis, f., shamefulness, indignity

#in-dignor, -ārī, -ātus sum, consider as unworthy; be offended, indignant

*in-dignus, -a, -um, unworthy; undeserved, cruel, harsh; *adv.*, indignē

in-discrētus, -a, -um, without distinction; not distinguishing, indiscreet; *adv.* indiscrētē, indiscriminately, indiscreetly

√in-dō, -ere, -didī, -ditum, put into, apply

√indolēs, -is, f., nature, disposition, talents

indolēscō, -ere, -doluī, grieve

#in-dūcō, -ere, -dūxī, -ductum, bring in, introduce

√in-dulgeō, -ēre, -dulsī, -dultum, be indulgent to, gratify, give oneself up to *induō, -ere, -uī, -ūtum, put on, dress; wrap, entangle

in-dūrēscō, -ere, -dūruī, become hard, be hardened

√industria, -ae, f., diligence, industry; dē or ex industriā, intentionally, on purpose

indūtiae, -ārum, f. pl., truce

√inēbriō (1), intoxicate

*in-eō, -īre, -iī, -itum, go into, enter upon, undertake, commence

in-eptē, adv., unsuitably, foolishly

in-eptus, -a, -um (in-aptus), unsuitable, silly, absurd

in-errō (1), wander over

√in-ers, gen. -ertis, lit. without skill; lazy, idle; dull

√inertia, -ae, f., inactivity, laziness

√īn-fāmia, -ae, f., ill report, ill repute, disgrace, reproach

īn-fāmis, -e, disreputable, infamous, disgraceful

√īn-fāns, -fantis, m./f., infant

*īn-fēlīx, gen. -īcis, unhappy, unfortunate, miserable

īnfēnsus, -a, -um, hostile

*īnfernus, -a, -um, underground, infernal; īnfernum, -ī, n., the depths of the earth

*īn-ferō, -ferre, intulī, inlātum, bring in, introduce; occasion, produce; bellum īnferre + dat., make war on

*īnferus, -a, -um, below; īnferī, -ōrum, m. plu., those below, the dead; compar. īnferior, -ius, lower, inferior; superl. īnfimus, -a, -um (also īmus, -a, -um), lowest, lowest part of; meanest, basest

*īnfestus, -a, -um, unsafe, dangerous; hostile

√īn-fīdus, -a, -um, unfaithful, untrue

√īn-fīnītus, -a, -um, infinite

√īnfirmitās, -tātis, f., weakness

√īn-firmus, -a, -um, week, feeble

in-flammō (1), inflame, stir up, rouse

īn-flātus, -a, -um, blown up, puffed up, haughty

īn-flexibilis, -e, inflexible

√īn-fōrmis, -e, shapeless, hideous

īn-fōrmō (1), to form, shape; describe; educate

*īn-fundō, -ere, -fūdī, -fūsum, pour in, on, over

√ingemēscō, -ere, -gemuī, groan

in-generō (1), implant

*ingenium, -ī, n., inborn ability, nature, talent, genius

*ingēns, gen. -entis, vast, huge, immense

√ingenuus, -a, -um, native, free born

*in-grātus, -a, -um, ungrateful; displeasing

in-gravēscō, -ere, become heavy, become a burden, grow worse

*in-gredior, -gredī, -gressus sum, go into, go forward, advance; undertake

√in-hibeō, -ere, -uī, -itum, hold back, restrain

in-hūmānus, -a, -um, inhuman, savage, cruel

*in-imīcus, -a, -um (-amīcus), unfriendly, hostile; inimīcus, -ī, m., personal enemy

√inīquitās, -tātis, f., unevenness, unfavorableness; injustice, unfairness; iniquity, sin (V)

*in-īquus, -a, -um (-aequus), unequal, uneven; unfair, unjust, adverse

*initium, -ī, m., beginning

*iniūria, -ae, f., injury, injustice, wrong, harm

in-iussū, idiomatic abl., without orders or command

in-iūstitia, -ae, f., injustice

√in-iūstus, -a, -um, unjust; adv. iniūstē

in-laesus, -a, -um, uninjured

#inlūstris, -e, bright, clear, illustrious, famous

#in-nītor, -ī, -nīxus or -nīsus sum, lean on, support oneself by

√in-nocēns, *gen.* -entis, guiltless, innocent, harmless

#innocentia, -ae, *f.*, innocence

in-noxius, -a, -um, *lit.* not harming; harmless; innocent

√in-numerābilis, -e, countless

#inopia, -ae, *f.*, want, lack, need

√in-ops, *gen.* -opis, *adj.*, poor, needy, lacking, destitute

in-pōnō: *see* im-pōnō

*inquam, I say; inquis, you say; inquit, he says: *defective verb used parenthetically in direct quotations and repetitions*

in-quiētō (1), disturb, disquiet

inquīsītiō, -ōnis, *f.*, inquiry

in-rīdeō, -ēre, -rīsī, -rīsum, laugh at, mock, ridicule

√in-ritus, -a, -um, not valid, invalid, void, useless'

īn-sānābilis, -e, incurable

īn-sāniō (4), be mad, be insane

√īn-serō, -ere, -sēvī, -situm, sow in, implant

īn-sideō, -ēre, -sēdī, -sessum, *lit.* sit in; possess, occupy

*īnsidiae, -ārum, *f. plu.*, ambush; plot, treachery

īnsidiātor, -ōris, *m.*, a man in ambush, waylayer, plotter

īn-sīdō, -ere, -sēdī, -sessum, sit down on, settle in

*īnsignis, -e, distinguished, notable

īn-sipiēns, *gen.* -entis, unwise, foolish; *as a noun, m.*, fool

īn-situs, -a, -um, implanted, innate

īn-sōns, *gen.* -ntis, innocent, guiltless

√īn-spiciō, -ere, spexī, -spectum, examine, inspect; investigate

√īnstar, *indecl. n.*, image, likeness; + *gen.*, like, as large as

*īn-stituō, -ere, -tuī, -tūtum, establish, appoint; determine; instruct

īnstitūtiō, -ōnis, *f.*, = īnstitutum

īnstitūtum, -ī, *n.*, custom, institution; instruction, principles

√īnstrūmentum, -ī, *n.*, tool, instrument

*īn-struō, -ere, -struxī, -structum, draw up, arrange, make ready; teach, instruct

īn-sūdō (1), sweat at

*īnsula, -ae, *f.*, island

īnsulānus, -ī, *m.*, islander

#īn-sum, -esse, -fuī, -futūrus, be in, be contained in

*in-tāctus, -a, -um, untouched, uninjured

*integer, -gra, -grum, untouched, uninjured, blameless, honest; pure, fresh; dē integrō, afresh

intellegentia, -ae, *f.*, intelligence, understanding, perception

*intellegō, -ere, -lēxī, -lēctum, understand, perceive

in-tempestīvus, -a, -um, untimely, unseasonable

*in-tendō, -ere, -tendī, -tentum, stretch, aim, direct, intend

in-tentus, -a, -um (*cp.* tendō), *lit.* stretched; intent, attentive, alert

*inter, *prep.* + *acc.*, between, among, amid

inter-aestuō (1), be inflamed (in places)

inter-diū, *adv.*, by day

*interdum, *adv.*, sometimes, from time to time, occasionally

*intereā, *adv.*, meanwhile, in the meantime

*inter-ficiō, -ere, -fēcī, -fectum, kill, slay, murder

*interim, *adv.*, meanwhile

√inter-imō, -ere, -ēmī, -ēmptum, take away; destroy, kill

#interior, -ius, inner, interior

√inter-itus, -ūs, *m.*, destruction, ruin

interius, *adv.*, on the inside, within

#inter-mittō, -ere, -mīsī, -missum, interrupt, neglect, omit

internus, -a, -um, internal

√interpres, -pretis, *m./f.*, messenger, expounder, translator interpretātiō, -ōnis, *f.*, interpretation

√interpretor, -ārī, -ātus sum, explain, interpret

#inter-rogō (1), ask, question; examine

inter-rumpō, -ere, -rūpī, -ruptum, break down

*inter-sum, -esse, -fuī, *lit.* be between *or* in the midst of; be present at, take part in, attend (+ *dat.*); interest, *impersonal*, it is of importance *or* interest, it concerns, *with the subject commonly an inf. clause, an* ut-*clause, an indir. question*

#inter-vallum, -ī, *n.*, space between, interval

inter-veniō, -īre, -vēnī, -ventum, come between, interrupt

inter-vīsō, -ere, -vīsī, vīsum, visit (from time to time)

√intimus, -a, -um (*superl. of* interior), innermost, intimate, most profound; *adv.* intimē

in-tinguō, -ere, -tinxī, tinctum, dip

√in-tōnsus, -a, -um, unshorn

*intrā, *adv.*, within; *prep.* + *acc.*, into, within

intrō, *adv.*, inside, within

*intrō (1), go into, enter

√intro-eō, -īre, -iī, -itum, enter

intro-itus, -ūs, *m.*, a going within, entrance

*in-tueor, -ērī, -tuitus sum, look at, contemplate, consider

√in-ultus, -a, -um, unavenged

in-ūsitātus, -a, -um, unusual

in-ūtilis, -e, useless, injurious

#in-vādō, -ere, -vāsī, -vāsum, go in, attack, invade, befall, seize

in-validus, -a, -um, weak

#in-vehō, -ere, -vexī, -vectum, carry into, bring in; *w. reflex. pron. or in passive*, carry oneself against, attack (*physically or with words*), inveigh against

*in-veniō, -īre, -vēnī, -ventum, come upon, find, discover

in-vertō, -ere, -vertī, -versum, turn about

investīgātiō, -ōnis, *f.*, investigation

investīgō (1), search out, track out

inveterāscō, -ere, -veterāvī, grow old, become fixed *or* established

√in-vicem, *adv.*, in turn, by turns, alternately; mutually

*in-victus, -a, -um, unconquered; unconquerable, invincible

*in-videō, -ēre, -vīdī, -vīsum, look askance at, envy, be jealous of, begrudge

*invidia, -ae, *f.*, *lit.* a looking askance at; envy, jealousy; odium, unpopularity

invidiōsus, -a, -um, envious, envied; hated

#invidus, -a, -um, envious, jealous

inviolātus, -a, -um, unhurt, inviolable

in-vīsitātus, -a, -um, unseen; strange

in-vīsus, -a, -um, hated, hateful

√invītō (1), invite

*invītus, -a, -um, unwilling, against one's will

invius, -a, -um, pathless, impassable; invia, -ōrum, *n. plu.*, trackless places

Īphigenīa, -ae, *f.*, *daughter of Agamemnon, who sacrificed her to win a safe voyage against Troy*

*ipse, ipsa, ipsum, *intensive pron.*, himself, herself, itself, etc.

*īra, -ae, *f.*, anger, wrath

√īrācundia, -ae, *f.*, irascibility, wrath

īrātus, -a, -um, angry

irr-: *see* inr-

*is, ea, id, *demonstr. pron. and adj.*, this, that; he, she, it

*iste, ista, istud, *demonstr. adj. and pron.*, that of yours, that, such; *sometimes with contemptuous force*

*ita, *adv.*, so, thus

*Ītalia, -ae, *f.*, Italy

*itaque, and so, therefore

*item, *adv.*, also, likewise

*iter, itineris, *n.*, journey, way, road
*iterum, *adv.*, again, a second time
*iubeō, -ēre, iussī, iussum, bid, order
√iūcunditās, -tātis, *f.*, pleasantness, delight
*iūcundus, -a, -um, pleasant, agreeable
*iūdex, -dicis, *m.*, judge, juror; iūdicēs (*voc.*), gentlemen of the jury
*iūdicium, -ī, *n.*, trial, judgment; court, jury
*iūdicō (1), decide, judge
iugulō (1), cut the throat of, slay, destroy
iugulum, -ī, *n.*, throat
*iugum, -ī, *n.*, yoke; ridge
√iūmentum, -ī, *n.*, beast of burden, pack animal
*iungō, -ere, iūnxī, iūnctum, join, unite
√iūnior, -ōris, *m./f.*, rather young or youthful (person); iūniōrēs, -um, *m. plu.*, *often* = men of military age (under 46 years)
Iūnōnius, -a, -um, belonging to or sacred to Juno
*Iuppiter, *gen.* Iovis, *m.*, Jupiter or Jove, *king of the gods*
iūris-dictiō, -ōnis, *f.*, administration of justice
*iūrō (1), take an oath, swear; iūrātus, -a, -um, having sworn, under oath, on oath
*iūs, iūris, *n.*, right, law, privilege; iūs, iūrandum, iūris iūrandī, *n.*, oath
iussū, *idiomatic abl.*, by order or command
iūstificō (1), do justice to; justify, forgive
*iūstitia, -ae, *f.*, justice
*iūstus, -a, -um, just, right; proper, regular; *adv.* iūstē
*iuvenis, *gen.* -is, *m./f.*, young, youthful; *as a noun*, a young man or woman (*of 20–45 years*)
*iuventūs, -tūtis, *f.*, youth; young man in the army

*iuvō, -āre, iūvī, iūtum, help
#iuxtā: *adv.*, near, nearby, equally, in like manner; *prep.* + *acc.*, close or near to
Ixīōn, -onis, *m.*, *legendary king of Thessaly condemned to the torture of the wheel in Tartarus for an insult to Juno*

K

√Kal., *abbr. of* Kalendae: *see* Calendae

L

#L., *abbr. of* Lūcius, *a praenomen*
Labeō, -ōnis, *m.*, *a cognomen*
labēs, -is, *f.*, ruin; disgrace
labō (1), totter, waver
*labor, -ī, lapsus sum, slip, fall; err
*labor, -ōris, *m.*, labor, toil; hardship, difficulty, distress, suffering
√labōriōsus, -a, -um, full of toil or hardship, laborious
*labōrō (1), labor, toil; suffer, be in distress
#Lacedaemonius, -a, -um, Spartan; *m. plu. as a noun*, Spartans
*lacertus, -ī, *m.*, (upper) arm
lacessō, -ere, -īvī, -ītum, provoke, irritate, harass
*lacrima, -ae, *f.*, tear
√lacrimōsus, -a, -um, tearful; mournful
*lacus, -ūs, *m.*, lake
√Laelius, -ī, *m.*, *a Roman nomen, espec.* Gaius Laelius, *commemorated in Cicero's* Dē Amīcitiā
*laetitia, -ae, *f.*, joy, delight; entertainment
#laetor, -ārī, -ātus sum, rejoice, be glad
*laetus, -a, -um, glad, joyful
*laevus, -a, -um, left, on the left side
laguncula, -ae, *f.*, flask
lambō, -ere, lick, lap
√lāmina, -ae, *f.*, thin plate or layer; plate of iron (*heated for torture*)
√lancea, -ae, *f.*, lance, light spear

√languidus, -a, -um, weak, languid, dull, inactive

√lanio (1), tear to pieces, mangle

*lapis, -idis, m., stone

#lapsus, -us, m., sliding, slipping

Larius, -i, m., Lake Como, *Alpine lake in northern Italy*

Lars, Lartis, m., *an Etruscan name or title*

*lassus, -a, -um, weary, tired

late, *adv. of* latus

*lateo, -ere, -ui, lie hidden, hide; escape the notice of, be concealed from (+ *acc.*)

*Latinus, -a, -um, Latin; Via Latina, *a very old Roman road running southeast from Rome; adv.* Latine, in Latin, *espec. w.* dicere, loqui, *etc.*

√latro, -onis, m., robber, bandit. cutthroat

latrocinium, -i, n., robbery; fraud

latum: *see* fero

*latus, -a, -um, broad, wide, extensive; copious; *adv.* late, broadly, widely; longe lateque, far and wide

*latus, -eris, n., side

√laudabilis, -e, praiseworthy, laudable

*laudo (1), praise, approve

√Laurentinus, -a, -um, Laurentine, of Laurentum (*a town on the coast south of Ostia*); Laurentinum (*sc.* praedium), Laurentine estate

*laus, laudis, f., praise, renown

lautumiae, -arum, f. plu., stonequarry, *used as a prison at Syracuse*

lautus, -a, -um (*see* lavo), washed; elegant, refined

Lavinium, -i, n., *a town said to have been founded in Latium by Aeneas*

*lavo, -are, lavi, lautum *or* lotum, wash, bathe

√laxo (1), relax, slacken

Lazarus, -i, m., *the beggar in the parable of Dives and Lazarus* (*V*)

lea, -ae, f., lionness

√leaena, -ae, f., lioness

Lebinthos, -i, f., *a small island of the Sporades in the Aegean Sea off the southwestern coast of Asia Minor*

lecticula, -ae, f., small litter

*legatus, -i, m., ambassador; lieutenant

*legio, -onis, f., legion

legitimus, -a, -um, legal, legitimate, proper; *adv.* legitime

√lego (1), appoint, send as an ambassador; bequeath

*lego, -ere, legi, lectum, gather, pick, choose; read

Lenaeus, -a, -um, Lenaean, *epithet of Bacchus*

√lenio (4), alleviate, soothe

*lenis, -e, soft, mild, gentle, kind

*leo, -onis, m., lion

#lepos, -oris, m., charm, grace, wit

*letum, -i, n., death, ruin

*levis, -e, light, trivial

Levita, -ae, m., a Levite (*V*)

√levitas, -tatis, f., lightness, levity, fickleness

*levo (1), lighten; raise, lift up; relieve, console

*lex, legis, f., law

*libellus, -i, m., little book; notebook; pamphlet

libenter, *adv.*, gladly, with pleasure, willingly

*liber, -bri, m., book

*liber, -era, -erum, free, unrestricted

Liber, -eri, m., *Roman equivalent of the Greek Bacchus*

Libera, -ae, f., *Latin equivalent of Proserpina, daughter of Ceres*

*liberalis, -e, *lit.* worthy of a free man; noble, honorable, generous

√liberalitas, -tatis, f., kindness, generosity

liberator, -oris, m., liberator

libere, *adv.*, freely

√liberi, -orum, m. plu., children

*libero (1), free, liberate

*libertas, -tatis, f., liberty

libertinus, -i, m., a freedman; a libertine

*lībertus, -ī, *m.*, a freedman, ex-slave

*libet, -ēre, libuit, *impers.*, it is pleasing, it gives one pleasure

libīdinōsē, licentiously, lustfully; wilfully, arbitrarily

libīdinōsus, -a, -um, licentious, lustful; wilful, arbitrary

*libīdō, -dinis, *f.*, desire; lust

librārius, -ī, *m.*, scribe, copyist

lībrō (1), balance, poise

Liburnica, -ae, *f.*, a swift ship (*like those of Liburnian pirates of the Adriatic*)

√licentia, -ae, *f.*, license

*licet, -ēre, licuit, *impers.*, it is permitted, one may; *see index.*

√lignum, -ī, *n.*, wood

√ligō (1), bind

*līlium, -ī, *n.*, lily

*līmen, -minis, *n.*, threshold

#līmes, līmitis, *m.*, path, road, way

līneāmentum, -ī, *n.*, line; features

lingō, -ere, līnxī, līnctum, lick

*lingua, -ae, *f.*, tongue; speech, language

linteum, -ī, *n.*, linen cloth; sail

līnum, -ī, *n.*, linen; thread, cord

lippitūdō, -inis, *f.*, inflammation of the eyes

√liquidō, *adv.*, clearly, certainly

*līs, lītis, *f.*, quarrel, controversy, lawsuit

*littera, -ae, *f.*, letter of the alphabet; litterae, -ārum, *f. plu.*, a letter (epistle); literature

*lītus, -oris, *n.*, seashore, coast

*locō (1), place, put

√locuplēs, *gen.* -plētis, wealthy

*locus, -ī, *m. in sing.* (*plu. usually* loca, -ōrum, *n.*), place, region, space; opportunity, situation; a passage in literature (*plu. here =* locī, -ōrum), topic

√longaevus, -a, -um, old, aged

longē, *adv.*, far, a long way off

longinquus, -a, -um, distant, foreign

*longus, -a, -um, long

*loquor, -ī, locūtus sum, say, speak, converse

*lūbricus, -a, -um, slippery

*lūceō, -ēre, lūxī, be light, shine; be clear

*lūcidus, -a, -um, bright, shining

#Lūcifer, -ferī, *m.*, the morning star

Lucrētius, -ī, *m.*, *a Roman nomen, espec.* (*1*) Sp. Lucretius, *father of Lucretia and hero in the founding of the Roman republic;* (*2*) T. Lucretius Carus, *author of* Dē Rērum Nātūrā

lūctuōsus, -a, -um, sorrowful, lamentable

*lūctus, -ūs, *m.*, grief, sorrow, distress

√lūdibrium, -ī, *n.*, mockery, derision

*lūdō, -ere, lūsī, lūsum, play (*at a game or on an instrument*); mock, ridicule

*lūdus, -ī, *m.*, play, game; *espec. plu.*, public games; school

√lūgeō, -ēre, lūxī, mourn, lament

*lūmen, -minis, *n.*, light; eye

*lūna, -ae, *f.*, moon

lupa, -ae, *f.*, a she-wolf

#lustrum, -ī, *n.*, den, brothel, debauchery

#lūsus, -ūs, *m.*, a playing, play, sport

*lūx, lūcis, *f.*, light; prīmā lūce, at daybreak

√luxuria, -ae, *f.*, excess, dissipation, extravagance

luxuriōsus, -a, -um, luxurious, dissolute, excessive

√luxus, -ūs, *m.*, luxury, extravagance, debauchery

√Lȳdia, -ae, *f.*, *a kingdom in west-central Asia Minor*

Lȳdus, -a, -um, Lydian, of Lydia (*in Asia Minor*)

M

*M., *abbr. of* Mārcus, *a praenomen*

M.', *abbr. of* Mānius

Macedones, -um, *m. plu.*, the Macedonians

Macedonia, -ae, *f., country north of Mt. Olympus*

Macedonicus, -a, -um, Macedonian

√macte virtūte, *a phrase of salute* = good luck, bravo, congratulations

maculōsus, -a, -um, spotted

made-faciō, -ere, -fēcī, -factum, wet, drench

√madeō, -ēre, -uī, be wet

∗maereō, -ēre, grieve, lament

∗maestus, -a, -um, sad, dejected

∗magis, *adv.* (*compar. of* magnopere) more, rather; eō *or* quō magis, *lit.* more by that = all the more

∗magister, -trī, *m.,* master; teacher; magister equitum, master of the horse (*second in command to a dictator*)

∗magistrātus, -ūs, *m.,* public office, magistracy; public official, magistrate

magn-animus, -a, -um, high-minded, high-spirited, magnanimous

magnificentior, -ius, *compar. of* magnificus

#magnificus, -a, -um, great, fine, splendid; sumptuous

∗magnitūdō, -dinis, *f.,* large size, greatness, magnitude, extent

magn-opere, *adv.,* greatly, earnestly; *compar.* magis; *superl.* maximē

∗magnus, -a, -um, large, great, important; *compar.* maior, maius; *superl.* maximus, -a, -um; maiōrēs, -um, *m. plu.,* ancestors

Māgō, -ōnis, *m., youngest brother of Hannibal*

magus, -ī, *m.,* a learned man (*among the Persians*); a magician

Maharbal, -alis, *m., a Carthaginian officer under Hannibal*

#maiestās, -tātis, *f.,* greatness, dignity, majesty

∗maior: *see* magnus

Maius, -a, -um, of (the month of) May

∗male, *adv. of* malus, badly, wickedly; *w. words of good connotation,* not, scarcely, with difficulty (male fīdus, not faithful; male sustinēns arma, scarcely supporting his armor); *w. words of bad connotation,* excessively, greatly (male ōdisse, to hate excessively; male metuere, to fear greatly); *compar.* peius; *superl.* pessimē

√male-dīcō, -ere, -dīxī, -dictum, speak ill of, revile, curse (+ *dat.*)

male-dictus, -a, -um (*partic. of* maledīcō), accursed

√malitia, -ae, *f.,* malice

malitiōsus, -a, -um, wicked, malicious

∗mālō, mālle, māluī (magisvolō), wish more, prefer, rather

malum, -ī, *n. of* malus, evil, misfortune, crime

∗malus, -a, -um, bad, evil, wicked; *compar.* peior, peius; *superl.* pessimus, -a, -um

Māmertīnus, -a, -um, Mamertine, of the Mamertini (*Campanian mercenaries who in the early third cen. B.C. had made themselves masters of Messana*)

mamma, -ae, *f.,* breast, teat, dug

mandātum, -ī, *n.,* an order, command, injunction

∗mandō (1), commit, entrust; order, command

√mandūcō (1), chew, eat

∗māne, *adv.,* early in the morning

∗maneō, -ēre, mānsī, mānsum, remain, stay; await

∗mānēs, -ium, *m. plu.* (*used of one person or more than one*), ghost, shade spirit of the dead

#manifestus, -a, -um, clear, plain, evident

∗manus, -ūs, *f.,* hand; band, force; handwriting

Marcellus, -ī, *m., a cognomen; espec.* M. Claudius Marcellus, *who recaptured Syracuse in 212 B.C.*

√Mārcus, -ī, *m.,* Marcus, *a common praenomen*

*mare, -is, *n.*, sea; **terrā marīque**, by *or* on land and sea

margō, -inis, *m.*, border, edge

√Maria, -ae, *f.*, Mary (*EL*)

marītō (1), marry; give in marriage

*marītus, -ī, *m.*, husband

*Mars, Martis, *m.*, *Roman god of agriculture, and war;* war, battle

massa, -ae, *f.*, mass, lump

Massicus, -a, -um, Massic, *referring to an area in Campania noted for its wine*

*māter, -tris, *f.*, mother

√mātrimōnium, -ī, *n.*, marriage, matrimony

√mātrōna, -ae, *f.*, married woman, matron

*mātūrus, -a, -um, ripe, mature, seasonable

Māvors, -vortis, *m.*, *an archaic name for Mars*

maxilla, -ae, *f.*, jaw

*maximē, *adv.* (*superl. of* **magnopere**), very greatly, especially, most

*maximus, -a, -um, *superl. of* **magnus**; *also cognomen of* Q. Fabius Maximus, *hero against Hannibal*

meātus, -ūs, *m.*, course, passage

√medeor, -ērī, + *dat.*, heal, cure; correct

√medicīna, -ae, *f.*, medicine, remedy

√medicus, -ī, *m.*, doctor, physician

√mediocris, -e, moderate, medium; ordinary, mediocre; *adv.* **mediocriter**

#meditor, -ārī, -ātus sum, think over, plan; practice

*medius, -a, -um, middle; *w. partitive force,* the middle of, the midst of; **medium, -ī,** *n.*, the middle, center

Medūsaeus, -a, -um, Medusa-like

√mehercule *or* -cle (= mē Herculēs iuvet), *interjection,* by Hercules, certainly; *cp.* **hercule**

*mel, mellis, *n.*, honey

*membrum, -ī, *n.*, limb, member

*meminī, -isse, *defective in perf. system with "present" meaning,* remember, think of (+ *gen. or acc.*)

*memor, *gen.* memoris, (*adj. of 1 ending in nom.*), mindful

√memorābilis, -e, memorable

*memoria, -ae, memory

memoriter, *adv.*, from memory, by heart

*memorō (1), mention, recount

mendīcus, -a, -um, poor, beggarly; **mendīcus, -ī,** *m.*, beggar

*mēns, mentis, *f.*, mind, reason, understanding; soul, spirit; intention

*mēnsa, -ae, *f.*, table; food, course

*mēnsis, -is, *m.*, month

√mēnsūra, -ae, *f.*, measure, amount

mentiō, -ōnis, *f.*, mention

#mentior, -īrī, -ītus sum, lie, say falsely, break one's word

√mercātor, -ōris, *m.*, merchant, trader

mercēnnārius, -ī, *m.*, hireling, mercenary

mercēs, -ēdis, *f.*, reward, pay, wages, income

*mereō, -ēre, -uī, -itum, *and deponent* mereor, -ērī, meritus sum, deserve, earn, merit; serve as a soldier

*mereor, *deponent: see* **mereō**

meretrīcius, -a, -um, of a prostitute

meretrīx, -trīcis, *f.*, prostitute

*mergō, -ere, mersī, mersum, sink, drown, overwhelm

meritō, *adv.*, deservedly

meritum, -ī, *n.*, merit, desert, worth; benefit, service

merum, -ī, *n.*, unmixed wine

Messāna, -ae, *f.*, *a town in northeastern Sicily on the Straits of Messina*

*messis, -is, *f.*, harvest

#-met, *intensive suffix added to certain pronominal forms,* self, own

√mēta, -ae, *f.*, a turning post (*on a racecourse*); goal, end, boundary

Metellus, -ī, *m.*, *a Roman nomen*

#mētior, -īrī, mēnsus sum, measure out, measure

*metuō, -ere, metuī, dread, fear, be afraid

*metus, -ūs, m., fear, dread, anxiety

*meus, -a, -um, my, mine

mī, voc. of meus; also short form of mihi

mīca, -ae, f., crumb, morsel

*micō, -āre, -uī, shake, shine, flash, sparkle

Midās, -ae, m., a king of Phrygia

√migrō (1), depart; transgress

*mīles, mīlitis, m., soldier

mīlia: see mīlle

*mīlitāris, -e, military, warlike

*mīlitia, -ae, f., military service, warfare

*mīlle, indecl. adj. in sing., thousand; mīlia, -ium, n. plu. noun, thousands

mināciter, adv., threateningly

minae, -ārum, f. plu., threats

#mināx, gen. minācis (adj. of 1 ending in nom.), threatening

*Minerva, -ae, f., goddess of wisdom and arts

*minimē, adv., (superl. of parum), least, very little; not at all, by no means

*minister, -trī, m., servant, attendant, helper, accomplice

ministra, -ae, f., servant

minitābundus, -a, -um, threatening

√minitor, -ārī, -ātus sum (+ dat. of pers.), threaten

#minor, -ārī, -ātus sum, threaten

*minor, minus, compar. of parvus

√Mīnos, -ōis, m., legendary king of Crete

Minucius, -ī, m., a Roman nomen; e.g., M. Minucius Rufus, magister equitum of the dictator Q. Fabius Maximus in the Second Punic War

*minus, compar. adv. (see parum), less, too little; not

√minūtus, -a, -um, small, trifling

√mīrābilis, -e, wonderful, marvelous, extraordinary

#mīrāculum, -ī, n., wonder, miracle

mīrandus, -a, -um, wonderful, remarkable

*mīror, -ārī, -ātus sum, wonder at, admire

*mīrus, -a, -um, wonderful, extraordinary

*misceō, -ēre, miscuī, mixtum, mix, mingle

#Mīsēnum, -ī, n., promontory near Naples

*miser, -era, -erum, wretched, unhappy, sad, miserable

√miserābilis, -e, pitiable

miserandus, -a, -um, = miserābilis

√misereor, -ērī, -itus sum, + gen., pity

√miseria, -ae, f., misery, unhappiness, misfortune

√misericordia, -ae, f., pity, mercy, sympathy

√misericors, gen. -cordis, pitiful, compassionate

*miseror, -ārī, -ātus sum, pity

*mītis, -e, mild, soft, gentle

*mittō, -ere, mīsī, missum, send; throw, cast; let go, omit, pass over

moderātiō, -ōnis, f., moderation, self-control, temperance

moderātus, -a, -um, moderate, temperate, restrained; adv. moderātē

modestia, -ae, f., moderation (cp. modus), sobriety, modesty

*modicus, -a, -um, moderate

*modo, adv., only, merely, just; just now; modo . . . modo, now . . . now, at one time . . . at another

*modus, -ī, m., measure, quantity, limit, due measure, moderation; mode, way, manner, method; kind, sort; quem ad modum, in what way, how, as; eius modī, of that sort, of such sort

moechor, -ārī, -ātus sum, commit adultery

*moenia, -ium, *n. plu.*, city walls, fortifications

*mōlēs, -is, *f.*, mass, large structure, difficulty

molestia, -ae, *f.*, trouble, annoyance

*molestus, -a, -um, troublesome, annoying, disagreeable

#molliō (4), soften; moderate

*mollis, -e, soft

#mōmentum, -ī, *n.*, *lit.* movement, motion, moment; influence, importance

√monachus, -ī, *m.*, monk (*ML*)

√monastērium, -ī, *n.*, monastery (*EL*)

*moneō, -ēre, -uī, -itum, advise, warn, instruct

monitus, -ūs, *m.*, admonition, advice

*mōns, -ntis, *m.*, mountain

*mōnstrum, -ī, *n.*, monster

montānus, -a, -um, of the mountains, mountainous; montānus, -ī, *m.*, a mountaineer

*monumentum, -ī, *n.*, reminder; monument, record

*mora, -ae, *f.*, delay

mōrālitās, -tātis, *f.*, moral interpretation (*EL*)

*morbus, -ī, *m.*, disease, sickness

*morior, -ī, mortuus sum, die

*moror, -ārī, -ātus sum, delay

*mors, -rtis, *f.*, death

√morsus, -ūs, *m.*, a biting, bite; teeth

*mortālis, -e, mortal

*mortuus, -a, -um, dead

mōrum, -ī, *n.*, mulberry

mōrus, -ī, *f.*, mulberry tree

*mōs, mōris, *m.*, habit, custom, manner; mōrēs, -um, *m. plu.*, habits, character

Mōses, -is *or* -ī (*acc.* Mōsēn), *m.*, *the great Hebrew leader*

#mōtus, -ūs, *m.*, movement; impulse; commotion

mouseion = musēum, -ī, *n.*, abode of the muses, museum, library

*moveō, -ēre, mōvī, mōtum, move; arouse, affect, disturb; castra movēre, break camp

*mox, *adv.*, soon; thereupon

Mūcius, -ī, *m.*, *a Roman nomen; e.g.*, C. Mucius Scaevola, *for whose plot against the Etruscan king Porsenna see Livy, Bk. II*

√mūcro, -ōnis, *m.*, sharp point (of sword)

√multiplicō (1), multiply, increase

*multitūdo, -dinis, *f.*, large number, crowd, multitude

*multum, *adv.*, much; *compar.* plūs, more; *superl.* plūrimum, very much

*multus, -a, -um, much, many; *compar.* plūs, plūris, *n. noun in sing.*, more, *and* plūrēs, plūra, *adj. in plu.*, more, several, many; *superl.* plūrimus, -a, -um, most, very much *or* many (*see* plūrimus)

√mūlus, -ī, *m.*, mule

√mundānus, -a, -um, of the world, worldly

*mundus, -ī, *m.*, world

mūni-ceps, -cipis, *m./f.*, citizen of a free town

municipālis, -e, belonging to a free town or towns

mūnificē, *adv.*, generously

mūnīmentum, -ī, *n.*, defense, fortification

*mūniō (4), to wall in, fortify, defend; viam mūnīre, build a road

*mūnus, -eris, *n.*, duty, function, service, gift

*murmur, -uris, *n.*, murmur

mūrus, -ī, *m.*, wall

*mūtō (1) change; take in exchange

*mūtus, -a, -um, mute, dumb; silent, still

mūtuum, -ī, *n.*, a loan

*mūtuus, -a, -um, mutual, reciprocal; borrowed, lent

N

√Naïas, -adis, *f.*, Naiad, water nymph

*nam, *conj.*, for

#nancīscor, -ī, nactus sum, find, get, obtain

*nārrō (1), tell, relate

*nāscor, -ī, nātus sum, be born; arise

#nātālis, -e, of birth, natal

√nātiō, -ōnis, *f.*, a people, nation

#natō (1), swim

*nātūra, -ae, *f.*, birth; nature, laws of nature

√nātūralis, -e, natural

*nātus, -ī, *m.*, son (= fīlius, *espec. in poetry*)

nauarchus, -ī, *m.*, captain of a ship

√naufragium, -ī, *n.*, shipwreck

nausea, -ae, *f.*, seasickness, nausea

#nauta, -ae, *m.*, sailor

#nāvigō (1), sail, sail over

*nāvis, -is, *f.*, ship

*nē (*sometimes* ut nē), *neg. w. subjunctive*, not, in order that ... not, not to; *after verbs of fearing*, that, lest; *as adv.*, nē ... quidem, not even

nē, *a Greek interjection*, surely

*-ne, *interrog. suffix introducing either a direct or an indirect question*

*nē ... quidem, *adv.*, not ... even

Neāpolis, -is, *f.*, *Greek for* 'New City': (1) *part of Syracuse;* (2) Naples *in Campania*

Neāpolitānus, -a, -um, belonging to Naples

*nec: *see* neque

necessāriō, *adv.*, necessarily

√necessārius, -a, -um, necessary; necessārius, -ī, *m.*, a necessary person, a relative; necessāria, -ōrum, *n. plu.*, necessities

*necesse, *indecl. adj.*, necessary

*necessitās, -tātis, *f.*, necessity

#necō (1), kill, slay

√nefarius, -a, -um, impious, wicked; *adv.* nefariē

neglegēns, *gen.* -entis, careless, indifferent, negligent

neglegenter, *adv.*, carelessly

neglegentia, -ae, *f.*, carelessness, negligence

*neglegō, -ere, -lēxī, -lēctum, neglect, disregard

*negō (1), deny, say that ... not; refuse

negōtior, -ārī, -ātus sum, be in business, trade

*negōtium, -ī, *n.*, business, assignment, task

*nēmō (nūllīus), nēminī, nēminem, (nūllō, -ā), nobody, no one

*nemus, -oris, *n.*, grove

*nepōs, -ōtis, *m.*, grandson

√Neptūnus -ī, *m.*, Neptune, *god of the sea*

√nē-quam, *indecl. adj.*, worthless, bad, wicked; *compar.* nēquior, -ius; *superl.* nēquissimus, -a, -um

√nēquāquam, *adv.*, by no means

*ne-que *or* nec, *conj.*, and not, nor; neque ... neque, neither ... nor

*ne-queō, -īre, -quiī (-īvī), -ītum, be unable

nēquior: *see* nēquam

#nēquīquam, *adv.*, in vain, to no purpose

√nervus, -ī, *m.*, sinew; string of a lyre

*nesciō (4), not to know, be ignorant; nesciō + *complementary inf.*, know how to; nesciō quis (quid *etc.*) *as an indef. pron.*, somebody (-thing, *etc.*) or other; nesciō quī (quae, quod) *as indef. adj.*, somebody (-thing, *etc.*) or other (nesciō quā ratiōne, in some way or other); nesciō an, I do not know whether = probably, perhaps

√neuter, -tra, -trum, neither (of two)

*nē-ve *or* neu, and not, or not; nēve (neu) ... nēve (neu), neither ... nor

*nex, necis, *f.*, murder, violent death

#nī = nisi

#nīdus, -ī, *m.*, nest

*niger, -gra, -grum, black, dark

*nihil, *or* nīl, *n. nom. and acc.*, nothing; nōn nihil, something; nihil *as adv.*, not at all

√nihilum, -ī, *n.*, nothing; nihilō
   minus, *adv.*, *lit.* less by nothing =
   nevertheless

*nīl = nihil

√nīmīrum, *adv.*, doubtless, of course,
   to be sure

*nimis *or* nimium, *adv.*, too much,
   excessively

*nimius, -a, -um, too much, too
   great, excessive

Ninus, -ī, *m.*, *king of Assyria*

*nisi, if . . . not, unless; except

*niveus, -a, -um, snowy, snow-
   white

*nix, nivis, *f.*, snow

*nōbilis, -e, well known, celebrated,
   famous; of high birth; excellent

#nōbilitās, -tātis, *f.*, fame; noble
   birth; the nobility, the nobles

nōbilitō (1), make known *or* famous

nocēns, *gen.* -entis, harmful;
   wicked, guilty

*noceō, -ēre, nocuī, nocitum
   (+ *dat.*), harm, injure

*noctū, *adv.*, at night, by night

*nocturnus, -a, -um, nocturnal

Nōlānus, -a, -um, belonging to
   Nola, *a town in Campania*

*nōlō, nōlle, nōluī, be unwilling,
   not wish

*nōmen, -inis, *n.*, name; *technically
   the 'gentile' name (indicating the*
   gēns, *clan*), *the second of the three
   regular parts of the formal Roman
   name*: praenōmen, nōmen, cog-
   nōmen (*family branch of the* gēns);
   renown, power, status; pretext

#nōminō (1), name, call

*nōn, *adv.*, not

nōnae, -ārum, *f.* plu. the nones,
   i.e., *the 5th day of the month, except
   in March, May, July, and October,
   when the nones are the 7th day*

*nōn-dum, *adv.*, not yet

√nōn-ne, *adv.*, not? *in questions which
   expect the answer "yes"*: nōnne
   vidēs? You see, do you not *or*
   don't you?

√nōn-nūllus, -a, -um, some, several

√nōn-numquam, *adv.*, sometimes

√nōnus, -a, -um, ninth

*nōs: *see* ego; *sometimes the plural is
   used of one person, where we should
   ordinarily use 'I'.*

*nōscō, -ere, nōvī, nōtum, become
   acquainted with, learn; *perf.
   system* = have become acquainted
   with, *etc.*, *and so* know, *etc.*

*noster, -tra, -trum, our, ours

nota, -ae, *f.*, mark; disgrace (*as in
   a censor's mark*), brand

√nōtitia, -ae, *f.*, acquaintance,
   knowledge; fame

*notō (1), notice, observe

*nōtus, -a, -um, known, famous

*novem, *indecl.*, nine

noverca, -ae, *f.*, step-mother

√noviēs, *adv.*, nine times

novissimē, *adv.*, lately, recently

√novitās, -tātis, *f.*, novelty, strange-
   ness

novō (1), make new; change, alter

*novus, -a, um, new; strange

*nox, noctis, *f.*, night

*nūbēs, -is, *f.*, cloud

√nūdō (1), strip; rob

*nūdus, -a, -um, naked, bare

*nūllus, -a, -um, not any, no,
   none

*num, *interrog adv.*: (1) *introduces
   direct questions which expect a negative
   answer*; (2) *introduces indirect questions and means* whether

*nūmen, -minis, *n.*, *lit.* nod; divine
   will *or* power, divinity, god

*numerus, -ī, *m.*, number; rank,
   company

#Numidae, -ārum, *m.*, the Num-
   idians, *in northern Africa*

Numitor, -ōris, *m.*, *a king of Alba
   Longa, grandfather of Romulus and
   Remus*

nummulus, ī, *m.*, little sum of
   money

√nummus, -ī, *m.*, coin; *plu.* money;
   any small coin like a penny *or* a
   nickel

*numquam, *adv.*, never; nōn numquam, sometimes (*also written as
   one word*)

*nunc, *adv.*, now, at present; in these circumstances

√nuncupō (1), name

*nūntiō (1), announce, report

*nūntius, -ī, *m.*, messenger, message, news

*nūper, *adv.*, recently

nūpta, -ae, *f.*, bride

√nūptiae, -ārum, *f. plu.*, nuptials, wedding

√nūtō (1), nod; totter

#nūtus, -ūs, *m.*, nod, command

O

*Ō, *interjection*, O! Oh!

*ob, *prep.* + *acc.*, towards, to; in front of, over against; on account of, because of

*ob-eō, -īre, -iī, -itum, go to meet, meet; visit; undertake, perform, carry out; die

*ob-iciō, -ere, -iēcī, -iectum, *lit.* throw against *or* before; offer, present; oppose

oblātus: *see* offero

oblectāmentum, -ī, *n.*, delight, pleasure

ob-linō, -ere, -lēvi *or* -līvī, -litum, smear

oblītus, -a, -um (*see* oblīvīscor); *and* oblitus, -a, -um (*see* ob-linō)

*ob-līvīscor, -ī, oblītus sum, forget (+ *gen. or acc.*)

oboedientia, -ae, *f.*, obedience

ob-oediō, -īre, -īvī, -ītum, harken to, obey (+ *dat.*)

*ob-ruō, -ere, -ruī, -rutum, overwhelm, oppress; cover, bury

obryzum, -ī (*sc.* aurum) *n.*, pure gold (*V*)

obscūritās, -tātis, *f.*, obscurity, darkness

obscūrō (1), hide, conceal

*obscūrus, -a, -um, dark, obscure, unknown

√obsecrō (1), beg, beseech

obsequium, -ī, *n.*, compliance, obedience

#ob-servō (1), guard, keep, observe, honor

#ob-sideō, -ēre, -sēdī, -sessum, *lit.* sit down against, besiege

ob-sistō, -ere, -stitī, -stitum, *lit.* stand in the way; withstand, resist (+ *dat.*)

obstinātiō, -ōnis, *f.*, persistence, obstinacy

√obstinātus, -a, -um, resolute, firm, obstinate

√ob-stipēscō, -ere, -stipuī, be amazed, astounded

*ob-stō, -āre, -stitī, -statūrus, stand in the way, stand against, resist, hinder

√ob-struō, -ere, -strūxī, -strūctum, block up, hinder

ob-stupefaciō, -ere, -fēcī, -factum, astonish, amaze

ob-temperō (1), obey, submit

ob-testor, -ārī, -ātus sum, call to witness; implore, entreat

*ob-tineō, -ēre, -tinuī, -tentum, hold, possess, maintain

ob-truncō (1), kill, cut down

ob-vertō, -ere, -vertī, -versum, turn towards *or* against

ob-viam, *adv.*, in the way, towards, to meet, to oppose

*obvius, -a, -um, in the way, meeting, to meet

#occāsiō, -ōnis, *f.*, opportunity, occasion

occāsus, -ūs, *m.*, setting; fall

occidēns, *gen.* -entis (*pres. partic.* of occidō), as *adj.* setting; as *m.* noun (*sc.* sōl), the setting sun, the west.

√oc-cīdō, -ere, -cīdī, -cāsum (ob-cadō, fall), fall down, go down, set; die, perish

*oc-cīdō, -ere, -cīdī, -cīsum (ob-caedō, cut), cut down, kill

#occultō (1), hide, conceal

#occultus, -a, -um, hidden, concealed, secret

occupātiō, -ōnis, *f.*, business, employment, occupation

*occupō (1), seize, occupy; employ

√octāvus, -a, -um, eighth

octiēs, *adv.*, eight times

√octō, *indecl.*, eight

*oculus, -ī, *m.*, eye

#ōdī, ōdisse, ōsūrus, hate

*odium, -ī, *n.*, hate, hatred, aversion

*odor, -ōris, m., odor, scent

odōrātus, -a, -um, fragrant

*offendō, -ere, -fendī, fēnsum, dash against; come upon; offend, displease; receive an injury, suffer grief

*of-ferō, -ferre, obtulī, oblātum, offer, present, show

officiōsus, -a, -um, dutiful, obliging, courteous

*officium, -ī, *n.*, service, kindness; duty, obligation; ceremony

√oleum, -ī, *n.*, (olive) oil

*ōlim, *adv.*, at that time; formerly, once upon a time; hereafter, in times to come

Olympius, -a, -um, of Olympus (*the home of the gods*)

#ōmen, ōminis, *n.*, omen, sign, token

*omittō, -ere, -mīsī, -missum, let go, pass over, omit

√omnīnō, *adv.*, wholly, entirely, altogether, completely

omni-potēns, *gen.* -potentis, all-powerful, omnipotent

*omnis, -e, all, every

onerōsus, -a, -um, burdensome

*onus, -eris, *n.*, load, burden

#opācus, -a, -um, dark, obscure

#opera, -ae, *f.*, effort, pains, attention, care, work, help; operā meā, thanks to me; operam dare, see to, take pains

operārius, -ī, *m.*, day-laborer

operiō, -īre, operuī, opertum, cover

√operor, -ārī, -ātus sum, work, labor, toil

opi-fex, -ficis, *m./f.*, worker, artisan

opīmus, -a, -um, fat; rich, splendid

*opīniō, -ōnis, *f.*, opinion, thought, expectation, belief, repute

*opīnor, -ārī, -ātus sum, be of an opinion, think, suppose

*oportet, -ēre, oportuit, *impers.*, it behooves, it is proper, necessary, becoming; one ought

op-petō, -ere, -petīvī, -petītum, go to meet; suffer, encounter

op-pleō, -ēre, -plēvī, -plētum, fill, cover

√op-pōnō, -ere, posuī, -positum, oppose, put forward, allege

√opportūnitās, -tātis, *f.*, advantage, opportunity

√opportūnus, -a, -um, appropriate, serviceable, advantageous

*op-primō, -ere, -pressī, -pressum, overwhelm, overpower, crush

√op-pugnō (1), attack

*ops, opis, *f.*, help, aid, power; opēs, opum, *plu.*, power, resources, wealth

optātiō, -ōnis, *f.*, wish

optātum, -ī, *n.*, wish

optimē, *superl. of* bene

*optimus, -a, -um, *superl. of* bonus

*optō (1), wish, wish for, desire

*opus, operis, *n.*, work, achievement; opus est, there is need of (+ *gen. or abl.*), it is necessary (*often* + *inf.*)

*ōra, -ae, *f.*, seashore, coast

*ōrātiō, -ōnis, *f.*, speech, oration; discourse; eloquence; language

*orbis, -is, *m.*, orb, circle; orbis terrārum, the world

orbō (1), deprive (*of parents or children*)

√ōrdior, -īrī, ōrsus sum, begin, commence

*ōrdō, -dinis, *m.*, order, rank, class; arrangement, regularity

Orestēs, -is, *m.*, son of Agamemnon and Clytemnestra, and close friend of Pylades

orgia, -ōrum, *n. plu.*, orgies, secret festival (of Bacchus) oriēns, -entis, m., lit. the rising sun (sc. sōl); the east, orient

*orīgō, -inis, f., origin, source, lineage

Ōriōn, -ōnis, m., a famous hunter slain by Artemis and changed into a constellation

*orior, -īrī, ortus sum, rise, arise; spring from, descend, originate

√ōrnāmentum, -ī, n., distinction, honor, decoration, ornament

ōrnātus, -a, -um, adorned, decorated; distinguished, illustrious

ōrnātus, -ūs, m., ornament, decoration, embellishment, dress

*ōrnō (1), equip; adorn, decorate, embellish

*ōrō (1), speak, plead, beg, pray

*Orpheus (-a, -um, of) Orpheus

ortus, -ūs, m., a rising; origin; source

*ōs, ōris, n., mouth, face; tongue, speech

*os, ossis, n., bone

*ōsculum, -ī, n., kiss

*os-tendō, -ere, -dī, ostentum, lit. stretch out; show, exhibit; declare

ostentātiō, -ōnis, f., ostentation, boasting, false show

√ostentō (1), frequentative of ostendō, display, exhibit, show

ōtiōsus, -a, um, at leisure, unoccupied

*ōtium, -ī, n., leisure; peace, quiet

*ovis, -is, f., sheep

√ovō (1), rejoice, exult

P

P., abbr. of Publius, a praenomen

√pābulum, -ī, n., fodder

Pactōlus, -ī, m., Lydian river famous for the gold found in its sand

√pactum, -ī, n., agreement, pact; quō pactō, in what way

pactus, -a, -um, agreed upon, stipulated

Pācuvius, -ī, m., a Roman writer of tragedy in the 2nd cen. B.C.

Paean, -ānis, m., epithet of Apollo the healer

*paene, adv., almost, nearly

paenitēns, gen. -entis, penitent, repentant

√paenitentia, -ae, f., repentance

√paenitet, -ēre, paenituit, impers. w. acc. of person and gen. of thing or the inf. or a quod clause: mē huius reī paenitet, lit. it causes me regret or repentance of this thing = I repent, regret, am sorry for this thing

√pāgānus, -a, -um, belonging to a country district or village, rural; pagan; pāgānus, -ī, m., a countryman, villager; a pagan

pāla, -ae, f., bezel of a ring

*palam, adv., openly

#Palātium, -ī, n., Palatine Hill in Rome

pallēscō, -ere, -palluī, grow pale or yellow

#pallidus, -a, -um, pale, pallid

*palma, -ae, f., palm (of hand)

*palus, -ūdis, f., swamp

Pamphȳlia, -ae, f., a district in southern Asia Minor

pānārium, -ī, n., bread basket

*pandō, -ere, pandī, passum, extend, spread, lay open

√pangō, -ere, pepigī, pāctum, fasten; compose; agree on, contract

√pānis, -is, m., bread

Panormus, -ī, f., Palermo

√pāpa, -ae, m., father, papa; in eccl. Lat., bishop, pope

*pār, gen. paris, adj., equal, adequate

parabola, -ae, f., comparison; parable

paradīsus, -ī, m., a park; Paradise

*parātus, -a, -um (partic. of parō), prepared, ready

*parcō, -ere, pepercī, parsum, + dat., spare, preserve

*parēns, -entis, m./f., parent

*pāreō, -ēre, pāruī, pāritum, + dat., be obedient to, obey

√pariēs, -etis, m., wall (of a house)

*pariō, -ere, peperī, partum, beget, produce

*pariter, adv., equally, as well

*parŏ (1), prepare, furnish, provide; acquire, get

Paros, -ī, f., a large island of the Cyclades in the Aegean Sea, famous for its beautiful marble

parricīdium, -ī, n., murder of a parent or relative; murder; treason

*pars, partis, f., part, share; side, direction; role; party, faction; ā dextrā (laevā) parte, on the right (left) hand or side; maximam partem, as adv., for the most part.

parsimōnia, -ae, f., thrift, frugality

√parti-ceps, gen. -cipis, adj., sharing, participating; as noun, m., sharer, participant, partner

#partim, adv., partly

partiō (4), divide, share, distribute

partītiō, -ōnis, f., partition, division

partus, -ūs, m., offspring, bearing offspring

*parum, adv. of parvus, too little, not enough; compar. minus, less; superl. minimē, very little, least of all, not at all

√parumper, adv., for a little while

*parvus, -a, -um, little, small; compar. minor, minus; superl. minimus, -a, -um

*pāscō, -ere, pāvī, pāstum, feed, lead to pasture

*passim, adv., here and there, far and wide

√passiō, -ōnis, f., suffering, passion (EL)

*passus, -ūs, m., step, pace

*pāstor, -ōris, m., shepherd

pāstus, -ūs, m., food, fodder

#patefaciō, -ere, -fēcī, -factum, throw open, expose

*patēō, -ēre, -uī, lie open, extend, be exposed, be revealed or clear

*pater, -tris, m., father

*patientia, -ae, f., endurance, patience

*patior, -ī, passus sum, suffer, endure; permit, allow

*patria, -ae, f., fatherland, native land

*patrius, -a, -um, of a father, father's, paternal; ancestral

√patrōnus, -ī, m., protector, patron; advocate (in a trial)

*paucī, -ae, -a, adj. usu. in plu., few, a few

paucitās, -tātis, f., small number

#paulātim, adv., gradually, little by little

*paulus, -a, -um, little, small; very commonly in the abl. (degree of difference) as an adv., paulō, a little, somewhat

*Paulus (or Paullus), -ī, m., a cognomen in the gens Aemilia, e.g., L. Aemilius Paulus, consul and general who lost his life at Cannae in 216 B.C.; L. Aemilius Paulus Macedonius, son of the above and victor at Pydna in 167 B.C.

*pauper, gen. -eris, poor (not rich)

*paupertās, -tātis, f., poverty

*pavor, -ōris, m., trembling, terror

*pāx, pācis, f., peace

peccātor, -ōris, m., sinner (V)

peccātum, -ī, n., sin, error, fault

*peccō (1), make a mistake, commit a fault, sin

*pectus, -oris, n., breast; heart, feelings

*pecūnia, -ae, f., money, property, wealth

pecūniōsus, -a, -um, moneyed, wealthy

*pecus, -oris, n., cattle, herd

*pedes, peditis, m., foot soldier; plu. = infantry

peditātus, -ūs, m., infantry

peior: see malus

*pelagus, -ī, n., sea

*pellō, -ere, pepulī, pulsum, strike, push; move; drive out, exile, defeat

*penātēs, -ium, *m. plu.*, household gods, penates

*pendeō, -ere, pependī, hang, hang down, be suspended

√penes, *prep.* + *acc.*, in the possession *or* power of

*penetrō (1), enter, penetrate

*penitus, *adv.*, deeply, thoroughly, wholly

*penna, -ae, *f.*, feather

#pēnsō (1), weigh

pēnūria, -ae, *f.*, want, scarcity

pependī: *see* pendeō

pepercī: *see* parcō

peperī: *see* pariō

pepulī: *see* pellō

*per, *prep.* + *acc.*, through, across; by; *as adverbial prefix*, very (per-magnus, very large), thoroughly

*per-agō, -ere, -ēgī, -āctum, *lit.* do thoroughly; complete, finish; live through

per-angustus, -a, -um, very narrow

#per-cipiō, -ere, -cēpī, -ceptum, obtain, get, acquire, perceive

per-contor (*or* -cunctor), -ārī, -ātus sum, question, ask, investigate

per-crēbrēscō, -ere, -bruī, become very frequent; spread abroad

per-cunctor: *see* per-contor

*per-cutiō, -ere, -cussī, -cussum, strike

perditiō, -ōnis, *f.*, ruin, perdition (*V*)

perditus, -a, -um, lost, corrupt, depraved

*per-dō, -ere, -didī, -ditum, destroy, ruin; lose

peregrē, *adv.*, away from home, abroad

peregrīnātiō, -ōnis, *f.*, foreign travel

peregrīnor, -ārī, -ātus sum, travel abroad; ramble

*perennis, -e, lasting, perennial

*per-eō, -īre, -iī, -itum, pass away, be destroyed, perish

perfectus, -a, -um, complete, finished; excellent, carefully wrought, perfect

*per-ferō, -ferre, -tulī, -lātum, bear through, endure; report, relate, announce

*per-ficiō, -ere, -fēcī, -fectum, *lit.* do thoroughly; complete, accomplish, bring about, achieve

√perfidia, -ae, *f.*, faithlessness, treachery

per-fuga, -ae, *m.*, fugitive, deserter

√per-fugiō, -ere, -fūgī, -fugitum, flee, escape

per-fungor, -ī, -fūnctus sum, + *abl.*, perform, complete, execute

*pergō, -ere, perrēxī, perrēctum, go on, keep on, continue, proceed

per-grātus, -a, -um, very pleasing

perīclitor, -ārī, -ātus sum, test; run a risk, be in danger

perīclum = perīculum

perīculōsē, *adv.*, dangerously

√perīculōsus, -a, -um, dangerous

*perīculum, -ī, *n.*, danger, risk

#per-imō, -ere, -ēmī, -ēmptum, kill, destroy

√perītus, -a, -um, experienced, expert, skilled (+ *gen. or abl.*)

per-iūrium, -ī, *n.*, perjury

periūrus, -a, -um, perjured, lying

per-magnus, -a, -um, very large *or* great

#per-maneō, -ēre, -mānsī, -mānsum, remain, abide, continue

per-mātūrēscō, -ere, -mātūruī, become ripe

*per-mittō, -ere, -mīsī, -missum permit, allow

per-molestē, *adv.*, with much vexation, annoyance, irritation

per-multum, *adv.*, very much

per-multus, -a, -um, very much, very many

√perniciēs, -ēī, *f.*, destruction, ruin, death

perniciōsus, -a, -um, destructive, dangerous, pernicious

per-nōbilis, -e, very famous

per-ōsus, -a, -um, hating, loathing (+ acc.)

per-pellō, -ere, -pulī, -pulsum,
drive on, urge

perpetuitās, -tātis, f., continuity,
duration

*perpetuus, -a, -um, continuous,
uninterrupted, constant, lasting,
perpetual

√Persae, -ārum, m. plu. the Persians

per-saepe, adv., very often

per-secūtiō, -ōnis, f., a chase,
pursuit; prosecution; persecution

*per-sequor, -ī, -secūtus sum,
follow closely, pursue; record,
relate, describe; perform, accomplish

Persephonē, -ēs, f., Greek for
Proserpina, the queen of Hades

√per-sevērō (1), persevere, persist,
insist, continue

√persōna, -ae, f., mask (in drama);
character, person

persōnāliter, adv., personally (late
Lat.)

perspicientia, -ae, f., full knowledge

#per-spiciō, -ere, -spexī, -spec-
tum, see clearly, perceive

per-stringō, -ere, -strinxī,
-strictum, affect deeply, strike,
move

#per-suadeō, -ēre, -suāsī, -suās-
um, persuade

per-timēscō, -ere, -timuī, become or be thoroughly frightened,
fear greatly

√per-tināx, gen. -ācis, tenacious;
obstinate, stubborn

*per-tineō, -ēre, -tinuī, -tentum,
pertain to, relate to, concern

per-trāns-eō, -īre, -iī, -itum, go
or pass through, pass by

per-turbātiō, -ōnis, f., disturbance, disorder; emotion, passion

√per-turbō (1), agitate, disturb

per-ūtilis, -e, very useful

per-vagor, -ārī, -ātus sum,
wander about; spread over

*per-veniō, -īre, -vēnī, -ventum,
come through, arrive, reach

per-versē, adv., perversely

perversus, -a, -um, crooked, distorted, perverse

per-vigilō (1), stay awake throughout the night

pessimus: see malus

pestifer, -fera, -ferum, destructive, injurious

pestilentia, -ae, f., plague, pestil-
ence

#pestis, -is, f., pestilence, destruc-
tion, death

*petō, -ere, -īvī, -ītum, seek, aim
at, ask, beg

Phaëthōn, -ontis, m., son of the
sun god, killed while trying to drive
his father's chariot through the sky

Pharisaeus, -ī, m., a Pharisee

*Philippus, -ī, m., name of several
Macedonia kings, espec. Phil. I, who
was the father of Alexander and who
in his conquest of Greece was opposed
by Demosthenes

√philosophia, -ae, f., philosophy

*philosophus, -ī, m., philosopher

Phryges, -um, m. plu., the Phrygians of Asia Minor

√pictūra, -ae, f., a painting, picture

*pietās, -tātis, f., devotion, loyalty;
piety

*piger, -gra, -grum, lazy

#pignus, -oris, n., pledge, proof;
plu., pledges of love (= children)

pigritia, -ae, f., laziness, indolence,
sluggishness

√pincerna, -ae, -m., cupbearer (late
Lat.)

*pingō, -ere, -pinxī, pictum,
paint, portray

#pīnus, -ī, f., pine tree

√pīrāta, -ae, m., pirate

*piscis, -is, m., fish

Pīsō, -ōnis, m., Piso, a cognomen;
espec. L. Calpurnius Piso, Caesar's
father-in-law

*pius, -a, -um, pious, religious,
loyal, devoted

*placeō, -ēre, -uī, placitum, +
   dat., be pleasing to, please; *espec.*
   impersonal placet, it is pleasing, is
   thought best, is decided, + *inf.*
   or ut-*clause*

*plāga, -ae, *f.*, blow, wound

planctus, -ūs, *m.*, *lit.* a beating of
   the breast; lamentation

#plangō, -ere, -planxī, planctum,
   strike, beat; lament, bewail

plangor, -ōris, *m.*, a striking,
   blow; lamentation, wailing

*plānus, -a, -um, level, plain,
   clear; plānum, -ī, *n.*, a plain;
   adv. plānē

√Platō, -ōnis, *m.*, *the famous Greek
   philosopher*

*plaudō, -ere, plausī, plausum,
   strike together, clap the hands,
   applaud

*plēbs, plēbis, *f.*, the common
   people

*plēnus, -a, -um, full (+ *gen. or
   abl.*)

*plērīque, -aeque, -aque, *plu.*, the
   majority, very many

plērumque, *adv.*, generally

#plūma, -ae, *f.*, soft feather, down

plumbeus, -a, -um, made of lead,
   leaden; dull; heavy

plumbum, -ī, *n.*, lead

plūrimum, *adv.*: *see under* plūrimus *and* multum

*plūrimus, -a, -um, *superl. of*
   multus; plūrimum, -ī, *n.*, very
   much, a great deal; plūrimum,
   adv., very much, for the most
   part; plūrimum posse, to be
   very powerful

*plūs, *compar.*: *see both adj.* multus
   and adv. multum

pluvia, -ae, *f.*, rain

√poēma, -atis, *n.*, poem

*poena, -ae, *f.*, punishment, penalty

*Poenus, -ī, *m.*, a Carthaginian;
   the Carthaginian = Hannibal;
   Poenī, -ōrum *m. plu.*, the
   Carthaginians

*poēta, -ae, *m.*, poet

poēticus, -a, -um, poetic

polītus, -a, -um, polished, refined,
   polite

√pollex, -icis, *m.*, thumb

#polliceor, -ērī, -licitus sum,
   promise

pollicitum, -ī, *n.*, promise

Polybius, -ī, *m.*, *Greek historian of
   the 2nd cen.* B.C.

*Pompēius, -ī, Gnaeus Pompeius
   Magnus, Pompey the Great, *trium-
   vir and rival of Caesar*

*pōmum, -ī, *n.*, fruit

*pondus, -eris, *n.*, weight

*pōnō, -ere, posuī, positum,
   put, place, set; set before, serve
   (food)

*pōns, -ntis, *m.*, bridge

√pontifex, -ficis, *m.*, a Roman high
   priest; a Christian bishop *or* the
   Pope

pontificātus, -ūs, *m.*, the pontificate

*Pontus, -ī, *m.*, the Black Sea

poposcī: *see* poscō

*populāris, -e, of the people, belong-
   ing to the people; populāris,
   -is, *m.*, a fellow-countryman,
   accomplice

populātiō, -ōnis, *f.*, plundering,
   devastation

√populor, -ārī, -ātus sum, plunder, devastate

*populus, -ī, *m.*, people, nation;
   the multitude

√porcus, -ī, *m.*, pig

#porrō, *adv.*, forward, furthermore,
   moreover

Porsenna, -ae, *m.*, *Etruscan king of
   Clusium*

*porta, -ae, *f.*, gate

porticus, -ūs, *f.*, colonnade, portico

√portiō, -ōnis, *f.*, part, portion

portitor, -ōris, *m.*, ferryman

*portō (1), carry, take

*portus, -ūs, *m.*, port, harbor

*poscō, -ere, poposcī, request,
   demand

*possideō, -ēre, -sēdī, -sessum,
   possess, hold

*possum, posse, potuī, be able, can, have power; **plūrimum possum**, be very powerful, have very great power

*post, *prep. + acc. and adv.: prep.*, behind, after, since; *adv.*, behind, afterwards, later

*post-eā, *adv.*, afterwards; **posteā quam** *or* **posteāquam = postquam**, *conj.*, after

*posterus, -a, -um, following, future; **posterī, -ōrum**, *m. plu.*, posterity; **in posterum**, for the future; *compar.* **posterior, -ius**, later, inferior; *superl.* **postrēmus -a, -um**, last, worst

post-hāc, *adv.*, hereafter, henceforth

#postis, -is, *m.*, post; *plu.*, door

*postquam, *conj.*, after

*postrēmus, -a, -um, *superl. of* **posterus**, last; worst

*postulō (1), demand, request; prosecute, accuse

*potēns, *gen.* -entis, powerful

*potentia, -ae, *f.*, power, rule

*potestās, -tātis, *f.*, power, authority; opportunity

√pōtiō, -ōnis, *f.*, drink

*potior, -īrī, potītus sum, + *abl. or gen.*, be powerful over, get possession of, possess

*potis, pote, powerful, able, possible; *compar.* **potior, -ius**, better, more important; **potissimus, -a, -um**, most important

potissimum, *superl. adv. of* **potius**, especially, above all

potius, *comparative adv. of* **potis**; rather, preferably; *superl.* **potissimum**, especially, above all

*prae, *prep. + abl.*, before, in front of; in comparison with; **prae-** *as prefix*, before, very (*intensive*)

*praebeō, -ēre, -uī, -itum, hold out, offer, present, furnish; show

√prae-cēdō, -ere, -cessī, -cessum go before, precede

*praeceps, *gen.* -cipitis, headlong, unchecked

praeceptum, -ī, *n.*, precept, injunction, rule

*prae-cipiō, -ere, -cēpī, -ceptum, advise, instruct, prescribe, command

√praecipitō (1), cast down headlong, destroy; hasten

*prae-cipuus, -a, -um, especial, peculiar, distinguished; *adv.* **praecipuē**

praeclārē, *adv. of* **praeclārus**

#prae-clārus, -a, -um, brilliant, illustrious, magnificent, excellent

prae-clūdō, -ere, -clūsī, -clūsum, shut off, close

prae-currō, -ere, -cucurrī, -cursum, run ahead, exceed, surpass

prae-dicātiō, -ōnis, *f.*, proclamation; commendation; *in eccl. Lat.*, preaching

prae-dicātor, -ōris, *m.*, a eulogist; *in eccl. Lat.*, a preacher

*prae-dīcō, -ere, -dīxī, -dictum, warn; instruct

prae-ditus, -a, -um (-datus), gifted *or* endowed with

praedō, -ōnis, *m.*, robber, pirate, plunderer

√praedor, -ārī, -ātus sum, plunder

√prae-eō, -īre, -iī, -itum, *lit.* go ahead; lead the way, dictate a formula

prae-fectus, -ī, *m.*, overseer, commander, prefect

*prae-ferō, -ferre, -tulī, -lātum, carry before, display; prefer, choose

*prae-ficiō, -ere, -fēcī, -fectum, *lit.* to make *or* put ahead; put in command

prae-gredior, -ī, -gressus sum, go ahead of, precede

prae-gressus, -ūs *m.*, previous development

prae-lūceō, -ēre, -lūxī, shine before, throw a light before; outshine, surpass

*praemium, -ī, *n.*, reward, prize

prae-mūniō (4), fortify, make safe

prae-nūntius, -ī, m., foreteller, sign, token

*prae-pōnō, -ere, -posuī, -positum, put before; put over, appoint; prefer

prae-potēns, gen. -entis, adj., very powerful

*praesēns, gen. -entis, adj., present, at hand, in person

praesentō (1), show, present

#praesertim, adv., especially

*praesidium, -ī, n., protection, assistance; garrison, post, station

prae-stābilis, -e, = prae-stāns

prae-stāns, gen. -stantis, excellent, eminent, distinguished

*prae-stō, -āre, -stitī, -stitum, stand out; offer, show, exhibit; excel

praestō, adv., on hand, ready, waiting for

√praesul, -ulis, m., patron, bishop (ML)

#prae-sum, -esse, -fuī, -futūrus, be set over, be in command, command, rule (+ dat.)

*praeter, adv. and prep. + acc., past, beyond, by; except, contrary to

*praetereā, adv., beyond, besides, moreover

*praeter-eō, -īre, -iī, -itum, go or pass by, pass; omit, neglect; transgress

praeter-itus, -a, -um, past, gone by

√praeter-mittō, -ere, -mīsī, -missum, let pass, pass over, neglect, omit

praeter-vectiō, -ōnis, f., passing place for ships

praeter-vehor, -ī, -vectus sum, lit. be carried by; pass by, ride by

prae-textātus, -ī, m., a boy who wore the toga praetexta (w. a purple border), i.e., till the age of 15 or 16

√praetor, -ōris, m., praetor, a Roman magistrate with judicial duties

praetōrium, -ī, n., general's tent; residence of the governor

prae-vius, -a, -um, going before

*prātum, -ī, n., meadow

√prāvus, -a, -um, distorted, perverse; wicked

precātiō, -ōnis, f., prayer

*precēs, -um, f. plu. (prex, precis, sing. rare), prayers, entreaty

*precor, -ārī, -ātus sum, pray, beseech, invoke

*premō, -ere, pressī, pressum, press, pursue, oppress; load, cover, bury

prēndō, -ere, prēndī, prēnsum, grasp, seize

√pretiōsus, -a, -um, valuable, costly, precious

*pretium, -ī, n., price, value; reward

√prīdem, adv., long ago

√prīdiē, adv., on the day before

prīmordium, -ī, n., beginning

prīmum, adv., first, in the first place; quam prīmum, as soon as possible; cum (ut) prīmum, as soon as

*prīmus, -a, -um (superl. of prior), first, foremost; earliest, principal; in prīmīs (or imprīmīs), especially; prīmō, as adv., at first, at the beginning; prīmum, adv., see prīmum

*prīnceps, gen. -cipis, adj., foremost; also as a noun m./f., leader, chief

√prīncipātus, -ūs, m., pre-eminence, rule, leadership

*prīncipium, -ī, n., beginning, origin; element, principle; prīncipiō, in the beginning, at first

*prior, prius, compar., former, previous, prior; prius, adv., previously

*prīscus, -a, -um, of former times, ancient, olden, venerable, old-fashioned

*prius, adv. of prior

√prius-quam, conj., before; until after a negative

prīvātim, adv., privately

*prīvātus, -a, -um, private, individual; prīvātus, -ī, m., private citizen *prō, *prep.* + *abl.*, in front of, on behalf of, for, in return for, in place of, in view of

prō, *interjection*, oh! ah! alas!

probābilis, -e, acceptable, probable, likely

√probitās, -tātis, goodness, uprightness, honesty

*probō (1), test, examine, prove, demonstrate; approve, commend

√probus, -a, -um, upright, honest, good; *adv.* probē, well, rightly, properly

Proca, -ae, *m.*, *a king of Alba Longa*

*prō-cēdō, -ere, -cessī, -cessum, go forth, advance

#procella, -ae, *f.*, storm; onset

√procer, -eris, *m.*, a chief, noble

prōclīvis, -e, sloping down; steep

prō-creō (1), beget, produce, procreate

*procul, *adv.*, far off, at a distance

prō-cūrātiō, -ōnis, *f.*, a taking care of, management, administration, conduct

prō-cursātiō, -ōnis, *f.*, sally, charge

√prōditor, -ōris, *m.*, traitor

#prō-dūcō, -ere, -dūxī, -ductum, lead forth, produce; prolong

*proelium, -ī, *n.*, battle

pro-fānus, -a, -um, *lit.* in front of the temple; not sacred, profane, common

#profectō, *adv.*, surely, actually, really

*prō-ferō, -ferre, -tulī, -lātum, carry forward, bring forth, make known, invent, mention

*prō-ficiō, -ere, -fēcī, -fectum, gain, accomplish

*proficīscor, -ī, -fectus sum, set out, depart; arise from

#prō-fiteor, -ērī, -fessus sum, declare openly, avow, profess

√prō-fluō, -ere, -fluxī, -fluxum, flow

pro-fugiō, -ere, -fūgī, -fugitum, escape

*prō-gredior, -ī, -gressus sum, go forward, advance, proceed

*prohibeō, -ēre, -uī, -itum, hold off, check, prevent, prohibit

#proinde, *adv.*, therefore

√prō-lābor, -ī, -lāpsus sum, slip forward, fall down

*prōlēs, -is, *f.*, offspring, progeny

prō-mineō, -ēre, jut out, project

prō-miscuus, -a, -um, *lit.* mixed; indiscriminate, in common

prō-missum, -ī, *n.* (*from partic. of* prō-mittō), a thing promised, a promise

*prō-mittō, -ere, mīsī, -missum, promise

prō-mulgō (1), make known, publish, promulgate

prōmunturium, -ī, *n.*, headland

prō-palam, *adv.*, publicly, openly

*prope, *prep.* + *acc.*, near, close to; as *adv.*, nearly, almost; *comp.* propius, more nearly, nearer; *superl.* proximē, nearest, very recently

pro-pellō, -ere, -pulī, -pulsum, drive forth

properātus, -a, -um (*partic. of* properō), hurried, untimely

properē, *adv.*, quickly

*properō (1), hasten, act in haste, be quick

√prophēta, -ae, *m.*, prophet (*V*)

*propinquus, -a, -um, near, neighboring, related; propinquus, -ī, *m.*, kinsman

√propitius, -a, -um, favorable, gracious

propius, *adv.*; *see* prope

*prō-pōnō, -ere, -posuī, -positum, set forth, display; propose

*proprius, -a, -um, one's own, peculiar, proper, characteristic of

*propter, *prep.* + *acc.*, on account of, because of

prō-pulsō (1), repel, ward off, avert

*prō-cēdō, -ere, -cessī, cessum, go forward, advance

prŏ-ripiŏ, -ere, -ripuī, -reptum,
drag forth

prōrsus (prō-versus), adv., by all
means, certainly, absolutely; in
short

#prŏ-sequor, -ī, -secūtus sum,
accompany, attend

prŏ-siliŏ, -īre, -siluī, leap forth

prŏ-spectus, -ūs, m., view

*prosperus, -a, -um, fortunate,
prosperous; adv. prosperē

*prŏ-spiciŏ, -ere, -spexī, -spec-
tum, look out toward: foresee,
provide for

*prŏ-sum, prōdesse, prōfuī, prō-
futūrus (+ dat.), be useful, benefit, profit

#prŏ-tegŏ, -ere, -tēxī, -tēctum,
lit. cover in front; defend, protect

*prōtinus, adv., lit. forward; at
once, immediately

√pro-ut, conj., just as, according as

prŏ-vectus, -a, -um, lit. carried
forward; advanced (in years)

*prŏvincia, -ae, f., province; sphere
of duty

prŏvinciālis, -e, of a province,
provincial; prŏvinciālēs, -ium,
m. plu., inhabitants of a province,
provincials

√prŏ-vocŏ (1), call forth, provoke,
challenge

*proximus, -a, -um (superl. of
propior), nearest, next, very
near; proximum, -ī, n., neighborhood; proximus, -ī, m.,
neighbor (= vīcīnus)

#prūdēns, gen. -entis, foreseeing,
skilled, wise, prudent

prūdenter, adv. of prūdēns

#prūdentia, -ae, f., foresight, dis-
cretion; knowledge, skill

pruīnōsus, -a, -um, covered with
frost, frost-laden

prytanēum, -ī, n., town hall

pūblicānus, -ī, m., tax-collector,
publican

√pūblicŏ (1), make public, publish

*pūblicus, -a, -um, belonging to
the people, public, common,
general; rēs pūblica, commonwealth, state, republic, government; pūblicum, -ī, n., a public
place; pūblicē, adv., publicly

*pudor, -ōris, m., modesty, decency;
shame, disgrace

*puella, -ae, f., girl, maiden, young
woman

*puer, puerī, m., boy; child

#puerīlis, -e, boyish, childish

pugillārēs, -ium, m. plu., writing
tablets

*pugna, -ae, f., fight, battle

*pugnŏ (1), fight

*pulcher, -chra, -chrum, beautiful

√pulchritūdŏ, -inis, f., beauty

√pullus, -a, -um, dark

*pulsŏ (1), beat, strike

#pulvis, -eris, m., dust

√pūmex, -icis, m., pumice

√Pūnicus, -a, -um, Punic, Carthaginian; Phoenician

*pūniŏ (4), punish

pūrgŏ (1), cleanse, clean, clear
up

*purpura, -ae, f., purple garment,
robe

*purpureus, -a, -um, purple, dark
red; bright, shining

*pūrus, -a, -um, pure, undefiled

√pusillus, -a, -um, very little, very
small; pusillum, -ī, n., a very
little, a trifle

*putŏ (1), think, suppose, consider

putre-faciŏ, -ere, -fēcī, -factum,
make rotten or friable

putrēscŏ, -ere, become rotten,
decay

Pyladēs, -is, m., alter ego of
Orestes

Pȳramus, -ī, m., lover of Thisbe
(see Ovid)

Pyrrhus, -ī, m., king of Epirus,
finally defeated by the Romans in
275 B.C.

Pȳrēnaeus, -a, -um, of or belonging to Pyrene (a local heroine buried
amid the Pyrenees mountains, which
lie between Spain and France),
Pyrenean

Q

quā, *adv.,* in which place, where

√**quadrāgintā,** *indecl.,* forty

quadrīduum, -ī, *n.,* period of four days

quadringentiēs, *adv.,* four hundred times

quadrirēmis, -is, *f.,* quadrireme (*a ship with four banks of oars*)

***quaerō, -ere, quaesīvī, quaesī-tum,** seek, search for, inquire, investigate

√**quaestiō, -ōnis,** *f.,* seeking, inquiry, examination, investigation

√**quaestus, -ūs,** *m.,* gain, profit

√**quālis-cumque, quāle-cumque,** of whatever sort

***quam,** *adv., after a comparative,* than; *with a superlative,* as . . . as possible; how, how greatly; **tam . . . quam,** as . . . as

√**quam-diū,** *adv.,* how long?, as long as

quam-libet, *adv.,* ever so (much), however (much)

quam-ob-rem, why?, wherefore, therefore

***quamquam,** *conj.,* although; *transitional at the beginning of a sentence or of a main clause in a sentence,* and yet

***quam-vīs,** *lit.* as you wish; *adv.* ever so (much), however; *conj.* although, however much

***quandō,** *interrog adv. and conj.,* when?; *indef. after* **sī** *and* **nē,** at any time, ever; *causal,* since, because

***quantus, -a, -um,** *interrog. and rel.,* how great, how much; **tantus . . . quantus,** as great/much . . . as

√**quā-propter,** *adv.,* wherefore, therefore

***quārē (quā-rē),** *adv., lit.* because of which thing, wherefore, why

quārtāna, -ae, *f.,* quartan fever (**febris**), *recurring every 4th day*

***quārtus, -a, -um,** fourth

***qua-sī,** *conj.,* as if; *adv.,* as it were, so to speak, nearly

quā-tenus, *adv.,* how far? up to

what point? to what extent? inasmuch as, since

#**quater,** *adv.,* four times

***quatiō, -ere, quassī, quassum,** shake

***quattuor,** *indecl.,* four

*-**que,** *enclitic conj.,* and

√**quem-ad-modum,** *adv.,* how

***queō, quīre, quīvī, quitum,** *defective vb. chiefly in pres. tense,* can, be able

***quercus, -ūs,** *f.,* the oak (tree)

***querēlla, -ae,** *f.,* complaint

querimōnia, -ae, *f.,* lament, complaint

***queror, -ī, questus sum,** complain, lament

*(1) **quī? quae? quod?** *interrogative adj.,* what? which? what kind of?

*(2) **quī, quae, quod,** *rel. pron.,* who, which, what, that; *often w. conjunctive force at the beginning of a sentence =* **et hic (haec, hoc,** *etc.*); **quam ob rem,** on account of this thing, wherefore; **quod sī,** but if; **quī-cum,** *an old form =* **quō-cum; quī,** *adv.,* how

*(3) **quī, quae/qua, quod,** *indef. adj. after* **sī, nisi, nē** *and* **num,** any, some

***quia,** *conj.,* because, since

quid, *as adv.: see* **quis?**

***quī-dam, quae-dam, quid-dam** (*pron.*) *or* **quod-dam** (*adj.*), *indef.,* a certain; a certain one *or* person

***quidem,** *postpositive adv.,* indeed, to be sure, at least, even; **nē . . . quidem,** not even

***quiēs, -ētis,** *f.,* rest, quiet

***quiēscō, -ere, quiēvī, quiētum,** be quiet, be neutral, do nothing

√**quiētus, -a, -um,** quiet

***quī-libet, quae-libet, quod-libet** (*adj.*) *or* **quid-libet** (*pron.*), any, any you please

***quīn,** how not? why not? that *after verbs of doubting; from after neg. vbs. of hindering, preventing, etc.;* **quīn =** **quī nōn** *after a general negative;* **quīn etiam,** why even, more than that

quī-nam, quae-nam, quod-nam
    interrog. adj., who, which, what
    (in the world)?

quīndecim, *indecl.*, fifteen

√quīngentī, -ae, -a, five hundred

*quīnque, *indecl.*, five

quīnquiēs, *adv.*, five times

*quīntus, -a, -um, fifth

Quīntus, -ī, Quintus, *a praenomen*

*quippe, *adv.*, of course, to be sure,
    naturally

#Quirīnus, -ī, *m., an ancient name
    given to Romulus*

*quis, quid, *indef. pron. after* sī, nisi,
    nē *and* num, anyone, anything,
    someone, something

*quis? quid? *interrog. pron.*, who?
    what? quid *often* = why?; what!
    why!

*quis-nam, quae-nam, quid-
    nam, *interrog. pron.*, who/what
    pray? who/what in the world?

quis-piam, quae-piam, quid-
    piam, someone, something

*quisquam, quidquam *or* quic-
    quam, *indef.*, anyone, anything,
    usu. in neg. clauses

*quisque, quaeque, quidque
    (*pron.*) *or* quodque (*adj.*), *indef.*,
    each one, every one, each, every;
    unus quisque, each one

*quisquis, quaequae, quidquid,
    whoever, whatever

*quō, *adv. interrog. or rel.*, where (*i.e.*,
    whither = to what *or* which
    place); *also conjunction introducing
    a purpose clause containing a com-
    parative*, in order that

*quo-ad, how long? as long as,
    until

quōcircā, *adv.*, therefore

quō-cumque, *adv.*, to whatever
    place, wherever

*quod, *conj.*, because; the fact that,
    as to the fact that; quod sī, but
    if. *In EL and ML* quod = that,
    *a "universal conj." introducing in-
    direct statement and command, pur-
    pose, result, etc.*

quō-minus, *lit.* by which the less;
    in order that the less, from

(quōminus faciat, from doing)
    *after verbs of hindering and pre-
    venting*

*quondam, *adv.*, once, formerly;
    sometimes

*quoniam, *conj.*, since, because

*quoque, *adv.*, also, too

quō-quō, *adv.*, to whatever place,
    wherever

*quot, *indecl.*, how many; as many

*quotiēns, *adv.*, how often?, as often
    as

quotiēnscumque, *adv.*, however
    often, as often as

quo-usque, *adv.*, how far, how long

R

#radiō (1), send out rays, gleam

*radius, -ī, *m.*, rod, spoke (of a
    wheel), ray

#rādix, -īcis, *f.*, root

Raecius, -ī, *m., a Roman name*

*rāmus, -ī, *m.*, branch

*rapidus, -a, -um, *lit.* snatching;
    consuming, rapacious, fierce;
    rapid, swift

√rapīna, -ae, *f.*, seizure; plunder-
    ing, robbery

*rapiō, -ere, rapuī, raptum, seize,
    snatch, carry off, hurry off

raptim, *adv.*, hurriedly

raptor, -ōris, *m.*, snatcher, robber

*rārus, -a, -um, scattered, rare,
    uncommon, remarkable

*ratiō, -ōnis, *f.*, reckoning, business
    account; reason, method, plan,
    theory, consideration, regard

Rēa (Rhēa) Silvia, -ae, *f., mother
    of Romulus and Remus by Mars*

rec-cidō: *see* re-cidō

*re-cēdō, -ere, -cessī, cessum, go
    back, retire, withdraw, go away

*recēns, *gen.* -entis, recent; new,
    just come

receptrix, -īcis, *f.*, receiver, con-
    cealer

√re-cidō, -ere, reccidī, recāsum
    (cadō), fall back, return, be
    reduced

re-ciperō (1): *see* recuperō

*re-cipiō, -ere, -cēpī, -ceptum,
    take back, regain, recover, re-
    ceive; sē recipere, betake one-
    self, withdraw, retire
re-cognōscō, -ere, -cognōvī,
    -cognitum, recognize
re-colō, -ere, -coluī, -cultum,
    cultivate again, feel afresh
re-conciliō (1), regain, win back,
    reconcile
√re-condō, -ere, -didī, -ditum,
    put back, store away; w. oculōs,
    close again
re-cordātiō, -ōnis, f., recollection
re-cordor, -ārī, -ātus sum, call
    to mind, recollect, remember
√re-creō (1), lit. create again;
    refresh, revive, restore; recover
re-crūdēscō, -ere, -crūduī, be-
    come raw again
rēctē, adv., rightly, properly
#rēctor, -ōris, m., director, governor
*rēctus, -a, -um, straight, right,
    proper, just; rēctā (sc. viā) as
    adv., straight, directly
√recubō, -āre, lie back, recline
√re-cumbō, -ere, -cubuī, recline
√recuperō (1), recover, regain
#re-cūsō (1), decline, refuse, protest
*red-dō, -ere, -didī, -ditum, give
    back, return, restore
*red-eō, -īre, -iī, -itum, go back,
    return
#red-imō, -ere, -ēmī, -ēmptum,
    buy back, ransom, buy
red-itus, -ūs, m., a going back,
    return
red-undō (1), overflow, flow freely,
    abound in
re-fellō, -ere, -fellī, disprove,
    refute
*re-ferō, -ere, rettulī, relātum,
    bring back, report; record
rē-fert, -ferre, -tulit, impers., it
    matters, it is important
refertus, -a, -um (referciō),
    crammed, crowded with (+ gen.
    or abl.)
*re-ficiō, -ere, -fēcī, -fectum,
    repair, restore, refresh

refrīgerium, -ī, n., lit. a cooling;
    refreshment, consolation (EL)
refrīgerō (1), to cool (off)
re-fugus, -a, -um, fugitive, reced-
    ing
rēgia, -ae, f., royal palace
*rēgīna, -ae, f., queen
Rēgīnī, -ōrum, m., people of
    Regium, a town in southern Italy
    opposite Messina
*regiō, -ōnis, f., region, district
Rēgium, -ī, n., town in southern Italy
*rēgius, -a, -um, royal
*rēgnō (1), be king, reign
*rēgnum, -ī, n., kingdom, realm
*regō, -ere, -rēxī, rēctum, guide,
    direct; rule
√re-gredior, -ī, -gressus sum, go
    back, retreat, withdraw
Rēgulus, -ī, m., Roman cognomen;
    espec. M. Atilius Regulus, famous
    for loyalty to his oath in 1st Punic War
√rē-iectiō, -ōnis, f., rejection
re-labor, -ī, -lapsus sum, slip,
    glide, or sink back
relaxō (1), relax, loosen
re-levō (1), lift up; relieve, lighten
*religiō, -ōnis, f., religious cere-
    mony or scruples, worship, sacred
    obligation
religiōsē, adv., conscientiously, de-
    voutly
√religiōsus, -a, -um, holy; pious,
    devout
*relinquō, -ere, -līquī, -lictum,
    leave; abandon, desert, give up
*reliquus, -a, -um, remaining, rest
    (of), other
re-lūceō, -ere, -lūxī, shine out
#re-maneō, -ēre, -mānsī, -mān-
    sum, remain, continue, abide
√remedium, -ī, n., remedy
re-mētior, -īrī, -mēnsus sum,
    measure again, measure back
rēmigium, -ī, n., lit. a rowing;
    rowing motion (of wings), wing
    power
remissiō, -ōnis, f., a relaxing,
    relaxation, slackening, remission,
    forgiveness

*re-mitto, -ere, -mīsī, missum,
send back, send off, give up, forgive, remit

re-moror, -ārī, -ātus sum,
linger, tarry

re-mōtus, -a, -um, removed, distant, remote, free from

*re-moveō, -ēre, -mōvī, -mōtum,
remove, lay aside

re-mūneror, -ārī, -ātus sum,
repay, reward

*Remus, -ī, m., brother of Romulus

renīdeō, -ēre, shine, beam, smile

#re-novō (1), renew

*reor, rērī, ratus sum, think,
suppose

re-pedō (1), step back, turn back;
retire

#re-pellō, -ere, reppulī, repul-
sum, drive back or away

*repente, adv., suddenly, unexpect-
edly

√repentīnus, -a, -um, sudden, unexpected

re-percussus, -a, -um, (partic. of
repercutiō), re-echoing

*re-periō, -īre, repperī, reper-
tum, find, discover

*re-petō, -ere, -petīvī, -petītum,
seek again, return to; repeat

√re-pleō, -ēre, -plēvī, -plētum,
fill up

re-prehendō, -ere, -hendī, -hēn-
sum, seize; blame, censure

re-prehēnsō (1), hold back repeatedly or eagerly

re-pudiō (1), reject, refuse, repudi-
ate

√re-pugnō (1), resist, oppose; be
inconsistent with

√re-putō (1), think over, consider

√requiēs, -ētis, f., rest

re-quiēscō, -ere, -quiēvī, rest,
repose

*re-quīrō, -ere, -sīvī, -sītum,
search for, ask for, require

*rēs, reī, f., a noun of innumerable
meanings according to the context,
thing, matter, business, affair,
etc.; rēs pūblica, reī pūblicae,

state, commonwealth, republic,
government; rē vērā, as adv.,
really, actually

re-scindō, -ere, -scidī, -scissum
tear away, tear down

re-servō (1), keep back, reserve;
preserve

#re-sīdo, -ere, -sēdī, sessum, sit
down; abate, subside

*re-sistō, -ere, -stitī, halt, remain;
resist (+ dat.)

*re-spiciō, -ere, -spexī, -spec-
tum, look back; reflect upon,
consider

*respondeō, -ēre, -spondī, -spōn-
sum, answer

*re-stituō, -ere, -stituī, -stitū-
tum, set up again, restore, renew

√re-supinus, -a, -um, lying on the
back

√re-surgō, -ere, -surrēxī, -sur-
rēctum, rise up again

rēte, -is, n. net

re-texō, -ere, -uī, -tum, unweave, reverse

*re-tineō, -ēre, -tinuī, -tentum,
hold back, retain, restrain

√re-trahō, -ere, -trāxī, -trāctum,
drag back, bring back

#retrō, adv., back, backwards

*reus, -ī, m., defendant, accused
person; a sinner (in ML)

re-vellō, -ere, -vellī, -vulsum,
tear away, pull off

*re-vertor, revertī (pres. inf.), re-
vertī (perf. ind. act. and perf.
system act.), reversus, -a, -um
(having returned), turn back,
come back, return

re-virēscō, -ere, -viruī, become
green again

re-vīvīsco, -ere, re-vīxī, come
back to life again, revive

*re-vocō (1), call back, recall

√re-volvō, -ere, -volvī, -volūtum,
roll back; think over; pass., return

*rēx, rēgis, m., king; despot; a
rich or mighty person

√Rhodopē, -ēs (acc. -ēn), f., mountain range in Thrace

Rhodopēius, -a, -um, Thracian (*from the mountain Rhodope*)

rictus, -ūs, *m., sing. or plu.,* the open mouth, jaws

*✱**rīdeō, -ēre, rīsī, rīsum,** laugh, laugh at

√**rigeō, -ēre,** be stiff, stiffen

rigēns, *gen.* **-entis,** stiff, hard

√**rigidus, -a, -um,** stiff, rigid, inflexible

√**rigō** (1), moisten, to water

rīma, -ae, *f.,* crack

✱**rīpa, -ae,** *f.,* bank (of a river)

✱**rīvus, -ī,** *m.,* brook, stream

✱**rōbur, -boris,** *n., lit.* oak; strength

√**robustus, -a, -um,** *lit.* of oak; firm, strong, robust

rōdō, -ere, rōsī, rōsum, gnaw, nibble at; disparage, slander

rogātus, -ūs, *m.,* asking, request

rogātiō, -ōnis, *f.,* proposed law, bill; request

✱**rogō** (1), ask, request; propose for election, elect

✱**rogus, -ī,** *m.,* funeral pyre

✱**Rōma, -ae,** *f.,* Rome

✱**Rōmānus, -a, -um,** Roman

✱**Rōmulus, -ī,** *m., reputed founder of Rome*

#**rōstrum, -ī,** *n.,* beak; ramming beak of a warship; **rōstra, -ōrum,** *plu.,* speakers' platform in Forum, *which was adorned with ships' beaks*

✱**rubeō, -ēre,** be red, blush

rubus, -ī, *m.,* bramble-bush

✱**rudis, -e,** rough, unskilled, uncultivated

✱**ruīna, -ae,** *f.,* a falling down, ruin, disaster

✱**rūmor, -ōris,** *m.,* report, rumor

rumpō, -ere, rūpī, ruptum, burst, break open, destroy

✱**rūpēs, -is,** *f.,* rock, cliff

rūri-cola, -ae, *m./f.,* inhabitant of the country, a farmer

✱**rūrsus,** *adv.,* back, again

rūsticānus, -a, -um, of the country, rustic

rūsticātiō, -ōnis, *f.,* rural life, visit to the country

✱**rūsticus, -a, -um,** of the country, rural, rustic

S

S. = salūtem (dicit)

sabbatum, -ī, *n.,* the Sabbath

√**saccus, -ī,** *m.,* sack, bag

✱**sacer, -cra, -crum,** sacred, holy; **sacrum, -ī,** *n.,* religious rite; sacrifice

✱**sacerdōs, -ōtis,** *m./f.,* priest, priestess

√**sacrāmentum, -ī,** *n.,* oath

#**sacrificium, -ī,** *n.,* sacrifice

√**saeculāris, -e,** of a generation *or* a century; worldly, profane, secular

✱**saeculum, -ī,** *n.,* century; generation; the world (*in ML*)

✱**saepe,** *adv.,* often; *compar.* **saepius**

saepiō, -īre, -psī, -ptum, hedge in, enclose; protect

✱**saevus, -a, -um,** savage, fierce

sagīnō (1), feed, fatten

sagulum, -ī, *n.,* military cloak

Saguntīnī, -ōrum, *m.,* the people of Saguntum *in eastern Spain*

✱**saltem,** *adv.,* at least

✱**saltus, -ūs,** *m.,* mountain pass

√**salūbris, -e,** healthful, salutary. beneficial

✱**salūs, -ūtis,** *f.,* health, safety, welfare, preservation; greeting (**salūtem dīcere**), *usu. abbreviated to* S. *or* Sal.

salūtāris, -e, healthful, salutary, beneficial

√**salūtō** (1), greet, salute

√**salvō** (1), save, preserve (*ML*)

✱**salvus, -a, -um,** safe

Samarītānus, -a, -um, Samaritan

Samos, -ī, *f., an island in the Aegean Sea off the central western coast of Asia Minor, birthplace of Pythagoras*

sanciō, -īre, sanxī, sānctum, make sacred

sāncti-ficō (1), treat as holy, sanctify (*V*)

√sānctitās, –tātis, *f.*, sanctity, purity

*sānctus, –a, –um, sacred, holy, venerable, virtuous

sānē, *adv.* indeed, truly, by all means, certainly, to be sure

*sanguis, –inis, *m.*, blood; bloodshed

√sānō (1), heal, cure

*sānus, –a, –um, sound, healthy

*sapiēns, *gen.* –entis, wise, sensible; *as a noun, m.*, a wise man, philosopher

sapienter, *adv.*, wisely

*sapientia, –ae, *f.*, wisdom; intelligence

#sapiō, –ere, –īvī, be sensible *or* wise, understand

sapphīrus, –ī, *m.*, sapphire

Sapphō, –ūs, *f.*, *the famous Greek lyric poetess*

√sarcina, –ae, *f.*, soldier's pack, baggage

Sardēs, –ium, *f. plu.*, Sardis, *capital of Lydia*

sardonychus, –a, –um, of sardonyx

satelles, –itis, *m./f.*, attendant

satietās, –tātis, *f.*, satiety, sufficiency

*satis, *indecl. adj.*, *n.*, and *adv.*, enough; *compar.* satius, better

satis-faciō, –ere, –fēcī, –factum, *lit.* do enough for; satisfy

saturō (1), satisfy, fill

√satyrus, –ī, *m.*, a satyr, *a sylvan divinity with animal traits (horns, horse's tail, goat's feet), an attendant of Bacchus*

*saxum, –ī, *n.*, rock

#scaena, –ae, *f.*, stage, theater

scaenicus, –a, –um, of the stage *or* theater, dramatic, theatrical

Scaevola, –ae, *m.*, the left-handed, *the cognomen given to C. Mucius*

#scelerātus, –a, –um, criminal, wicked, accursed

*scelus, –eris, *n.*, crime, wickedness

*scientia, –ae, *f.*, knowledge

*scī–licet, *adv.*, obviously, to be sure, of course; namely

*sciō, –īre, –īvī, –ītum, know, understand; know how

*Scīpiō, –ōnis, *m.*, *a Roman cognomen; see* Cornelius

√scīscitor, –ārī, –ātus sum, seek to know, inquire

#scopulus, –ī, *m.*, crag, cliff

scrība, –ae, *m.*, secretary

*scrībō, –ere, scrīpsī, scrīptum, write, compose; enroll (soldiers)

scrīptum, –ī, *n.*, a writing, treatise

√scrīptūra, –ae, *f.*, a writing, composition

sculptilis, –e, carved, sculptured

#scūtum, –ī, *n.*, shield

sē, *reflex. pron.: see* suī

sē–, *inseparable prefix*, apart, aside, without

sē–cēdō, –ere, –cessī, –cessum, go away, withdraw

*sē–crētus, –a, –um, remote, hidden, secret; sēcrētum, –ī, *n.*, a secret

secundum, *prep.* + *acc.*, following, after; according to

*secundus, –a, –um, *lit.* following; second, favorable; secundō, *as adv.*, secondly

√secūris, –is, *f.*, ax

√sē–cūritās, –tātis, *f.*, freedom from care, confidence; safety, security

*sē–cūrus, –a, –um, free from care, safe, secure

√secus, *adv.*, otherwise; *prep.* + *acc.* (*ante-class. and late Lat.*) along, near, beside

*sed, *conj.*, but

sēdātiō, –ōnis, *f.*, an allaying, soothing

*sedeō, –ēre, sēdī, sessum, sit

*sēdēs, –is, *f.*, seat, abode, home, place

#sēd–itiō, –ōnis, *f.*, *lit.* a going apart; dissension, quarrel

sēd–itiōsus, –a, –um, turbulent, rebellious, quarrelsome

√sēdō (1), settle, soothe, check, stop

sēdulō, *adv.*, earnestly; purposely, designedly

√sēgnis, -e, slow, sluggish

sēgniter, *adv.*, sluggishly, slowly

sē-gregō (1), separate, set apart

sē-iungō, -ere,-iūnxī,-iūnctum, separate

*semel, *adv.*, once

Semīramis, -idis, *f.*, *wife of Ninus, king of Assyria*

sēmi-vīvus, -a, -um, half alive = half dead

*semper, *adv.*, always

√sempiternus, -a, -um, everlasting, eternal

√senātor, -ōris, *m.*, senator

*senātus, -ūs, *m.*, senate

*senectūs, -tūtis, *f.*, old age

*senex, senis, *m./f. adj. or noun*, old or an old man (woman); *compar.* senior, -ōris, *m.*, older, elderly or an elderly man (*between 45 and 60 years of age*)

√senīlis, -e, of an old man, old man's senior: *compar. of* senex

*sēnsus, -ūs, *m.*, feeling, sensation, understanding, opinion, meaning

*sententia, -ae, *f.*, thought, opinion; vote

*sentiō, -īre, sēnsī, sēnsum, feel, think, perceive

sēparātim, *adv.*, separately, apart

sē-parō (1), separate

*sepeliō, -īre, -īvī, sepultum, bury

*septem, *indecl.*, seven

√September, *gen.* -bris, *adj.*, belonging to September, of September; September (*sc.* mēnsis), -bris, *m.*, September

septem-decim = septendecim

septēnārium, -ī, *n.*, that which consists of seven = the seven gifts of the Spirit (*see* Veni Sancte Spiritus)

septen-decim, *indecl.*, seventeen

septiēs, *adv.*, seven times

√septimus, -a, -um, seventh

septingentī, -ae, -a, seven hundred

*sepulcrum, -ī, *n.*, grave, tomb

sepultūra, -ae, *f.*, burial

sequestrō (1), separate (*late Lat.*)

*sequor, -ī, secūtus sum, follow

*sermō, -ōnis, *m.*, conversation, talk

√sērō, *adv. of* sērus, late, too late; *compar.* sērius; *superl.* sērissimē

*serpēns, -entis, *m./f.*, snake

serpō, -ere, -psī, crawl, creep, spread

*sērus, -a, um, late, belated

servīlis, -e, of a slave, servile

*serviō (4), be a slave, serve

*servitium, -ī, *n.*, slavery, servitude; slaves

√servitūs, -tūtis, *f.*, slavery, servitude, subjection

*servō (1), save, preserve

servulus, -ī, *m.*, young slave

*servus, -ī, *m.*, slave, servant

sescentī, -ae, -a, six hundred; *often simply an indefinitely large number, as we use 1000*

sēstertium, -ī, *n.*, a thousand sesterces

*seu = sīve

√sevēritās, -tātis, *f.*, severity, sternness

*sex, *indecl.*, six

sexāgēsimus, -a, -um, sixtieth

sexiēs, *adv.*, six times

√sexus, -ūs, *m.*, sex

*sī, *conj.*, if, in case; whether; quod sī, but if

Sibylla, -ae, *f.*, a Sibyl, *prophetic priestess of Apollo*

*sīc, *adv.*, so, thus

√siccō (1), to dry

*siccus, -a, -um, dry

√Sicilia, -ae, *f.*, Sicily

√Siculus, -a, -um, Sicilian; Siculus, -ī, *m.*, a Sicilian

*sīc-ut (*or* -utī), just as

*sīdus, -eris, *n.*, constellation, star

sigillō (1), to seal (*ML*)

significātiō, -ōnis, *f.*, sign, token

*significō (1), indicate, make known; mean, signify

*signō (1), to seal

*signum, -ī, *n.*, sign, signal, standard (banner); seal; statue

silēns, *gen.* **–entis,** silent, still

*silentium, **–ī,** *n.,* silence

Sīlēnus, –ī, *m., oldest of the satyrs and tutor and attendant of Bacchus*

siliqua, –ae, *f.,* husk, pod

*silva, **–ae,** *f.,* forest

silvānus, –a, –um, of the woods, sylvan (*ML*)

*similis, **–e,** like, similar (+ *gen. or dat.*)*; compar.,* **similior; superl.** **simillimus**

similiter, *adv.,* similarly, likewise

√similitūdō, **–inis,** *f.,* likeness, resemblance; comparison, simile; parable (*V*)

*simplex, *gen.* **–icis,** plain, simple, sincere

*simul, *adv.,* at the same time, along with

*simulācrum, **–ī,** *m.,* image, portrait, statue; phantom, shade

simulātiō, –ōnis, *f.,* false show, pretence, hypocrisy

simulātus, –a, –um (simulō), feigned, pretended

*simulō (1), feign, pretend

#sīn, *conj.,* but if

√sincērus, **–a, –um,** unadulterated, whole; candid, sincere, genuine

*sine, *prep.* + *abl.,* without

*singulī, **–ae, –a,** *distributive plu.,* one each, one at a time; single, individual

*sinister, **–tra, –trum,** left, on the left hand; awkward, wrong, perverse

*sinō, **–ere, –sīvī, situm,** allow, permit

Sinuessānus, –a, –um, of Sinuessa, *a town in Latium*

*sinus, **–ūs,** *m.,* fold; bay, gulf; fold in a toga = bosom *or* lap

√sīquidem, *conj.,* if indeed; since, inasmuch as

#sistō, **–ere, stitī, statum,** set up, stop, check

Sīsyphus, –ī, *m., wicked king of Corinth condemned in Tartarus to roll a boulder eternally uphill*

sitiēns, *gen.* **–entis,** thirsty

√sitis, **–is,** *f.,* thirst

*situs, **–a, –um,** *perf. partic. of* **sino,** placed, situated; **situs esse in** + *abl.,* to rest *or* depend on

*sī–ve (*or* **seu),** *conj.,* or if; **sīve . . . sīve,** if . . . or if, whether . . . or

#socer, **–erī,** *m.,* father-in-law

√societās, **–tātis,** *f.,* fellowship, association; alliance, society, union

√sociō (1), unite, join, associate

*socius, **–ī,** *m.,* ally, partner, associate

√Sōcratēs, **–is,** *m., famous Athenian philosopher of the 5th cen.* B.C.

*sōl, **sōlis,** *m.,* sun

*sōlācium, **–ī,** *n.,* consolation, solace

solea, –ae, *f.,* sandal

*soleō, **–ēre, solitus sum,** be accustomed

#solidus, **–a, –um,** firm, solid, complete

sōlitārius, –a, –um, solitary, lonely, unsocial

*sōlitūdō, **–dinis,** *f.,* solitude, wilderness

solitus, –a, –um (*partic. of* **soleō),** usual, customary

sollemne, –is, *n.,* festival, ceremony, rite

*sollemnis, **–e,** annual; solemn; usual, customary, festive

√sollertia, **–ae,** *f.,* skill, expertness, cleverness, quickness of mind, keen understanding; shrewdness, trickery

*sollicitō (1), agitate, disturb, harass

*sollicitus, **–a, –um,** stirred up, agitated, disturbed

#sōlor, **–ārī, –ātus sum,** comfort, console; soothe, lessen

√solum, **–ī,** *n.,* soil, earth

*sōlum, *adv.,* (*cp.* **sōlus**) only, merely; **nōn sōlum . . . sed etiam,** not only . . . but also

*sōlus, **–a, –um,** alone, only, sole

solūtus, –a, –um (*from* **solvō),** loosened, free (from); unrestrained, careless

*solvō, **–ere, solvī, solūtum,** loosen, release, dissolve; fulfill, pay *somnium, -ī, n., dream

*somnus, -ī, m., sleep

sonāns, gen. -antis, sounding, noisy

*sonitus, -ūs, m., sound, noise

*sonus, -ī, m., sound, noise

#sopor, -ōris, m., deep sleep

#sordidus, -a, -um, dirty, base, disgraceful

*soror, -ōris, f., sister

*sors, sortis, f., lot, fate

*spargō, -ere, sparsī, sparsum, scatter

spatior, -ārī, -ātus sum, walk, walk about

*spatium, -ī, n., space, place, room; interval, time, opportunity

speciāliter, adv., particularly, especially

*speciēs, -ēī, f., sight, view; appearance, mien, semblance; vision; kind, species

√speciōsus, -a, -um, beautiful, fine, splendid

#spectāculum, -ī, n., sight, spectacle

spectātiō, -ōnis, f., the sight

*spectō (1), look at, see, watch; consider; look toward, face

speculātor, -ōris, m., a spy

speculor, -ārī, -ātus sum, spy

*spernō, -ere, sprēvī, sprētum, despise, spurn, reject

*spērō (1), hope, hope for; expect

*spēs, -eī, f., hope, expectation

√spīna, -ae, f., thorn

*spīritus, -ūs, m., breath, breathing; spirit, soul, mind, courage

√splendeō, -ēre, -uī, shine, glitter, be bright, be glorious

*splendidus, -a, -um, shining, splendid, fine, illustrious; adv. splendidē, splendidly, with splendor

*splendor, -ōris, m., brightness, splendor

spoliātiō, -ōnis, f., plundering, robbing

#spoliō (1), strip, despoil, rob, plunder

#spolium, -ī, n., booty, spoil, arms taken from the enemy

spōnsālia, -ium, n. plu., a betrothal

*sponte, f. abl. sing. as an adv. (often with suā, meā), of one's own accord, voluntarily, freely

spūmi-ger, -era, -erum, foaming

√spūmō (1), to foam

squālidus, -a, -um, dirty, squalid

Stabiae, -ārum, f. plu., town near Vesuvius

#stabilis, -e, stable, steadfast, constant, firm

stabilitās, -tātis, f., stability, firmness, steadfastness

stabulārius, -ī, m., innkeeper

√stabulum, -ī, n., stable; tavern

√stadium, -ī, n., racecourse, stadium

#stāgnum, -ī, n., standing water, pool

*statim, adv., at once, immediately

*statiō, -ōnis. f., station, post

statīvus, -a, -um, stationary, fixed; statīva, -ōrum, n. plu. (sc. castra) permanent camp

√statua, -ae, f., statue

*statuō, -ere, -uī, -ūtum, put, place, set up; decide, determine, resolve

√status, -ūs, m., standing, condition, state

status, -a, -um (partic. of sisto), fixed, appointed

*stēlla, -ae, f., star

√stilus, -ī, m., stylus, pointed instrument for writing on wax tablets

stīpendiārius, -a, -um, subject to tax or tribute, tributary

√stīpendium, -ī, n., pay; tribute

#stirps, stirpis, f., trunk, stock; family, lineage

stīva, -ae, f., plowhandle

*stō, -āre, stetī, statum, stand, stand still

√Stōicus, -a, -um, Stoic; Stōicus, -ī, m., a Stoic philosopher

stola, -ae, f., long robe

√stomachus, -ī, m., gullet; stomach; liking, taste

#strāgēs, -is, f., ruin; slaughter

strātum, -ī, n., bed; blanket

strēnuē, adv., actively, promptly

#strepitus, -ūs, m., noise, din

strictus, -a, -um (partic. of stringō), drawn together, tight; severe, strict; adv. strictē

strīdulus, -a, -um, hissing, creaking

*stringō, -ere, strinxī, strictum, touch lightly, graze; draw tight, bind; draw, unsheath

struēs, -is, f., heap

*studeō, -ēre, -uī, be eager, be devoted to, study

studiōsē, adv. of studiōsus

*studiōsus, -a, -um, eager, zealous, devoted

*studium, -ī, n., eagerness, zeal, pursuit, study; loyalty, devotion

stultitia, -ae, f., foolishness, stupidity

*stultus, -a, -um, foolish

#stupeō, -ēre, -uī, be amazed, gaze at with wonder

stuprum, -ī, n., debauchery

Styx, Stygis, f., the hated river which surrounded Hades

#suādeō, -ēre, suāsī, suāsum, advise, urge, recommend

suāsor, -ōris, m., recommender, promoter, advocate

√suāvitās, -tātis, f., sweetness, pleasantness

suāviter, adv., sweetly, pleasantly; gently

*sub, prep. + acc. and abl.: w. acc. of motion, under, close up to; w. abl. of place where, under, at the foot of

*sub-dō, -ere, -didī, -ditum, put or place under, plunge; subject, subdue

#sub-dūcō, -ere, -dūxī, -ductum, draw up, draw ashore

*sub-eō, -īre, -iī, -itum., lit. go under; undergo, undertake, endure, come to mind; approach

√sub-iaceō, -ēre, -uī, lie below

*sub-iciō, -ere, -iēci, -iectum, lit. throw under; subject, subordinate; place near; subiectus, -a, -um, lying under or at the foot of, adjacent; subjected

sub-invītō (1), gently (sub-) invite, suggest, hint

*subitō, adv., suddenly

√subitus, -a, -um, sudden

sublicius, -a, -um, built on piles

*sublīmis, -e, lofty, on high

sub-m: see sum-m

#sub-sistō, -ere, -stitī, stand still, halt; remain, stay

substantia, -ae, f., substance; property

subter-fugiō, -ere, -fūgī, escape, evade

subtīliter, adv., nicely, accurately

sub-urbānum, -ī, n., estate near the city

√sub-vehō, -ere, -vexī, -vectum, carry up, transport

#suc-cēdō, -ere, -cessī, -cessum, go under, approach; succeed

#suc-cendō, -ere, -cendī, -cēnsum, set on fire

suc-cessiō, -ōnis, f., succession

suc-cessus, -ūs, m., success

√suc-cumbō, -ere, -cubuī, -cubitum, yield, succumb, be overcome

#suc-currō, -ere, -currī, -cursum, lit. run up under; rush to the aid of, help; come to mind

*suf-ficiō, -ere, -fēcī, -fectum, supply, substitute, appoint (in place of another)

√suffrāgium, -ī, n., vote

*suī (sibi, sē, sē), reflex. pron. of 3d person, himself, herself, itself, themselves

√Sulla, -ae, m., L. Cornelius Sulla, dictator in 81 B.C., infamous for his proscriptions

Sulpicius, -ī, m., a Roman nomen

sulpur, -uris, n., sulphur

*sum, esse, fuī, futūrus, be, exist; est, sunt may mean there is, there are; fore, an old fut. inf.

√**summa, -ae,** *f.,* sum, amount, whole, chief point

√**sum-mergō, -ere, -mersī, -mersum,** plunge under water, overwhelm, drown

sum-missus, -a, -um, gentle, calm, humble, submissive

#**sum-mittō, -ere, -mīsī, -missus,** let down, lower

***summus, -a, -um,** *superl. of* **superus,** highest, greatest, most important; highest part of, top of; **summum bonum,** the highest good *or* goal in life

***sūmō, -ere, sūmpsī, sūmptum,** take, consume; assume, choose

sūmptuōsus, -a, -um, expensive; extravagant

supellex, supellectilis, *f.,* furniture, equipment

***super,** *adv.,* above, besides, moreover; *prep.* + *acc.* over, above, upon; + *abl.* over, above, concerning

√**superbia, -ae,** *f.,* pride; haughtiness, insolence

***superbus, -a, -um,** haughty, proud

super-effluō, -ere, -fluxī, -fluctum, flow over (*V*)

super-ērogō (1), spend over and above

***superior:** *see* **superus**

super-in-cidō, -ere, -cidī, -cāsum, fall on from above

supernē, *adv.,* from above

***superō** (1), surpass, overcome, defeat; surmount, pass over; survive

superscrīptiō, -ōnis, *f.,* inscription, superscription (*EL*)

#**super-stes,** *gen.* **-stitis,** surviving, outliving

superstitiō, -ōnis, *f.,* superstition

***super-sum, -esse, -fuī,** be left over, survive

***superus, -a, -um,** high up, upper, above; *compar.* **superior, -ius,** higher, superior, earlier, former; *superl.* **summus, -a, -um,** high-

est, highest part of, *and* **suprēmus -a, -um,** highest, last, final, extreme

super-vacāneus, -a, -um, superfluous, needless

supervacuus, -a, -um, superfluous, unnecessary

√**super-veniō, -īre, -vēnī, -ventum,** follow up, overtake; appear unexpectedly

√**suppeditō** (1), supply, furnish, suffice

sup-plantō (1), trip up

sup-pleō, -ēre, -plēvī, -plētum, fill up

***supplex, -plicis,** *m.,* a suppliant

***supplicium, -ī,** *n., lit.* a kneeling; supplication; punishment, penalty; pain, distress, suffering

√**sup-plicō** (1), kneel down to, pray to, worship, entreat

√**sup-primō, -ere, -pressī, -pressum,** hold back, suppress

***suprā,** *adv. and prep.* + *acc.,* above, over, beyond; upon

***suprēmus, -a, -um,** *a superl. of* **superus**

***surgō, -ere, surrēxī, surrēctum,** arise, get up

sur-ripiō, -ere, -ripuī, -reptum, snatch (secretly), steal

***sus-cipiō, -ere, -cēpī, -ceptum,** undertake; incur, suffer

suspectus, -a, -um, suspected

sus-pēnsus, -a, -um (*partic. of* **suspendō,** hang up), doubtful, in suspense, fearful, anxious

***suspiciō, -ere, -spexī, -spectum,** suspect

√**suspīciō, -ōnis,** *f.,* suspicion, distrust

√**suspicor, -ārī, -ātus sum,** suspect, conjecture

√**suspīrium, -ī,** *n.,* sigh, deep breath

√**sustentō** (1), sustain, bear, endure

***sus-tineō, -ēre, -tinuī, -tentum,** hold up, support, sustain, endure, withstand

sustulī, *perf. of* **tollō**

*suus, -a, -um, *reflex. possessive adj.*, his own, her own, its own, their own

symphōnia, -ae, *f.*, musical concert

Syrācūsae, -arum, *f. plu.*, Syracuse

Syrācūsānus, -a, -um, of Syracuse; Syrācūsānī, -ōrum, *m.*, the Syracusans

T

T., *abbr. of* Titus, *a praenomen*

tabellārius, -ī, *m.*, letter-carrier

√taberna, -ae, *f.* shop, tavern, inn

tābēscō, -ere, tābuī, waste away, melt, be dissolved

#tabula, -ae, *f.*, board; writing-tablet; document, record; picture, painting

*taceō, -ēre, tacuī, tacitum, be silent; be silent about, pass over in silence

*tacitus, -a, -um, silent

#taeda, -ae, *f.*, torch; wedding torch (*carried in the procession*), wedding

√taedium, -ī, *n.*, weariness, disgust

Taenarius, -a, -um, Taenarian = Spartan (*from Taenarus, a city in Laconia*)

#taeter, -tra, -trum, foul, offensive, repulsive

*tālis, -e, such, of such a sort

tālus, -ī, *m.*, ankle; heel

*tam, *adv. used with adjs. and advs.*, so, to such a degree

*tamen, *adv.*, nevertheless, still

√tam-etsī, *conj.*, although

*tamquam, *adv.*, as, just as, as it were

*tandem, *adv.*, finally, at last; *in questions*, pray, now then

*tangō, -ere, tetigī, tāctum, touch

√Tantalus, -ī, *m.*, legendary king condemned to be tantalized in Tartarus for an insult to the gods

tantisper, *adv.*, just so long

tantum, *as adv. of* tantus, so much, only

√tantummodo, *adv.*, only

*tantus, -a, -um, so great, so much; tantus . . . quantus, as great . . . as; tantum *as adv.*, so much; only

tantus-dem, tanta-dem, tant-un-dem, just so great *or* large

*tardus, -a, -um, slow, tardy, late; *adv.* tardē

Tarquinius, -ī, *m.*, name of two Etruscan kings at Rome, Priscus and Superbus; the latter was the last of the kings at Rome and was expelled in 510 B.C.

#Tartara, -ōrum, *n.*, Tartarus, in Hades, the region for evil-doers

Tauromenitānus, -a, -um, of Taormina, *a town on the east coast of Sicily*

*tēctum, -ī, *n.*, roof; dwelling, house

*tegō, -ere, tēxī, tēctum, cover, hide; protect

*tellūs, -ūris, *f.*, earth, land, region

*tēlum, -ī, *n.*, missile, javelin, spear, weapon

Temenītēs, -is, *m.*, a title of Apollo as god of the sacred precinct at Syracuse

#temerārius, -a, -um, rash, foolhardy

*temerē, *adv.*, rashly, heedlessly

√temeritās, -tātis, *f.*, rashness, foolhardiness; chance, accident

temperantia, -ae, *f.*, moderation, temperance, self-control, restraint, avoidance of excess

√temperiēs, -ēī, *f.*, moderate temperature; calmness, restraint

*temperō (1), control, observe proper limits, use with moderation, refrain from

*tempestās, -tātis, *f.*, weather; storm; misfortune

*templum, -ī, *n.*, sacred area; temple

temptābundus, -a, -um, attempting, feeling one's way

*temptō (1), test, try, attempt

*tempus, -oris, n., time, period, season, opportunity; crisis, misfortune, extremity; ad tempus, for the time

*tendō, -ere, tetendī, tentum or tēnsum, stretch; strive, struggle, contend; travel, direct one's course (sc. iter)

*tenebrae, -ārum, f. plu., shadows, darkness, gloom

*teneō, -ēre, -uī, tentum, hold, contain, possess, check, hold back, restrain

*tener, -era, -erum, tender, delicate

tenor, -ōris, m., course, continuance

*tenuis, -e, slender, thin, weak, humble, simple; fine, exact

#tepeō, -ēre, -uī, be warm

*ter, adv., three times

Terentia, -ae, f., Terentia, wife of Cicero

√Terentius, -ī, m., a Roman nomen; e.g., C. Terentius Varro, defeated at Cannae in 216 B.C.; M. Terentius Afer, writer of comedy

*tergum, -ī, n., back (part of the body); ā tergō, in the rear

terminō (1), limit, restrict, bound, define

√ternī, -ae, -a, plu., three each, triple

*terō, -ere, trīvī, trītum, rub, wear out, consume

*terra, -ae, f., earth, land; territory, country; terrā marīque, by or on land and sea

√terrēnus, -a, -um, belonging to the earth, terrestrial

*terreō, -ēre, -uī, -itum, terrify

terrestris, -e, terrestrial, on the earth

*terror, -ōris, m., terror, fear, dread

tertiō, adv., for the third time; thirdly

tertium, adv., thirdly, in the third place, for the third time

*tertius, -a, -um, third

√testāmentum, -ī, n., last will, testament

√testimōnium, -ī, n., evidence, testimony

#testis, -is, m./f., witness

#testor, -ārī, -ātus sum, bear witness to, declare, assert; call to witness

tetendī, perf. of tendō

tetigī, perf. of tangō

#theātrum, -ī, n., theater

Themistoclēs, -is, m., Athenian general victorious at Salamis in 480 B.C.

√thēsaurus, -ī, m., treasure; treasury

√Thēseus, -eī, m., a famous king of Athens

Thisbē, -ēs, f., sweetheart of Pyramus of Babylon (see Ovid)

#Thrācius, -a, -um, Thracian

thronus, -ī, m., throne

Ti., abbr. of Tiberius, a praenomen

Tiberīnus, -a, -um, of or belonging to the Tiber river

√Tiberis, -is, acc. -berim, abl. -berī, m., Tiber River

*timeō, -ēre, -uī, fear, be afraid of; be afraid

*timidus, -a, -um, cowardly, timid

Timōlus (Tmōlus), -ī, m., mountain in Lydia, Asia Minor

*timor, -ōris, m., fear, dread

Tīcīnus, -ī, m., the Ticino river, in northern Italy

*tingō, -ere, tinxī, tinctum, wet, dip, dye, stain

Tīrō, -ōnis, m., Tiro, Cicero's very dear freedman and secretary

√titubō (1), stagger, reel, totter

#toga, -ae, f., toga (the Roman citizen's voluminous outer garment worn in formal, civic situations and regarded as the garb of peace)

tolerābilis, -e, bearable, tolerable

toleranter, adv., patiently

*tollō, -ere, sustulī, sublātum, lift up, take away, destroy

√tormentum, -ī, n., torture, torment, rack

√torpeō, -ēre, be stiff, benumbed, stupefied

torpidus, -a, -um, stiff, numb

*torqueō, -ēre, torsī, tortum, twist, torture, distress

*torreō, -ēre, -uī, tostum, burn, roast

torridus, -a, -um, parched, burnt

*torus, -ī, m., couch, cushion

*tot, indecl., so many

totaliter, adv., totally, completely (ML)

*totiēns, adv., so many times, so often

*tōtus, -a, -um (gen. tōtīus), whole, entire

√trabs, trabis, f., a beam of wood

tractātus, -ūs, m., handling, treatment

*tractō (1), handle, manage, treat

trāditiō, -ōnis, f., a handing over, surrender; a handing down, instruction, tradition

*trā-dō, -ere, -didī, -ditum, hand over, surrender; hand down, transmit

√trā-dūcō, -ere, -dūxī, -ductum, lead across, conduct; spend, pass

*trahō, -ere, traxī, tractum, drag; draw, assume, acquire; influence, cause

*trā-iciō, -ere, -iēcī, -iectum, throw across, bring across, transfer

trames, -itis, m., path

√trā-nō (1), swim across

tranquillitās, -tātis, f., quietness, calmness, peace, tranquility

#tranquillus, -a, um, quiet, calm

√trāns, prep. + acc., across

√trānscendō, -ere, -scendī, -scēnsum, climb over, pass over

*trāns-eō, -īre, -iī, -itum, go across, pass beyond, transgress, violate; (of time) go by, pass

*trāns-ferō, -ferre, -tulī, -lātum, bring across, transfer, transport; translate

trāns-fuga, -ae, m., deserter

trānsiliō, -īre, -siluī, leap over or across

trānsitōrius, -a, -um, having a passage through; passing, transitory (EL)

trāns-itus, -ūs, m., a crossing, passage

trāns-meō (1), go over or across

#trāns-mittō, -ere, -mīsī, -missum, send over or across; go over, cross over; intrust

trāns-verberō, lit. strike through; pierce

√trāns-versus, -a, -um, transverse, crosswise

Trasumennus, -ī, m., Lake Trasimeno (Lago di Perugia), where Hannibal defeated Flaminius in 217 B.C.

Trebia, -ae, m., a tributary of the Po River in northern Italy

√tre-centī, -ae, -a, three hundred

tredeciēs, adv., thirteen times

tremebundus, -a, -um, trembling, quivering

*tremō, -ere, -uī, tremble, shudder

√tremor, -ōris, m., a trembling; earthquake

*tremulus, -a, -um, trembling, quivering

trepidātiō, -ōnis, f., agitation, alarm, nervousness

*trepidō (1), be agitated, alarmed, anxious

*trepidus, -a, -um, alarmed, disturbed

*trēs, tria, three

trewga, -ae, f., truce (ML)

√tribūnal, -ālis, n., raised platform

tribūnicius, -a, -um, of a tribune, tribunician

*tribūnus, -ī, m., tribune, a Roman official originally appointed to protect the interest of the plebeians; a military officer

*tribuō, -ere, -uī, -ūtum, assign, ascribe, attribute, give

trīcēnsimus or trīcēsimus, -a, -um, thirtieth

trīduum, -ī, n., period of three days

triennium, -ī, n., period of three years

trigeminus, -a, -um, threefold; triplet

√trīginta, indecl., thirty

*trīstis, -e, sad, saddening, sorrowful

Troezēn, -zēnis, f., a town in Argolis across the Saronic Gulf from Athens

#Troiānus, -a, -um, Trojan

√truncus, -ī, m., trunk

#trux, gen. trucis, savage, fierce

*tū, tuī, personal pron., you sing. (thou)

*tuba, -ae, f., trumpet

*tueor, -ērī, tuitus sum, look at, watch, protect, defend, preserve

tulī: see ferō

Tullia, -ae, f., Tullia, Cicero's beloved daughter

#Tullius, -ī, m., a Roman gentile name; see espec. under Cicero

*tum, adv., then, at that time, thereupon

tumultuōsus, -a, -um, confused, noisy, tumultuous

*tumultus, -ūs, m., uproar, confusion, tumult

*tumulus, -ī, m., mound, hill; grave

*tunc, adv., then

√tunica, -ae, f., tunic, the shirt-like garment worn under the robe (toga) or without the robe

*turba, -ae, f., disorder, disturbance, confusion; mob, crowd

*turpis, -e, ugly, shameful, base, foul

turpiter, adv. of turpis

turpitūdō, -dinis, f., baseness, disgrace, ugliness

*turris, -is, f., tower

#tūs, tūris, n., incense

Tusculānum, -ī, n., sc. praedium, villa at Tusculum, a town just southeast of Rome

#tūtēla, -ae, f., protection, defense

tūtō, adv., safely

*tūtus, -a, -um, safe, guarded, protected; tūtum, -ī, n., a safe place, safety

*tuus, -a, -um, your (sing.)

tycha, -ae, f., Greek = fortuna

#tyrannus, -ī, m., tyrant, despot

U

*ūber, gen. ūberis, fertile, fruitful, abounding in

*ubĭ, rel. adv. and conj., where, when; interrog, adv. and conj., where?

√ubī-cumque, adv., wherever, anywhere, everywhere

#ulcīscor, -ī, -ultus sum, avenge; take vengeance on, punish

ulcus, -eris, n., ulcer, sore

*ūllus, -a, -um, any

ulna, -ae, f., elbow, arm

*ultimus, -a, -um (superl. of ulterior; cp. ultrŏ), farthest, most distant, last, utmost

√ultiŏ, -ōnis, f., vengeance, punishment

√ultor, -ōris, m., avenger

*ultrŏ, adv., to the farther side, beyond; voluntarily; ultrō citrōque, up and down, to and fro

*umbra, -ae, f., shade; ghost

*umerus, -ī, m., shoulder

*umquam, adv., ever

*ūnā as adv.: see ūnus

*unda, -ae, f., wave

*unde, adv. from which place, whence; from whom

ūndeciēs, adv., eleven times

ūn-decimus, -a, -um, eleventh

undique, adv., from or on all sides, everywhere

*ūnicus, -a, -um, one, only, sole; unique

ūni-genitus, -a, -um, only-begotten, only (EL)

*ūniversus, -a, -um, all together, entire, universal

*ūnus, -a, -um, one, single, only; ūnā (sc. viā) as adv., together, along; ūnus quisque, each one. In ML ūnus is often used as the indefinite article a, an.

urbānus, -a, -um, belonging to a city, urban

*urbs, -is, f., city; the city, i.e.,
Rome

urna, -ae, f., jug, urn

*ūrō, -ere, ussī, ustum, burn,
destroy by fire

#usquam, adv., anywhere, in any
way

*usque, adv., all the way, as far as,
up (to), even (to); continuously

ūsūrpātiō, -ōnis, f., employment,
a making use of

√ūsūrpō (1), employ

*ūsus, -ūs, m., use, practice, ex-
perience; enjoyment, profit

*ut, conj.: A. with subjunctive introduc-
ing (1) purpose, in order that, that,
to; (2) indirect command, that, to;
(3) result, so that, that; B. with
indicative, as, when; as for example, as being

utcumque, conj., in whatever way,
however

*uter, utra, utrum, which of two

*uterque, -traque, -trumque,
each of two, both; in plu. usu.
each side, both parties

utī = ut

*ūtilis, -e, useful, advantageous,
profitable

*ūtilitās, -tātis, f., use, profit, ad-
vantage, expediency

*utinam, adv., introducing wishes, oh
that, would that

*ūtor, -ī, ūsus sum, + abl., use,
enjoy

*utrimque, adv., from both sides, on
both sides

utrō-que, adv., in both directions

√utrum, adv., whether; utrum . . .
an, whether . . . or

#ūva, -ae, f., bunch of grapes

*uxor, -ōris, f., wife

V

*vacō (1), be empty; be free from,
be without; have (leisure) time for

*vacuus, -a, -um, empty, unoc-
cupied, free

*vādō, -ere, go, rush

√vae, interjection of pain or anger, ah!
alas! woe (to)

vāgītus, -ūs, m., a crying

*vagor, -ārī, -ātus sum, wander
about

*vagus, -a, -um, wandering

#valdē, adv., greatly, thoroughly,
very much

valēns, -entis, partic. of valeō as
adj., powerful, strong

Valentīnī, -ōrum, m., the people
of Valentia in southern Italy

*valeō, -ēre, valuī, valitūrus, be
strong, have power; be able,
prevail; be well, fare well; valē
(valēte), good-bye, farewell

Valerius, -ī, m., a Roman nomen

*valētūdō, -dinis, f., health

*validus, -a, -um, strong, power-
ful; adv. validē

*vallis, -is, f., valley

valvae, -ārum, f. plu., folding door
(the leaves)

√vānitās, -tātis, f., emptiness, vanity

*vānus, -a, -um, empty, vain, false;
ostentatious

*varius, -a, -um, different, various,
manifold, diverse; fickle

#Varrō, -ōnis, m., a Roman cogno-
men; e.g., C. Terentius Varro in 2nd
Punic War

√vās, vāsis, n., vessel; plu. vāsa,
-ōrum

*vāstus, -a, -um, empty, waste;
vast, immense

*vātēs, -is, m./f., soothsayer; bard,
poet

*-ve, enclitic conj., or

vectīgal, -ālis, n., tax

vectīgālis, -e, liable to taxes,
tributary

*vehementer, adv., violently; earn-
estly, greatly, very much

*vel, conj., or (if you please); vel . . .
vel, either . . . or; adv., even, very

vēlāmen, -minis, n., veil

#vēlō (1), to veil, cover, cloak

*vēlōx, gen. -ōcis, quick, swift

*vel-ut, adv., as, just as, as if

vēnābulum, -ī, n., hunting spear

√vēnālis, -e, on sale, to be sold

√vēnātiō, -ōnis, f., hunting; a hunt, espec. as a spectacle at the games

*vendō, -ere, -didī, -ditum, sell

*venēnum, -ī, n., poison

vēneō, -īre, -iī, be on sale, be sold

*veneror, -ārī, -ātus sum, revere, worship

√venia, -ae, f., pardon, favor, indulgence

*veniō, -īre, vēnī, ventum, come

√vēnor (1), to hunt

√venter, -tris, m., belly, stomach

*ventus, -ī, m., wind

*Venus, -eris, f., goddess of love

Venusia, -ae, f., a town not far from Cannae

venustās, -tātis, f., loveliness, charm

√venustus, -a, -um, charming, lovely, attractive

*vēr, vēris, n., spring, springtime

*verber, -eris, n., blow, lash

*verberō (1), beat, scourge

*verbum, -ī, n., word; ad verbum, to a word = word for word, literally

vērē, an adv. of vērus, truly, rightly, actually, really

verēcundia, -ae, f., respect, reverence; modesty, propriety, shame

*vereor, -ērī, -veritus sum, fear, be anxious; reverence, have respect for

√vēritās, -tātis, f., truth; sincerity, honesty

*vērō, an adv. of vērus, indeed, in fact; but in fact

Verrēs, -is, m., the Verres prosecuted by Cicero

*versō (1), turn, turn about; agitate, disturb; consider; see also deponent versor

versor, -ārī, -ātus sum, deponent of verso, lit. turn oneself about (in); be busy, engaged, occupied; be concerned with; dwell

√versus, as adv., towards; as a prep. = adversus in ML

*vertō, -ere, vertī, versum, turn; see also deponent vertor

vertor, vertī, versus sum, as pass. and deponent of vertō, turn oneself, turn about; be engaged in

vērum, conj., but, nevertheless, still; nōn modo ... vērum etiam, not only ... but also

*vērus, -a, -um, true, actual, real, reliable; vērum, -ī, n., truth, reality; vērē, adv., and rē vērā as adv., truly, really, actually; vērum as conj. (see under vērum)

Vestālis, -is, f., a Vestal virgin, one who tended the sacred fire of Vesta in the Forum

*vester, -tra, -trum, your (plu.), yours

vestibulum, -ī, n., entrance, vestibule

*vestīgium, -ī, n., footprint, track; trace, sign

#vestīmentum, -ī, n., clothing, garment, robe

#vestiō (4), clothe; cover, adorn

*vestis, -is, f., clothing, clothes, garment

vestītus, -ūs, m., clothing, clothes

Vesuvius, -ī, m., the famous volcano near Naples

veterānus, -ī, m., a veteran

*vetō, -āre, -uī, -itum, forbid, veto

*vetus, gen. veteris, old; aged

vetustus, -a, -um, old, ancient

vexātiō, -ōnis, f., hardship, harassment

vexātor, -ōris, m., harasser

#vexō (1), harass, molest, damage, maltreat

*via, -ae, f., way, road, street

vīcīnia, -ae, f., proximity, nearness, neighborhood

*vīcīnus, -a, -um, neighboring, near; noun m. or f., neighbor

*vicis (= gen.; nom. not found), vicem (acc.), vice (abl.); plu. vicēs, vicibus, change, interchange, vicissitude, plight, lot, fate; in vicem, in turn

√vicissim, adv., in turn

*victor, -ōris, m., victor, conqueror; sometimes as adj., victōrī hostī, victorious enemy

*victōria, -ae, f., victory

√vīctus, -ūs, m., a living, food, provisions; way of life

vīculus, -ī, m., hamlet

√vīcus, -ī, m., village; estate, property; street

√vidē-licet, adv., clearly; of course, to be sure

*videō, -ēre, vīdī, vīsum, see, observe, understand; videor, -ērī, vīsus sum, passive voice, be seen, seem; seem best

vigilāns, gen. -antis, watchful, vigilant

√vigilia, -ae, f., a being awake, wakefulness, vigil; watch (a quarter of the night); sentinel

*vigilō (1), keep awake

*vīgintī, indecl., twenty

#vigor, -ōris, m., vigor, energy

vīlicus, -ī, m., steward, overseer of an estate

*vīlis, -e, cheap, worthless

*vīlla, -ae, f., villa, country house, farm

villōsus, -a, -um, shaggy, rough

vīllula, -ae, f., small country house, small farm

*vinciō, -īre, vinxī, vinctum, bind

*vincō, -ere, vīcī, victum, conquer

*vinculum, -ī, n., bond, fetter

vindemiō (1), gather (grapes), harvest

#vindicō (1), deliver, defend, protect; avenge, punish

vīnētum, -ī, n., vineyard

*vīnum, -ī, n., wine

*violō (1), injure, outrage, violate

vīpera, -ae, f., snake, viper

*vir, virī, m., man; hero

*vireō, -ēre, -uī, be green, be vigorous

*vīrēs: see vis

#virga, -ae, f., twig, shoot; wand, rod

virginitās, -tātis, f., virginity, chastity

*virgō, -ginis, f., virgin, maiden

√virgultum, -ī, n., shrub, bush

*viridis, -e, green; youthful

√virīlis, -e, male, manly

virīliter, adv., manfully, courageously

*virtūs, -tūtis, f., courage, virtue, excellence

*vīs, vīs, f., force, power, violence; plu. vīrēs, vīrium, strength

vīscera, -um (plu. of vīscus, -eris, flesh), n., vitals, entrails

√vīsitō (1), see often, visit

*vīsō, -ere, vīsī, vīsum, go to see, visit

vīsus, -ūs, m., seeing, sight

*vīta, -ae, f., life; way of life

#vītālis, -e, vital

*vitium, -ī, n., fault, crime, vice

*vītō (1), avoid, shun, escape

vitrum, -ī, n., glass

√vitulus, -ī, m., calf

vituperō (1), blame, censure

*vīvō, -ere, vīxī, vīctum, live

*vīvus, -a, -um, living, alive

*vix, adv., hardly, scarcely, barely, with difficulty

√vocābulum, -i, n., name, appellation

*vocō (1), call, name; invite

vōc-ula (dimin. of vōx), -ae, f., lit. little voice; weak voice, poor voice

volātus, -ūs, m., a flying, flight

*volgus: see vulgus

*volō, velle, voluī, will, be willing, wish; intend, mean

*volō (1), to fly

*volucer, -cris, -cre, lit. flying; winged, swift; as a noun (sc. avis), bird

voluntārius, -a, -um, willing, voluntary, of one's own accord

*voluntās, -tātis, f., will, wish, desire; good will

*voluptās, -tātis, f., pleasure, delight; sensual pleasure, passion

vomō, -ere, -uī, -itum, vomit

*vōs, vestrum *or* vestrī, *plu. of* tu,
you
*vōtum, -ī, *n.,* vow; prayer
voveō, -ere, vōvī, vōtum, vow;
pray for, desire
*vōx, vōcis, *f.,* voice, word, cry; a
saying
vulgātus, -a, -um, commonly
known, public
*vulgō (1), spread among the
common people, communicate,
publish
vulgō (*abl. of* vulgus *as adv.*),
commonly, openly
*vulgus, -ī, *n.,* the common people,
crowd, throng, masses

*vulnṇs, -eris, *n.,* wound
√vulnerō (1), wound
vultur, -uris, *m.,* vulture
Vulturnus, -ī, *m.,* the Volturno, *a
river in Campania*
*vultus, -ūs, *m.,* face, looks, mien,
appearance

X

Xerxēs, -is, *m., king of the Persians,
defeated at Salamis in 480* B.C.

Z

zēlotēs, -ae, *m.,* one who is jealous

INDEX

Note: Numerical citations labeled by the letters W, A, B, and HB refer to textbooks on Latin grammar as follows:

(1) by page numbers to W: Wheelock, *Latin, An Introductory Course*, 3rd ed., Barnes & Noble, 1963.

(2) by section numbers to:
> A: Allen and Greenough, *New Latin Grammar*, Ginn, 1903.
> B: Bennett, *New Latin Grammar*, 3rd ĕd., Allyn & Bacon, 1918.
> HB: Hale and Buck, *A Latin Grammar*, University of Alabama Press, 1903, reprinted 1966.

Thus, where a person would like to learn more about a point in the notes or even one in the text, he can consult the index under the proper entry and there find references to further help.

The unlabeled citations (e.g., 125.302) refer to this book, *Latin Literature*. The number before the period indicates the page; the number after the period indicates the line numbered on that page: e.g., page 125, line 302. Practically all these citations refer to the notes, since the descriptive titles in the Table of Contents would seem adequate to suggest the material found in the Latin text itself.

So that the index may also be used for purposes of practice and review, examples have been cited under many entries. However, no claim is made that the lists are complete. In fact, some of the most elementary matters (e.g., nom. as subject; gen. of possession) are not even mentioned; and others may not be documented simply because they are so easy and so common.

A

-a, Greek acc. sing. ending, 193.187 (aëra), 195.2 (aethera), 196.13 (Styga)

Abbreviations, list of, 97–98 and note above under *Index*

Ablative:
> 'ablative,' derived from au-fero, ab-latum, 105.40
> absolute (W 111-112; A 419– 420; B 227; HB 421): 125.302, 127.353, 128.367, 128.372, 146.59, 166.169, 166.176, 168.238. 168.240, 172.23, 183.334, 194.208, 197.19, 208.84
> accompaniment (W 67, 102, 111 n. 1, 226 n. 105; A 413; B 222; HB 418–420): *passim*

Spartacus, gladiator, 113.240
Stoics, 104.30 (**stoa**), 118.20 (virtue), 127.344, 133.27 (**ataraxia**)
Subjunctive:
by attraction (A 593; B 324; HB 539): 183.355 (explained), 126.319, 130.427
commands (also called jussive, hortatory, volitive): direct commands (W 133 top and n. 3; A 439, 440: B 274, 275; HB 501): 101.65, 193.187 and *passim*
indirect commands (W 173; A 563 and fn. 1; B 295; HB 502.3.a and fn. 1): 125.291, 133.45, 148.102, 164.122, 166.174, 181.293, 188.85, 192.156, 194.203, 198.51, 219.15
prohibitions or negative commands in the 2nd person: see under 'Prohibitions.'
deliberative or dubitative (W 185 end, 236 n. 13; A 443, 444; B 277; HB 503): 107.89, 108.113, 138.170, 141.246, 149.120, 199.61
after *doubting, hindering, preventing* + **ne, quominus,** or **quin** (A 558; B 295.3, 298; HB 502.3.b, 519.4.b, 521.3.b): 149.109
"future" subjunctive = fut. partic. **(-turus/-surus)** + **sim** or **essem,** when it is desired to emphasize the idea of futurity (A 575.a; B 269.3; HB 470.4 and a): 112.234, 113.264, 126.312, 143.6, 180.238, 182.328
indefinite 2nd per. sing. = *you* or *one* (A 439.a, 446, 447.2

and 3, 518.a; B 280.2 and 3, 356.3, 302.2; HB 504.2, 542, 517.1): 123.175, 124.-244, 172.20, 193.191, 206.-27, 209.109, 138.161
potential = action or situation conceived as possible (A 445, 446; B 280; HB 516, 517; cp. indef. 2nd per. sing. above): 127.340, 130.437, 139.206, 154.227, 157.295, 159.23, 172.20 202.114
with **priusquam (antequam, dum, donec)** to express purpose or anticipation (W 248 n. 145; A 551.b, 553; B 292, 293.III.2; HB 507.4–5): 163.93, 164.125, 203.139
prohibitions, negative commands in the 2nd person: see under 'Prohibitions.'
purpose:
regular (W 133; A 530, 531.1; B 282.1; HB 502.2): *passim.* See also under 'Relative clauses' and **'quo.'**
in questions:
direct = deliberative or dubitative: see under 'Subjunctive, deliberative' above.
indirect (W 141–142; A 574, 575; B 300; HB 537): 157.293, 159.18, 163.89, 191.130, 208.81, 226.10
quo introducing a purpose clause containing a comparative: see under **'quo'** above.
in relative clauses of charac-

Word order, interlocked, 186 end–
187 top (discussed, espec.
as found in poetry); 115.-
295 (tuā te accuso ora-
tione); 161.54 (posse
quamvis languidā mer-
gi aquā infantes spem
ferentibus dabat); 190.-
116–117 (ad pactae
secum fert arboris um-
bram); and *passim*